RENCONTRES
462

Expériences mystiques

Actes du séminaire « Expériences mystiques : énonciations, représentations et réécritures », organisé du mois d'octobre 2016 au mois de juin 2018 à l'université de Paris, publiés avec le soutien de l'université de Paris

Expériences mystiques

Énonciations, représentations et réécritures

Sous la direction de Fanny Arama, Riccardo Raimondo
et Grégory Jouanneau-Damance

PARIS
CLASSIQUES GARNIER
2021

Fanny Arama enseigne la littérature des XIXe et XXe siècles. Ses travaux portent sur la violence verbale et son rapport au sacré.

Riccardo Raimondo, docteur en littérature française et italienne, conduit des recherches sur les rapports entre littérature et religion, sur l'histoire des idées et sur la réception de la littérature italienne en Europe.

Grégory Jouanneau-Damance est historien de l'art. Il mène des recherches sur les pratiques et les théories de l'automatisme et de l'informel.

ISBN 978-2-406-10403-2 (livre broché)
ISBN 978-2-406-10404-9 (livre relié)
ISSN 2103-5636

INTRODUCTION

La mystique, dont l'étymologie remonte au grec ancien *mustèrion*, a pour principe fondamental la notion de secret[1]. D'emblée associée à la sacralité, à l'ésotérisme et à la religiosité, elle désigne originellement les rites athéniens connus sous le nom de « mystères » d'Éleusis, consistant en une cérémonie où l'initié est invité à « voir » ce qui est caché à la vue des autres, et qu'il doit ensuite taire[2]. Au cœur de la mystique grecque antique, se trouve ainsi l'idée d'une incommunicabilité tout à la fois personnelle et institutionnelle. L'injonction au silence dérive, à ce titre, non seulement d'une norme établie par le corps sacerdotal pour préserver une connaissance réservée aux seuls individus capables d'en mesurer la portée, mais aussi du caractère ineffable de l'expérience personnelle. Comme le souligne Aristote, le but du « mystère » est de rendre sensible le transcendant, en privilégiant les émotions éprouvées (*pathein*) plutôt que la connaissance réfléchie (*mathein*)[3]. Au départ modalité rituelle du cérémonial mystique, le principe d'incommunicabilité devient alors, peu à peu, représentatif de toute expérience mystique, à mesure que l'on octroie à ce terme une signification plus générale.

1 Parmi les nombreuses études consacrées à l'origine et à l'histoire du terme *mystique*, citons De Lubac, Henri, *Corpus Mysticum. L'Eucharistie et l'Église au Moyen-Âge*, Paris, Aubier, 1949 ; Bouyer, Louis, « Mystique. Essai sur l'histoire d'un mot », in *La Vie spirituelle*, Lyon, Les Éditions de l'Abeille, mai 1949 et enfin De Certeau, Michel, *La Fable mystique*, I, Paris, Gallimard, 1982.

2 Voir sur ce point l'ouvrage de Walter Burkert, *Les cultes à mystères dans l'antiquité*, Paris, Les Belles Lettres, 2003. On pourra également se reporter aux livres de René Guénon, *Aperçus sur l'initiation*, Paris, Les Éditions traditionnelles, 1946 et *Initiation et réalisation spirituelle*, Paris, Les Éditions traditionnelles, 1952.

3 Ces propos sont rapportés par Synésius dans son *De Dione*, in *Œuvres*, Paris, Hachette, 1878, trad. Henri Druon, et analysés par Victor Magnien dans *Les Mystères d'Éleusis*, Paris, Payot, 1950, p. 299 : « Il en va de cela comme de ce que dit Aristote de ceux que l'on initie, qu'ils ne doivent pas apprendre quelque chose, mais éprouver des émotions, et être mis dans certaines dispositions, évidemment après être devenus aptes à les recevoir. L'aptitude elle aussi, d'ailleurs, est irraisonnée, et lorsque la raison ne la prépare même pas, elle l'est beaucoup plus encore ».

Si, aux époques hellénistique et romaine, son domaine d'application renvoyait à une catégorie particulière de religions dont l'institution repose sur l'initiation (les religions à mystère), les auteurs chrétiens du Moyen-Âge employaient en revanche l'adjectif « mystique » pour faire référence à diverses catégories exégétiques : une manière d'interpréter les Écritures et l'histoire de l'Église (le sens mystique des textes) ; une manière de raisonner rationnellement sur la réalité divine (la théologie mystique) ; l'interprétation christologique des Écritures (on parlera, par exemple, du sens mystique du sacrifice d'Isaac) ; l'appartenance des fidèles à une communauté spirituelle (le corps mystique de l'Église)... C'est également à cette période que le terme commence à désigner la révélation sensible et individuelle de la présence du divin, mettant au défi les capacités du langage à exprimer cet événement ou à le représenter. Une telle conception se fait jour, pour la première fois, dans *La Théologie mystique* de Pseudo-Denys l'Aréopagite, invitant les lecteurs à suivre une voie apophatique pour s'élever à la connaissance de Dieu, puisque la Réelle présence excéderait toute compréhension, tout discours et qu'il serait uniquement possible d'en rendre compte de manière négative[4]. Comme le soulignent tour à tour Michel de Certeau, Didier Anzieu et Guy Rosolato[5], le trait saillant de l'expérience mystique, qu'il s'agisse d'une « mystique de fusion », d'une « mystique d'exaltation » ou d'une « mystique du rien », serait toujours, dès lors, une *paradoxalité*[6], conduisant le sujet à s'affranchir des cadres de la pensée logique, réflexive et rationnelle. C'est sous ce second aspect que « l'expérience mystique » nous apparaît aujourd'hui.

En intitulant un séminaire de recherche « Expériences mystiques : énonciations, représentations et réécritures », nous avons voulu sonder la transcription langagière de l'expérience mystique, c'est-à-dire sa déformation à travers le prisme du langage et l'imaginaire auquel ses transcriptions successives ont donné lieu. Il est important de souligner,

4 Pseudo-Denys l'Aéropagyte, *Les Noms divins. La Théologie mystique*, trad. Ysabel de Andia, Paris, Éditions du Cerf, 2016.

5 *Cf.* De Certeau, Michel, *La Fable mystique*, I, *op. cit.* ; Anzieu, Didier, « Du code et du corps mystique et de leurs paradoxes », in *Résurgences et dérivés de la mystique*, *Nouvelle Revue de Psychanalyse*, 22, Paris, Gallimard, 1980 ; Rosolato, Guy, *La relation d'inconnu*, Paris, Galimard, 1978.

6 Nous empruntons cette notion au psychanalyste Daniel Winnicott, qui consacre aux états psychiques de « déséquilibre mobile » son ouvrage *Jeu et réalité. L'espace potentiel*, Paris Gallimard, 1975.

en effet, que le mystique n'est jamais réellement passif, apathique ou absenté de la langue. Bien au contraire, il « *parle* », pour reprendre une formule du philosophe Henri Laux[7]. L'expérience mystique serait, par conséquent, inextricablement liée à un acte d'énonciation impliquant que ce dernier recrée le langage, le reconstruise de manière inédite afin de donner forme aux forces qui l'agitent, et ce en dépit de l'ineffable auquel il se trouve confronté. De là la grande diversité et la grande liberté des écritures et des discours mystiques, allant jusqu'aux glossolalies et aux glossographies, et ne cessant de varier en fonction des milieux, des époques et des singularités de chacune des expériences éprouvées. À cet égard, le terme de « réécritures » nous a conduit à tenir compte de l'évolution des représentations sociales et collectives de la mystique et à confronter leur histoire à la vitalité de la production des « discours mystiques » au fil des siècles. Le choix des substantifs « énonciations, représentations et réécritures » nous a également poussé à appréhender les différentes tentatives de « récupération » de la notion originelle de « mystique » – malaisément séparable de son contexte d'apparition, par des théoriciens, des écrivains, des mémorialistes, autant de *témoins-scripteurs* d'une telle expérience, tout en nous intéressant à la réception qui en est faite. On entendra ici par « témoins-scripteurs » ceux qui ne prévoient pas l'acte d'écriture et ne le retouchent pas *a posteriori*, ceux dont on peut associer l'écriture à un acte mémorial et performatif : les témoins-scripteurs privilégient le témoignage immédiat (comme Thérèse d'Avila) à la planification d'un projet littéraire (comme Jean de la Croix).

La prudence méthodologique est de mise face à l'usage parfois abusif ou approximatif du terme de « mystique » par les différentes disciplines modernes qui se sont emparées du sujet – anthropologie, psychanalyse, philosophie, histoire, littérature, entre autres – afin de qualifier le rapport de l'homme aux champs du « sacré » et à l'expérience spirituelle ou religieuse singulière. Cette question de la pertinence de la qualification « mystique » s'est trouvée au fondement de notre démarche : nous voulions engager une réflexion sur les sources et les limites de l'appellation « écriture » ou « discours mystique », dans le cadre de son évolution historique, et donc du renouvellement de ses définitions au cours du temps. Aussi, plus que d'interroger les manifestations successives de « la mystique », il s'est bien plutôt agi d'étudier la transcription de

7 Laux, Henri, « La raison mystique », in *Topique*, 85, Paris, L'Esprit du Temps, 2003.

ces manifestations, le processus de fabrication littéraire et de création d'imaginaires à laquelle elles ont donné lieu. Cette démarche n'a pas été sans risque. La tentation synthétique surplombante du chercheur s'est maintes fois exposée à vouloir cerner les modalités communes d'un « parler mystique[8] » et de ses paradoxes, ainsi que les rapports entre expérience spirituelle et limites du langage. La « mystique » telle qu'elle est appréhendée dans la société occidentale depuis le XVIIe siècle semble en dire plus sur notre culture, sur ses représentations, sur les discours qui ont accompagné les évolutions historiques de nos pratiques, que sur ces pratiques elles-mêmes, dites « mystiques », supposément fidèles à un modèle originel[9]. Notre démarche s'est par conséquent heurtée à plusieurs questions d'ordre méthodologique :

- doit-on considérer l'expression mystique à travers une approche historique, en prenant en compte le contexte historico-social qui la fait émerger ? Est-il envisageable de le faire en dehors de ce contexte, qui redéfinit à chaque fois la notion de « mystique » ?
- peut-on envisager une définition du discours mystique en dehors des religions consacrées ? À partir de quand, dans un texte, l'aspiration, l'appel au spirituel ou au sacré se transforme en expérience mystique ? Comment les distinguer ? Quelles sont les modalités d'énonciation de l'un et de l'autre ?
- une approche strictement littéraire et rhétorique de l'expérience mystique est-elle pertinente pour appréhender un phénomène qui appartient à l'histoire ou au domaine des sciences des religions ?

Ces multiples tensions se sont amplifiées au fil des interventions de la première année du séminaire. Prenant acte de « l'écart » qui sépare les discours sociaux et les productions littéraires en fonction des siècles, des langues et des représentations collectives, nous n'en avons pas moins essayé de tracer quelques traits fondamentaux de la généalogie d'un genre littéraire, l'écriture mystique, dans le but d'établir des repères pour mieux problématiser un objet aux contours variables. Devant la

8 Nous reviendrons sur l'histoire de cette formule – attribuable à M. De Certeau – plus loin.

9 À cet égard, la réflexion conclusive de Florian Audureau permet d'interroger un substantif et un adjectif qui, peu à peu, en sont venus à désigner des réalités de plus en plus vastes et de plus en plus floues.

diversité des définitions du terme « mystique », les approximations et l'extension de son utilisation, nous avons retenu à titre heuristique, à partir de la deuxième année de séminaire, quelques éléments provenant de notre imaginaire contemporain : le discours et l'écriture mystiques se sont vus définis comme la représentation d'une expérience dans sa capacité à mettre en contact l'individu avec une réalité conçue comme radicalement *autre*, dont l'ineffabilité, le paradoxe et le silence seraient les meilleurs représentants.

MYSTIQUE ET ÉCRITURE
Des voies parallèles ?

L'histoire des traditions mystiques a grandement intéressé les écrivains parce qu'elle interroge un enjeu fondamental du processus d'écriture. Rappelons la remarquable affinité entre la figure de l'écrivain et celle du témoin-scripteur dans leur rapport à l'expérience mystique et à sa transcription. Celui qui éprouve l'expérience ou la connaissance mystique puis la transcrit le fait sans projet d'œuvre, de manière spontanée, instinctive, voire « sauvage ». L'écrivain au contraire planifie son œuvre : non seulement il anticipe le plan de son texte, mais il le retravaille au fil de la progression de l'écriture, ce que ne saurait faire une figure de la tradition mystique comme sainte Thérèse d'Avila, qui compte pour vivifier son discours sur la seule richesse de ses intuitions, sans se soucier du résultat formel et esthétique final. Au labeur de l'écrivain, on oppose donc la spontanéité du témoin mystique, sujet d'une révélation mettant au défi la capacité du discours à rendre ce qui n'est pas de l'ordre de l'intelligible. Mais l'écrivain est néanmoins, comme le témoin-scripteur, appelé par une transcendance ou une altérité qui n'est pas lui, ou du moins qui est *tout autre*, et qui s'impose malgré lui et en dépit de ses choix initiaux. L'écrivain détient sa vocation d'un « appel » tout intérieur – *vocatio* signifiant tout à la fois « appel » et « élan religieux » en latin. Il est, en un sens, un être « élu » par Dieu, par la transcendance, ou tout autre énergie extérieure qui l'oblige et le requiert en sa mission. En d'autres termes, le mysticisme – nous désignerons ainsi cette disposition à vivre l'expérience mystique – ne trouve-t-il pas en l'écrivain un terreau idéal pour se développer et s'épanouir ? Mystique et écriture semblent tracer deux voies analogues qui, quand elles se rejoignent, existent dans le paradoxe d'une expérience en tension entre l'impossibilité de dire et la nécessité de parler, d'une expérience située au seuil du langage et de l'ineffable, du visible et de l'invisible, du transcrit et du vécu. Au fil des siècles, la figure de l'écrivain s'est inévitablement appropriée, à travers son institution comme autorité morale dans la société moderne, l'élan mystique pour dépasser l'expérience psychologique de la limite, de la saisie de l'insaisissable : distinction, appel, vision, hallucination, *voix*.

Cette question de l'expérience mystique comme mise en contact avec une réalité « autre » permet aussi de lire les discours mystiques et sur la mystique comme un discours *sur l'autre*. Définir la notion de « mystique » permet de renforcer l'existence de ce qui n'est pas mystique. Le sujet mystique, en revendiquant une expérience propre à la singularité individuelle, permet de polariser des représentations conflictuelles qui opposent une expérience inédite et singulière (la « *vraie* » expérience mystique, inédite et irréductible) à une expérience prévisible et collective (l'expérience religieuse monothéiste). Le mystique est d'ailleurs souvent celui qui témoigne d'un rapport à la transcendance qui se situe hors des sentiers battus des *credos* traditionnels. La « mystique », et par extension le discours mystique, peut en ce sens être envisagé comme un révélateur, en ce qu'il est une enquête spirituelle, d'une part, et en ce qu'il questionne l'autre en tant que pouvoir dominant, d'autre part.

Concernant la possibilité d'une approche historique de l'écriture mystique, nous savons que Michel de Certeau[10] a cherché à décrire une véritable topique visant à lire, à identifier et à contextualiser le genre littéraire de la *fable mystique* à travers l'histoire. Il limite son analyse aux XVIe et XVIIe siècles car selon lui, la littérature mystique, bien qu'elle ne commence pas au XVIe siècle, « ne se découpe un nom et une formalité propres que pendant ce siècle[11] ». Nous avons voulu analyser les formes prises par la transcription de l'expérience mystique en dehors de cette période décrite par Michel de Certeau, mais nous avons également voulu

10 De Certeau, Michel, *La Fable mystique*, I (XVIe-XVIIe), Paris, Gallimard, coll. « Tel », 1982 ; *La Fable mystique*, II (XVIe-XVIIe), éd. de Luce Giard, Paris, Gallimard, coll. « Bibliothèque des histoires », 2013.

11 De Certeau, Michel, *La fable mystique*, I (XVIe-XVIIe), *op. cit.*, p. 47.

– contrairement à l'auteur de *La Fable mystique* qui étudie la mystique comme phénomène sémantique et discursif – écouter des communications qui établissaient des liens entre l'expérience mystique et d'autres domaines que le littéraire : le domaine de l'ontologico-théologique, les arts plastiques et performatifs, l'histoire du livre, la psychologie, etc. En cela, nous prolongeons la démarche initiée par Lydie Parisse dans *Le Discours mystique dans la littérature et les arts de la fin du* XIX*e siècle à nos jours*[12]. Ce recueil d'études réunit les interventions du colloque du même nom et dessine les caractères de l'énonciation mystique à travers les arts et la littérature de la fin du XIXe siècle à nos jours, mettant à l'honneur – entre autres domaines – les arts de la scène, nouvel espace privilégié de l'expérience mystique au XXe siècle. En outre, Lydie Parisse insiste elle-même sur le lien étroit entre la tradition mystique et la figure moderne de l'écrivain, qui partagent la revendication – volontaire ou involontaire – d'une position de rupture avec la société et ses conventions et une valorisation de la marge :

> [Depuis la fin du XIXe siècle], la référence aux auteurs mystiques, masculins et féminins, alimentent une mythologie de la figure auctoriale qui se poursuivra dans les avant-gardes : les auteurs mystiques sont perçus comme des poètes permettant de repenser la création littéraire à partir de la notion de manque et de dépossession[13].

Lydie Parisse met l'accent sur une conception de la mystique comme mise en œuvre d'une négativité fondamentale, trouvant son expression dans la tradition apophatique, mais aussi « à travers toutes les figures littéraires de la négation et de la dépossession[14] ». On constate, dès le Moyen Âge, que l'écriture est à la fois le moyen de parvenir à une union mystique avec Dieu et à la fois le lieu où Dieu se dérobe, chez la béguine Marguerite Porete par exemple, comme le suggère l'analyse du *Miroir* par Élodie Pinel. « L'acte énonciatif négatif », voilà peut-être le critère de reconnaissance de l'expérience mystique transcrite, qui signale l'indicible, l'incommunicable, le silence, pour aboutir, dans l'écriture derridienne, à l'expression de l'aporie. Dans « Jacques Derrida et l'écriture *en résistance*

---

12 *Le Discours mystique dans la littérature et les arts de la fin du* XIX*e siècle à nos jours*, Parisse, Lydie (études réunies par), Paris, Classiques Garnier, coll. « Rencontres », 2012.

13 Parisse, Lydie, *opus cit.*, introduction, p. 10.

14 *Ibid.*, p. 11.

au mystique », Guillaume Surin présente en effet le philosophe comme l'homme de la margelle du puits : celui qui regarde à la fois le bord et l'ombre qu'appelle le « trou » ; celui dont la mission est de rendre compte du vertige de l'écriture réflexive et de mettre en garde contre l'absence de vertige de celui qui écrit. Car écrire, c'est toujours, d'une manière ou d'une autre, être actif et passif en même temps, c'est être le « scribble[15] » d'un autre, c'est accepter et prendre conscience de l'écart entre la réception et la compréhension de la réception, c'est accepter le paradoxe du témoin-scripteur : écrire, et être écrit.

DE LA MYSTIQUE AU SACRÉ

Expérience radicale trouvant son plus grand défi dans sa transcription à travers le nœud de conventions sociales que constitue le langage – et qu'il va s'agir de mettre à la question en permanence – l'écriture mystique valorise en sous-texte une notion qui a peu à peu déserté les pratiques collectives des sociétés modernes en cours de sécularisation : le sacré. Remis à l'honneur par la critique romantique de la modernité, accusée de désenchanter le monde, le sacré fait partie des manifestations d'une religiosité romantique empreinte de nostalgie, qui apparaît à l'aube du XIXe siècle[16]. La résurgence du sacré romantique conteste la primauté de l'utilitarisme matérialiste, né de concert avec les notions politiques de liberté et d'égalité qui s'ancrèrent définitivement dans l'horizon politique européen à partir de la Révolution française. Les formes traditionnelles de la religion commencèrent à se dissoudre à partir du moment où le pouvoir temporel ne les imposa plus et perdit le monopole prescriptif

15 Le *scribble* est la figure allégorique qui réunit le « scribe » – qui met en forme – et le « crible » – le témoin recevant la parole à conserver. Le terme est employé par Derrida dans « Scribble (pouvoir/écrire) », Préface à *Essai sur les hiéroglyphes des Égyptiens* de William Warburton, Paris, Aubier, 1977.

16 Sur les liens entre le romantisme, la mystique et le sacré, on se reportera à Ernest Seillière, *Le Péril mystique dans l'inspiration des démocraties contemporaines. Rousseau visionnaire et révélateur*, Paris, la Renaissance du livre, 1918 et *Les étapes du mysticisme passionnel*, Paris, la Renaissance du livre, 1919 ; Brémond, Henri, *Pour le romantisme*, Paris, Librairie Bloud & Gay, 1923 ; Gusdorf, Georges, *Du néant à Dieu dans le savoir romantique*, Paris, Payot, 1983.

du culte. L'expérience mystique se déploie au XIXe siècle dans ce cadre romantique qui valorise les nouvelles formes prises par la religion, moins encadrée et se confondant dorénavant avec un certain élan vers le divin ou la transcendance, aisément définis par le terme de « sacré ». Aussi Henri Bremond assigne-t-il au romantisme et au mysticisme une source commune, cette « région mystérieuse » de l'être, aspirant tout à la fois à la rencontre des Muses, de la Nature, de l'Idéal et de Dieu[17]. Au seuil du XXe siècle, à travers l'école de sociologie française et les anthropologues[18], l'étude du sacré semble bénéficier de l'élargissement du domaine de la mystique et de la multiplication des textes décrivant « l'intensité extatique dégagée de tout cadre confessionnel[19] ». Se pose alors la question : parler de « sacré », est-ce encore toujours parler de « mystique » ?

Nous l'avons dit, l'expérience mystique, de par sa nature extrêmement singulière (elle ne s'identifie à aucune réalité empiriquement constatable), se pense dans un rapport problématique au texte et à son statut épistémologique. Conçue bien souvent comme une résistance aux déterminations sociales dans l'optique de leur dépassement, la mystique pour Brémond comme pour Seillière est toujours « nécessairement un principe d'anarchie », elle alimente un imaginaire artistique très vivace, qui joue avec la référence au passé et la resémantisation de l'expérience au regard du présent et des enjeux contemporains. Surtout, l'écriture de l'expérience mystique est marquée par la réitération d'un vocabulaire et d'une « grammaire », ainsi que par le détachement vis-à-vis des traditions officielles. En ce sens, l'énonciation mystique moderne et le discours moderne sur l'expérience mystique constituent une manière d'interroger le devenir du religieux à l'époque contemporaine sous la catégorie de « sacré ». Elle correspond à une intensification du discours religieux mettant l'homme aux prises avec des notions telles que « Absolu » ou « Infini » :

---

17 Brémond, Henri, *op. cit.*, p. X.

18 On appelle aujourd'hui l'école de sociologie française une tradition sociologique dont le « père fondateur » est Émile Durkheim, qui, le premier en France, a ouvert une réflexion sur la transformation progressive des liens entre individu et société (dans *Les formes élémentaires de la vie religieuse : le système totémique en Australie*, Paris, Félix Alcan, coll. « Bibliothèque de philosophie contemporaine », 1912). Viendront à sa suite Lucien Lévy-Bruhl et Marcel Mauss, entre autres.

19 Voir à ce propos le texte d'Alexis Weinberg sur George Bataille.

> Le recours étendu au vocabulaire mystique par les écrivains et leurs exégètes est menacé par un flou conceptuel d'autant plus confortable que ce vocabulaire a justement pour fonction de désigner un franchissement des frontières de l'intellection, au point d'éblouissement où la connaissance rejoint la nescience[20].

Se rapprochant dans l'imaginaire collectif de l'émotion religieuse provoquée par le sentiment du mystère, de l'occulte, et de l'inintelligible, la notion de « mystique » risque de perdre son sens, jusqu'à devenir une sorte de pot-pourri spirituel récupéré par des figures d'opposants, ou par toute sorte de contre-pouvoirs spirituels qui contestent les catégories du sacré institutionnalisé : une « universalité vide[21] ». Mais, parce que cette « révolution spirituelle[22] » – qui accentue, inévitablement, une certaine « dénaturation de l'expérience mystique traditionnelle » – traduit un sentiment moderne, marqué par le manque, l'absence, et la sécularisation des pratiques religieuses, nous devons en prendre acte. En effet, dans la mesure où le texte se pense relativement à une expérience intérieure, tout écrivain se confronte aux limites du langage qui ne peut jamais « que » constituer une approximation. S'expliquent ainsi le caractère relativement déceptif des textes mystiques et la valorisation de l'oralité, de la théâtralité et de ses potentiels performatifs. De toutes les interventions ayant eu lieu sur deux années, un même point commun se dégage et caractérise la transcription de l'expérience mystique : le pénible mais séduisant divorce entre les mots et les choses. Dans ces conditions, l'art en général et l'expression artistique plus particulièrement deviennent des défis, voire des épreuves qui mettent en péril l'équilibre d'un récit, l'accord d'une phrase avec la pensée qu'elle traduit, l'harmonie entre l'homme et son environnement physique. À défaut de pouvoir prendre la notion de « mystique » comme une catégorie transhistorique unifiée et évidente, une expérience mystique se manifeste toujours comme un événement radicalement à part de l'expérience commune, comme un saut dans l'inconnu qui promet de remettre en question, pour longtemps

---

20 Auroy, Carole et Préta-de-Beaufort, Aude, « Avant-propos » au *Roman mystique, mystiques romanesques aux* XX*ᵉ et* XXI*ᵉ siècles*, sous la direction de Auroy, Carole ; Préta-de-Beaufort, Aude et Wittmann, Jean-Michel, Paris, Classiques Garnier, coll. « Rencontres », 2018, p. 7.

21 Formule d'Alexis Weinberg dans « L' "expérience intérieure" de Bataille, entre mystique et écriture ».

22 Formule d'Helena Cañadas Salvador dans « La *Rothko Chapel :* une expérience entre sublime et numineux ».

encore, les frontières de notre pensée et d'appréhender de manière transversale et complémentaire des disciplines telles que la théologie, l'anthropologie, la littérature, les arts plastiques, ou la psychanalyse.

Nous avons choisi de placer en guise de préambule trois textes de Florian Audureau, Lydie Parisse, et Grégory Jouanneau-Damance. Ces interventions nous offrent trois parcours diachroniques sur l'usage du mot *mystique*, tout en illustrant divers horizons méthodologiques. La mystique y est traitée non seulement dans son évolution historique, mais aussi comme source d'intérêt pour les chercheurs en sciences sociales en raison de son « infiltration progressive » des domaines anthropologiques, psychologiques, littéraires et artistiques.

Lydie Parisse retrace les grands jalons de la représentation de la notion de « mystique », et explique comment, de rituel religieux, elle a été transformée par un processus de déshistoricisation, qui a permis de l'appréhender par tout un chacun comme une expérience de vie visant à ancrer l'individu dans un parcours personnel. La mystique attire l'intérêt des philosophes, des psychologues, des linguistes, et surtout, inspire les modalités de production des arts et de la littérature modernes. C'est à la fois un « lieu » et un « non-lieu », petit à petit appréhendé par le domaine des sciences humaines et sociales, renâclant à la clôture définitionnelle et donc, remettant en question notre capacité à *ne pas* catégoriser les disciplines de recherche, à *ne pas* les sédimenter. L'expérience mystique a ceci de particulier qu'elle se redéfinit à chaque « expérience vécue » et à chaque période.

L'article de Florian Audureau interroge la terminologie liée à la mystique et à sa contextualisation au fil de l'histoire. Il s'agit, plus particulièrement, de déterminer dans quelle mesure la catégorie de « mystique », telle qu'elle se trouve définie par l'Occident chrétien moderne, peut s'appliquer à d'autres cultures et d'autres périodisations. Privilégiant une approche *émique*[23] demandant de « recourir autant que possible aux catégories indigènes pour rendre compte d'une culture

23 On entend par « approche émique » la définition qu'en donne le linguiste Kenneth Pike, qui établit une opposition entre les points de vue étique (*etic*), mené à partir du point de vue propre au chercheur et à sa culture, et émique (*emic*) qui s'appuie sur les concepts et le système de pensée propres aux acteurs sociaux. Pike, Kenneth, *Phonemics, a Technique for Reducing Languages to Writing*, Ann Arbor, University Michigan Press, 1947, cité par Aymes, Marc, Hersant, Jeanne et Massicard, Élise, « Prière d'insérer », *Labyrinthe*, 21 | 2005, 13-19. accessible en ligne : https://journals.openedition.org/labyrinthe/898-ftn1

étrangère », Florian Audureau étudie les limites d'une conception universaliste de la mystique et défend l'idée que celle-ci est originellement absente de l'antiquité polythéiste. Il scande, ce faisant, les grandes étapes de l'élaboration de son cadre conceptuel et ce, jusqu'à la formulation par Plotin du principe de l'union avec l'Un.

Grégory Jouanneau-Damance, dans « Lucien Lévy-Bruhl et la mystique. Regards anthropologiques croisés sur les modalités humaines de participation au monde », expose l'histoire des conflits sociologiques et anthropologiques ayant existé autour du terme « mystique » au début du XXe siècle en France. Il s'intéresse, en particulier, à la réception des œuvres de Lévy-Bruhl, depuis la *Fonction mentale dans les sociétés inférieures* (1910) en passant par *La mentalité primitive* (1922). Henri Delacroix, Roger Bastide, Pierre Janet, Benjamin Fondane dans les années 1930 ou encore Georges Bataille dans les années 1950 répondent tous aux thèses de la « mentalité mystique prélogique », en les contestant, en s'y opposant ou en les prolongeant. Nostalgie de l'unité perdue, élan postlogique de l'homme moderne mettant en crise l'esprit rationnel, pause permise par le rejet du logocentrisme et la requête d'une *détente* de la raison, la mentalité mystique devient dans la seconde moitié du XXe siècle une disposition artistique très prisée. Elle déconstruit des notions dorénavant dévoilées sous l'angle de la croyance ou de l'idéologie (le progrès, la raison, la performance, entre autres) et participe à la critique de la représentation des biens communs modernes, indûment conçus afin de soutenir l'émancipation *intégrale* de l'homme occidental.

Les textes de la deuxième section (« L'expérience mystique à l'épreuve de la tradition chrétienne ») insistent tous les quatre sur le gain symbolique que confère l'expérience mystique individuelle à l'expérience religieuse chrétienne traditionnelle. Loin de dévaloriser ou d'entraver les rituels liturgiques chrétiens, la transcription d'une expérience individuelle singulière de fusion avec la divinité, hors cadre chrétien, enrichit et parfait l'expérience religieuse traditionnelle, voire, la corrobore. Il est intéressant de constater comment les institutions et les pouvoirs établis (en l'occurrence l'Église catholique) se servent de leurs adversaires potentiellement subversifs pour mobiliser les croyants susceptibles de se détourner d'un dogme trop impérieux et trop autoritaire.

Claire Aracil s'intéresse au statut énonciatif des miracles de la Vierge, recueils de contes relatant des miracles attribués à Marie à un moment où la production de ces ouvrages de dévotion abonde. Ces textes recoupent des traits propres au « parler mystique » tels que les a définis Michel de Certeau : ils tentent de saisir une réalité divine ineffable. Claire Aracil nous montre dans quelle mesure les *Miracles de Nostre Dame* de Gautier de Coinci se distinguent des récits apologétiques chrétiens classiques de la même époque. Dans une optique bien plus hétérodoxe, Élodie Pinel s'intéresse à la figure de Marguerite Porete qui appartint à l'ordre des béguines, rédactrice du *Miroir des âmes simples*. La liberté de ton du recueil – et notamment celle employée dans la transcription de l'expérience extatique – ainsi que la capacité de sa rédactrice à se passer littéralement de toute liturgie consacrée dans son rapport à la divinité la condamnèrent sans recours possible au bûcher de la place de Grève. Ces caractéristiques feront de cet ouvrage un texte particulièrement moderne, c'est-à-dire affranchi des conventions et des contraintes du genre et suscitant, pour cela, un scandale.

Flavia Buzzetta s'attarde sur les images forgées par des savants comme Pic de la Mirandole et Pierre Le Loyer pour désigner l'expérience du rapport de l'homme avec le divin à la Renaissance. Son étude montre comment le qualificatif « mystique » a été consacré par un certain syncrétisme humaniste à la Renaissance, que Pic de la Mirandole propage à travers sa relecture chrétienne de la cabbale. Mais déjà, à partir du XVIe siècle, les érudits cherchent à distinguer les expériences mystiques « véritables » des doctrines « bastardes » qui aspireraient à un sensationnalisme de bas étage. La « véritable » expérience mystique, par son intensité, devient alors l'expérience privilégiée d'une union indicible, supérieure, *autre*, car incomparable et irréductible. Elle octroie aux hommes un savoir qui les transfigure et leur confère un statut particulier.

Enfin, en se penchant sur *L'Instruction des états d'oraison* (1697) de Bossuet, Romain Debluë revient sur le rapport de l'évêque de Meaux à la mystique, et à sa conciliation avec la théologie : l'oraison catholique serait une mystique. À contre-courant de la perception de la mystique comme principale source de comportements subversifs remettant en cause les pouvoirs et les pratiques religieuses instituées, Romain Debluë rappelle que c'est parce qu'elle est un événement intranscriptible que l'expérience mystique est liée à l'exégèse, à la mise en mot de l'indicible, exercice traditionnellement dévolu à l'Église. Contre l'ineffabilité prônée par le quiétisme, qui mène à une oraison passive donc coupable, l'expérience mystique telle que la conçoit Bossuet est avant tout appropriation de la Parole par le corps et assomption du langage. Autrement dit, pour Bossuet, l'expérience mystique n'est pas le seul fait de discours refusant la médiation (Fénelon, les quiétistes), mais au contraire, s'accomplit et s'exauce dans la méditation biblique catholique : pour être universalisée, la parole mystique doit être médiatisée. On observe ainsi la perpétuation d'une guerre d'influence au cœur du discours consacré à la mystique, qui demeure un enjeu de taille entre institutions établies et courants antagonistes, car la pratique mystique permet aux uns et aux autres de légitimer leur pouvoir ou d'élargir leurs terrains d'influence. La nouvelle spiritualité quiétiste, combattue par Rome, deviendra-t-elle le parangon de la spiritualité mystique aux siècles suivants en Europe ?

La troisième section met l'accent sur le lien entre expérience poétique et recherche métaphysique par un geste critique « transversal » qui, tout en analysant de manière hétérodoxe les influences de la tradition chrétienne, franchit les bornes des *credos* traditionnels. En permettant d'interroger et de subvertir les valeurs communément admises et la convention sociale la plus ancrée de nos sociétés – le langage –, l'écriture mystique devient une *démarche* artistique adoubée par les adeptes de la décomposition et de la déconstruction, notamment dans le cadre de l'après Seconde Guerre mondiale, mais également chez les symbolistes ou les surréalistes hétérodoxes du début du XXe siècle. Cette démarche aspire même dans certains cas à « l'imbécillité » (Michaux) ou à l'ensauvagement, et à la folie comme forme possible du primitif, du retour à l'instinct et à l'énergie non intellectuelle ni intellectualisable.

Rémy Arcemisbéhère étudie les sources ésotériques de l'œuvre de Gérard de Nerval et observe que celui-ci met en place deux tendances contradictoires, aspirant l'une et l'autre à l'unité et à la mise en relation de tous les savoirs. Il interroge la tension entre innocence et expérience que requiert tour à tour la démarche mystique de l'écrivain, et observe que Nerval se tourne, dans une approche très dix-neuviémiste, « vers les doctrines syncrétiques qui révèlent les correspondances du monde, qui recherchent les concordances entre ces différents codes et qui tendent à établir des dénominateurs communs entre plusieurs traditions très différentes ».

Dans cette même perspective, mais à presque un siècle de distance, Aurélie Leclercq présente l'œuvre de Fernando Pessoa comme étant fondée sur un élan, un « désir de connaissance du monde ». Celui-ci, conjugué à la curiosité ésotérique et à un certain mouvement « sensationniste », produit une poésie mystique qui, loin de « dévoiler » le monde, concoure à perpétuer son mystère, notamment à travers la démarche hétéronymique vertigineuse du romancier portugais.

Héloïse Moschetto s'intéresse avec « Le dialogue mystique de Salvatore Quasimodo et Giorgio La Pira : du "mystère de la parole" à la "révélation de l'indicible" » à la correspondance de deux poètes italiens du XXe siècle qui partagent la même démarche spirituelle et poétique, et mobilisent les motifs récurrents de la rhétorique mystique traditionnelle. Privilégiant la figure du poète comme intermédiaire et interprète des signes visibles de l'invisible, Héloïse Moschetto met cette figure en miroir avec celle de l'*infans*, ventriloque mystique révélateur des sources du langage.

Dans « L'"expérience intérieure" de Bataille : entre mystique et écriture », Alexis Weinberg montre comment Georges Bataille, en relançant la démarche mystique, s'en détache singulièrement dans *L'Expérience intérieure* (1943), pour venir la fonder sur la seule autorité de l'expérience personnelle. Interrogeant la portée littéraire de cette mystique athéologique, il observe Bataille déplacer les catégories usuelles de l'expérience, rendant au langage, selon les mots de Jacques Derrida, leur « vertu dépossédante qui creuse toujours la parole dans le dérobement de soi[24] ».

Enfin, Guillaume Surin expose les liens entre écriture philosophique et écriture de l'expérience mystique dans « Jacques Derrida et l'écriture en *résistance* au mystique ». Il montre, au fil des textes, le philosophe interrogeant, bousculant, sondant la pertinence de la notion de théologie négative, souvent sollicitée pour caractériser – voire, parfois critiquer et déprécier – sa technique d'écriture. Cette étude rappelle l'extrême prudence de Derrida à « nommer » le monde, à lier interrogation sur le monde et rapport à soi, et sa « résistance » envers tous les concepts « déjà-forgés », usés, pour privilégier une écriture du paradoxe et de l'aporie.

Prolongeant les analyses, développées dans la troisième section, des rapports conflictuels qu'entretient la mystique avec la tradition et avec le langage, la quatrième partie de l'ouvrage est consacrée à l'œuvre du poète libanais Salah Stétié. Né en 1929 à Beyrouth, longtemps diplomate,

---

24 Derrida, Jacques sur Artaud, « La parole soufflée », *Tel Quel* 20 (hiver 1965) repris dans *L'écriture et la différence* (1967), Paris, Seuil, coll. « Points Essais », 1979, p. 264, cité par Alexis Weinberg.

ce dernier n'a eu de cesse, dans ses écrits, de tisser des liens entre les mystiques d'Occident et les mystiques d'Orient, en particulier le soufisme, dont il approfondit la connaissance en suivant l'enseignement de Gabriel Bounoure, de Georges Schehadé et surtout de Louis Massignon. Il est, à ce titre, héritier du vif intérêt porté par les intellectuels français des années trente, en particulier René Guénon, Jean Grenier et Henri Michaux, aux manifestations de l'expérience mystique hors des frontières de la chrétienté. Attentif aux spécificités du mysticisme islamique, qu'il analyse dans des essais comme *Le Vin Mystique* ou *Rabi'a de feu et de larmes*, il défend dans ses poèmes une approche syncrétique et universaliste de l'expérience mystique, pensée comme le propre d'une « humanité douloureuse qui se laisse, infiniment, bercer de songes ». Les deux textes composant cette section soulèvent, à ce titre, cette question fondatrice, déjà abordée par Florian Audureau et Grégory Jouanneau-Damance, et formulée dès 1951 par Rudolf Otto dans *Mystique d'Orient et mystique d'Occident* : la notion de mystique, telle qu'elle se trouve forgée par le monde occidental, peut-elle être appliquée à des spiritualités et des religiosités *autres*, fruits d'un tout autre contexte culturel et d'une tout autre histoire ? Faut-il limiter l'expérience mystique, telle que nous l'avons jusqu'à présent définie, aux aires de la chrétienté, ou s'agit-il d'un impondérable, d'un en-commun aux racines mêmes de toute vie spirituelle ? C'est cette seconde thèse que portent Rudolf Otto et Salah Stétié, s'efforçant, chacun à leur manière, de faire mentir un Rudyard Kipling déclarant : « L'Orient est l'Orient et l'Occident est l'Occident, jamais les deux ne se rencontreront[25] ».

Ghada El-Samrout explore, dans son article, les liens étroits que tisse Salah Stétié entre expérience mystique et expérience poétique. Partant de sa conception de la poésie comme retour à l'originel et cheminement vers l'illumination, elle énumère les « stations mystiques » d'une œuvre syncrétique, où le poète se fait tour à tour novice, progressant et initié.

Asma Rhouati s'intéresse pour sa part, plus spécifiquement aux racines soufies des textes du poète, et propose un commentaire de son essai *Firdaws*, consacré au thème du jardin en Islam. Elle analyse l'interprétation à la fois érudite et personnelle que le poète fait de cet endroit sacré, à la croisée du matériel et du spirituel, du visible et de

25 Kipling, Rudyard, cité par Otto, Rudolf, in *Mystique d'Orient et mystique d'occident*, Paris, Payot, 2016, p. 19.

l'invisible. Pour Stétié, le jardin terrestre de l'Islam, reflet sensible du Jardin céleste, constitue l'espace où l'expérience mystique peut se déployer avec le plus de force. Lieu secret, voilé, séparé du monde par de hautes murailles, il invite à la contemplation et surtout à la purification de l'âme, étape qui joue un rôle essentiel dans cette *mystique du cœur* prônée par Roumî ou Ibn Arabi.

Le défi lancé par la cinquième section est de franchir les bornes des études littéraires en privilégiant une approche interdisciplinaire. Les deux textes qui la composent s'efforcent, par conséquent, d'interpréter les littératures dites « mystiques » à l'aune des études psychologiques. Les auteurs se sont demandé quels instruments peut apporter la psychologie pour appréhender des textes touchant, dans leurs orientations et leurs dispositifs littéraires, à l'expérience mystique, comprise comme connaissance hypertrophiée du monde et du moi. Le point de départ de ces auteurs, partagé par bien d'autres, consiste en l'hypothèse selon laquelle l'énonciation littéraire serait une ressource précieuse pour le développement de la recherche sur l'esprit et sur la conscience. Non seulement ils se sont penchés sur des textes et des traditions déjà identifiés comme « mystiques », mais ont également analysé des cas d'étude moins évidents, empruntés aux œuvres de Marcel Proust et de Thomas Mann.

Giovanni Maria Ruggiero propose une étude structurelle visant à sonder quelques-uns des « processus profonds » à l'intersection des domaines des expériences mystiques et des pratiques psychothérapeutiques. Tout en s'inspirant de la pensée de Walter Burkert, il envisage l'expérience mystique comme un « protocole reproductible », par conséquent identifiable dans les textes littéraires, selon certains paramètres. Ruggiero établit, à ce titre, un parallèle fécond entre le concept de *dissociation traumatique* et l'expérience mystique. Cet instrument théorique lui permet d'en définir les traits fondamentaux, qu'il puise dans les études, entre autres, de Pierre Janet. Les théories de la dissociation seraient ainsi une des clés de voûte permettant d'identifier l'expérience mystique et de rendre compte de son énonciation et de ses représentations. Ruggiero nous en offre une démonstration audacieuse en présentant, dans un premier temps, la *Recherche du temps perdu* de Proust comme un travail mystique sur la mémoire et sur les états de conscience altérés, puis la *Montagne magique* de Thomas Mann comme relevant d'une trame d'analogies entremêlant violence, dissociation et expérience mystique.

De manière similaire, Julia Sei s'approprie la théorie mimétique de René Girard pour lire l'œuvre de Marcel Proust et de Simone Weil dans une perspective comparatiste. Selon Sei, la notion de mystique devient un dispositif pour étudier les subtiles dynamiques de l'identité, les stratégies d'expression de l'ego vis-à-vis de l'Absolu et de l'humanité elle-même. Le mystique se fond avec le Divin comme avec les autres et, ce faisant, dépasse les frontières de sa nature.

La sixième et dernière section explore les relations entre expérience mystique et arts plastiques, à des moments de la modernité artistique où celle-ci, reflétant une société sécularisée, cherche à exprimer une « sacralité profane » tout en restant à l'écoute des élans religieux hétérodoxes de l'homme.

Dans son article sur la *Chapel* de Rotkho, Helena Cañadas Salvador pousse l'analogie entre les notions de « sublime », de « numineux » et « d'expérience mystique » pour décrire l'« expérience des états extrêmes » qu'entraîne pour le spectateur la contemplation de cette œuvre magistrale, conçue et édifiée dans les années 1960 et inaugurée en 1971 à Houston, Texas. À travers l'analyse des effets recherchés par l'artiste et celle des sentiments éprouvés par le spectateur, Helena Cañadas Salvador cherche à montrer comment ce manifeste artistique de l'art moderne réconcilie des états paradoxaux propres à l'expérience mystique, entre extrême sensibilité au monde et sentiment radical de dépossession et de désancrage matériel. La contemplation d'œuvres dont la matérialité sensible agit sur le spectateur confère à ce dernier une connaissance qui se manifeste dans un « au-delà du *logos* » rattachée aux catégories du sublime et du numineux, proche de la connaissance mystique traditionnelle, mais dorénavant sous la forme d'une « sacralité profane ».

Cette même expérience du « sentiment océanique » ou encore de la « mystique sauvage », pour reprendre des notions respectivement forgées par Romain Rolland et par Michel Hulin, se trouve au cœur des œuvres informelles analysées par Grégory Jouanneau-Damance. Prenant appui sur le débat opposant François Mauriac et Jean Paulhan à propos de la peinture abstraite, il montre que les toiles de Wols, de Bryen ou encore de Michaux attestent moins d'un nihilisme aveugle, propre à un monde désenchanté, que de la permanence d'une sensibilité mystique à l'époque contemporaine. Les itinéraires de désécriture et de défiguration que suivent ces artistes, constitueraient alors la trace, plastique et non plus discursive, d'une expérience de l'Un, outrepassant les frontières des langages et de la perception humaniste du monde. Grégory Jouanneau-Damance définit, en ce sens, les contours d'une *mystique immanentiste*, témoignant d'une « participation inconditionnelle de l'être à la Nature en acte » et porteuse d'une critique du civilisationnel et des déraisons de la rationalité.

Fanny ARAMA,
Grégory JOUANNEAU-DAMANCE
et Riccardo RAIMONDO

PREMIÈRE PARTIE

DISCOURS MYSTIQUES, DISCOURS CRITIQUES

PENSER L'HISTORICITÉ DES DISCOURS CRITIQUES SUR LA MYSTIQUE

« La mystique », comme objet d'études, délimite un corpus constitué par les écrits des grands spirituels de la tradition. Elle délimite également à la fois une forme supérieure de dévotion, et une approche singulière de la déité qui prend place dans les marges des religions instituées. Elle délimite un discours, une langue, une grammaire, qui traverse les époques et les frontières et inspire l'art et la littérature. Elle délimite enfin une expérience anthropologique fondamentale, individuelle. Le champ des « mystiques » dites « collectives » n'appartient pas à notre objet d'études. Il en est de même pour les questions relatives à l'orthodoxie religieuse, qui n'est pas la préoccupation des chercheurs en arts et en littérature. Ce qui nous intéresse dans les différents essais que nous publions, c'est l'analyse du discours mystique, de sa langue, et l'étude de leur réception à travers les écrivains et les artistes[1]. Cette réception est bien sûr fortement liée aux sciences humaines, et c'est pourquoi cet objet de recherche est particulièrement fécond. Cependant, les approches critiques sur la mystique buttent régulièrement sur la question de la théorisation de l'expérience fondatrice.

Selon Michel de Certeau[2], la mystique, d'abord considérée comme une « science » à l'âge classique, suite au discrédit porté sur elle par le catholicisme, n'est plus devenue qu'un vocable péjoratif dans le langage courant, en même temps que la philosophie, la psychologie et la linguistique tentent de la circonscrire comme objet scientifique instable.

---

1 Parisse, Lydie (éd.), *Le Discours mystique dans la littérature et les arts de la fin du* XIX*e siècle à nos jours*, Paris, Classiques Garnier, Série Études dix-neuviémistes, « Rencontres », 2012. Parisse, Lydie, *La parole trouée : Beckett, Tardieu, Novarina*, Caen, Lettres Modernes Minard, « Archives », n° 292, 2008. Parisse, Lydie, *Mystique et littérature. L'autre de Léon Bloy*, Caen, Lettres Modernes Minard, « Archives », n° 285, 2006.

2 Voir Certeau, Michel de, *La Fable mystique II*, éd. Luce Giard, Paris, Gallimard, NRF, 2013.

Comment penser un objet d'études qui est à la fois un lieu et un non lieu ? Comment penser une donnée anthropologique qui n'est pas faite pour être comprise par tous, et qui suscite davantage de malentendu que d'intelligibilité ? Comment replacer l'approche scientifique dans le contexte de la déshistorisation des approches et du cloisonnement des disciplines ? Nous nous contenterons d'amorcer quelques pistes de réflexion que nous espérons utiles pour continuer, du point de vue des chercheurs, à travailler sur « la mystique ».

PRÉAMBULE MÉTHODOLOGIQUE

La mystique a toujours nourri des penseurs hors du commun. Parmi ces penseurs, nombreux sont des femmes, d'Angèle de Foligno (1248-1309) à Simone Weil (1909-1943). Il me semble que ces personnalités remarquables ne peuvent en aucun cas être réduites aux stéréotypes de la fureur érotique ou de la pathologie dans lesquels on a cherché à les enfermer depuis les discours de la psychologie hérités des expérimentations du Professeur Charcot et de ses successeurs, dont les cas étudiés relèvent seulement de « délires religieux », et non de la mystique. Jean-Pierre Jossua, dans *Seul avec Dieu*[3], résume ces erreurs, soulignées par le sociologue Jacques Maître, qui dans *Mystique et féminité*[4], relève que l'école française de psychiatrie de la fin du XIXe siècle, croyant étudier des cas de « mystiques », n'ont eu sous les yeux que des patientes atteintes de délires religieux, telles Madeleine Lebouc étudiée par Janet. Jacques Maître le confirme : « Les *extravagances* mystiques sont valorisées spirituellement chez les contemplatives, alors qu'elles formeront des symptômes psychiatriques chez des personnes dont le discours ne sera pas socialement recevable et ne pourra donc être entendu que comme *délire mystique* ». Par ailleurs, Jacques Le Brun, dans *Le Pur amour de Platon à Lacan*[5], a montré combien le discours mystique se place bien au-delà des problématiques du pâtir (l'ascétique) et du jouir (l'érotisme).

---

3 Jossua, Jean-Pierre, *Seul avec Dieu*, Paris, Gallimard, coll. « Découvertes », 1996.
4 Maître, Jacques, *Mystique et féminité, Essai de psychanalyse sociohistorique*, Paris, Cerf, 1997, p. 29.
5 Le Brun, Jacques *Le Pur amour de Platon à Lacan*, Paris, Seuil, 2002.

Ces discours médicaux, dont la psychologie prendra en partie le relais au XXe siècle, ne font que confirmer le discrédit porté sur la mystique par l'Église, qui atteint son point culminant à la fin du XVIIe siècle : la rupture du catholicisme et de la mystique est consommée en 1699, lors de la publication d'un bref papal au moment de la querelle du pur amour, appelé à tort « quiétisme » dans la terminologie de Bossuet, détracteur de la mystique. Michel Hulin, dans *La mystique sauvage*[6], a montré que n'importe qui peut vivre une extase, de l'enfant à l'amoureux, en passant par le consommateur de substances psychotropes. Rien n'est plus banal. L'extase n'a aucun rapport de nécessité avec la spiritualité, ni avec le religieux. Dans l'expérience des grands mystiques, en revanche, elle est une étape incontournable, qu'ils apprennent à dépasser. Ce qui compte, c'est le chemin, le processus, qui lui donne toute son intelligibilité. Le caractère dérangeant, profondément subversif, de la démarche des grands mystiques, a entretenu, à toutes les époques, une méconnaissance de leur pensée. À l'ère de la suprématie religieuse, elle dérange les religions en place car elle en perçoit les limites et campe dans leurs marges ; à l'ère de l'athéisme, elle dérange les athées qui y voient des résurgences réactionnaires.

Mais qui a songé à scruter de près les écrits des mystiques ? On y lirait, dès les premiers chapitres de leurs livres, que les extases y sont considérées comme des phénomènes annexes. Par ailleurs, l'*enstase*, ou état de contemplation continue dans la vie quotidienne, est peut-être nettement plus intéressante à étudier que l'extase. Cette aptitude à un regard neuf, continu, porté sur le réel, sera ce qui nous intéresse ici, en tant qu'approche critique et philosophique, qui raconte une façon d'être au monde sans être du monde, mais sans désespérer de le changer. Très près de nous, dans l'après-Auschwitz, ces figures d'un engagement total nous frappent à travers les témoignages de Etty Hillesum et de Simone Weil, qui n'ont rien à envier à leurs sœurs des XIIe et XIIIe siècles. Aujourd'hui on entend souvent dire que Simone Weil est sans doute l'un des plus grands penseurs du XXe siècle[7]. Mais ces femmes et ces

6 Hulin, Michel, *La Mystique sauvage, aux antipodes de l'esprit*, Paris, PUF, 1993.

7 Voir l'étude de la sociologue Azam, Geneviève, Valon, Françoise, *Simone Weil ou l'expérience de la nécessité*, Paris, Le Passager clandestin, 2016. Les auteures saluent son appel à une dissidence ultime qui renouerait « le rapport originel de l'esprit avec le monde », qui selon elle, doit être plus que jamais entendu. Selon elles, Simone Weil a tenté de concevoir un projet de civilisation capable d'accueillir les tensions entre l'exigence de liberté et la confrontation avec les limites matérielles du monde (la nécessité).

hommes, dont la pensée est souvent méconnue, continuent à avoir des héritiers parmi certains artistes, qui repensent et adaptent cet héritage à l'intérieur de leur époque. Intempestifs, ils le sont, autant que novateurs, et ils ouvrent sans doute, dans leur recherche authentique, des chemins de décloisonnement pour penser l'avenir des formes esthétiques comme des formes du vivre-ensemble. Ainsi que le signale Jean-Pierre Jossua,

> on trouve des mystiques dans toutes les religions, mais je crois qu'on peut être mystique sans du tout croire en dieu : c'est une attitude par laquelle on parvient, dans la profondeur de son être, à rencontrer l'essentiel de la vie ; c'est le chemin vers la source intérieure[8].

Etty Hillesum ne dit rien d'autre :

> Il faut oublier des mots comme Dieu, la Mort, la Souffrance, l'Éternité. Il faut devenir aussi simple et aussi muet que le blé qui pousse ou la pluie qui tombe. Il faut se contenter d'être[9].

Nous pouvons affirmer, au sens large, que tous les mystiques, en décrivant leur expérience, développent des pratiques liées à l'approche apophatique : dans leur volonté d'accéder sans intermédiaire à l'ineffable, dans leur revendication des pratiques de la perte, dans leur attitude suspicieuse à l'égard de la voie positive. « *Celui qui dit que Dieu est ici ou là, celui-là, ne le croyez pas*[10] », enseignait Maître Eckhart dans ses sermons qui nous sont parvenus à travers les notes de ses auditeurs. Vers le Ve siècle de notre ère, Pseudo-Denys Aréopagite distingue une *theologia kataphatikê* (théologie positive ou cataphatique), qui peut dire quelque chose pour le divin positivement, et une *theologia apophatikê* (théologie négative ou apophatique), qui pose le problème du divin comme objet de connaissance qui ne peut être un objet, et donc devient quelque chose d'intrinsèquement inconnaissable et transcendant, qui ne se laisse enfermer dans aucun appareil conceptuel. C'est pourquoi il s'agit de nier toutes les affirmations qui peuvent être attribuées au divin.

---

8 Jossua, Jean-Pierre, *Seul avec Dieu. L'aventure mystique*, Paris, Gallimard, coll. « Découvertes », 1996.

9 Hillesum, Etty, *Une Vie bouleversée*, suivi de *Lettres de Westerbork*, Paris, Seuil, 1995, traduit du néerlandais par Philippe Noble, p. 166.

10 Maître Eckhart, *Du Détachement et autres textes*, traduit et présenté par Jarczyk, Gwendoline et Labarrière, Pierre-Jean, Payot & Rivages, coll. « Rivage Poche / Petite Bibliothèque », 1995, p. 37.

La voie négative fait passer le refus de Dieu avant sa conceptualisation, si bien qu'elle pourrait être comprise dans un sens athée. Or, elle ne fait qu'affirmer les limites du langage et de la connaissance humains. Cette méthode, qui a remporté un énorme succès dans l'histoire de la pensée médiévale européenne, continue à marquer les siècles suivants : elle est exposée dans les écrits de Maître Eckhart (1260-1328), de Jean de la Croix (1542-1591), d'Angélus Silesius (1624-1677), de Jacob Böhme (1575-1624). Elle est également présente dans le taoïsme, comme l'expose, sous forme dialoguée le philosophe taoïste anglais Terence Gray.

> UN. – [...] Quand vous savez que vous n'existez pas en tant que vous-même, il n'est plus de barrière entre cette Quiddité qui est tout ce que vous êtes, et l' « Absolu » même, car Quiddité et « Absolu » sont un. Vous en avez connaissance en tant que vide ou vacuité, car c'est ainsi que cela doit maintenant vous apparaître, c'est-à-dire en tant que l'autre côté de la manifestation, l'arrière du voile à partir duquel l'apparence ou le rêve est projeté.
>
> DEUX. – N'est-ce pas alors un chemin direct ?
>
> UN. – Je n'en connais pas de meilleur, de plus proche, de plus évident. Il suffit de le suivre. Incidemment c'est la fameuse Voie Négative[11].

Pour la pensée de la voie négative, en Orient comme en Occident, « *la négation est la seule façon de débarrasser le mental de tous ses obstacles*[12] ». C'est ce que nous appelons en Occident la « *pauvreté spirituelle* », que Maître Eckhart a pensé dans ses conséquences extrêmes dans le fameux sermon 52 :

> Nous disons donc que l'homme doit être si pauvre qu'il ne soit et qu'il n'ait aucun lieu où Dieu puisse opérer. [...] C'est pourquoi je prie Dieu qu'il me déprenne de Dieu[13].

On comprend à quel point la mystique recoupe des attitudes de rupture, de dissidence par rapport aux positionnements des religions, toujours cataphatiques. On comprend les persécutions dont les mystiques ont pu être l'objet. On comprend la brûlante et intemporelle actualité des propos de Maître Eckhart.

11 Wei Wu Wei, *La Voie négative*, Paris, La Différence, 1977, p. 104.

12 *Ibid.*, p. 110.

13 Maître Eckhart, *Dieu au-delà de Dieu, Sermons XXXI à LX*, traduits et présentés par Jarczyk, Gwendoline et Labarrière, Pierre-Jean, Paris, Albin Michel, coll. « Spiritualités vivantes », 1999, p. 159.

HISTORIQUE DES DISCOURS CRITIQUES SUR LA MYSTIQUE

En Occident, la mutation du discours critique sur les spirituels de la voie négative s'est opérée à la charnière des XIXe et XXe siècles, marquée par la laïcisation du religieux et l'appropriation, par les écrivains, les poètes, les dramaturges, des objets d'étude et des corpus autrefois réservés au domaine de la théologie. Cette mutation s'est opérée grâce aux apports décisifs des sciences humaines.

LA LAÏCISATION DU RELIGIEUX À LA FIN DU XIXe SIÈCLE

Nous vous renvoyons à notre article précisant le parcours de la réception critique de la mystique à l'époque moderne dans *Le Discours mystique dans la littérature et les arts de la fin du XIXe siècle à nos jours*[14]. À la fin du XIXe siècle et au début du XXe siècle s'opèrent selon Michel de Certeau deux mutations décisives. Tout d'abord, on détache la mystique de la religion et des objets de croyance. Gustave Flaubert n'écrivait-il pas en en 1852 « je suis mystique au fond et je ne crois en rien[15] » ? Apparaissent alors un « mysticisme » philosophique, celui de Friedrich W. J. Schelling fondé sur le *Gefühl* en Allemagne ; et une philosophie spirituelle, liée au pur amour, propageant l'idée d'une spiritualité universelle qui s'opposerait à l'*Aufklärung.* Henri Bergson, dans *Les deux sources de la morale et de la religion* (1932) écrit d'abord un traité de philosophie sociale, mais il participe du choc épistémologique de l'après-1914, avec cette idée que la science sert la division. La question qu'il pose est la suivante : Y a-t-il une unité de l'expérience humaine ? Sommes-nous tous du même monde ? Y a-t-il un même monde humain ?

Ensuite, on déshistorise la mystique. La « science mystique » est considérée comme un dispositif de connaissance en tant qu'elle est devenue un passé, et en tant qu'elle est une expérience du réel. Donc, des intérêts théoriques nouveaux surgissent : on replace la mystique dans une configuration contemporaine, et en la redéfinissant comme objet,

14 Parisse, Lydie, « Un nouveau langage dramatique », dans *Le Discours mystique dans la littérature et les arts du XIXe siècle à nos jours*, Paris, Classiques Garnier, 2012, p. 83-92.

15 Flaubert, Gustave, cité par Michel de Certeau, *La Fable mystique II*, *op. cit.*, p. 43.

dans le contexte du début du XXe marqué par l'avènement des sciences sociales d'une part, la crise de la philosophie, d'autre part. « *Le mystique devient l'un des lieux où s'articulent l'appropriation du religieux par les sciences sociales et la crise de la philosophie*[16] », constate Certeau. C'est d'ailleurs bien à l'intérieur de ce contexte que nous situons notre propre objet d'étude, en étudiant la réception moderne et actuelle du discours des mystiques. Selon Michel de Certeau[17], l'étude de la mystique, d'abord réservée au domaine de la théologie, puis de l'historiographie, débouche, au début du XXe siècle, sur une déshistoricisation telle que l'ont amorcée les sciences sociales, la philosophie spirituelle de Bergson et de ses héritiers, tendance poursuivie ensuite par la psychologie et la linguistique. Nous tenterons de tracer ici les grands jalons de cette évolution, en France, en Europe et Outre-Manche.

LA PHILOSOPHIE SPIRITUELLE DE BERGSON (ANNÉES 1920-1930)

En Occident, le discours critique bute précisément sur la théorisation de cette expérience fondatrice. Henri Bergson, dans *Les Deux sources de la morale et de la religion*, paru en 1932, établit une corrélation entre ce type d'expérience et le processus créateur, montrant que l'étude des spirituels de la voie négative éclaire dans une certaine mesure l'expression artistique. En 1938, Henri Delacroix, dans *Les grands mystiques chrétiens*, évoque Thérèse d'Avila et Jeanne Guyon, importante mystique qu'il contribua à réhabiliter après la querelle du pur amour (souvent dite du « quiétisme ») au XVIIe siècle. Henri Delacroix, sur les traces de Bergson, voit dans la mystique « une nouvelle forme de vie[18] ». Ce paradigme de la nouveauté, appliqué ici au champ anthropologique, sera repris par Maurice Maeterlinck dans le domaine de la création esthétique.

Dès 1900, cette évolution est liée en France aux grands courants philosophiques hérités de Bergson. Citons à cet égard l'étude que Jean Baruzi consacre à Jean de la Croix[19]. Par ailleurs, à une époque de forte influence orientale, ces auteurs élargissent leur champ d'études aux

16 *La Fable mystique*, II, éd. Luce Giard, Paris, Gallimard, 2013, p. 43.

17 *Idem.*

18 Delacroix, H., *Les Grands mystiques chrétiens*, Paris, Félix Alcan, 1938, p. 3. Une première édition du livre *Études d'histoire et de psychologie du mysticisme* était parue chez Alcan en 1908.

19 Baruzi, J., *Saint Jean de la Croix et le problème de l'expérience mystique* (1924), Paris, Félix Alcan, Bibliothèque de philosophie contemporaine, 2e édition, 1931.

traditions venues d'Orient[20], ce qui amènera, à partir des années 1950, la publication d'ouvrages tels que *Mystique d'Orient. Mystique d'Occident*, de l'allemand Rudolph Otto[21], suivis par ceux de Louis Massignon[22] et de Louis Gardet[23], spécialistes de mystique musulmane, ainsi que ceux d'Olivier Lacombe, consacrés à la mystique comparée[24].

LA PSYCHOLOGIE (ANNÉES 1930)

De plus en plus, tendent à s'affirmer des approches « naturalistes » qui remplacent le concept d'« expérience » par celui de « phénomène ». Les psychologues d'Outre-Manche instaurent cette rupture épistémologique décisive. Le philosophe et psychologue américain William James (1842-1910), dans *Les Variétés de l'expérience religieuse*, paru en 1902, donnera quatre caractéristiques de cette expérience : l'ineffabilité, le « nous » (esprit), la forme transitoire (expérience volatile), la passivité. Il défend la conception moniste d'une expérience identifiée à un « noyau universel[25] » : « la psychologie est devenue l'instrument d'une théologie fondamentale[26] », conclut Michel de Certeau. En 1925, dans un ouvrage datant en grande partie de 1902, l'américain James H. Leuba affirme :

> Le phénomène mystique [...] signifiera pour nous tout état intérieur qui, aux yeux de celui qui l'éprouve, apparaît comme un contact – non par le moyen des sens, mais immédiat, intuitif –, ou comme une union avec plus grand que soi, qu'on l'appelle l'âme du monde, Dieu, l'absolu, ou de tout autre nom que l'on voudra[27].

Il faudra attendre les années soixante pour entendre évoquer cette expérience en des termes qui ne sont plus religieux. Aldous Huxley en

---

20 Massignon, L. comme Gardet L., était spécialiste de mystique musulmane. Voir Massignon, L., *La Passion d'Al Allaj, martyr mystique de l'Islam, exécuté à Bagdad le 26 mars 922. Étude d'histoire religieuse* (1922), 4 vol., Paris, Gallimard, 1975.

21 Otto, R., *Mystique d'Orient. Mystique d'Occident* [1951], Paris, Petite Bibliothèque Payot, 1972.

22 Voir Massignon, *opus cit.*

23 Gardet, L., *La Mystique*, Paris, PUF, coll. « Que sais-je ? », 1970.

24 Gardet, L., et Lacombe, O., L'Expérience *du Soi, essai de mystique comparée*, Paris, Desclée de Brouwer, 1981.

25 Certeau, Michel de, *La Fable mystique*, II, *op. cit.*, p. 45.

26 *Idem.*

27 Leuba, J.-H., *Psychologie du mysticisme religieux*, trad. L. Herr, Paris, Félix Alcan, 1925, p. 1.

1961, définit ces sensations comme des grâces gratuites et nullement nécessaires :

> Je crois qu'on peut définir l'expérience mystique de manière assez simple : celle dans laquelle la relation sujet-objet est transcendée, dans laquelle existe un sens de solidarité complète du sujet avec les autres êtres humains et avec l'univers en général. Il y a aussi un sens de ce qu'on pourrait appeler l'ultime justesse de l'univers, le fait que malgré la douleur, malgré la mort, malgré toutes les abominations qui se perpétuent tout autour de nous, cet univers d'une certaine façon est juste [...]. Ensuite vient un autre trait psychologique très caractéristique de l'expérience mystique : le sens d'une intense gratitude, une gratitude intense pour le privilège d'être vivant[28].

Michel Hulin décrit, en 1993, cette expérience comme la conséquence possible d'épisodes de déconditionnement. Nous le rappelons ici :

> La soudaineté, le sentiment de dépaysement radical, la sensation d'être soustrait au cours normal du temps, enfin, la certitude intuitive d'être entré en contact avec un réel d'ordinaire caché, la joie surabondante, la sérénité, l'émerveillement[29].

Si les tentatives de théorisation de cette expérience aboutissent globalement à une définition commune, il n'en reste pas moins que le mystère reste entier : qu'éprouvent les mystiques ? Leur expérience est-elle dangereuse ? Peut-on mettre en place des concepts opérationnels pour comprendre de l'intérieur – et non plus seulement dénigrer – cette forme singulière d'être-au-monde ? Par exemple, lorsque Ruysbrœck écrit : « *Nous nous surpasserons nous-mêmes en hauteur, en profondeur et en largeur et ce sera quelque chose comme un égarement sans retour*[30] », rien ne nous autorise à penser qu'il décrit une expérience de perdition.

LA LINGUISTIQUE (ANNÉES 1970)

Dans les années 1970 s'opère une autre mutation décisive : la mystique est perçue comme un rapport singulier au langage et au système de la langue en général, à une époque où certains linguistes parlent d'une

28 Huxley, A., extrait d'une conférence donnée en 1961, « L'expérience visionnaire », in Bonasse, P., *Les Voix de l'extase*, Paris, Trouble-fête, 2005, p. 95.

29 Hulin, M., *La Mystique sauvage. Aux antipodes de l'esprit*, *op. cit.*, p. 133.

30 Ruysbroeck, J. van, *Rusbrock l'Admirable. Œuvres choisies*, trad. Ernest Hello (1869), Paris, Perrin, 1920, p. 110.

crise du langage qui a pris ses racines dans les idéologies totalitaires du début du XXe siècle[31]. Le philosophe américain Steven T. Katz, né en 1944, publie en 1978 *Language, epistemology and mysticism*[32], ouvrage au sein duquel il établit une grammaire du discours mystique sur la base des théories de Wittgenstein[33], dégageant le paradoxal et l'ineffable comme composantes de ce type de discours. Le philosophe et logicien britannique d'origine autrichienne Ludwig Wittgenstein (1889-1951) auteur du *Tractatus*, écrivait en effet en 1917 : « *Rien* n'est perdu si l'on ne cherche pas à dire l'indicible. Ce dont on ne saurait parler est – indiciblement – *contenu* dans ce qui est dit[34]. »

Les études de référence restent les travaux de Michel de Certeau (1925-1986), spécialiste de l'âge classique, dont surtout les deux volumes de *La Fable mystique*[35]. Il examine ces textes comme des productions d'écrivains qui, outre leur parcours spirituel, vivent une expérience de l'écriture et de la poésie : si leur démarche est d'abord une aventure dans la langue, toute perspective critique doit concilier, selon lui, une double approche, à la fois théologique et linguistique. C'est l'isolement linguistique de la « Science des saints » au XVIIe siècle qui, selon Michel de Certeau, a permis un essor de la rhétorique et de la logique, donnant naissance à un nouveau langage, qui est selon lui un langage moderne. Cette langue expérimentale s'élabore dans un espace de résistance aux dogmatismes, et met en place une pragmatique de la parole et de la voix, et la fabrique d'une écriture consacrée au négatif.

PERSPECTIVES ACTUELLES

Enfin, à l'heure actuelle, il est intéressant de lire un certain nombre de démarches littéraires et artistiques de la modernité et de la postmodernité,

31 Nous vous renvoyons à l'ouvrage de Steiner, George, *Extraterritorialité. Essai sur la littérature et la révolution du langage.* Hachette littératures, Calman-Lévy, [1970] 2002.

32 Katz, Steven, « Language, epistemology and mysticism », in *Mysticism and philosophical analysis*, New York, Oxford University press, 1978, p. 22-73.

33 Le philosophe et logicien britannique d'origine autrichienne Ludwig Wittgenstein (1889-1951) auteur du *Tractatus*, écrivait en 1917 : « *Rien* n'est perdu si l'on ne cherche pas à dire l'indicible. Ce dont on ne saurait parler est – indiciblement – *contenu* dans ce qui est dit. » Wittgenstein, Lettre à Paul Engelmann, 9 avril 1917, cité par Steiner, George, *Extraterritorialité. Essai sur la littérature et la révolution du langage*, Hachette littératures, Calman-Levy, 2002 [1970], p. 121.

34 Certeau, Michel de, *La Fable mystique II*, *op. cit.*, p. 46.

35 Certeau, Michel de, *La Fable mystique I. XVIe-XVIIe siècles*, *op. cit.*

à la lueur des fondements anthropologiques sur lesquels repose le discours mystique. La philosophie, qui, au cours du XIXe siècle, a pris le relais de la théologie pour aborder ces questions, a exercé un impact majeur sur la littérature et les arts : nous connaissons l'influence de Bergson sur l'œuvre proustienne, mais la révolution opérée par la phénoménologie est également considérable sur des écrivains tels que Beckett. Maurice Merleau-Ponty, Jacques Derrida, Gilles Deleuze ont profondément influé sur les lettres et les arts, instaurant une crise des représentations. Les tentatives de la psychanalyse sont également à mentionner, même si dans la plupart des cas, celle-ci échoue à définir son objet d'études, dans la méconnaissance entretenue de ce que peut représenter l'être-au-monde des mystiques. Ghislain Waterlot, co-organisateur du colloque *La Mystique face aux guerres mondiales*, qui s'est tenu en 2008 à Paris au Collège International de Philosophie, travaille sur la position originale de Bergson, qui est convaincu que l'idée d'« humanité » (différente de celle d'espèce) est venue des spirituels de la voie négative, et qu'un mystique accompli est une espèce à individu unique. Le précepte érasmien selon lequel on ne naît pas humain, on le devient, est un précepte qui induit la création de soi par soi, non dans un sens démiurgique (nous écartons du champ de notre étude les « mystiques » chtoniennes ou collectives, liées aux idées de « surhumanité » ou de « surpuissance » qui ont fait le lit des idéologies totalitaires) mais dans le sens d'humbles démarches solitaires à travers lesquelles le sujet expérimente une métamorphose, doit se dépasser et reprendre contact avec le mouvement de la « vie » (au sens où l'entend Bergson), d'où la notion d'extase phénoménologique au sens où l'entendra Merleau-Ponty, qui reconnaîtra sa dette à l'égard de Bergson.

Selon Michel de Certeau, force est de constater que les études sur la mystique sont un non-lieu de la philosophie. À une époque où l'athéisme n'est plus considéré comme un crime, mais souvent quasiment comme une norme, on détache cet objet d'étude du religieux, on le dépolitise, il devient un « impensé » des sciences sociales[36]. Le problème de la scientificité de l'objet a été selon lui bien vu par Freud, qui se demandait comment traiter de manière scientifique la question de la mystique, vue comme une interrogation philosophique (sur la limite, sur la mort). Il se demandait comment la soustraire aux approches irrationnelles[37] (le

36 Certeau, Michel de, *La Fable mystique II*, *op. cit.*, p. 43-50.

37 Voir à ce titre sa correspondance avec Romain Rolland à propos du « sentiment océanique ».

« sentiment océanique » et sa correspondance avec Romain Rolland) ou dogmatiques. Il nous faut également se poser le problème épistémologique de la notion de « science » qui évolue selon les siècles, avec la rupture décisive du début du XXe avec l'arrivée des sciences sociales, qui obligent à redéfinir les objets. Nous devons donc nous interroger sur l'espace épistémologique de nos disciplines de travail.

Une recherche sur l'influence (et la réception) des écrivains de la tradition mystique ne peut que s'inscrire dans le cadre historique d'un discours critique en constante évolution depuis un siècle, et dont la nature est transdisciplinaire.

Lydie PARISSE
Université de Toulouse 2

DÉTOUR TARDO-ANTIQUE SUR UNE CATÉGORIE MODERNE

La mystique comme lieu de vérité ou comme lieu de pouvoir ?

Pour aborder, même dans une perspective littéraire, un objet appartenant au départ aux sciences des religions, il est essentiel de mettre à profit le regard de l'histoire et de l'anthropologie, deux disciplines qui invitent au comparatisme dans le temps et dans l'espace, et nous permettent de nuancer, si ce n'est de déconstruire, les postures universalistes. Quels regards peuvent donc apporter les cultures païennes de l'Antiquité sur la catégorie de « mystique » et sur tout ce qu'on y met parfois de manière pêle-mêle ? Aucun. Ou plutôt, pour le dire de manière moins provocante, un regard extérieur et antérieur, un décentrement obligé, un pas de côté nécessaire qui oblige à s'interroger sur la fabrique de nos concepts dans leur intention et leur extension, ainsi que sur l'impossible universel que, bon gré mal gré, cette notion tente de circonscrire. De fait, l'Antiquité nous confronte à des sociétés où n'existait pas encore ce que plus tard nous avons appelé la « mystique ». Au mieux, il faut rapporter à Plotin (IIIe siècle) l'élaboration du cadre conceptuel qui permet de décrire l'expérience mystique[1]. Sous quelle condition alors – et au prix de quelles distorsions – peut-on définir un objet comme « mystique » dans une société polythéiste de la Méditerranée antique ? En un mot, ce regard nous oblige à considérer avant tout la mystique comme un discours produit par l'histoire, et non comme une réalité universelle, transculturelle, traductible d'une *épistémé* à une autre. Aussi devrait-on lui appliquer les outils que les sciences humaines ont développés

1 Rist, John M., « Mysticism », in *Plotinus : the road to reality*, Cambridge, University Press, 1967, p. 213-230 et Hadot, Pierre, « Neoplatonist spirituality. I. Plotinus and Porphyry », in Armstrong, Arthur Hilary (dir.), *Classical Mediterranean Spirituality : Egyptian, Greek, Roman*, New York, Crossroad, 1986, p. 230-249 fournissent une bonne introduction à la bibliographie néoplatonicienne sur la question.

pour l'analyse des discours et en identifier les paramètres constitutifs, c'est-à-dire, dans la perspective d'une méthode archéologique initiée par Foucault, prêter attention aux soubassements épistémologiques qui sont la condition de possibilité d'un rapport particulier au réel. Pour un tel projet, la carrière est vaste ! Aussi faudra-t-il se contenter ici de quelques réflexions critiques sur le *pouvoir* que contient la mystique et qui semble lié au « secret » que recèle son étymologie antique. De ne pas rencontrer de mystique, ce détour par l'Antiquité n'en est pas moins instructif. Il invite en effet à s'interroger sur un autre mystère que le silence divin : la parole créatrice des sociétés humaines.

CONTENU SÉMANTIQUE ET PORTÉE PRAGMATIQUE

Sans entrer dans un examen approfondi des multiples définitions qu'on a données de la mystique au cours de son histoire ni dans une enquête philosophique de sa signification, tenons-nous en à quelques cas instructifs[2]. Dérivant de μυεῖν, qui signifie « fermer les yeux ou la bouche », l'adjectif μυστικός renvoyait au départ à des cérémonies rituelles athéniennes qui se tenaient à Éleusis et se rapportaient à Déméter, mais sans connoter de phénomènes « mystiques ». Le terme signifie généralement « secret ». Dès le passage au latin, les traductions sont problématiques : μυεῖν est rendu par le verbe *initiare* mais le μυστήριον, qui désigne en grec une cérémonie rituelle ou encore un objet rituel, devient en contexte chrétien

2 Dupré, Louis, « Mysticism [First Edition, 1987] », in *Encylopedia of Religions. Second edition*, éd. Lindsay Jones, 2005, p. 6341 : « *No definition could be both meaningful and sufficiently comprehensive to include all experiences that, at some point or other, have been described "mystical". In 1899 Dean W. R. Inge listed twenty-five definitions. Since then the study of world religions has considerably expanded, and new, allegedly mystical cults have sprung up everywhere* ». Pour un aperçu sur ces questions, je renvois aux références encyclopédiques qui ont alimenté les réflexions de cet article : Meslin, Michel, « L'expérience mystique. Approches et définitions », in *Encyclopédie des religions*, Lenoir et Tardan-Masquelier (dirs.), Bayard, 2000, p. 2337-2343 ; Peter Moore, « *Mysticism [Further Considerations]* », *Encylopedia of Religions. Second edition*, Jones, Lindsay (dir.), Macmillan Reference, 2005, p. 6355-6359 et Trémolières, François, « Mystique/Mysticisme », in *Dictionnaire des faits religieux*, Azria et Hervieu-Léger (dirs.), Paris, Presses Universitaires de France, 2010, p. 771-779.

un *sacramentum*[3]. La forme substantive « la mystique » apparaît au début du XVIIe siècle dans le cadre de la Contre-réforme pour désigner une théologie expérimentale par opposition à la théologie dogmatique, mais le terme finit vite par désigner des phénomènes para-normaux (lévitation, stigmates, miracles, apparitions[4]). Au début du XXe, l'anthropologie récupère le terme pour classifier toutes sortes de phénomènes religieux. Si l'on fait de la « mystique », à la suite de Lévy-Bruhl, l'opposé de la pensée rationnelle, une croyance en des forces animant la nature, et qu'on y inclut à la fois les religions « primitives », les miracles, les apparitions, les pratiques religieuses antiques du paganisme et de l'animisme, les prétentions de la magie, alors à ce compte, oui, toute l'Antiquité serait mystique : l'oniromancie, l'haruspicine, l'astrologie, l'incubation, les rituels propitiatoires, les lustrations, les épiphanies… témoigneraient tous d'une pensée « mystique ». Mais qui trop embrasse mal étreint : l'inflation du sens risque de s'accompagner d'une dévaluation du concept dans sa portée heuristique. Ces phénomènes en effet n'ont rien à voir avec l'illumination d'un Kabîr ou d'un Maître Eckhart, d'une Thérèse d'Avila ou d'un Rûmi. Et cette définition laisse de côté la dimension rituelle des pratiques religieuses et élude la cohérence interne que recèle la cosmologie indigène. Par ailleurs, qui ne voit qu'une telle définition sert nos intérêts ? Elle consiste en réalité à poser tout occidental moderne en maître du sens, en détenteur de la vérité. La simplification extrême de cette approche anthropologique ne rend justice ni aux uns ni aux autres. Aussi l'anthropologie a-t-elle heureusement développée, dans la lignée de Malinowski, puis d'Evans-Pritchard, une approche « émique », à partir de laquelle l'observateur doit recourir autant que possible aux catégories indigènes pour rendre compte d'une culture étrangère plutôt que d'exporter, de manière ethnocentrée, les concepts dont il a hérité à sa naissance. Or, nous ne connaissons pas de mot grec ou latin pour nommer la mystique.

Définie de manière plus restreinte, la mystique évoque généralement des personnalités historiques exceptionnelles qui ont vécu des expériences que l'on décrit diversement mais où la proximité avec l'Absolu semble

---

3 Trémolières, art. cité, p. 776.

4 *Ibid. Cf.* aussi Dodin, André, « Mystique chrétienne » in Poupard (dir.), *Dictionnaire des religions*, 2007[2] (1984[1]), Paris, Presses Universitaires de France, p. 1388-1392. Le mot « mysticisme » apparaît de son côté au début du XIXe siècle.

le dénominateur commun. Au contraire des religions, qui désignent un ensemble d'individus réunis autour de croyances collectives et de pratiques sociales, la mystique, dans la modernité, semble renvoyer l'individu à lui-même et à ce qui tout à la fois le dépasse et transcende les déterminations culturelles et religieuses de son groupe social. L'expérience mystique devient ainsi l'occasion où tout être humain, quelle que soit sa culture, se retrouve identique devant l'Absolu. Or, pour peu qu'on fasse de la « mystique » l'idée d'une union au divin, où l'individu est tout entier absorbé par l'Être, alors il n'y a de mystique valable qu'à l'intérieur de certaines cultures religieuses très particulières, dont les théologies sont le produit d'une longue histoire : pourquoi connaît-on tant de mystiques chrétiens, juifs, musulmans, voire également des mystiques bouddhistes et hindous, mais aucun mystique chinois, aucun mystique guarani, shuar ou aymara ? On se retrouve ainsi confronté à un paradoxe : la quête d'absolu que contient la mystique n'est possible qu'à travers une théologie et une anthropologie définies par une culture donnée et par une histoire toute relative. Quoi ! L'expérience mystique, comme affranchissement des déterminations, ne serait possible que dans un cadre déterminé ? L'accès à la transcendance n'aurait lieu qu'au prisme d'un paradigme historiquement daté et culturellement situé ? L'émancipation des dispositifs de subjectivation ne serait elle-même qu'un dispositif supplémentaire pour définir un type d'individu à l'intérieur d'un collectif humain ? À moins que cette expérience vécue par un individu donné n'ait en soi, pour soi et *par principe*, une valeur universelle. À moins qu'il ne faille justement, en transcendant les déterminations culturelles et les dispositifs sociaux, ramener toute expérience du monde, si diverses soient-elles, à l'information contenue dans cette expérience-ci et postuler que dans l'expérience de la transcendance il y a également une transcendance de l'expérience. Avatar d'un évangélisme oublié, voilà qu'à nouveau un discours porterait aux confins des sociétés humaines la bonne parole de la mystique « véritable ».

De fait, la mystique se veut souvent le lieu d'une vérité hyperbolique. Elle permettrait de réunir les fragments éclatés de notre humanité pour restituer son image intégrale, ce qui fait son essence. Et pour préserver le contenu de cette vérité malgré la diversité des discours, reste à poser la réciprocité de ces derniers dans une équation où seraient traduisibles les uns dans les autres – miracle de l'*interpretatio mystica* – l'hésychasme du Mont Athos, le Rêve aborigène, la métaphysique du Vedānta, la bhakti hindoue, les koans zens, les mystères d'Isis et les *Chimères* de Nerval. D'un point de vue philosophique, « l'enjeu [...] est considérable pour une science des religions. Il y aurait à définir un *homo religiosus* moins par les rites (l'aspect social et cultuel), moins par les mythes ou les dogmes (l'aspect discursif et argumentatif) que par une expérience spécifique, qui se donne comme communication[5] » avec ce qui à la fois dépasse et réunit tout individu et toute société. Le discours sur la mystique contient ainsi un projet universaliste dont les termes se posent à l'intérieur de notre propre *épistémé.* Il en dit peut-être plus de notre culture que des autres.

Marqueur d'altérité, voire d'irrationalité, ou au contraire d'une identité et d'une vérité universelle, la mystique touche au plus intime de l'être humain et engage donc profondément celui qui l'énonce, celui qui n'en fait que prononcer le mot. À analyser ses emplois, le contenu sémantique du terme compte peut-être moins que sa valeur pragmatique. Au-delà de l'étonnante diversité de ses définitions, la mystique polarise les discours comme un aimant, soit pour entraîner un rejet et jeter le discrédit (c'est incompréhensible, donc irrationnel), soit pour définir un idéal dans l'existence humaine et susciter l'admiration (c'est au-delà de l'intelligible, donc sacré). *Noli me tangere.* Est-ce l'objet qui est trop absurde ou notre propre finitude en tant que sujet qui nous le rend trop lointain ? N'y touchons surtout pas ! Le discours sur la mystique est difficilement neutre, et tout récemment, Mariel Mazzocco a magnifiquement relevé l'extension sémantique que ce mot a prise à partir du XVIIe siècle et la nécessité méthodologique d'en restreindre la portée[6]. Massignon, au début du XXe siècle déjà, déplorait toute cette littérature de gare que les maisons d'édition faisait d'une si prestigieuse notion et cherchait alors à établir ce qu'était la mystique « véritable[7] ». De même, Festugière a établi une typologie des « mystiques » de l'Antiquité tardive en les incluant dans une hiérarchie fondée sur des critères psychologiques *a*

5 Trémolières, art. cité, p. 774, col. 2.

6 Mazzocco, Mariel, « "Mystique". Histoire et métamorphose d'un mot (XVIIe-XXe siècles) », in Mazzocco, Mariel, Trémolières, François et Waterlot, Ghislain, (dirs.), *L'université face à la mystique : un siècle de controverses ?*, Rennes, Presses Universitaires de Rennes, 2018, p. 11-23.

7 Massignon, Louis, « L'expérience mystique et les modes de stylisation littéraire », *Roseau d'Or*, 1927, p. 141-176.

priori concernant la relation au divin[8]. Pertinente dans un projet théologique, en l'occurrence tributaire du christianisme, une telle classification ne fonctionne guère dans la perspective d'une science anthropologique.

Définir est une nécessité, mais elle s'accompagne aussi d'une normativité qu'il faut questionner, car le geste en soi de nommer mystique telle ou telle réalité est signifiant en ce qu'il établit une *distinction*. Pour ne pas répéter l'approche définitionnelle si souvent reprise, accordons un instant notre attention à l'usage. À défaut de présenter le même contenu sémantique que la catégorie moderne, l'adjectif μυστικός, dans quelques-uns de ses plus anciens emplois, jette néanmoins une lumière essentielle sur une partie des enjeux pragmatiques qui entoure la notion. Conservée dans un fragment chez Diogène Laërce (IIIe siècle), l'une des plus anciennes attestations de l'adjectif apparaît dans le titre d'un ouvrage perdu qui daterait du VIe siècle : le *Discours secret* (μυστικὸς λόγος[9]) attribué à Hippase. Le citateur nous informe simplement que ce discours avait été composé pour réfuter Pythagore. Le *musticon* s'accompagne ici d'une fonction polémique. Dans les emplois de μυστικός que fait Thucydide, la polémique prend un autre aspect puisque ce sont les cérémonies secrètes (τὰ μυστικά) elles-mêmes qui font l'objet d'un scandale politique[10] : l'affaire de la parodie des mystères et de la mutilation des Hermès déchire alors la cité d'Athènes et lui coûte une victoire militaire cruciale. Dans un cas, le *musticon* est d'ordre discursif et philosophique ; dans l'autre, il est d'ordre rituel et légal. À travers ces deux situations, on doit retenir que le secret (μυστικόν) qui est à la racine de la mystique, sert à exercer un pouvoir de distinction entre les individus : il y a ceux qui connaissent les secrets, et il y a ceux qui les parodient.

---

8 Festugière, André-Jean, « Cadre de la mystique hellénistique », in *Aux sources de la tradition chrétienne. Mélanges offerts à M. Maurice Goguel*, Suisse, Delachaux & Niestlé S. A., 1950, p. 74-85.

9 Laërce, Diogène, *Vies et doctrines des philosophes illustres* VIII, 7, trad. Goulet-Cazé, La Pochothèque, 1999.

10 Thucydide, *La Guerre du Péloponnèse* VI, 28 ; 60-61, trad. Romilly, Jacqueline de, Les Belles Lettres, 1990.

UN CONCEPT POLITIQUE
Le secret dans la genèse d'un pouvoir

Même comme expérience de l'Absolu, de l'Être ou de l'Ineffable, même comme extinction du sens, la mystique va de pair avec un discours, ou avec un métadiscours sur le silence qu'elle recèle, sur cette vérité si intime qui engage notre humanité. Tout en se situant dans un au-delà du langage, elle a ainsi rapport au texte en tant qu'elle est par excellence le lieu de questionnement du sens et celui de l'interprétation : frappé par un interdit social ou par une inefficience ontologique du langage, c'est parce que le sens n'est pas tout entier donné dans le texte qu'il donne lieu à une recherche. Il y a un « secret », autour duquel se répartissent les silences et les discours, et la mystique en serait la quête au creux et en-deçà de tout texte. En grec moderne, μυστικὸ désigne encore, tout simplement, le secret que deux enfants peuvent se murmurer à l'oreille, tandis qu'un troisième est jaloux de le connaître. Et on sait comme être dans le secret ou ne pas l'être peut faire toute la différence dans un jeu d'enfant… Dans la langue du droit, un « testament mystique » ne désigne rien d'autre qu'une procédure testamentaire particulière, vouée au secret absolu, dont les enjeux, comme pour tout héritage, peuvent être cruciaux, mais dont le contenu ne porte *a priori* sur rien de plus concret que des legs. Le secret préserve les intérêts et il faut l'autorité d'un notaire pour le transmettre. Tout en étant silence, la mystique en dit donc – ou en faire dire – beaucoup.

L'exégèse biblique a développé la recherche d'un *sens mystique* des Écritures, à savoir une vérité non-littérale implicitement contenue dans le texte sacré et appelant un déchiffrement, un dévoilement de ce qui est masqué. Or, l'herméneutique ne va jamais de soi. Toute la difficulté consiste à établir les méthodes d'analyse et les procédures autorisant l'interprétation du sens et le légitimant. Si l'esprit est caché derrière la lettre, quel en est le sens véritable ? Qui a autorité pour l'établir et selon quel principe ? Des mouvements évangélistes américains instrumentalisent, par exemple, l'Écriture de manière à inclure l'histoire américaine dans l'histoire sainte et pour faire du projet politique américain un dessein divin. Des courants islamistes prétendent que les découvertes scientifiques modernes sont déjà écrites dans le Coran. Des sectes religieuses s'emparent du Texte sacré pour défendre une vision du monde toute subjective, hétérodoxe, et qui se veut en rupture avec un sens « autorisé ». Le sens est-il caché ? Qu'à cela ne tienne : à chacun d'y aller de son interprétation ! En parallèle, à l'encontre d'un fractionnement du sens authentique en de multiples vérités, l'exigence d'une interprétation collective, officielle, est si pressante que la communauté doit établir des règles d'interprétation, des méthodes qui se veulent objectives et rigoureuses et qui permettent l'identification et la transmission du sens. Aussi l'Église a-t-elle patiemment établi les clés de lecture de la Bible et les a-t-elle enseignées au séminaire à ses futurs porte-paroles. Et dans une certaine mesure, les techniques de l'interprétation des textes développées par les études en littérature et en sciences humaines en sont les dignes héritières : le texte a besoin d'une méthode pour être lu ; tout en contenant un sens destiné à une actualisation personnelle par le lecteur, il ne peut pas être laissé à l'appréciation subjective et contient également sa part d'information objective. D'un côté la diversification du sens, son éclatement ; de l'autre sa fixation et sa transmission. Le « secret » appelle d'un même mouvement deux réalités antinomiques : on n'a pas plus tôt offert une nouvelle révélation qu'il faut aussitôt l'officialiser, établir son autorité et organiser sa transmission.

En somme, le « secret » génère aussitôt la norme et l'hérésie. Le « secret » est un concept politique : il implique une répartition des pouvoirs et des rapports de force, il impose à la fois l'évasion d'un sens, qui est donné pour caché et qui nous échappe, et en même temps son affirmation à travers l'institution d'une autorité souveraine pour, tant bien que mal, l'établir collectivement. Quel qu'en soit le contenu, le secret (μυστικὸ) distingue l'enfant à qui on l'a soufflé – et qui joue à le conserver, à faire languir son ami, à marchander, peut-être, la confidence – de l'enfant qui donnera son sac de billes pour une information qui n'en valait peut-être pas tant. Si le sens était tout entier révélé, quel serait son pouvoir ? Tout le problème réside dans l'accès au sens et dans sa maîtrise. Celui qui, enjambant les institutions codifiées, enseignées, officialisées, s'établit au-dessus et revendique un accès direct, immédiat, intuitif au sens occupe une place unique et se voit environné d'une aura de puissance : il suscite l'admiration ou au contraire le rejet. Aussi certains mystiques ont-ils été vus avec la plus grande méfiance de la part de l'Église tout en nourrissant pour des générations une fascination magnétique. Et comment pourrait-on rester de marbre devant ces hommes et ces femmes qui sont allés si loin dans l'expérience humaine ? C'est le cas par exemple du premier mystique rhénan, Maître Eckhart, traduit en justice par les autorités religieuses et condamné par une bulle papale pour « avoir détourné de la vérité l'enseignement et s'être converti à des fables[11] ».

Mais tout aussi puissant, celui qui s'arroge le droit d'interpréter l'expérience mystique, de la commenter, de la déchiffrer et d'en transmettre le sens à un public curieux d'entrer dans le secret. Se crée à son tour une zone de pouvoir au sein de sa société. Maître du sens, maître du secret, il peut manipuler le discours qui entoure le silence du mystique. L'ineffable, en grec, contient ici une ambiguïté sémantique riche de sens : ἄρρητον est à la fois « ce qui ne peut pas être dit » (une impossibilité) et « ce qu'on ne doit pas répéter » (un interdit). De fait, partager un secret, si futile qu'il soit, ne donne un pouvoir qu'à condition d'en contrôler et d'en limiter l'accès. Dérivé de *secerno* qui signifie « mettre à l'écart », le secret (*secretum*) voisine avec le décret (*decretum*), termes qui proviennent d'une racine indo-européenne **krei* signifiant « passer au crible, faire le tri[12] ». Le secret est ce qui décide, décrète une ligne de démarcation et institue alors un pouvoir. Y contrevenir, c'est commettre un *crimen.* Du côté grec, cette racine est exploitée dans le domaine juridique : le juge (κριτής) émet une décision (κρίνω) au tribunal (κριτήριον). Que le secret contient un pouvoir de vie et de mort, c'est ce qu'enseigne le bocage normand. L'anthropologue Jeanne Favret-Saada y a mené une remarquable étude sur les pratiques de sorcellerie dans les années soixante-dix[13] : elle nous montre que « la parole, c'est la guerre[14] » et que, dans

11 Jean XXII, *In agro dominico : a veritate auditum avertens ad fabulas se convertit, in* Heinrich Denifle (éd.), *Meister Eckeharts lateinische Schriften und die Grundanschauungen seiner Lehre. Acten zum Processe Meister Eckeharts*, Weidmann, Berlin, 1886, (« Archiv für Literatur- und Kulturgeschichte des Mittelalters » 2), p. 636-640. Sur le procès, voir *L'Encyclopédie des mystiques rhénans. D'Eckhart à Nicolas de Cues et leur réception*, Vannier, M.-A. *et alii* (dirs.), Paris, les Éditions du Cerf, 2011, s. v. « Jean XXII », p. 652-653. Voir aussi Mazzocco, *op. cit.*, p. 15 qui relève à juste titre à quel point théologiens et mystiques parlent deux langues différentes.

12 Ernout, Alfred et Meillet, Antoine, *Dictionnaire étymologique de la langue latine : histoire des mots*, Paris, France, Klincksieck, 2001 (1931[1]), p. 115-116.

13 Favret-Saada, Jeanne, *Les Mots, la Mort, les Sorts*, Paris, France, Gallimard, 1977.

14 *Ibid.*, p. 27.

ce jeu contre un ennemi supposé, le désensorcelleur ne maintient son pouvoir qu'à condition d'entretenir le secret. La réalité de son pouvoir naît et se perd avec la parole. Le *secret* est puissant à condition d'être *discret*. Dans un tout autre contexte sociologique – un rituel initiatique du Gabon, le Bwete –, Julien Bonhomme a remarqué que l'initiation n'impliquait pas nécessairement l'instruction d'un savoir qui dissiperait le secret, mais au contraire que « la fonction de la langue rituelle sert [...] moins à protéger secret qu'à le créer et à le suggérer : elle ne cache pas aux profanes une vérité transparente aux initiés ; elle rend le Bwete énigmatique à tous, y compris aux initiés[15] ».

Le secret a donc un rapport avec la construction d'une figure d'autorité et avec la production d'un pouvoir. Il a la capacité d'introduire des distinctions. Créer un secret, une zone d'ombre (l'invisible) ou de silence (l'ineffable), l'entourer d'un discours, voilà qui génère dans le monde un pouvoir et permet de départager des groupes. Le secret est un concept politique. Et la mystique, tout en s'affirmant comme accès à ce qui transcende le social, se situe également dans ce qui le fonde. Tout pouvoir ne vient-il pas de Dieu ? Le mystique est ainsi une figure d'exception mais c'est également, bien souvent, un modèle, un maître, un idéal. Autrement dit une figure de séduction. En tant que tel, il exerce sur les artistes et les écrivains une puissante fascination. Source d'inspiration, la mystique, dans des sens toujours changeants, toujours personnels, peut alimenter la création esthétique, comme les textes réunis dans ce volume l'illustrent à divers niveaux. Parfois prise comme paroxysme de la spiritualité, comme horizon inaccessible du langage dans la création poétique, ou encore comme illumination déshabillée de la lumière divine à une époque où les religions ont mauvaise presse, la « mystique » sert à générer un discours où le poète, l'artiste, établissent le statut de leur parole. Du fait d'être en rapport avec le secret, elle est le lieu privilégié de la réécriture et de la réinvention. Ce faisant naît l'autorité de celui qui parle et qui s'institue lui-même en maître d'un sens re-créé. *In principio erat interpretatio*[16].

---

15 Bonhomme, Julien, *Le Miroir et le Crâne. Le parcours rituel de la société initiatique Bwete Misoko (Gabon)*, École des Hautes Études en Sciences Sociales, 2003, p. 260.

16 Reprise ironique de la parole de Jean, « Au commencement était le verbe » [« *In principio erat verbum* »], *Évangile selon saint Jean*, I, 1.

UN MOMENT ANTIQUE
Autour du IIIe siècle

On ne trouve donc pas de mystique dans l'Antiquité polythéiste sauf au prix d'un coup de force sur les mots, au prix d'une resémantisation *intéressée* du concept afin d'établir de nouveaux rapports de forces : *faire dire* au polythéisme une vérité qui lui est étrangère pour établir l'*autorité* d'un discours contemporain[17]. Gare aux sirènes de la mystique ! Il s'agit, ni plus ni moins, de « gagner ». Le titre d'un ouvrage récent l'illustre bien : avec la *Victoire des sans rois*, Pacôme Thiellement recrée de toutes pièces une parenté intellectuelle entre les mouvements gnostiques de l'Antiquité et la pop-culture contemporaine[18]. Au cœur du projet, l'opposition entre d'un côté la religion (catholique) comme instrument de domination, de l'autre la communauté des « sans rois », dont le rapport immédiat à la création (dans ses sens à la fois cosmologique et esthétique) est gage de liberté. En fait, il s'agit de rejouer sur une scène mythique les tensions contemporaines entre libéralisme et étatisme. Mais comme y invite Mark Alizart, on peut chercher plus vraisemblablement du côté de la Réforme la constitution d'une « pop-théologie » dans la culture populaire[19].

Le discours universel de la mystique conduit donc occasionnellement à créer des lignages spirituels faisant fi de l'histoire sociale. Mais l'archéologie d'une telle pratique remonte à l'Antiquité. Et le coup de force de la resémantisation, les philosophes de la période tardive l'ont eux-même accompli. Décrit comme une « mystique eschatologique » par Festugière[20], l'hermétisme, par exemple, se constitue à l'époque romaine en prétendant conserver un savoir traditionnel ancestral, qui passera aux yeux des chrétiens pour la

17 Ainsi, Burckhardt, Titus †, « Le retour d'Ulysse », *Ultreïa !* 2, 2015 projette sur l'épopée homérique une « spiritualité » puisée en réalité dans des textes néoplatoniciens postérieurs d'un millénaire (Porphyre, *L'antre des nymphes*), créant *ipso facto* l'illusion d'une belle adéquation entre aujourd'hui, hier et avant-hier.

18 Thiellement, Pacôme, *La Victoire des sans roi : révolution gnostique*, Paris, Presses Universitaires de France, 2017.

19 Alizart, Mark, *Pop théologie : protestantisme et postmodernité*, Paris, Presses Universitaires de France, 2015.

20 Festugière, art. cité, p. 76-82.

prisca theologia, c'est-à-dire le prélude païen de la révélation chrétienne[21]. L'hermétisme se présente comme une « voie » pour s'évader du monde et retrouver dieu. Mais au cœur de l'hermétisme se trouve également la question de l'identité sacerdotale égyptienne à une époque où les structures socio-économiques du clergé sont mises à mal et où les prêtres se cherchent un nouveau statut d'autorité au sein d'un monde multiculturel et multilingue[22]. De fait, depuis le IVe siècle avant J.-C., l'Égypte est sous domination grecque, puis romaine et doit composer avec une administration, une langue, des valeurs et des visions du monde qui ne correspondent plus à celle de l'époque pharaonique. Faire autorité signifie ici ré-inventer une tradition religieuse, transformer les pratiques et les idées tout en dissimulant la transformation sous un discours de l'ancienneté, et donc de l'universel. Ce qui motive une telle entreprise n'en demeure pas moins la définition de son identité au sein d'une collectivité en changement.

L'hermétisme n'est pas le seul mouvement à obéir à une telle dynamique. On peut penser aux stratégies des monothéismes dans l'élaboration d'une communauté malgré et en réponse aux profondes transformations de la société. L'époque se caractérise en fait par l'apparition de l'identité religieuse en substitution à l'identité sociale[23], une identité religieuse qui peut prendre la forme communautaire que lui donnent les Églises ou celle d'une union personnelle au divin. La religion polythéiste grecque n'échappe pas à cette tendance générale tardo-antique. Dès le IIIe siècle,

21 Sur l'hermétisme ancien, parmi une littérature scientifique abondante, voir Fowden, Garth, *The Egyptian Hermes : a Historical Approach to the Late Pagan Mind*, Cambridge, Royaume-Uni, 1986 ; Van den Kerchove, Anna, *La Voie d'Hermès. Pratiques rituelles et traités hermétiques*, Leiden, Boston, Brill, 2012 ; Bull, Christian H., *The Tradition of Hermes Trismegistus : the Egyptian Priestly Figure as a Teacher of Hellenized Wisdom*, Leiden-Boston, Brill, 2018 ; pour Hermès comme figure d'autorité dans l'Antiquité, voir Scarpi, Paolo, « L'autorité divine d'Hermès Trismégiste, pour une "nouvelle religion de la tolérance" », in Gorea, Maria, Tardieu, Michel (dirs.), *Autorité des auteurs antiques : entre anonymat, masque et authenticité*, Turnhout, Brepols, 2014, p. 99-110 ; sur la critique philologique de la renaissance et la révision de la date des écrits d'Hermès, voir Purnell, Frederick Jr., « Francesco Patrizi and the critics of Hermes Trismegistus », in Martin Mulsow, (dir.). *Das Ende des Hermetismus : historische Kritik und neue Naturphilosophie in der Spätrenaissance Dokumentation und Analyse der Debatte um die Datierung der hermetischen Schriften von Genebrard bis Casaubon (1567-1614)*, Tübingen, Mohr, P. Siebeck, 2002, p. 105-126.

22 Frankfurter, David, « *The Consequences of Hellenism in Late Antique Egypt : Religious Worlds and Actors* », *Archiv für Religionsgeschichte* 2/1, 2000, p. 162–194 et *Religion in Roman Egypt : Assimilation and Resistance*, Princeton, États-Unis, Princeton University Press, 1998.

23 Massa, Francesco, « Nommer et classer les religions aux IIe-IVe siècles : la taxinomie "paganisme, judaïsme, christianisme" », *Revue de l'histoire des religions* 234/4, 2017, p. 689-715.

les intellectuels païens appliquent alors à la religion et aux rituels la métaphysique platonicienne et élaborent des systèmes théologiques comme support d'une identité hellène[24]. On établit en même temps des figures d'autorité en la personne de *holy men* alliant expertise philosophique et charisme religieux[25]. Plotin fonde le cadre théorique qui sert plus tard pour la mystique de l'union à l'Un, et qui est repris ensuite par exemple par le pseudo-Denys l'Aréopagite (V-VIe siècle) dans sa théologie apophatique[26]. Ce qui fait le succès si influent de la mystique issue du néoplatonisme, c'est qu'elle se fonde sur l'Intellect et la contemplation. Le divin est accessible sans médiation, par un cheminement tout intérieur. Une telle pensée introduit un divorce au sein du religieux entre partisans d'un bonheur purement rationnel et défenseurs des rituels comme voie d'accès au divin. À la fin du IIIe siècle, une controverse fameuse divise ainsi les héritiers de Plotin : Porphyre prône la contemplation ; Jamblique est à l'instigation d'un tournant théurgique dans les écoles platoniciennes[27]. Dérivée des *Oracles chaldaïques*, la théurgie devient peu à peu une forme de révélation païenne et le modèle d'une vérité perçue intuitivement dans un contact avec le divin[28]. La « contre-réforme » païenne, incarnée au IVe siècle par l'empereur Julien l'Apostat, fervent disciple des néoplatoniciens, illustre de son côté l'importance identitaire qu'a pris alors cet hellénisme théurgico-philosophique comme courant religieux imprégné d'interprétations « mystiques[29] ». Ce mouvement intellectuel aboutit au Ve siècle à l'apparition

24 Par exemple, Saloustios (IVe siècle), un proche du pouvoir impérial, compose un manuel de « catéchèse » néoplatonicien : *Des dieux et du monde.*

25 Fowden, Garth, « *The pagan holy man in late antique society* », *The Journal of Hellenic Studies* 102, 1982, p. 33-59 ; plus largement sur la société païenne tardo-antique, voir Chuvin, Pierre, *Chronique des derniers païens : la disparition du paganisme dans l'Empire romain, du règne de Constantin à celui de Justinien*, Paris, France, les Belles lettres, Fayard, 1990.

26 La théologie apophatique se caractérise, conceptuellement, par la négation de toute détermination concernant le divin et, stylistiquement, par une tendance à accumuler les formulations négatives : Dieu est ni *a*, ni non-*a*. Voir Pseudo-Denys, *Les Noms divins* ; *La Théologie mystique*, De Andia, Ysabel, Suchla, B. R., et Ritter, A. M., (éd.), Sources chrétiennes 578-579, Éditions du Cerf, 2016.

27 Porphyre, *Lettre à Anébon l'Égyptien*, Saffrey, Henri-Dominique et Segonds, Alain Philippe, (éd.) Paris, France, Les Belles Lettres, 2012 ; Jamblique, *Réponse à Porphyre*, trad. Saffrey, Henri-Dominique et Segonds, Alain Philippe, Paris, France, Les Belles Lettres, 2013.

28 Tanaseanu-Döbler, Ilinca, *Theurgy in Late Antiquity : the Invention of a Ritual Tradition*, Göttingen, Vandenhoeck and Ruprecht, 2013.

29 L'ouvrage de référence est l'œuvre de Lewy, Hans, *Chaldaean Oracles and Theurgy. Mystic, Magic and Platonism in the Later Roman Empire*, Tardieu, Michel (éd.), Paris, Institut d'Études Augustiniennes, 2011^3 (1956^1).

d'une figure athénienne, Proclus, porté aux nues par ses disciples hellènes (c'est-à-dire païens) comme le « hiérophante de l'univers entier[30] ». Proclus conclut en quelque sorte un mouvement qui avait commencé au début de l'Empire quand les mystères d'Éleusis ont été promus à l'échelle internationale par les politiques impériales et que se sont opérés, à différents degrés, des processus de « mystérisation » des discours[31].

Pour finir, en marge des « grands » noms, il faut mentionner la foule des experts religieux anonymes, ces *magi* et devins qui circulaient autour de la Méditerranée, colportaient leurs savoirs rituels, apportaient leur (ré)interprétations des pratiques et re-modelaient eux aussi le paysage religieux et celui de la mystique. Là aussi, le magicien doit construire son autorité, son charisme. Loin d'être un simple passeur de tradition, il est inventeur, créateur. À ce titre, un document exemplaire mérite d'être signalé. Il s'agit d'un rituel appartenant à une documentation papyrologique contenant des recettes « magiques » en grec et en égyptien, les *papyri graecae magicae* (*PGM*), une collection disparate et dispersée qui nous informe sur la fabrique des rituels[32]. Ce rituel (*PGM* IV, 475-829) contient le récit d'une ascension au ciel qui n'est pas sans

30 Marinus, *Vie de Proclus* 19, 487 : τοῦ ὅλου κόσμου ἱεροφάντην, Saffrey, Henri-Dominique et Segonds, Alain Philippe (éd.), Paris, les Belles lettres, 2001.

31 Les mystères constituent un sujet d'interrogations périodiques dans l'historiographie ancienne et font l'objet depuis plusieurs années d'une réévaluation de la part du groupe AnHiMA ; pour ne s'en tenir qu'à quelques titres : Cumont, Franz, *Les Religions orientales dans le paganisme romain*, 1906 ; Turcan, Robert, *Les Cultes orientaux dans le monde romain*, 1989, Paris, France, les Belles Lettres ; Burkert, Walter, Deforge, Bernard et Bardollet, Louis, *Les Cultes à mystères dans l'antiquité*, Paris, Les Belles Lettres, 1992 ; Bonnet, Corinne, Pirenne-Delforge, Vinciane et Praet, Danny (dirs.), *Les Religions orientales dans le monde grec et romain : cent ans après Cumont, 1906-2006. Bilan historique et historiographique : colloque de Rome, 16-18 novembre 2006*, Brussel, Belgique, Italie, Historisch Instituut te Rome, 2009 ; Bremmer, Jan Nicolaas, *Initiation into the Mysteries of the Ancient World*, Berlin, Allemagne, États-Unis, 2014 ; Belayche, Nicole et Massa, Francesco (dirs.), *Dossier : Les « mystères » : Questionner une catégorie*, Paris, Éditions de l'École des hautes études en sciences sociales, 2016. Sur la « mystérisation », je renvoie au colloque « Les mystères au IIe siècle de notre ère : un "*mysteric turn*" ? », ÉPHE, septembre 2018, dont les Actes paraîtront en 2019-2020, en particulier les communications d'Andrei Timotin (« La métaphore des mystères pour formuler un parcours pédagogique chez Théon de Smyrne »), de Thomas Galoppin (« La polysémie du terme dans le corpus magique »), de Charles Delattre (« La référence aux mystères dans le corpus mythographique ») et de Florian Audureau (« La transformation d'un rituel divinatoire en expérience mystérique d'union au divin »).

32 Preisendanz, Karl (éd.), *Papyri graecae magicae : die griechischen Zauberpapyri*, Leipzig-Berlin, Teubner, 1928-1931, 2 vols, pour l'édition du texte et la traduction allemande ; Dieter Betz, Hans (dir.), *The Greek Magical Papyri in Translation : Including the Demotic Spells*, Chicago, États-Unis, Royaume-Uni, University of Chicago Press, 1986 pour la traduction anglaise.

ressemblance avec la mystique juive des Palais célestes (Hekhalot) et avec l'imaginaire gnostique des voyages au ciel dans la documentation de Nag Hammadi[33]. Au début du XXe siècle, à la suite des hypothèses de Dieterich, on a voulu abusivement faire de ce rituel la liturgie des mystères de Mithras[34]. Si on examine attentivement la composition du document, on doit distinguer entre : un prologue, qui contient l'allusion au dieu Mithras (*PGM* IV, 475-485) ; une partie narrative, qui raconte l'ascension au ciel, la renaissance de l'individu et la rencontre du dieu de l'univers pour obtenir une révélation (*PGM* IV, 485-751) ; un appendice formulant des consignes pratiques (*PGM* 751-829).

C'est évidemment la partie narrative qui se rapproche de ce qu'on identifie aux périodes suivantes comme des pratiques mystiques. La partie technique, quant à elle, beaucoup plus prosaïque, s'apparente à des recettes divinatoires parfaitement courantes : consécration d'un scarabée ; fabrication d'un onguent à partir de l'animal consacré ; cueillette d'une plante inconnue (la *kentritis*) ; onction des paupières ; rédaction d'une inscription sur une feuille de *perséa*, un arbre sacré égyptien ; présentation du texte au soleil et ingestion de l'encre en léchant la feuille. Le rapport entre ces deux sections du texte n'est pas évident et laisse place à la spéculation mais un point reste certain : il s'agit d'un « bricolage » rituel, au sens où l'entend le structuralisme de Lévi-Strauss. Des pratiques rituelles sont alors reformatées et resémantisées. Pour reprendre la formule d'Emilio Suárez de la Torre, il s'agit d'un rituel divinatoire « déguisé en expérience mystique et mystérique, mieux adaptée aux courants de ce temps[35] ». Autrement dit, l'expérience mystique ne se situe pas dans l'énoncé rituel – qui resterait peu ou prou le même – mais dans le métadiscours qui l'*interprète* dorénavant selon un nouveau paradigme et qui en fournit une présentation narrative. Moins que

33 Pour ce rituel, on compte trois traductions récentes : Merkelbach, Reinhold, *Abrasax, ausgewählte Papyri religiösen und magischen Inhalts. Band 3, Zwei griechisch-ägyptische Weihezeremonien : die Leidener Weltschöpfung, die Pschai-Aion-Liturgie*, Opladen, Allemagne, Westdeutscher, 1992 ; Dieter Betz, Hans, *The « Mithras Liturgy » : Text, Translation, and Commentary*, Tübingen, Mohr Siebeck, 2003 ; Zago, Michela, *La Ricetta di immortalita*, Milano, la Vita felice, 2010.

34 Dieterich, Albrecht, *Eine Mithrasliturgie*, Leipzig, B. G. Teubner, 1903. *Cf.* surtout Tardieu, Michel, « La controverse de la Mithrasliturgie chez Cumont », in Scheid, John, Bonnet, Corinne et Ossola, Carlos (dirs.), *Rome et ses religions : culte, morale, spiritualité*, Caltanissetta, Sciascia, 2010, p. 33-48.

35 Suárez de la Torre, Emilio, « Divination et magie. Remarques sur les papyrus grecs de l'Égypte gréco-romaine », *Kernos* 26, 2013, p. 168.

l'action en elle-même pour l'histoire des rituels, c'est cette narration qui constitue la véritable nouveauté pour une histoire des récits.

Pour en revenir au prologue, il opère la resémantisation du rituel divinatoire sous la catégorie de mystère :

> Soyez bienveillantes à mon égard, Providence et Âme, car j'écris sans intention d'en tirer profit les *mustèria* que j'ai reçus. Pour mon unique enfant [= disciple], je demande l'immortalité, ô initiés de cette puissance qui est la nôtre (il faut prendre, ma fille, le jus des plantes et des espèces qui te seront indiquées à la fin de mon saint ouvrage), et que le grand dieu Hélios Mithras m'a ordonnée de transmettre par l'intermédiaire de son archange afin que je monte au ciel y présenter ma requête et que je contemple l'univers[36].

Il s'agit là d'un apparat discursif dont l'objectif est de valoriser la pratique transmise. Il est important de relever l'emploi du terme μυστήριον dans les *PGM* pour ne pas naïvement lui supposer le même contenu que dans les mystères par excellence que sont ceux d'Éleusis. De fait, le μυστήριον y désigne plus souvent un objet consacré qu'un savoir secret. La complexité du document est qu'il joue sur de multiples registres et appartient à plusieurs plans d'énonciation : il s'agit à la fois d'une divination, d'une immortalisation, d'un mystère et d'une ascension au ciel. Le résultat obtenu par de telles stratégies rhétoriques autour des pratiques rituelles, est la production d'un imaginaire de la mystique à l'époque romaine, dont nous sommes encore tributaires.

Que ce soit du côté des néoplatoniciens, des monothéismes, de l'hermétisme ou de la magie, on constate donc à la fin de l'Antiquité une transformation des discours et la valorisation d'un contact intime avec les dieux comme expérience existentielle. Le « secret » connaît alors une métamorphose structurelle qui en redéfinit la puissance et requalifie son pouvoir de distinction. Du temps d'Homère, la présence des dieux dans le monde et parmi les humains ne fait pas mystère : « il y a des dieux aussi dans la cuisine » disait Héraclite[37]. Et même si

36 *PGM* IV, 475-485 : <Ἵλαθί μοι, Πρόνοια καὶ Ψυχή,> τάδε γράφοντι τὰ <ἄ>πρατα, παραδοτὰ μυστήρια, μόνῳ δὲ τέκνῳ ἀθανασίαν ἀξιῶ, μύσται τῆς ἡμετέρας δυνάμεως ταύτης (χρὴ οὖν σε, ὦ θύγατερ, λαμβάνειν χυλοὺς βοτανῶν καὶ εἰδῶν τῶν μ[ελ]λόντων σοι <μηνυθήσεσθαι> ἐν τῷ τέλει τοῦ ἱεροῦ μου συντάγματος), ἣν ὁ μέγας θεὸς Ἥλιος Μίθρας ἐκέλευσέν μοι μεταδοθῆναι ὑπὸ τοῦ ἀρχαγγέλου αὐτοῦ, ὅπως ἐγὼ μόνος αἰ<τ>ητὴς οὐρανὸν βαίνω καὶ κατοπτεύω πάντα.

37 Cité dans Aristote, *Parties des animaux* 645a21, Pierre, Louis (éd.), Paris, les Belles Lettres, 1956.

certains peuvent s'arroger un pouvoir particulier du fait de leur proximité avec les puissances divines, tout un chacun est en contact rituel avec les dieux dans des gestes codifiés, quotidiens. Mais dès que le divin quitte la cuisine et se réfugie au sommet du ciel, d'autres procédures de médiation doivent s'établir. L'expérience mystique peut-elle abolir le secret qui la rend possible ? La distance crée alors le secret et en même temps appelle la possibilité de le franchir, d'où l'invention de multiples discours pour réunir ce qui a été disjoint. La variété de ces formes discursives révèle moins un sens « caché » unique qu'une évidence : la capacité créatrice des cultures humaines dans leur diversification et leur différenciation. En cela, artistes et poètes de l'époque moderne sont les dignes héritiers d'un moment tardo-antique. Il s'agit là encore d'offrir une variation sur un thème. De parler, d'interpréter, de créer. Et d'imposer un sens. Il est donc important de comprendre comment les métadiscours qui conditionnent le discours mystique peuvent agir comme catalyseurs d'esthétiques, et ce faisant, resituer les imaginaires de la mystique dans leur historicité.

Au terme de ce bref essai, il convient donc de respecter l'usage et de souscrire à la règle du silence. Un silence respectueux devant l'énigme que nous proposent les mystiques d'autrefois ou les Kandinski de la peinture, les Saint John Perse de la poésie, les Messiaen de la musique. Difficile de dire ce que sont cette expérience et ce concept, mieux vaut alors, peut-être, se taire. Être muet (μυεῖν). Et laisser la parole aux poètes, aux artistes et à leurs porte-paroles et interprètes. Car la multiplicité des discours signale les réappropriations du sens et ses transformations, les réécritures infinies qui se succèdent sur le palimpseste de notre imaginaire. La valeur précieuse de ces textes, qui, comme une nasse dans un courant, jettent tour à tour sur le réel le tissu de leurs mots, c'est, en habillant le silence d'un voile sonore, de dévoiler la richesse des créations et la trame interminable de l'histoire. Cette histoire que filent les sociétés humaines et qui résonne au-dessus d'un insondable mystère.

Florian AUDUREAU
Université Paris Diderot

LUCIEN LÉVY-BRUHL ET LA MYSTIQUE

Regards anthropologiques croisés sur les modalités humaines de participation au monde

Depuis la fin du XVIIIe siècle s'est forgée en Occident, suite au développement des idées positivistes, progressistes et libérales, une nouvelle conception de la nature humaine, et des rapports que l'homme entretient à son environnement. Cette dernière, nommée *thèse de l'exception humaine* par Jean-Marie Schaeffer et décrite par Philippe Descola comme une *ontologie naturaliste*, repose sur l'idée que l'homme transcende à la fois la réalité du vivant et sa propre animalité[1]. Sujet autonome, radicalement séparé du non-humain, il devient le fondateur de son être propre, qu'il actualise à travers l'invention d'une *culture* et la vie en société. La prééminence surplombante du culturel sur le naturel procèderait, toutefois, non de l'inné, comme le présuppose le dualisme cartésien, mais de l'acquis. La biologie évolutionniste d'un Donald Griffin, par exemple, postule un lien de continuité entre les facultés cognitives animales et humaines, classée au sein d'une échelle gradualiste dont le dernier stade se révèle, bien entendu, être la pensée rationnelle, logique, libre et réflexive[2]. En un mot, l'homme, au terme d'un long processus évolutif, deviendrait humain par effacement de sa naturalité, condition nécessaire pour lui permettre de se donner à lui-même ses propres fins. Un tel humanisme intégral, qui culmine dans l'immédiate après-guerre avec la parution de *L'Existentialisme est un humanisme* de Jean-Paul Sartre, a alors profondément orienté l'étude de la « mentalité primitive » et de la « mentalité mystique » en anthropologie.

---

1 *Cf.* sur ce point Schaeffer, Jean-Marie, *La Fin de l'exception humaine*, Paris, Gallimard, 2007 et Descola, Philippe, *Par-delà nature et culture*, Paris, Gallimard, 2005. On pourra également se reporter, au sujet de la notion « d'humanisme intégral », à Brague, Rémi, *Le Règne de l'homme*, Paris, Gallimard, 2015 et à Neyrat, Frédéric, *Homo labyrinthus*, Paris, Éditions du Dehors, 2015.

2 Voir Griffin, Donald, *Animal Thinking*, Harvard, Harvard University Press, 1985 et *Animals Minds : Beyond Cognition to Consciousness*, Harvard, Harvard University Press, 2001.

Nous nous proposerons, ici, de revenir sur les grands moments du débat qu'ouvre, à partir de 1910, la publication des ouvrages de Lucien Lévy-Bruhl. Radicalement opposé aux théories de l'évolutionnisme cognitif et social, celui-ci s'efforce de dépasser le regard logocentrique que l'on portait jusqu'alors sur le monde. Afin de ne plus opposer de manière radicale le sauvage et le civilisé, ce dernier avance l'existence d'une pluralité de « fonctions mentales » discontinues, reflétant la dualité de la pensée humaine, partagée entre l'affectif et le rationnel. Les thèses défendues par Lévy-Bruhl jouent, par conséquent, un rôle fondateur dans la conception universaliste de la mystique qui se fait jour au fil des années vingt et dans l'ouverture du mysticisme aux domaines de la création artistique, de la littérature et de l'esthétique avant-gardistes.

DU DÉTERMINISME CULTURALISTE À LA SYMPTOMATOLOGIE DE LA MYSTIQUE

Si l'homme, pour les penseurs évolutionnistes ou continuistes, se définit négativement par rapport à ce qu'il n'est plus, il serait donc possible de retrouver, au sein de la variété des modes d'existences, des états intermédiaires, oscillant entre nature et culture, entre humanité et animalité. Les sociologues et les anthropologues des dernières années du XIXe siècle, en particulier Herbert Spencer et Ernst Haeckel, épousant les thèses développées par Charles Darwin dans *La Descendance de l'homme*, ont, à ce titre, prolongé l'analyse graduelle du devenir humain au sein même de la catégorie *Homo sapiens sapiens* et fait émerger la figure du sauvage[3]. Il se présenterait, de par son altérité supposée, comme le signe et le symbole du développement balbutiant de l'humanité,

3 Dans son ouvrage *La Descendance de l'homme*, Darwin note ainsi : « L'étonnement que j'ai éprouvé en voyant pour la première fois un groupe de Fuégiens sur un rivage sauvage et tourmenté est quelque chose que je n'oublierai jamais. Ces hommes étaient complètement nus et barbouillés de peinture, leurs longs cheveux étaient emmêlés, ils avaient la bouche écumante d'excitation et une expression sauvage, effachourée, méchante. Ils ne possédaient pratiquement aucun art et, comme des animaux sauvages, vivaient de ce qu'ils pouvaient attraper ». Le primitif est donc bien envisagé, ici, comme le reflet d'un *chainon manquant* anthropologique, témoignant de ce qu'a pu être l'enfance de l'humanité. Darwin, Charles,

rejoignant ces autres grandes figures emblématiques de la « mentalité archaïque » que sont le fou et l'enfant, qualifiés par Colin Rhodes de « primitifs de l'intérieur[4] ». Ces derniers suscitent des réactions simultanément exclusives et inclusives de la part des sociétés occidentales : le sauvage est colonisé, puis soumis à un processus de civilisation, le fou enfermé pour être soigné, et l'enfant éduqué pour assurer son plein développement. Tous participent donc du triptyque pathologie, puérilité et archaïsme, que l'humanisme intégral oppose à la norme, à la maturité et à l'évolué. Or, il est essentiel de souligner qu'au début du XXe siècle la figure du mystique s'ajoute à celles précédemment citées. Jusqu'à cette époque le mysticisme était défini, en France, à partir d'un corpus essentiellement chrétien, s'étendant de l'Antiquité tardive au XVIIIe siècle, et se présentait en tant qu'ascèse, permettant de s'élever à une *connaissance intuitive-émotive* du divin, intense, spontanée et dépourvue de cadres. Cependant, comme le rappelle Frédéric Keck, le statut de la mystique change radicalement avec les travaux de Jean-Martin Charcot sur l'hystérie, ou encore l'ouvrage d'Émile Lombard, *La Glossolalie chez les premiers chrétiens et autres phénomènes similaires*. L'approche psychiatrique, prenant appui sur un corpus de cas cliniques et de récits d'expériences toujours singulières, décompose progressivement cette dernière en un cortège de symptômes, allant de la mythomanie au délire, et la réduit à un état pathologique[5].

En 1905, Théodule Ribot, dans sa *Logique des sentiments* rapporte ainsi l'expérience mystique à une « maladie de l'attention et de volonté », et les récits qui en sont faits à des « petits romans d'amour assez grêles ». Il en va de même pour le psychiatre Pierre Janet, qui publie *De l'angoisse à l'extase* en 1926 et présente le mysticisme comme « une forme de psychasthénie, caractérisée par un sentiment d'angoisse et d'incomplétude, des obsessions et des manies… et un retour à un niveau antérieur du développement de l'esprit[6] ». Le mystique n'est donc plus critiqué pour son âpre et inquiétante liberté, le conduisant à s'émanciper des dogmes, des normes sociétales et à laisser, pour reprendre une formule

---

La Descendance de l'homme, cité in Rhodes, Colin, *Le Primitivisme et l'art moderne*, Paris, Thames & Hudson, 1997, p. 15.

4 Rhodes, Colin, *op. cit.*

5 *Cf.* Keck, Frédéric, « Le primitif et le mystique chez Lévy-Bruhl, Bergson et Bataille », in *Methodos : Figures de l'irrationnel*, 3, Lille, Presses du Septentrion, 2003, p. 140.

6 *Ibid.*, p. 141.

de Bergson, « derrière lui les hommes et les dieux ». Il est désormais jugé pour un désordre mental, proche tout à la fois des délires du fou, les fantaisies de l'enfant et l'illogisme du sauvage. Analogue à certaines formes de mentalités primitives, où le sentiment intérieur se trouve projeté, sans limitations, sur le monde extérieur, la mentalité mystique serait, à ce titre, défaillante et anomale. C'est dans ce contexte que Lucien Lévy-Bruhl forge les notions complémentaires de « prélogisme » et de « participation mystique ». Sans pour autant remettre en cause le lien étroit qui semble lier les expériences mystiques occidentales aux expériences mystiques primitives, celui-ci, tout comme Roger Bastide, réfute la conception symptomatologique du mysticisme. À ses yeux, la psychiatrie ne résout pas les problèmes que pose la vie mystique, et la Madeleine soignée par Pierre Janet ne détiendrait en rien la clef permettant « d'entrer dans le secret de Sainte-Thérèse[7] ». En outre, il critique vivement l'évolutionnisme anthropologique et le déterminisme culturaliste, ayant pour conséquence une classification graduelle et téléologique des stades du développement de la pensée.

La deuxième moitié du XIXe siècle est marquée, en effet, par la fondation de l'anthropologie religieuse, suite aux travaux de James Frazer et surtout d'Edward Tylor. Le premier fait paraître, entre 1890 et 1915, les douze volumes de son *Rameau d'or*, où il s'attache à classer les cultures et les croyances, en fonction des rapports de vérité qu'elles entretiennent avec les causes[8]. Cette même logique se retrouve dans la *Primitive Culture* de Tylor, qui insiste sur l'universalité du culturel, tout en hiérarchisant les cultures selon quatre stades de développement : l'animisme, le polythéisme, le monothéisme et enfin l'esprit scientifique. La mystique, définie comme expérience singulière et incommunicable de la vérité, appartiendrait au stade le plus primaire, celui de la pensée magique, impliquant que n'existe aucune différenciation séparant l'homme de ce qui l'entoure. Elle serait, au même titre que les superstitions ou les

7 Bastide, Roger, *Les Problèmes de la vie mystique*, Paris, PUF, 1996, p. 145.

8 *Cf.* Frazer, James, *Le Rameau d'or*, Paris, Robert Laffont, 1981 : « Par mythes, j'entends des explications erronées des phénomènes, que ce soit de la vie humaine ou de la nature extérieure. De telles explications tirent leur origine de cette curiosité instinctive concernant les causes des choses, qui, à un stade plus avancé de la connaissance, cherche satisfaction dans la philosophie et dans la science ; mais, étant fondées sur l'ignorance et l'incompréhension, elles sont toujours fausses, car, si elles étaient vraies, elles cesseraient d'être des mythes ». Cité par Bouveresse, Jacques, « L'animal cérémoniel », in *Actes de la recherche en sciences sociales*, 16, Paris, Le Seuil, 1977, p. 48.

pratiques occultes, une *survivance* de l'archaïque au sein du civilisé, et se doit, par conséquent, d'être critiquée[9]. Une telle approche, selon Lévy-Bruhl, aurait le tort de réduire la complexité des croyances primitives à de simples égarements de l'esprit et d'en faire autant « d'impasses évolutionnistes arrêtées dans leur développement[10] ». Afin de dépasser ces deux apories épistémologiques que sont l'évolutionnisme et le psychopathologique, le philosophe postule alors que la mystique est universelle. Plus exactement, elle procèderait d'une « fonction mentale », que chaque homme porterait en soi, où l'affectif et l'émotionnel primerait sur le réflexif et sur le rationnel. Aussi dresse-t-il le portrait d'un homme double, partagé entre deux « mentalités » parfaitement contraires, encouragé à révéler l'une ou l'autre de ses faces, en fonction des groupes sociaux et des civilisations au sein desquels il évolue.

L'UNIVERSALISME MYSTIQUE À L'ÉPREUVE DE LA DUALITÉ DES FONCTIONS MENTALES HUMAINES

Né à Paris en 1857, Lucien Lévy-Bruhl obtient en 1888 la chaire d'Histoire de la philosophie moderne de la Sorbonne, et se consacre, à partir de là, à l'étude des œuvres d'Auguste Comte et de Friedrich Jacobi. Les deux ouvrages qu'il rédige à leur propos le conduisent alors à réhabiliter l'analyse de la mystique, en interrogeant la permanence du sentiment religieux au sein de systèmes de pensée se définissant comme

9 Voir sur ce point Tylor, Edward, *La Civilisation primitive*, II, Paris, Reinwald, 1876, p. 448 : « Faire bien comprendre à l'homme la doctrine de l'évolution, c'est l'amener à continuer respectueusement l'œuvre commencée par ses ancêtres, et cela avec d'autant plus de vigueur que la lumière s'est répandue davantage dans le monde et que, là où des hordes barbares trouvaient à peine leur voie, la route s'ouvre brillante devant l'homme civilisé. Mais l'ethnographie a d'autres devoirs à remplir, devoirs graves, quelquefois même pénibles ; il lui faut, en effet, exposer au grand jour ce que la grossière civilisation de l'antiquité a fait passer dans nos sociétés sous forme de superstitions déplorables, et vouer ces superstitions à une destruction certaine. Cette œuvre, si elle est moins agréable, n'en est pas moins indispensable au bien-être de l'humanité ».

10 *Cf.* Keck, Frédéric, « Causalité mentale et perception de l'invisible », in *Revue philosophique de la France et de l'étranger*, 130, Paris, PUF, 2005/3 et Rhodes, Colin, *Le Primitivisme et l'art moderne*, *op. cit.*, p. 16.

logiques et réfléchis. En s'intéressant à la « coloration mystique » de Comte ou au mysticisme « rationnel » de Jacobi[11], le philosophe démontre que l'expérience de l'ineffable et le principe de non-différenciation du moi sont susceptibles de constituer en soi des modalités de connaissance du monde, comme le laissait déjà sous-entendre Aristote à propos des mystères et comme ne cessera de le proclamer Jacques Maritain tout au long des années trente[12]. Lévy-Bruhl contribue, par conséquent, à faire du mysticisme un véritable enjeu philosophique – voire phénoménologique, très largement discuté au sein de l'Université au début du XXe siècle.

Après la « vague mystique » qui avait déferlé sur les arts et les littératures de la décadence[13], de très nombreuses thèses et publications invitent, en effet, à porter un regard scientifique sur la notion, en particulier *The Varieties of Religious Experience* de William James et les *Études d'histoire et de psychologie du mysticisme* d'Henri Delacroix, parus, respectivement, en 1906 et en 1908 chez Félix Alcan. Henri Delacroix, le premier, soutient que la mystique est universelle ou du moins quasi-universelle :

> En dehors du christianisme on trouve un mysticisme très développé dans le monde indou, dans le monde arabe, dans le monde hellénique, sans compter les ébauches multiples que décrit l'ethnographie des peuples sauvages ou à demi-civilisés ; il n'y a peut-être pas de religion où il ne se rencontre quelque mysticisme ; … l'on peut conclure de cette quasi-universalité que le mysticisme n'est point lié à une religion, à un peuple, à une période historique, qu'il est un fait humain et qu'il repose, au moins pour une part, sur certaines dispositions de la nature humaine[14].

Un tel postulat est fondateur, en ce qu'il associe la mystique à une « fonction mentale », ouvrant la voie à une *relativisation de la raison*. Reste que Delacroix, dans son livre, demeure tributaire des approches évolutionnistes et symptomatologiques de la mystique, qu'il ne fait que nuancer, en s'opposant aux thèses trop radicales de Théodule Ribot. Aussi s'attache-t-il à hiérarchiser différentes formes de mysticisme, dont seule une infime partie serait composée de mysticismes purs. À la mystique chrétienne, qui, à ses yeux, constitue l'expression la plus accomplie de la

11 Ces deux formules sont citées et commentées par Keck, Frédéric in « Le primitif et le mystique chez Lévy-Bruhl, Bergson et Bataille », *op. cit.*, p. 144.

12 *Cf. infra*, la troisième note de l'introduction du présent ouvrage.

13 On se reportera sur ce point à Sageret, Jules, *La Vague mystique*, Paris, Flammarion, 1920.

14 Delacroix, Henri, *Études d'histoire et de psychologie du mysticisme*, Paris, Félix Alcan, 1908, p. I.

mystique, celui-ci oppose les mystiques primitives et les cultes orgiaques, jugées de simples ébauches historiques et grossières[15]. En outre, Henri Delacroix distingue, comme le fera trente ans plus tard Roger Bastide critiquant Pierre Janet, trois catégories de mystiques : les *bas mystiques*, « dégénérés sans génie, névropathes sans puissance intellectuelle et volontaires », qui sont les plus nombreux ; les *mystiques d'imitation* et de « second ordre » ; les *grands mystiques* « créateurs et inventeurs, qui ont trouvé une nouvelle forme de vie » et qui sont « plus rares[16] ». C'est à ces derniers et seulement à ces derniers qu'il conviendrait de s'intéresser, puisque ces « simplificateurs du monde » pousseraient le développement de la pensée jusqu'aux « plus hauts sommets de l'humanité[17] ». Les grands mystiques, à ce titre, feraient preuve d'un mysticisme actif, démultipliant leur puissance créatrice, toujours fondé sur une volonté réfléchie et une méthode dialectique positive[18]. Pour reprendre une formule de Roger Bastide, ils ne sont pas des « saints qui dorment », mais ne cessent de se perdre dans la prière et le travail.

Une logique similaire, quoiqu'étendue à l'*historicité* du fait religieux, se retrouve, d'ailleurs, dans l'*Évolution créatrice*, qu'Henri Bergson fait paraître en 1907. Le philosophe y présente la mystique comme une « forme pure de l'intelligence retrouvant en elle les forces de l'intuition et poussant plus loin le mouvement dynamique de la création[19] ». Cette

15 *Ibid.*, p. III : « Pour la même raison, il y a avantage à prendre le mysticisme achevé plutôt que dans ses ébauches historiques. Le mysticisme chrétien est parvenu lentement à son plein épanouissement. L'histoire de l'Oraison, qui n'est pas encore fait, montrerait que la méditation et la contemplation se sont constitués peu à peu ; et les degrés d'Oraison, les étapes mystiques, les formes irréductibles de la vie intérieure n'ont été dégagées qu'assez tard. »

16 *Ibid.*, p. III. Roger Bastide, dans *Les Problèmes de la vie mystique*, reprendra presque *in extenso* l'argumentaire d'Henri Delacroix, pour s'opposer aux thèses développées par Pierre Janet dans *De l'angoisse à l'extase*. Le débat sur la psychologisation du mysticisme, qu'inaugure, à partir de 1903, Delacroix et Ribot, occupe, à ce titre, presque tout le premier XXe siècle, et ne se clôt réellement qu'avec l'anthropologie structurale de Lévi-Strauss et la publication d'*Encore* de Lacan.

17 *Ibid.*, p. III.

18 L'expériences mystique, selon Henri Delacroix, est donc assimilable aux trois temps de la dialectique hégélienne : l'arrachement volontaire aux modalités communes et quotidiennes des perceptions logiques, par le biais d'exercices spirituels, conduit le mystique à expérimenter l'angoisse nihiliste du vide et du non-sens, qui se trouve dépassée, *in fine*, par l'intuition extatique de la participation sensible à une totalité.

19 Keck, Frédéric, « Le primitif et le mystique chez Lévy-Bruhl, Bergson et Bataille », *op. cit.*, p. 146.

définition constitue alors le terreau à partir duquel se développent les thèses qui seront exposées en 1932 dans *Les Deux Sources de la morale et de la religion*. Bergson y distingue deux modèles de religiosité : d'une part la religion *statique*, d'essence sociale, instituée dans le but de maintenir la cohésion de la société ; d'autre part la religion *dynamique*, d'essence morale, par laquelle l'individu s'arrache à la fixité, fait retour à « l'élan vital » et oriente l'humanité dans de nouvelles directions. La mystique, à ses yeux, constitue donc un mouvement d'arrachement aux dogmes, en tout point contraire à l'instinct de conservation qui caractérise, selon lui, l'homme primitif[20]. L'histoire des religions se confondrait, par conséquent, avec l'histoire de l'irruption d'individualités mystiques parfaitement libres, permettant, un moment, à la vie de reprendre son cheminement créateur, avant qu'elle ne se fige en d'autres formes de religions statiques.

Lucien Lévy-Bruhl, on le sait, était l'ami d'Henri Bergson, qu'il avait rencontré, en même temps qu'Émile Durkheim et Pierre Janet, à l'École Normale. Pour autant, il ne partage aucune des vues que porte le philosophe sur la mystique, et s'oppose, de manière similaire, à celles que défend Henri Delacroix. À ses yeux, les études consacrées à cette thématique se fourvoieraient en cherchant à identifier un « mysticisme pur », et en s'intéressant uniquement aux personnalités des « grands mystiques ». Proche de Durkheim sur ce point, Lévy-Bruhl avance l'idée que la mystique est le produit de *représentations collectives* et se trouve légitimée par un cadre social. Ce principe, qui est au cœur des *Fonctions mentales dans les sociétés inférieures*, publié en 1910, est approfondi dans une série d'ouvrages qui s'échelonnent jusqu'en 1938, en particulier *La Mentalité primitive*, où le philosophe s'intéresse à la manière de raisonner des peuples primitifs, et *L'Âme primitive*, où il montre comment ces derniers conçoivent leurs identités et celles de membres de leurs groupes[21]. Pour comprendre comment les perceptions individuelles se constituent

---

20 On se reportera, sur ce point, à l'ouvrage de Feneuil, Anthony, *Bergson. Mystique et philosophe*, Paris, PUF, 2011, ainsi qu'à l'article de Vieillard-Baron, Jean-Louis, « Bergson et la religion », in *Revue philosophique de la France et de l'étranger*, 126, Paris, Le Seuil, 2001/4.

21 Parmi les nombreuses synthèses sur l'œuvre et la pensée de Lucien Lévy-Bruhl, on pourra consulter Cazeneuve, Jean, *La mentalité archaïque*, Paris, Armand Colin, 1961 et *Lucien Lévy-Bruhl*, Paris, PUF, 1963 ; Keck, Frédéric, Contradiction et participation : *Lucien Lévy-Bruhl entre philosophie et anthropologie*, Paris, CNRS, 2008 ; Deprez, Stanislas, *Lévy-Bruhl et la rationalisation du monde*, Rennes, PUR, 2010.

en représentations collectives, il faut lire, selon l'avis de Frédéric Keck, Lévy-Bruhl à l'aune de la *sociologie des risques*. La répétition d'une crise dans un milieu donné occasionnerait, pour l'anthropologue, deux modalités de réponses bien distinctes, chacune associée à une *fonction mentale* particulière : la fonction logique, établissant des chaînes de causalités mécaniques entre les événements, et la fonction affective, où les causes apparaissent comme *occultes*, au sens de « fermées », « cachées ». L'être humain aurait, par conséquent, plusieurs biais pour contenir les forces émotionnelles qui l'envahissent lorsqu'il fait face au monde. Il peut soit le comprendre par des *jugements de réalité* réfléchis, distanciés, impliquant une conceptualisation, soit le saisir en se rendant sensible à l'action de puissances invisibles sur lesquelles l'entendement n'a de prises d'aucune sorte. De là, il apparaît que chaque homme serait partagé entre deux formes du connaître, qui objectivées dans une société donnée, expliqueraient la coexistence de deux types de *mentalités*, radicalement opposées quoique de même valeur. D'une part la mentalité logique de l'homme civilisé, et de l'autre la *mentalité mystique*, que Lévy-Bruhl définit de la manière suivante :

> Les représentations collectives des primitifs [...] impliquent non seulement que le primitif a actuellement une image de l'objet, et croit qu'il est réel, mais aussi qu'il en espère ou qu'il en craint quelque chose [...]. Pour désigner d'un mot cette propriété générale des représentations collectives qui tiennent une si grande place dans l'activité mentale des sociétés inférieures, je dirai que cette activité mentale est mystique. J'emploierai ce terme, faute d'un meilleur, non pas par allusion au mysticisme religieux de nos sociétés, qui est quelque chose d'assez différent, mais dans le sens étroitement défini où « mystique » se dit de la croyance à des forces, à des influences, à des actions imperceptibles aux sens, et cependant réelles[22].

Cette définition de la *mentalité mystique* est essentielle, puisqu'elle permet d'expliquer les raisons qui conduisent les hommes à se mouvoir, avec tout autant d'aisance, dans des réalités à tel point différentes qu'elles en deviennent réciproquement opaques et incompréhensibles.

Pour Lévy-Bruhl, ce qui distingue, en tout premier lieu, l'expérience mystique de l'expérience logique est ce qu'il nomme la *loi de participation*, à savoir un « régime de causalité qui dédouble les choses en autre chose

22 Lévy-Bruhl, Lucien, *Les Fonctions mentales dans les sociétés inférieures*, Paris, Félix Alcan, 1910, p. 30.

qu'elles-mêmes, et les fait percevoir comme animées d'une causalité différente de celle qui régit les choses naturelles[23] ». Aussi, une telle mentalité est étrangère aux principes de *non-contradiction* et de *séparation* du sujet et de l'objet. « Elle voit partout », affirme le philosophe, « des communications de propriétés, par transfert, par contact, par transmission au loin, par contamination, par souillure, par possession[24] ». De nature prélogique, cette mentalité procéderait de la « catégorie affective du surnaturel », se situant en dehors de l'intellect et permettant d'établir un continuum entre visible et invisible au sein d'une seule et même réalité. En d'autres termes, le monde réel et le monde surréel seraient, aux yeux du mystique, intimement mêlés, et ne feraient plus qu'un ; les phénomènes visibles y deviendraient inséparables des puissances occultes dont ils émanent, et qui se révèleraient, à chaque instant, à travers eux. Lucien Lévy-Bruhl étend donc considérablement le champ d'application du terme de « mystique », qui devient le trait définitoire des sociétés primitives et demande à être distingué du « mysticisme religieux » des sociétés occidentales. On aurait tort de croire, cependant, que ces deux types de mystiques sont ontologiquement distinctes : seuls diffèrent leurs contextes d'émergence, qui orientent grandement la manière dont elles sont reçues et perçues. Les récits des mystiques chrétiens n'ont de cesse, en effet, de se heurter, aux couples antinomiques du rationnel et de l'irrationnel, du dicible et de l'indicible : ils ne sont pas pris sur le vif, mais constituent le compte-rendu d'un arrachement ponctuel à la norme, ressaisi *a posteriori* dans les limites du langage et des perceptions d'une époque et d'un milieu donnés. En ce sens, l'expérience mystique occidentale est toujours extraordinaire, singulière, définie négativement par contraste avec la mentalité logique dans laquelle elle s'inscrit. Tel n'est pas le cas de la mystique primitive, entrelacée à l'ordinaire et à la quotidienneté : la réelle présence de l'invisible se révèle collectivement

23 Nous empruntons cette définition à l'article de Keck, Frédéric, « Causalité mentale et perception de l'invisible », *op. cit.*, p. 310.

24 Lévy-Bruhl, Lucien, *Les Fonctions mentales dans les sociétés inférieures*, *op. cit.*, p. 104. Et l'anthropologue d'ajouter : « Dans cette représentation, chez les primitifs, tout est mystique. Ils ne s'occupent pas de savoir si l'homme cesse d'être homme pour devenir tigre, et ensuite d'être tigre pour redevenir homme. Ce qui les intéresse, c'est la vertu mystique qui rend ces individus participables, selon l'expression de Malebranche, à la fois du tigre et de l'homme, sous certaines conditions, et par conséquent plus redoutables que les hommes qui ne sont jamais qu'hommes, et que les tigres qui ne sont jamais que tigres ».

sous chaque pierre, dans le vol de chaque oiseau, dans chaque souffle du vent, sans que cette manifestation ne soit vécue comme un arrachement à soi-même ou à l'ordre du penser.

En faisant du mysticisme une « fonction mentale », Lévy-Bruhl souligne donc la distance considérable qui sépare la conception du monde des sauvages et des civilisés. À ses yeux, les primitifs ne pensent pas comme nous ; toutefois, pour reprendre une formule de Benjamin Fondane, « ils n'arrivent pas moins à saisir l'Être – un Être que nous ne saisissons pas ». L'état mystique ne saurait être tenu, à ce titre, comme une simple privation de l'état logique ou comme un archaïsme. Aussi valable que ce dernier, il illustre la profonde *relativité des faits mentaux* et atteste de l'existence d'expériences plus amples et plus libres que les nôtres. Pour être réellement compris, il demande, par conséquent, de suspendre le regard logocentrique que nous portons sur lui et de défaire l'anthropologie des préjugés évolutionnistes dont elle se trouvait porteuse. Aussi le philosophe affirme-t-il, dans *La Mentalité primitive* :

> Ce manque de curiosité ne provient pas de la torpeur intellectuelle ni de la faiblesse d'esprit. À vrai dire, ce n'est pas un manque : il n'a pas, selon l'expression scolastique, une raison déficiente ou négative. Il a une raison réelle et positive. Il est la conséquence immédiate et nécessaire de ce fait que les primitifs vivent, pensent, sentent, se meuvent et agissent dans un monde qui sur nombre de points ne coïncide pas avec le nôtre. Par suite, beaucoup des questions que l'expérience nous pose n'existent pas pour eux, puisqu'il est répondu d'avance, ou plutôt puisque leur système de représentations est tel que ces questions n'ont pas d'intérêt à leurs yeux[25].

Cette citation a cela d'important qu'elle illustre parfaitement la thèse que Lévy-Bruhl défend : montrer d'une part que la *mentalité* est constitutive de notre rapport au monde, de la manière dont nos perceptions se structurent collectivement, et informe les sociétés et les cultures. D'autre part, qu'il existe des modalités de connaissance du monde radicalement différentes, qui dépassent toute tentative de compréhension ou d'étude *a priori*, et permettent d'ouvrir les sciences humaines à un « empirisme élargi ».

25 Lévy-Bruhl, Lucien, *La Mentalité primitive*, Paris, Flammarion, 2010, p. 70.

ACCORDS ET DÉSACCORDS
Les réceptions contrastées de Lucien Lévy-Bruhl

Lucien Lévy-Bruhl, dans ses ouvrages, s'est donc efforcé d'inventer une tierce voie, permettant d'échapper à la conception gradualiste du développement de la pensée humaine et à la réduction de la mystique à l'expérience singulière d'individus marginaux ou supérieurs. Il encourage, de ce fait, la passage d'une approche *étique* des faits sociaux à une approche *émique* : loin de souscrire à l'axiome philosophique qui présente la rationalité comme le seul et unique moyen d'accès à la vérité et au réel, celui-ci invite les anthropologues à se porter au plus près des groupes qu'ils étudient, et ce, jusqu'à épouser leurs points de vue sur le monde[26]. Reste que l'auteur de *La Mentalité primitive* a été souvent mal compris, tant pour sa définition du mysticisme que pour ses notions de « participation » et de « prélogisme ». Aussi, dès 1927, le sociologue Olivier Leroy s'oppose-t-il, dans *La Raison primitive. Essai de réfutation de la théorie du prélogisme*, à l'idée d'une différence irréductible des fonctions mentales primitives et civilisées. Pour lui, tous les hommes pensent de manière similaire, et seule varie la pondération que l'on accorde au non-rationnel ou à l'émotivité. Son ouvrage préfigure, sur ce point, les critiques que Claude Lévi-Strauss adresse à Lévy-Bruhl dans *La Pensée sauvage* :

> La pensée sauvage est logique, dans le même sens et de la même façon que la nôtre quand elle s'applique à la connaissance d'un univers auquel elle reconnaît des propriétés physiques et sémantiques. Ce malentendu une fois dissipé, il n'en reste pas moins vrai que, contrairement à l'opinion de Lévy-Bruhl, cette

---

26 Le couple *etic/emic* est forgé en 1954 par le linguiste américain Kenneth Pike, qui se propose d'élargir à l'analyse des faits sociaux l'opposition entre *phonemic* et *phonetic*. L'approche émique essaie de décrire la manière dont les groupes humains pensent, en se situant au sein d'une culture donnée. L'approche étique décrit cette dernière de l'extérieur, en faisant usage de catégories générales et surplombantes. Reste qu'elle est tributaire, comme le souligne De Sardan, du regard singulier de l'ethnologue et du milieu dans lequel le savoir est produit. Aussi, toute approche étique serait partiellement émique, et il conviendrait de n'établir aucune hiérarchie de valeur entre les modalités de connaissance primitives et savantes. Voir Pike, Kenneth, *Language in Relation to an Unified Theory of Human Behaviour*, The Hague, Mouton, 1954. On se reportera également à De Sardan, Jean-Pierre Olivier, « Émique », in *L'Homme*, 147, Paris, EHESS, 1998.

> pensée procède par les voies de l'entendement, non de l'affectivité ; à l'aide de distinctions et d'oppositions, non par confusion et participation[27].

Lévi-Strauss refuse avec force l'emploi de la notion de « prélogisme », pour décrire la mentalité des peuples primitifs. Du fait de son ambiguïté sémantique, cette dernière, sous-entendrait, encore et toujours, que les modalités de connaissance des sauvages seraient inférieures, ou du moins antérieures, au développement de l'esprit scientifique. Or, ce n'est, pour l'anthropologue, absolument pas le cas. Un énoncé comme « l'aigle vole, la chasse sera bonne » n'est en rien une formule mystique, au sens que Lévy-Bruhl donne à ce terme. Derrière la sacralisation de l'animal-totem, se cache un véritable raisonnement par enthymème, démontrant que la « pensée sauvage » se fonde sur une « logique sauvage ». Celle-ci prendrait la forme, plus particulièrement, d'une logique matérielle ou concrète[28], qui s'oppose uniquement au caractère abstrait et formel des manières de penser propres aux sociétés logocentriques. La « mentalité primitive » reposerait, ainsi, sur des opérations articulées, la catégorisation complexe des phénomènes naturels et des réalités du monde, établie par des observations aussi scrupuleuses que celles de la méthode expérimentale. Comme le montrera par la suite Philippe Descola, dans *Par-delà nature et culture*, les différences observées entre les sociétés occidentales et les sociétés primitives ne seraient ni liées à la simple croyance en des réalités suprasensibles, ni à une proximité immédiate, irréfléchie et originelle au monde naturel. Elles sont plutôt explicables par les rapports que ces sociétés postulent entre l'humain et le non-humain. À partir de la combinatoire de deux plans d'expérience, qui sont l'intériorité et la physicalité, Philippe Descola détermine, par conséquent, quatre modalités d'existences humaines, que sont l'animisme, le naturalisme, le totémisme et enfin l'analogie. Les sociétés animistes, que Lévy-Bruhl caractérise de « mystiques », seraient des sociétés fondées sur des axiomes antagonistes aux sociétés naturalistes : les unes postulent une continuité d'intériorité et de physicalité entre l'humain et le non-humain, les autres une continuité de physicalité et une discontinuité

27 Lévi-Strauss, Claude, « Histoire et dialectique » in *La Pensée sauvage*, Paris, Plon, 1962, p. 319.

28 *Cf.* Tremblay, Frédérick, « De la logique formelle à la logique sauvage », in Odin, Florence et Thuderoz, Christian, *Des mondes bricolés : arts et sciences à l'épreuve de la notion de bricolage*, Lyon, PPUR, 2010.

d'intériorité. Il n'y aurait alors pas de séparation radicale entre ces modes de penser, mais ces quatre rapports au monde seraient présents, à différents degrés d'articulation, au sein de chaque groupe social[29].

Il apparaît, à ce titre, que la mystique semble échapper à toute tentative de généralisation. Étendue à d'autres milieux et à d'autres aires culturelles que les civilisations indo-européennes, elle ne ferait qu'occulter le fonctionnement réel de certaines formes de rationalités, indistinctement placées du côté de l'intuition et de l'affect. Dès 1931, le sociologue Roger Bastide, discutant les thèses de Lévy-Bruhl, de Bergson et de Delacroix dans *Les Problèmes de la vie mystique*, demande à ce que l'on réserve ce terme à un emploi extrêmement précis. À ses yeux, il y aurait, en effet, de la mystique à la fois à la base et au sommet de toutes les religions instituées. Reste que l'on confond, sous le même mot, des réalités distinctes, si ce n'est contraires. Dans le premier cas, il s'agirait d'une perception obscure, d'un élan affectif conduisant naturellement l'homme à rechercher la transcendance. Cause première du fait religieux, ce mysticisme, tout aussi originel qu'universel, serait alors voué à être établi par les mythes et les dogmes, et s'enracinerait progressivement dans les représentations collectives des groupes sociaux. Comme le souligne Roger Bastide :

> Presque toutes les Églises sont la concrétisation d'un élan mystique : le bouddhisme suit la prédication de celui qui connut l'extase salvatrice sous l'arbre vénéré ; l'Islam est sorti d'une révélation angélique faite à Mahomet ; le Christianisme est né de l'effusion de l'esprit à la Pentecôte, avec tout son cortège de phénomènes mystiques, vision des langues en feu, glossolalies, etc. Mais si la religion naît du mysticisme, elle s'effraie ensuite de sa violence ; elle veut le régulariser, le canaliser ; le Koran devient la norme de toute extase et saint Paul lutte dans les jeunes communautés chrétiennes contre la pratique excessive des charismes[30].

Il est toutefois impossible, pour le sociologue, d'analyser cette mystique des origines, dont il ne reste aucune trace, et qui ne peut exister qu'en tant qu'axiome ou hypothèse. L'erreur de Lévy-Bruhl serait donc de substituer aux « hommes primitifs, que nous ne pouvons pas connaître » les « peuples dits sauvages », qui sont déjà civilisés[31]. Afin d'éviter une telle confusion,

29 Descola, Philippe, *Par-delà nature et culture*, Paris, Gallimard, 2005.
30 Bastide, Roger, *Les Problèmes de la vie mystique*, Paris, PUF, 1996, p. 12.
31 *Ibid.*, p. 24.

l'auteur des *Problèmes de la vie mystique* propose de ne retenir, sous le nom de « mystiques », que les expériences sommitales, accomplies, conscientes d'elles-mêmes et des enjeux historiques ou théologiques qui préludent à leurs déploiements. En outre, Roger Bastide nous invite à toujours employer le terme au pluriel, tant les circonstances qui conduisent une culture à voir fleurir les mystiques sont nombreuses, et varient en fonction des religions, des peuples et des périodicités[32]. Ce même souci de stricte délimitation du terme se retrouve, d'ailleurs, chez Georges Bataille, qui se refuse, lui aussi, à appeler « mystique » la croyance originelle en l'existence concrète d'un invisible caché. À ses yeux, comme il le montre dans *L'Expérience intérieure*, *L'Érotisme*, et surtout dans *Lascaux ou la naissance de l'art*, l'expérience mystique est toujours transgression, phénomène inquiétant, chtonien, qui vient déchirer le tissu rassurant des raisonnements et des cadres de la pensée. Ce ne serait donc pas un hasard si la mystique, chez lui, est intimement liée aux thèmes du non-moi, du non-sens, du sexe et de la mort. Elle constitue une expérience limite, demandant de faire retour à l'énigme de l'origine, du primordial et de l'élémentaire. Pour Georges Bataille, elle n'est dès lors en rien *prélogique*, mais *postlogique* :

> Dès le temps des hominiens, le travail eut lieu, logiquement, d'après des principes contraires à la prétendue « mentalité primitive » que l'on affirme avoir été « prélogique ». Cependant les conduites que l'on dit primitives et prélogiques, qui sont effectivement secondaires et postlogiques, les conduites magiques et religieuses, ne font que traduire la gêne et l'angoisse qui se sont emparées des hommes agissant raisonnablement, conformément à la logique impliquée dans tout travail. Ces conduites signifient l'inquiétude profonde qu'inspirait dès l'abord le monde dont le travail dérangeait l'ordonnance spirituelle[33].

Afin d'illustrer son propos, Bataille prend l'exemple des peintures rupestres qui ornent les murs de la grotte de Lascaux, découverte,

32 *Ibid.*, p. 9 : « Les circonstances historiques, la structure de la société, ses transformations morphologiques ou ses bouleversements économiques : voilà où nous devons chercher les causes qui entraînent l'épanouissement de telle espèce mystique plutôt que de telle autre. C'est lorsque les religions naissent, lorsque les sectes se forment ou encore chez les peuples primitifs, que nous trouverons de préférence les enthousiastes et les illuminés. C'est aux époques de persécution et de lutte (guerres des Macchabés, exil babylonien, révolte des camisards), c'est aux époques révolutionnaires où l'économie est en pleine transformation, où la société subit une crise douloureuse (mutation de la petite en grande propriété chez les Israélites) que le prophétisme apparaît ».

33 Bataille, George, *Lascaux ou la naissance de l'art*, in *Œuvres complètes*, IX, Paris, Gallimard, p. 70.

par hasard, en 1940. De nombreux historiens de la préhistoire ont pu considérer, à l'époque, que ses fresques offraient le spectacle de l'*homme à l'état naissant*, déguisant son humanité sous des masques de bête et se figurant à mi-chemin de l'animal et de l'humain. Aux yeux du philosophe, il n'en est rien : les figures pariétales, aux oreilles de cerf ou aux têtes de bison, ne sont pas primitives, et doivent être interprétées, à l'inverse, comme un « signe de vieillesse », propre à des individus souffrant déjà du poids de la logique, du travail et de la civilisation :

> Il s'agit à chaque fois de nier l'homme au bénéfice de l'animalité. Certainement, ces êtres ont de l'homme le prestige et la maîtrise, ils ne sont ce qu'ils sont qu'étant des hommes et non, plus simplement, des animaux [...]. Mais ces hommes se dérobent devant le destin qui les déterminent : ils noient dans la sauvagerie et dans la nuit de l'animalité ce qui néanmoins naît en eux de clair et de calculé. Souvent, nous éprouvons nous-même le poids d'une civilisation qui est pourtant notre fierté ; nous avons soif d'autre chose, et souvent nous attribuons cette lassitude à notre sophistication : il est facile de voir un signe de vieillesse dans des sentiments contraires à l'efficacité, et qui jamais ne contribuent à l'œuvre humaine d'exploitation de toutes les ressources possibles[34].

En d'autres termes, les hommes de Lascaux, lorsqu'ils peignent leurs fresques, seraient déjà coupés de l'animalité et auraient parfaitement conscience de leur condition d'homme. Et c'est précisément pour cette raison que leurs œuvres participent d'une *expérience mystique* : elles viennent *après* la séparation du naturel et du culturel, de l'irrationnel et de la rationalité. Par conséquent, elles sont porteuses, tout à la fois, d'une lassitude et d'une angoisse. D'une lassitude face aux carcans de la logique et de la pensée réfléchie, qui ne cesse de limiter nos affects et nos perceptions de la réalité. D'une angoisse, puisque la mystique est toujours négative chez Bataille ; elle procède d'une crise, de la violente prise de conscience que l'on a définitivement perdu, en tant qu'homme, les liens symbiotiques qui nous unissaient au monde, avec notre origine profonde, et que le sens vrai de l'existence fait irrémédiablement défaut. Aussi la mystique ne peut s'opposer, chronologiquement, à la pensée formelle. Bien au contraire, elle en est la conséquence, et si les hommes de Lascaux rejouent la naissance de l'humanité dans les profondeurs

---

34 *Ibid.*, « Le passage de l'animal à l'homme et la naissance de l'art », in *Cours écrits sur l'art*, Paris, Lignes, 2017, p. 207.

d'une grotte obscure, il s'agit moins de célébrer la part d'animalité en l'humain, que de déplorer la perte radicale de cette animalité première.

Lucien Lévy-Bruhl et Georges Bataille portent donc sur la notion de *mentalité mystique* des regards diamétralement opposés : pour l'un, la mystique, positive et originelle, témoignerait de la possibilité d'une union de l'homme et de ce qui le dépasse. Pour l'autre, la mystique, négative et seconde, serait la conséquence du manque d'une telle unité. Reste que les deux philosophes sont beaucoup plus proches qu'on pourrait le penser de prime abord. Ils poursuivent, en effet, un but sensiblement identique, que Georges Bataille formule de la manière suivante :

> Nous avons à nous libérer de la sottise, toute humaine, qui nous empêche de nous retrouver et d'établir entre le plus simple et le plus complexe – de l'homme le plus ancien au plus récent – le contact le plus séduisant. Il suffirait enfin, puisqu'une similitude profonde, malgré tout, nous rapproche de nos premiers pères, de nous détacher, par la réflexion plus entière et plus précise, de cette construction réfléchie qui nous éloigne de ces hommes auxquels les animaux semblaient fraternels, et, la science l'apprend, qui ne tuèrent pas sans remords ceux dont ils devaient se nourrir[35].

Les critiques adressées aux œuvres de Lévy-Bruhl soulignent les limites de certains rapprochements qu'il opère et l'imprécision des termes qu'il emploie. Elles manquent, cependant, l'essentiel de la démarche du philosophe, qui cherche moins à faire de la « mentalité primitive » et de la « mentalité mystique » la *fin* de son étude qu'un *moyen*, au service, comme chez Bataille, d'une critique de la raison humaniste et des théories de la connaissance. Une telle lecture des thèses de Lévy-Bruhl a été proposée, dès 1937, par Benjamin Fondane, dans un article, puis un manuscrit resté inachevé et longtemps inédit[36]. Celui-ci, intitulé *Lévy-Bruhl ou le métaphysicien malgré lui*, devait, comme le rappelle Michel Carassou, faire partie d'un ouvrage plus conséquent – *L'Être et la Connaissance*, comprenant également une étude sur Chestov et une autre sur Lupasco[37].

35 *Ibid.*, « Au rendez-vous de Lascaux », *op. cit.*, p. 226.

36 L'article intitulé « Lévy-Bruhl et la métaphysique de la connaissance » est publié, en effet, en 1937, dans la *Revue philosophique de France et de l'étranger*. Pour sa part, le manuscrit de *Lévy-Bruhl ou le métaphysicien malgré lui* est paru en 2019 aux Éditions de l'Éclat.

37 *Cf.* Carassou, Michel, « avertissement », in Fondane, Benjamin, *Lévy-Bruhl ou le métaphysicien malgré lui*, Paris, Éditions de l'Éclat, 2019, p. I. Dans une lettre adressée à son épouse, qu'il arrive lui faire passer depuis le camp de Drancy où il est interné, le philosophe précise la maquette de *L'Être et la Connaissance* : « L'étude sur Lévy-Bruhl ou le métaphysicien

La grande force de Lévy-Bruhl, aux yeux de Fondane, est de montrer que la logique aristotélicienne, sur laquelle se fonde *la mentalité occidentale* et l'esprit scientifique, repose non sur un « acte de foi au réel » mais sur des conventions tautologiques et arbitraires :

> Mais Lévy-Bruhl n'accepterait pas qu'une logique, c'est-à-dire un *système de conventions élaborées*, conviennent aux primitifs. Précisément, ce qu'il entend par logique, c'est un système de conventions artificiel, maintenu par la violence et l'effort – parce que essayant de s'imposer à un réel qui s'y refuse. Comment appellerait-il logique un système spontané qui se maintient sans effort, en vertu d'une croyance, vérifiée par les faits et consolidé par une participation ? De fait, la pensée de Lévy-Bruhl est que *notre*, ou si vous préférez *nos* logiques, ne sont qu'un essai de succédané de la participation, apparu au moment où la participation s'est relâchée[38].

Cette citation éclaire, admirablement, les enjeux profonds que posent la *Mentalité primitive* de Lévy-Bruhl. L'anthropologue postule, en premier lieu, que le sentiment de *participation*, essentiel pour caractériser la pensée sauvage, est consubstantiel à toute pensée humaine, dont il constitue le socle. Il subsisterait, par conséquent, un *fonds indéracinable* de mentalité primitive dans toute pensée dite civilisée, un fonds qui serait responsable de tout ce que l'homme peut faire de beau. Toutefois, le philosophe va plus loin encore. Pour lui, la logique s'impose au prix d'une lutte perpétuelle de principes antagonistes : la raison contre l'émotion, la vérité contre le folklore, la connaissance élaborée contre la connaissance sensible. Habitude mentale acquise, et non innée, elle ne serait en rien un « perfectionnement de l'instrument primitif », mais « une volonté de domination et de contrainte », associée à un affaiblissement du rapport originel de l'humain au monde[39]. Aussi Lévy-Bruhl, dans *Les Fonctions mentales*, scande-il les grandes étapes de la constitution du penser rationnel, qu'il présente comme une dégradation de la *participation mystique* :

---

malgré lui. J'espérais pouvoir refaire le texte du point de vue des problèmes posés par les nouvelles logiques. Pourra-t-on le mettre au clair ? Il devait faire partie d'un livre *L'Être et la Connaissance*, comprenant ma grande étude sur Chestov, parue dans la *Revue philosophique* et une étude sur Lupasco dont il reste une ébauche assez vaseuse ». Après la rédaction de l'article, en 1939, Fondane a pu rencontrer Lévy-Bruhl, qui a confirmé son interprétation, ne formulant de réserve que sur l'emploi du terme de « métaphysicien ».

38 Fondane, Benjamin, « Notes sur les nouvelles logiques », *op. cit.*, p. 269.

39 *Ibid.*, p. 92.

> Le *sacré* tend à se distinguer du *profane* : l'intensité du vécu ayant diminué, on devient sensible à la contradiction ; des préliaisons et des préconcepts mythiques, des véritables concepts se dégagent, mais ils n'y sont qu'une sorte de précipité logique des représentations collectives qui l'ont précédé ; presque toujours, ce précipité entraîne un résidu plus ou moins considérable d'éléments mythiques… Ils sont donc, eux aussi, prélogiques et mythiques. Ils ne cessent de l'être que peu à peu, et très lentement[40].

Au fur et à mesure que la conscience individuelle s'affirme, le sentiment de *symbiose mystique* devient donc moins immédiat, l'homme s'arrache graduellement à la nature, et l'entendement se montre de plus en plus *intolérant* à la contradiction. La raison, par essence unitive s'impose alors en nous en tant que force brute, et dans les groupes sociaux, comme le souligne Benjamin Fondane, par la « croix et le bûcher[41] ».

Lévy-Bruhl, sur ce point, est très proche de Georges Bataille, mais aussi et surtout de l'historien de l'art Aby Warburg, qui, dans *Le Rituel du serpent*, s'efforce d'analyser la schize entre pensée magique et pensée réfléchie, au cœur de notre modernité :

> Le serpent à sonnettes n'épouvante plus l'Américain d'aujourd'hui. On le tue, on ne lui voue plus de culte comme à une divinité. Ce qu'on lui oppose, c'est l'extermination. L'éclair prisonnier dans un fil, l'électricité domestiquée ont produit une civilisation qui rompait avec le paganisme. Qu'ont-ils produit à la place ? Les forces de la nature ne sont plus conçues comme des configurations anthropomorphes ou biomorphes, mais comme une succession d'ondes interminables, qui obéissent à l'injonction manuelle de l'homme. Ainsi la civilisation de l'âge mécanique détruit-elle ce que la connaissance de la nature, née du mythe, avait péniblement construit, l'espace de contemplation qui est devenu l'espace de pensée[42].

Est-ce à dire qu'en nous-même et dans nos sociétés, la rationalité moderne aurait irrémédiablement étouffé, si ce n'est annihilé la mentalité mystique ? Pour Lévy-Bruhl, comme pour Warburg d'ailleurs, tel n'est pas le cas. La logique ne peut s'imposer, en effet, qu'au prix du sacrifice de la pensée sauvage, mais elle se heurte encore et toujours, en l'homme occidental, à un besoin viscéral et indéracinable de *participation*, qui continue de perdurer :

40 Lévy-Bruhl, Lucien, *Les Fonctions mentales dans les sociétés inférieures*, repris in *Morceaux choisis*, Paris, Gallimard, 1937, p. 240.

41 Fondane, Benjamin, *Lévy-Bruhl ou le métaphysicien malgré lui*, *op. cit.*, p. 171.

42 Warburg, Aby, *Le Rituel du serpent*, Paris, Macula, 2015, p. 119.

> Le besoin de participation reste sûrement plus impérieux et plus intense, même dans nos sociétés, que le besoin de connaître ou de se conformer aux exigences logiques. Il est plus profond, il va plus loin. Même dans notre société, les représentations et les liaisons de représentation régies par la loi de représentation sont loin d'avoir disparu. Elles subsistent, plus ou moins indépendantes, plus ou moins entamées mais indéracinables, côte à côte avec celles qui obéissent aux lois logiques. Le prélogique et le mystique coexistent avec le logique[43].

Un tel extrait a le mérite de clarifier les liens qui unissent mentalité logique et mentalité prélogique, qui ne peuvent en aucun cas être mises sur le même plan, et ne sauraient être hiérarchisées de manière graduelle. La rationalité, fruit d'évolutions sociétales et mentales, ne se substitue pas à la pensée sauvage, qui demeure vive, en profondeur, et imparfaitement recouverte en surface. Il en résulte que le monde occidental ne cesse d'être travaillé par des *résistances* à la logique, qui par moment éclatent et viennent troubler l'ordre placide et cadratif des représentations communément admises. Lucien Lévy-Bruhl, dans un texte célèbre, donne pour exemple les contes et les légendes folkloriques, qui continuent de fasciner l'homme civilisé et réveillent en lui une *fonction fabulatrice* que l'on croyait perdue :

> Là se trouve la raison du charme qui l'attire vers les contes du folklore – et la séduction de leur langage. Dès que nous y prêtons l'oreille, cette contrainte est suspendue, cette violence du rationnel fait trêve. En un instant, en un seul bond, les tendances refoulées regagnent le terrain perdu. Quand nous écoutons ces contes, nous abandonnons voluptueusement l'attitude rationnelle ; nous ne sommes plus soumis à ses exigences [...]. Ce relâchement, tout le temps qu'il a duré, nous flatte au plus profond de nous-même. Nous nous sentons redevenir semblables aux hommes qui, jadis, regardaient la partie mystique de leur expérience comme aussi réelle, et même vraiment plus réelle que la positive. C'est plus qu'une recréation. C'est une détente[44].

Au modèle unitaire de la rationalité triomphante, le philosophe oppose donc une conception double et fluctuante de la pensée humaine, qui par moment cesse d'être réfléchie et séparée, pour faire retour à l'origine et aux abîmes. Outre l'expérience de la lecture du conte, de la contemplation de l'œuvre primitive, on pourra citer, bien sûr, les expériences de la

---

43 Lévy-Bruhl, Lucien, *Les Fonctions mentales dans les sociétés inférieures*, repris in *Morceaux choisis*, *op. cit.*, p. 241.

44 Lévy-Bruhl, Lucien, *La Mythologie primitive*, Paris, Félix Alcan, 1935, p. 319.

mystiques chrétienne, pensée comme un élan vers l'invisible et les racines de la foi. En postulant l'existence d'une loi de participation universelle, antérieure à la pensée logique, l'auteur des *Fonctions mentales* parvient à expliquer leur origine et leur permanence, tout en échappant aux tentations de l'évolutionnisme et du psychopathologique. Mais Fondane, lecteur de Lévy-Bruhl, va plus loin encore, et voit dans la libre expression de la « mentalité mystique » le fondement même de l'art et de la poésie moderne.

L'HOMME *DÉPLIÉ*
La notion de « participation mystique », entre critique et esthétique

Si l'œuvre de Lucien Lévy-Bruhl peut être lue comme une critique du systématisme rationnel, elle n'est toutefois pas la première à interroger les limites des représentations mentales au sein des sociétés civilisées. Publiée à partir de 1910, elle s'inscrit, plus généralement, dans le contexte d'une crise du *logocentrisme*, dont les premières manifestations se font sentir dès le romantisme allemand, et qui éclate au cours du second XIXe siècle. Celle-ci débute avec la « ténébreuse et profonde unité » que rêve d'atteindre Charles Baudelaire, se poursuit avec la *voyance* rimbaldienne, cherchant à déchirer les voiles qui recouvrent le réel vécu, et non perçu, puis culmine avec la *Lettre de Lord Chandos* d'Hugo von Hofmannsthal. Ce texte, publié en 1902, offre le récit de la perte du sens et des relations que l'homme tisse entre les mots et les choses :

> Je ne parvenais plus à les saisir avec le regard simplificateur de l'habitude. Tout se décomposait en fragments, et ces fragments à leur tour se fragmentaient, rien ne se laissait plus enfermer dans un concept. Les mots flottaient, isolés, autour de moi ; ils se figeaient, devenaient des yeux qui me fixaient et que je devais fixer en retour : des tourbillons, voilà ce qu'ils sont, y plonger mes regards me donne le vertige, et ils tournoient sans fin, et à travers eux, on atteint le vide[45].

45 Hofmannsthal, Hugo, *Lettre de Lord Chandos*, Paris, Gallimard, 1992, p. 44.

Un tel extrait illustre, de manière exemplaire, les effets provoqués par la *détente* de la raison. Brusquement Lord Chandos est amené à porter un regard parfaitement étranger sur ce qu'il croyait être constitutif de son être, et la condition de l'homme moderne lui apparaît sous les traits « d'un jardin empli de statues dépourvues d'yeux[46] ». Bien au-delà de la seule référence à la statue de Condillac, Hugo von Hofmannsthal semble viser, par cette image, ses contemporains, ayant définitivement perdu le rapport originel qui les liait à la nature, et se révèlent incapables de voir la réalité pour ce qu'elle est[47]. Il souligne, par conséquent, la fragilité de l'édifice mental que l'Occident a pu construire, et esquisse la possibilité d'autres rapports à l'univers :

> Depuis lors, je mène une existence que vous aurez du mal à concevoir, je le crains, tant elle se déroule hors des mots, hors de l'esprit, sans une pensée… Car c'est quelque chose qui ne possède aucun nom, et d'ailleurs ne peut guère en recevoir, cela s'annonce à moi dans ces instants, emplissant comme un vase n'importe quelle apparence de mon entourage quotidien d'un flot débordant de vie exaltée[48].

Nous sommes très proches, ici, de la participation mystique décrite par Lévy-Bruhl, où les objets apparaissent pour autres qu'ils ne sont, où se laisse entendre, pour reprendre un vers de Charles Baudelaire, « le langage des fleurs et des choses muettes », et où le moi n'est plus séparé du monde. Cette quête d'une abolition de la distance, progressivement installée, entre l'homme et la nature, n'est d'ailleurs pas propre à Hofmannsthal. Elle est au cœur de l'art moderne, et particulièrement chère à Paul Cézanne, qui déclare, dans un de ses entretiens avec Joachim Gasquet, vouloir figurer « l'homme absent, et tout entier dans le paysage » :

> Je me rapprocherai de la réalité. Je la veux toute entière… Autrement, à ma manière, je ferai ce que je reproche aux Beaux-Arts. J'aurais, dans ma cervelle, mon type préconçu et je calquerai la vérité sur lui… Tandis que c'est moi que je veux calquer sur elle. Qu'est-ce que je suis, moi ?… L'atteindre dans son âme, la rendre comme elle est. Et si je m'y casse les reins, tant pis. J'aurai essayé. J'aurai frayé une voie[49].

---

46 *Ibid.*, p. 45.

47 Voir sur ce point Le Rider, Jacques, « La *Lettre de Lord Chandos* », in *Littérature*, 95, Paris, Larousse, 1994.

48 Hofmannsthal, Hugo, *op. cit.*, p. 45.

49 Cézanne, Paul, « L'atelier », in Gasquet, Joachim, *Cézanne*, Paris, Les Belles Lettres, 2012, p. XX.

Comme le souligne D. H. Lawrence, dans *La Beauté malade*, la peinture de Cézanne procède d'une lutte pour se départir des « concepts mentaux », qui empêchent la connaissance instinctive et sensible des *realia*. En d'autres termes, l'art se jouerait, pour lui, à un niveau « prélogique », avant que la conscience réfléchie ne fasse écran et n'impose une forme préconçue et décalquée sur le réel à la pomme, à l'arbre ou au visage humain. Ce n'est qu'au prix de cet arrachement aux représentations acquises que le peintre serait susceptible de toucher à la chair du monde, au *monde substantiel et vivant*[50]. La critique de la rationalité, formulée par Lucien Lévy-Bruhl, intervient donc à un moment de profonde remise en cause de la *mimesis*, du langage, des logiques de l'écriture et du dessin, que redouble l'aspiration artistes à manifester l'existence d'un en-deçà ou d'un au-delà des choses. Un certain nombre de commentateurs ont alors fait le lien entre la démarche des poètes et des peintres et celle de Lévy-Bruhl.

Benjamin Fondane, en particulier, s'est montré, immédiatement, sensible à la parenté entre la dualité des fonctions mentales et les enjeux de la création contemporaine[51]. Marqué par la lecture de la *Mythologie primitive*, celui-ci décrit, dans la *Conscience malheureuse*, ce qu'il nomme la « crise de la réalité ». Il y oppose la mystique sauvage, permettant d'être naturellement proche du réel et de la force vitale, et la connaissance réfléchie, qui transforme le monde « en signe » et la réalité en obstacle. De là, émerge la figure d'un homme civilisé déchiré par le savoir, tenu pour responsable du « malheur de la conscience » et du « malaise dans la civilisation[52] ». Deux ans plus tard, en 1936, Fondane reprend et développe cette idée dans son *Faux-Traité d'esthétique* : à ses yeux, la fonction de la poésie, à partir de Baudelaire, est de donner accès à la réalité en soi,

50 Voir sur ce point Lawrence, D. H., *La Beauté malade*, Paris, Alia, p. 44.

51 Il n'est toutefois pas le seul. Dès 1925, Robert Musil affirme, dans un article intitulé « Éléments pour une nouvelle esthétique » : « Quand on lit les descriptions géniales qu'a donné Lévy-Bruhl dans Les Fonctions mentales de la pensée des primitifs, notamment de ce rapport particulier aux choses qu'il nomme "participation", le lien avec l'expérience artistique est en maints endroits si visible que l'on est tenté de considérer celle-ci comme une forme tardive d'évolution de cet univers primitif ». Musil, Robert, « Éléments pour une nouvelle esthétique », in *Essais, conférences, critique, aphorismes et réflexion*, Paris, Seuil, 1984, p. 191.

52 On se reportera, sur ce point à Fondane, Benjamin, *La Conscience malheureuse*, Lagrasse, Verdier, 2013, p. 44 et à Nicolas, Serge, « Postface », in *Lévy Bruhl, Le métaphysicien malgré lui*, *op. cit.*, p. 286.

qui se livre uniquement lorsque l'homme suspend le regard humaniste, *anthropocentriste*, qu'il porte sur le monde. En d'autres termes, la poésie et l'art moderne, nés de la crise de la logique et du *logos*, constitueraient « la capitale de l'expérience mystique du réel refoulé et chassé[53] ». Une telle formule est porteuse de deux implications majeures, directement en lien avec les thèses de Lévy-Bruhl. En premier lieu, les peintres et les poètes occuperaient, depuis la fin du XIXe siècle, la place traditionnellement dévolue aux mystiques dans les sociétés occidentales. Ils auraient pour rôle de dévoiler l'invisible et d'ouvrir la pensée humaine à d'autres modalités de connaissance du monde, en s'affranchissant des normes et des dogmes. Cependant, cette mystique n'est en rien comparable ou assimilable à la mystique chrétienne. Elle prend la forme, pour reprendre une formule de Paul Claudel, d'une *mystique à l'état sauvage*, et doit être entendue au sens que Lévy-Bruhl lui donne. Pour Fondane, la notion classique d'inspiration laisse place, par conséquent, à la notion de participation, désignant le moment précis où la « réalité latente », manquée par la raison, devient, pour le poète, « réalité manifeste ». En second lieu, la poésie cesse d'être un acte de langage, pour se confondre avec la vie affective. « Que le poète ose ! », s'exclame Fondane, « qu'il descende des catégories de sa pensée dans les catégories de sa propre vie[54] ». Dès lors, le poème cesse d'apparaître comme une œuvre, et se fait « document mental », à la fois vestige et support de l'expérience qui conduit l'homme à se porter au-delà des limites de la pensée réfléchie. Sur le plan des pratiques de la création, la notion de *participation mystique* a alors pour conséquence le passage d'une poétique de la maîtrise à des poétiques de la non-maîtrise, comme l'automatisme ou le tachisme, procédés fondés sur la recherche volontaire du relâchement, de la « détente » de la rationalité.

On mesure à ce titre, l'importance considérable qu'ont pu avoir les ouvrages de Lévy-Bruhl pour la formulation des théories avant-gardistes surréalistes, néo-dadaïstes et informelles. Or, l'anthropologue a bien été lu par Tristan Tzara, par Antonin Artaud, par Jacques Audiberti, fondateur avec le peintre Camille Bryen de la pensée *abhumaniste*. Le poète René Daumal consacre un article élogieux du tout premier numéro de la revue *Le Grand Jeu* à *L'Âme primitive*, et, fait plus éloquent encore, André Breton considère *La Mentalité primitive*, publiée en 1922, comme faisant

53 Fondane, Benjamin, *Faux-Traité d'esthétique*, Paris, Paris-Méditerranée, 1998, p. 32.
54 *Ibid.*

partie des cent livres les plus importants pour le mouvement surréaliste. Celui-ci découvre cette œuvre un an plus tard, en pleine période des Sommeils, et en même temps que l'*Erreur spirite* de René Guénon. Il est donc très vraisemblable que les thèses de Lévy-Bruhl soient en partie responsables de l'abandon relatif des références ésotériques par les jeunes surréalistes, et de la formulation du projet que porte l'automatisme, à savoir le dévoilement du « fonctionnement réel de la pensée ». Vingt-trois ans plus tard, dans son *Ode à Charles Fourier*, le poète continuera d'ailleurs à se référer aux idées défendues par l'anthropologue, afin de définir les enjeux du mouvement qu'il a créé :

> Il n'y a pas de séparation, d'hétérogénéité entre le surnaturel et le naturel (le réel et le surréel). Aucun hiatus. C'est un *continuum*, on croit entendre André Breton : c'est un ethnographe qui nous parle au nom des indiens Saulteaux[55].

La lecture de Lévy-Bruhl aurait donc conduit les surréalistes à inscrire les notions de « primitif » et de « mentalité mystique » au cœur de leur démarche artistique. Selon André Breton, il s'agit d'orchestrer le retour, pour échapper au dessèchement de la pensée contemporaine, à la mentalité sauvage qui sommeille en nous, à ce « fonds commun à tous les hommes, singulier marécage plein de vie où fermentent et se recomposent sans cesse les débris et les produits des cosmogonies anciennes[56] ». Cette même aspiration est partagée par Michel Leiris,

55 Breton, André, cité par Pierre, José, in *André Breton et la peinture*, Lausanne, L'Âge d'Homme, 1987, p. 260. L'intérêt d'André Breton pour l'anthropologie et l'ethnographie s'accentue au fil de ses œuvres, et devient manifeste après son « passage du Nord-Ouest », qui le conduit, en 1943, à séjourner en Martinique, puis aux États-Unis et à rencontrer Claude Lévi-Strauss. S'ensuit une série d'articles et d'ouvrages traitant explicitement du primitivisme : *Arcane 17* (1944), *Martinique charmeuse de serpents* (1948), *La Clef des champs* (1953) ou encore *L'Art magique* (1957). Les notes d'*Arcane 17* sont sur ce point particulièrement importantes, en ce qu'elles établissent le lien entre la pensée sauvage, la mystique chrétienne et l'extase poétique surréaliste : « La perception et la représentation – qui semblent à l'adulte ordinaire s'opposer d'une manière si radicale – *ne sont à tenir que pour les produits de dissociation* d'une faculté unique, originelle… *dont il existe trace chez le primitif et chez l'enfant. Cet état de grâce, tous ceux qui ont souci de définir la véritable condition humaine, plus ou moins confusément aspirent à la retrouver… On peut systématiquement, à l'abri de tout délire, travailler à ce que la distinction du subjectif et l'objectif perde de sa nécessité et de sa valeur.* La quête d'un tel "état de grâce" […] n'a pas, depuis lors, cessé de m'apparaître comme le suprême recours contre une vie dépourvue de signification tant elle reste asservie à une conception du monde dénaturée ». Breton, André, « Ajours, II », in *Arcane 17*, Paris, Gallimard, « Bibliothèque de la Pléiade », 1999, p. 106.

56 Breton, André, « Flagrant délit », in *La Clef des champs*, Paris, Pauvert, 1967, p. 261.

déclarant que les œuvres de Lévy-Bruhl sont à l'origine de sa vocation d'ethnologue :

> De cette mentalité européenne qui me gênait comme un vêtement mal fait, j'essayais de m'évader en lisant des ouvrages sur la mentalité « primitive », mentalité qui implique, si l'on en croit Lévy-Bruhl et d'autres théoriciens, un jeu de puissance affective et de la capacité imaginative beaucoup plus libre que la mentalité dite civilisée[57].

Pour les surréalistes, l'*homme des lointains*, dépositaire d'un secret qui le maintient en phase avec l'univers naturel, se fait alors l'instrument d'une critique de l'homme civilisé. Mais il devient, également et explicitement, un modèle, vers lequel il faut tendre, pour libérer « les dimensions inconscientes de l'affectivité refoulée » et trouver « un vêtement à la mesure de soi[58] ». Aussi le terme de « mystique », sous la plume des écrivains surréalistes et de certains artistes informels comme Camille Bryen, est-elle loin d'être une expression vague : elle fait, très directement, référence à la « mentalité mystique » qu'étudie Lévy-Bruhl, à la dualité des fonctions mentales humaines et à cette « âme primitive », demeurée intacte, et n'en finissant plus de résister à l'appauvrissement induit par la mentalité moderne.

Au terme de ce parcours, nous avons pu mesurer la fécondité des thèses de Lucien Lévy-Bruhl. Quoique critiqué par un certain nombre d'anthropologues et de philosophes pour ses ambiguïtés, son œuvre n'en est pas moins essentielle. La conception, élargie, qu'il a de la mystique, contribue à modifier profondément le regard que nous portons sur les mentalités et en particulier sur celles des peuples primitifs. Comme le souligne, avec humour, René Daumal, il est désormais impossible de tenir ces derniers pour des « crétins », et les ouvrages de Lévy-Bruhl ont le mérite d'avoir émancipé les termes de « mystique » et de « primitif » des lectures évolutionnistes ou psychopathologiques qui leurs étaient associées. En outre, l'auteur des *Fonctions mentales* aura contribué à leur appropriation par les écrivains et les artistes des avant-gardes. Dans ses livres, il dessine les frontières d'un *arrière-pays de l'homme*, ouvrant la voie

57 Leiris, Michel, cité par Keck, Frédéric, in *Lucien Lévy-Bruhl : entre philosophie et anthropologie*, Paris, CNRS, 2013, p. 245.

58 Keck, Frédéric, *op. cit.*, p. 246.

à d'autres modalités de connaissance du monde. C'est donc, sans doute, en partie grâce à lui que les surréalistes ou les tenants de l'informel nourriront le projet « d'ensauvager » la création, et d'insuffler à l'art la force de leurs « instincts » profonds. Enfin, Lévy-Bruhl, en soulignant la dualité constitutive de la pensée humaine, partagée entre logique et mystique, participe activement à montrer les limites de l'humanisme intégral et de l'idée de civilisation. Il rejoint en cela René Guénon et D. H. Lawrence, qui déclare, dans *La Beauté malade* :

> Nous avons peur des instincts. Nous avons peur de l'intuition qui est en nous. Nous supprimons les instincts, nous faisons table rase de notre perception intuitive d'autrui et du monde. La raison est un grand traumatisme subi par le moi procréateur. Aujourd'hui, nous ne nous connaissons que comme des entités abstraites ou sociales ou politiques sans chair, sans os, froides, pareilles aux personnages de Bernard Shaw. Intuitivement nous sommes morts les uns pour les autres, nous nous sommes tous refroidis. Or, c'est seulement par l'intuition que l'homme peut vraiment percevoir l'homme, ou le monde substantiel, vivant. C'est seulement par elle qu'il peut aimer et connaître la femme ou le monde et par elle qu'il pourra de nouveau créer ces images de connaissance magique que nous appelons art[59].

Grégory JOUANNEAU-DAMANCE
Université Paris 8,
Université Paris Nanterre, ITEM

59 Lawrence, D. H., *La Beauté malade*, *op. cit.*, p. 18.

DEUXIÈME PARTIE

L'EXPÉRIENCE MYSTIQUE À L'ÉPREUVE DE LA TRADITION CHRÉTIENNE

PEUT-ON PARLER D'UNE EXPÉRIENCE MYSTIQUE DANS LES RÉCITS RELIGIEUX VERNACULAIRES DU XIIIe SIÈCLE ?

L'exemple des *Miracles de Nostre Dame* de Gautier de Coinci

En démontrant que l'existence de la mystique comme pratique a précédé de loin l'utilisation du terme en tant que substantif, les travaux de Michel de Certeau[1] ont légitimé l'étude d'une « mystique médiévale[2] ». Le Moyen Âge a ainsi connu et pratiqué, bien que sans la nommer, « l'expérience mystique », c'est-à-dire, selon la définition de Jean-Pierre Albert, une « expérience vécue comme intime avec le divin ou en fusion avec lui[3] », et qui d'après Certeau prend toute son épaisseur lorsque « [cette] *expérience* s'inscrit dans un *langage*[4] », un « parler mystique » dont l'historien jésuite a entrepris de définir les caractéristiques[5]. La combinaison de ces deux définitions implique dès lors la nécessité de deux critères pour reconnaître en un texte la relation d'une *expérience mystique* : celui du *fait* (la vision, la rencontre avec le divin) et celui de la *langue* (l'élaboration d'un langage mystique, selon des règles que cette étude permettra de rappeler partiellement).

Du point de vue de cette définition, la question de l'existence même d'une « expérience mystique » se pose pour les textes religieux vernaculaires du XIIIe siècle, et tout particulièrement pour un genre littéraire qui prend son essor à cette période : celui des miracles de la Vierge, des recueils de contes relatant des miracles attribués à Marie, généralement traduits d'une

1 Certeau, Michel de, *La Fable mystique*, I, *XVIe-XVIIe siècle*, Paris, Gallimard, 1982.

2 La question de l'existence d'une mystique proprement médiévale a été étudiée dans le cadre du colloque « Existe-t-il une mystique médiévale ? » organisée par Dominique Poirel à l'Institut Catholique de Paris, le 30 novembre et le 1er décembre 2017.

3 Albert, Jean-Pierre, « L'écriture des mystiques : affirmation ou effacement du sujet », *Scritture di donne. Un sgardo europeo*, Toscanis, Protagon, p. 23-32, 1999.

4 Certeau, Michel de, *Le lieu de l'autre*, Paris, Gallimard, 2005, p. 46.

5 *La Fable mystique*, *op. cit.*, p. 158 *sqq.*

source latine, et rédigés dans un contexte qui est celui de la propagation de la dévotion à la mère de Dieu[6]. À la première lecture, le positionnement de ces textes est en effet ambigu à l'égard de la notion d'expérience mystique. Du point de vue de la *langue*, ces recueils de miracles répondent aux propriétés du « parler mystique » : en reprenant largement le langage des écrits contemplatifs cisterciens, inspirés du vocabulaire érotique du *Cantique des cantiques*[7], ces contes mariaux se placent dans l'héritage d'une littérature qui, parce qu'elle inspirera plus tard abondamment les représentants de la *devotio moderna* ou encore des auteurs comme Jean de la Croix, a servi de véritable socle à l'essor du discours mystique. Du point de vue du *fait* cependant, on peut hésiter à qualifier d'expérience mystique les visions relatées dans ces contes, où il est rare qu'elles constituent une fin en soi : dans la grande majorité des récits, la vision a lieu pour que son destinataire en tire un bénéfice profitable à l'ensemble de la communauté (qu'elle soit religieuse ou diocésaine), de sorte que l'expérience individuelle de l'union à Dieu n'est qu'une étape dans le récit de l'établissement d'une dévotion collective. Ainsi se constitue à première vue une dysharmonie entre, d'une part, des éléments de langage qui contribuent à construire un discours mystique, et d'autre part, le peu d'importance que le narrateur accorde à la vision relatée en tant qu'expérience mystique.

C'est cet écart que cette étude se propose d'analyser à travers l'exemple de Gautier de Coinci, un moine cistercien issu de l'abbaye saint Médard de Soissons, nommé prieur à Vic-sur-Aisne à la fin du XIIe siècle, et qui rédige deux livres de *Miracles de Nostre Dame*[8] entre 1214 et 1230

6 La floraison des recueils de miracles mariaux en langue latine puis vernaculaire se produit en effet au moment où l'Église, sous l'impulsion cistercienne, valorise le rôle de la Vierge et encourage la dévotion mariale. Sur le lien entre l'histoire du dogme marial et la littérature miraculaire, on pourra consulter entre autres Bretel, Paul *Le Jongleur de Notre-Dame*, Paris, Champion, 2003, p. 11-19 ; Waters, Claire M., *Translating* Clergie. *Status, Education, and Salvation in Thirteenth-Century Vernacular Texts*, Philadephia, University of Pennsylvania Press, 2016, p. 164 *sqq.* ; O'Sullivan, Daniel, *Marian Devotion in Thirteenth-Century French Lyric*, Toronto-Buffalo, University of Toronto Press, 2005.

7 L'infusion du vocabulaire du *Cantique* dans les écrits cisterciens est la conséquence de l'intérêt que cet ordre religieux porte à ce texte, commenté par Bernard de Clairvaux, Isaac de l'Étoile ou encore Aelred de Rielvaux. Un tel attachement à ce texte sensuel s'explique d'après Piroska Nagy et Damien Boquet par la valorisation, dans les ordres réformés du XIIe siècle de l'amour comme « mère de toutes les émotions religieuses ». Voir *Sensible Moyen Âge. Une histoire des émotions incarnées*, Paris, Seuil, 2015, p. 127.

8 Coinci, Gautier de, *Miracles de Nostre Dame*, éd. V. F. Koenig, Genève-Lille, Droz-Giard, 1955-1970, 4 vol.

environ. Œuvre majeure au sein du genre que constituent les récits de miracles mariaux, ce recueil pose tout particulièrement la question de l'élaboration d'un « parler mystique », du fait de la virtuosité langagière déployée par l'auteur : tous les critiques qui ont travaillé sur Gautier de Coinci ont signalé la verve d'une écriture qui repose sur l'accumulation des synonymes, sur l'insertion de termes latins et sur le jeu sur les étymologies, sur l'usage de mots issus de différents patois ainsi que sur la formation de néologismes[9], et ce, dans le but revendiqué de saisir une réalité divine que l'auteur reconnaît impossible à dire. La rhétorique de l'indicible est en effet omniprésente dans les parties discursives, qui ressassent inlassablement la beauté et la douceur de la Vierge, telles que « que nulle langue ne peut la décrire[10] ». Autant de traits d'écriture qui ont déjà été largement analysés sous un angle rhétorique et poétique, mais dont on n'a pas assez souligné qu'ils convergent nettement vers les caractéristiques du langage mystique définies par Certeau : l'usage du vernaculaire par un auteur en situation de diglossie, la translation de mots, les néologismes, la réflexion du langage sur sa propre capacité à transcrire le vécu[11]. Il y a donc un « potentiel mystique » dans son

9 Pour une étude des procédés d'écriture dans les *Miracles de Nostre Dame*, on pourra consulter, parmi d'autres, Hunt, Tony *Miraculous Rhymes : The Writing of Gautier de Coinci*, Cambridge, Brewer, 2007 ; Kunstmann, Pierre, « L'*Annominatio* chez Gautier : vocabulaire et syntaxe », in Krause, Kathy and Stones, Alison (dirs.), *Gautier de Coinci. Miracles, Music and Manuscripts*, Turnhout, Brepols, 2006, p. 101-112 ; Clark, Robert L. A., « Gautier's Wordplay as Devotional Ecstasy », *ibid.*, p. 113-125 ; « "Si douz miracle enseveli dedens la letre ont trop esté". Le *Livre des Miracles* de Gautier de Coinci », in Baumgartner, Emmanuelle et Harf-Lancner, Laurence (dirs.), *Seuils de l'œuvre dans le texte médiéval*, Paris, Presses de la Sorbonne Nouvelle, 2002, 2 vol., t. 2, p. 219-243.

10 C'est ainsi, par exemple, que dans le miracle de Théophile, le héros éponyme s'adresse en ces termes à la Vierge Marie : « Mere, fait il, au roi del ciel, / Qui plus iez douce de nul miel, / Qui plus iez douce et savoreuse, / Plus debonaire et plus piteuse, / Et plus souef et plus benigne / Et plus tres douce et plus tres digne / Que ne porroit langue retraire », *I Mir 11*, v. 905-912, éd. Koenig, t. 1, p. 105-106.

11 Voir Certeau, *op. cit.*, p. 158 *sqq.* Des études sur l'adaptation de ces règles définitoires du « parler mystique » à la littérature religieuse médiévale ont déjà été menées sur certains corpus. On pourra se reporter par exemple aux traveaux de Halary, Marie-Pascale : « Sur une traduction des *Sermons sur le Cantique* de Bernard de Clairvaux : dire l'expérience mystique en français au XIIe siècle », in *Senefiance* n° 64, *Fables mystiques. Savoirs, expériences, représentations du Moyen Âge aux Lumières*, Presses Universitaires de Provence, 2016, p. 239-249 ; « Quand l'Unique change de langue. Littérature spirituelle et "langue courtoise" chez Marguerite d'Oingt », in Ferrer, Véronique, Marczuk, Barbara et Valette, Jean-René (dirs.), *L'Unique change de scène. Écritures spirituelles et discours amoureux (XIIe-XVIIe siècle)*, Paris, Classiques Garnier, 2016, p. 137-155.

écriture, qui décrit pourtant des visions envisagées avant tout comme un tremplin vers un prière communautaire. Se pose alors la question de savoir si les traits de langage qui caractérisent l'écriture de Gautier suffisent à ériger les visions relatées dans les *Miracles de Nostre Dame* en récits d'expériences mystiques : le langage virtuose de l'auteur peut-il construire, malgré ou avec le poids de la communauté orante, le récit d'une « expérience mystique » ? Après avoir explicité dans un premier temps deux critères qui conduisent à considérer l'utilisation de la notion d'expérience mystique comme problématique au sein des récits des *Miracles*, ces exemples conduiront à avancer que, si expérience mystique il y a, elle est à chercher non au niveau du récit, mais au niveau de l'énonciation.

L'EXPÉRIENCE MYSTIQUE EN QUESTION (I)
Le sujet mystique

Le premier critère qui conduit à mettre en question la notion d'expérience mystique dans les récits de visions proposés par les *Miracles de Nostre Dame* est celui du sujet mystique. Le récit de l'expérience mystique se construit en effet traditionnellement à partir du point de vue d'un sujet : Michel de Certeau souligne « l'importance du lieu qu'est le *je* » dans l'écriture mystique[12], et bien que ce sujet soit bien sûr amené à s'effacer, à se dissoudre dans la vision de Dieu, il constitue au départ le point focal à partir duquel est perçue la scène mystique[13].

Or la question de la présence même de ce sujet pose problème dans certains récits des *Miracles*. En témoigne par exemple le récit *I Mir 19*, dans lequel une veuve aussi pauvre que pieuse agonise sans le secours du prêtre de sa paroisse, que la cupidité pousse au chevet d'un riche usurier, lui aussi mourant. Ému par le sort de la vieille femme, un diacre

---

12 Certeau, Michel de, *La Fable mystique*, *op. cit.*, p. 243-245.

13 Aussi Certeau souligne-t-il toute l'ambiguïté de ce *je* en affirmant que « Le *je* n'est pas un propre[...]. La stratégie textuelle qui distribue et hiérarchie les lieux du dire [...] débouche finalement sur ce point de fuite, le *je*, où ça ne parle qu'au nom de l'autre [...]. Dans la position forte du texte, le *je* est une sorte de lapsus. Il se contente de représenter ce qui parle, ou de se substituer à ce qui fait parler », *op. cit.*, p. 256.

se rend chez l'héroïne pour l'assister dans son agonie, et y découvre avec émoi que sa misérable chambre a été comme transfigurée par la présence mariale :

Si grant clarté i a veüe
Que grant peür en a eüe.
Ou povre lit de la viellete,
Qui covers ert d'une natete,
Assises voit douze puceles
Si avenans et si tres beles
N'est nus, penser tant i seüst,
qui raconter le vos peüst.
Seur les chevés la povre fame,
Qui por la mort sue et travaille,
La mere Dieu d'une toaille,
Qui blance est plus que flors de lis,
La grant sueur d'entor son vis
A ses blanches mains li essuie[14].

Qui est le bénéficiaire de la vision relatée ? Ce devrait être la veuve : c'est elle qui va mourir, c'est à elle que la Vierge adresse un geste de tendresse intime en lui essuyant le visage (v. 227-230). Et pourtant la veuve, destinataire privilégiée des soins de Marie, n'apparaît dans ce texte qu'en tant qu'objet des verbes, sans que soit faite aucune mention de son intériorité. L'individualité de la vieille femme est complètement occultée, au point qu'elle ne semble pas même participer véritablement à l'expérience spirituelle dont elle bénéficie – rien n'indique qu'elle soit simplement consciente de la présence de Marie ; en ce sens, le personnage de la veuve est loin de constituer un « sujet mystique ». C'est bien plutôt le point de vue du diacre qui est choisi par le narrateur pour relater la scène : c'est à son intériorité qu'on accède (ce sont émotions dont rend compte le texte), de sorte que se met en place une sorte de système triangulaire au sein duquel le « sujet mystique », celui dont il nous est donné d'accéder à l'intériorité au cours du récit de vision, n'est pas le bénéficiaire premier de la présence mariale, mais le témoin de la rencontre entre la veuve et le divin.

Dans ce cadre, le statut du personnage masculin – qui en tant que diacre, est un représentant officiel de l'Église – me semble jouer un rôle

14 *I Mir 19*, v. 217-230.

central. Bien que la Vierge adresse la parole directement au diacre dans la suite du récit, l'élevant temporairement au statut de bénéficiaire direct et, en quelque sorte, « officiel », de la vision, cette transformation n'est qu'éphémère. Si la Vierge s'adresse au diacre et l'invite à s'asseoir parmi les saintes, c'est en effet pour lui demander de confesser et communier la mourante[15] ; elle lui confie donc une charge sacramentelle, à la suite de laquelle le diacre disparaît complètement du texte :

> Quant ele fu commeniie,
> Couverte l'ont et ratirie
> La mere Dieu et ses puceles.
> Lors dist une des damoiseles
> A ma dame sainte Marie :
> « encor, dame, n'istera mie,
> Si com moi samble, dou cors l'ame[16].

Plus aucune mention n'est faite de l'officiant, que la Vierge et ses saintes ignorent pour reporter toute leur attention sur la veuve à l'agonie. Le diacre n'étant plus ici concerné par le dialogue, il n'aura joué que provisoirement le rôle de potentiel sujet mystique, le temps d'accomplir sa charge ecclésiale : confesser et communier la veuve.

Une telle structure s'avère doublement significative. Elle suggère d'abord que le récit de la rencontre avec Dieu ne peut se faire, aux yeux de Gautier de Coinci, en dehors du regard et du contrôle de l'Église : c'est en effet à travers le regard ecclésial du diacre que l'émotion de la rencontre spirituelle est transmise au lecteur. L'organisation du récit indique en second lieu que l'émotion de cette rencontre, loin d'être une fin en soi, se charge d'une fonction précise : l'administration des sacrements (confession et communion), après quoi le diacre, et avec lui la rencontre mystique narrée à travers son regard, disparaît du texte. Si expérience mystique il y a, elle n'est donc présentée que comme une étape qui conduit vers – et donne son sens à – une spiritualité ecclésiale et sacramentelle. L'importance dès lors conférée à la dimension communautaire de la vie spirituelle appelle à s'interroger sur un second

15 « Li dist : "Biaus clers, or n'aiez doute, / Mais seez vos par grant delit / Les ces puceles en ce lit". / Li clers n'i va plus demorant, / Ou lit s'assiet tout em plorant. "Or tost, biaus clers, fait Nostre Dame, / Confessez ceste bonne fame" [...] Li clers, qui eut le cuer mout tenre, / A plorer prist mout tenrement. », v. 248-259.

16 *I Mir 19*, v. 265-271.

critère définitoire de l'expérience mystique : l'expérience mystique est-elle toujours donnée à lire, dans les *Miracles de Nostre Dame*, comme une expérience de la rencontre visionnaire et fusionnelle avec Dieu ?

L'EXPÉRIENCE MYSTIQUE EN QUESTION (II)
Une expérience de la rencontre

L'expérience mystique se définit en effet selon Yann Schmitt comme « une expérience de la rencontre ou de la présence de l'Ultime[17] », qui se différencie selon Jérôme Gellman de la simple « expérience religieuse » en ce que l'expérience mystique « n'appartient jamais aux expériences perceptives sensorielles[18] ». Cette distinction pourrait à elle seule nourrir de longs commentaires sur son application dans littérature miraculaire du Moyen Âge, qui, parce qu'elle se nourrit profondément de la hiérarchie cistercienne établie entre les « sens du corps » et les « sens de l'âme[19] », donne à lire de nombreux récits au sein desquels la frontière est floue entre expériences sensorielle et spirituelle. Mais en dehors même de cette difficulté, qui ne pourra être abordée dans ces quelques pages, il est un autre problème posé ponctuellement par les *Miracles de Nostre Dame* : dans certains contes, Gautier de Coinci met en place un langage qui, tout en répondant aux règles du parler mystique telles que les définit Certeau, décrit une expérience sensorielle en réalité bien moins mystique que religieuse.

C'est ce que l'on peut observer dans *I Mir 44*, le seul récit auto-diégétique des *Miracles de Nostre Dame*, dans lequel l'auteur raconte un événement attesté historiquement[20] : le vol des reliques de sainte

17 Schmitt, Yan, « Les expériences mystiques peuvent-elles appartenir à des processus cognitifs ? », *ThéoRèmes* 1/2010, p. 2.

18 Gellmann, J., *Mystical Experience of God*, Ashgate Press, 2001, p. 4.

19 L'idée augustinienne selon laquelle l'âme possède des sens au même titre que le corps et la hiérarchisation de ces sens est en effet reprise par a littérature cistercienne, tout particulièrement dans traité de Guillaume de Saint-Thierry sur *La Nature et la dignité de l'amour*. Sur les implications de ce système de pensée sur la conception de l'expérience spirituelle, voir par exemple l'article de Williamson, Beth « *Sensory Experience in Medieval Devotion : Sound and Vision, Invisibility and Silence* », *Speculum* vol. 88 nº 1, Janvier 2013, p. 1-43.

20 L'épisode est relaté dans les chroniques de l'abbaye Saint-Médard de Soissons, dont dépendait le prieuré de Vic-sur-Aisne.

Léocadie, une sainte espagnole dont les ossements étaient conservés à Vic-sur-Aisne, dans le prieuré dont Gautier de Coinci était en charge. Ces reliques ont été subtilisées en 1219 par des voleurs qui ont conservé la châsse en or et abandonné les ossements qu'elle contenait dans une rivière, où ils ont été retrouvés trois jours après leur disparition. Gautier relate ces événements de son point de vue, et l'intérêt de son récit est qu'il occulte tout ce que ce type de vol peut avoir de banal ou de fréquent ; au contraire, sa narration construit l'événement comme une expérience individuelle qui touche à l'expérience mystique ; il présente ainsi la disparition des reliques comme la conséquence de la colère du démon :

> Quant je me pris amoier
> A ses myracles rimoyer,
> Tel duel en eut et tel contraire
> Le cuer me volt sachier et traire.
> [...]
> Por moy honnir, por moy grever,
> Por moy le cuer faire crever,
> Por tormenter tote la vile,
> Par son barat et par sa guille
> Mauvaises gens fist assambler,
> Si me fist ravir et embler
> Le cors la sainte damoysele[21].

Le vol des reliques n'est pas montré ici comme le simple fait de voleurs qui auraient été guidés par l'appât du gain, mais comme une réaction du diable à l'entreprise littéraire de Gautier : il provoque ce vol pour blesser le prieur, pour se venger d'un auteur qui propage la dévotion à Marie. Gautier transforme donc un récit historique impersonnel en récit d'une expérience individuelle : le vol des reliques serait survenu *pour lui*. Cette modification ne suffit certes pas à transformer l'événement relaté en expérience mystique, mais elle contribue à construire un contexte à partir duquel, on va le voir, l'expérience mystique est rendue possible.

C'est au moment du recouvrement des ossements que le récit de Gautier touche véritablement au langage mystique. Le conteur fait le récit de sa réaction, qui a été de se rendre au-devant des reliques pour les embrasser. Objectivement, il pose donc un geste de dévotion courant,

---

21 *I Mir 44*, v. 127-130 ; 181-187.

qui en lui-même n'est pas l'indice d'une religiosité particulière[22], mais auquel il donne une force affective et spirituelle spéciale, de manière à rapprocher ce geste d'une expérience non seulement religieuse, mais quasi mystique, qui déborde du seul domaine sensoriel :

> Quant les noveles en oÿ,
> Si joyeusement m'esjoÿ
> Qu'il mert avis que je voloie.
> Quant vins a li, si me doloie
> Faillue ja m'estoit l'alainne.
> Ains n'embraça Paris Helainne
> Si doucement con je fis li.
> [...]
> Haute pucele de haut pris,
> De roial sanc nee et estraite,
> Trop laidement t'avoient traite
> Ta chemise li malfaiteur[23].

Ce passage donne à voir une description hyperbolique de la joie de Gautier, à travers l'usage de formules redondantes (v. 294) et l'hésitation entre la joie et la douleur (v. 296-297) qui signale le caractère indicible de l'émotion qui le traverse. Par ailleurs, le narrateur-personnage se livre à une personnification des reliques qui lui permet de décrire ses retrouvailles avec la sainte en un langage qui touche à l'érotisme, puisque le geste de dévotion qu'il pose (embrasser les ossements), bien que courant, et donc non signifiant en lui-même, est raconté à travers la métaphore amoureuse de Pâris embrassant Hélène. La personnification se poursuit dans les derniers vers : pour rappeler que les voleurs ont ôté les reliques de leur châsse en or, Gautier s'adresse à la sainte comme à une jeune femme de sang royal (« haute pucele de haut pris »), et assimile le reliquaire à une « chemise » (v. 326-327), un vêtement intime, ce qui lui permet de présenter implicitement le vol des reliques comme un viol, voire un rapt. Tous ces procédés ne relèvent bien sûr pas du langage mystique, mais ils contribuent à présenter le vol des reliques comme une tentative diabolique de séparer le conteur d'une sainte avec laquelle il entretient une relation d'union intime – au point qu'il la

22 Sur le baiser aux reliques et les gestes communs de dévotion au Moyen Âge, voir Sigal, Pierre-André, *L'Homme et le Miracle dans la France médiévale (XIe-XIIe siècle)*, Paris, Le Cerf, 1985.

23 *I Mir 44*, v. 293-299 ; 324-327.

décrit comme son amante et sa promise ; une relation qui, en ce qu'elle est fusionnelle, touche à l'expérience mystique.

Le conteur élabore ainsi par le langage l'idée d'une expérience mystique à partir de faits qui pourraient ne pas même avoir le statut d'expérience spirituelle. Une telle construction laisse assez nettement présager que la possibilité d'une expérience mystique réside moins, selon Gautier de Coinci, dans la rencontre spirituelle elle-même, que dans le statut du « sujet mystique » ou du bénéficiaire de cette rencontre, et dans celui de l'énonciateur.

EXPÉRIENCE MYSTIQUE, EXPÉRIENCE ÉNONCIATIVE

À travers *I Mir 44*, Gautier se construit en effet comme un énonciateur au statut particulier, qui est à la fois un représentant de l'Église (c'est avant tout en tant que prieur de Vic-sur-Aisne, c'est-à-dire en tant que supérieur du prieuré, qu'il est concerné par le vol des reliques), et un auteur (c'est en écrivant sur Marie qu'il s'attire les foudres du démon). Le vol des reliques, fomenté par le diable afin de briser Gautier en tant qu'écrivain, de mettre fin à son entreprise littéraire, invite à voir dans l'écriture mystique de leur recouvrement le récit d'une victoire littéraire : l'expérience mystique des retrouvailles avec Léocadie est aussi celle qui permettra au moine-poète de continuer à écrire.

Ce double enjeu conféré à la construction littéraire d'une expérience mystique n'est pas sans importance pour la compréhension de l'ensemble des *Miracles de Nostre Dame* : plusieurs personnages, auxquels Gautier procure une vision dans ses contes, se caractérisent à la fois par leur appartenance à l'institution religieuse et par leur goût pour le chant. C'est ainsi que, dans *I Mir 19*, la vision mariale qui a été analysée en première partie de cette étude est suivie d'une seconde vision, au cours de laquelle la Vierge demande au diacre de célébrer les funérailles de la veuve, avant d'emporter l'âme de la mourante. Or, dans le récit des deux visions, la disparition de la Vierge entraîne un retour sur l'intériorité du diacre :

Mout a li clers grant joie eüe
De Nostre Dame, qu'a veüe.
Onques mais n'eut joie gringneur.
[...]
Tout son servise entirement
Li a paié mout doucement.
Mout est joians, mout est aaise ;
Jamais n'ert riens qui tant li plaise
Com servir la mere au haut roi
Qui prent tel cure et tel conroi
De celz qui la servent en terre[24].

Dans les deux cas, le récit de la présence mariale se conclut sur la description de la joie du diacre, qui est formulée à travers des termes proches (« joie/joians ») et à travers des formules hyperboliques (« onques mais n'eut joie gringneur » / « jamais n'ert riens qui tant li plaise / com servir la mere au haut roi »). La proximité du vocabulaire et des formules invite donc à mettre en parallèle les deux joies du diacre, alors qu'elles n'ont pas la même cause : après la première vision, le diacre est joyeux d'avoir vu la Vierge ; c'est l'expérience mystique qui a provoqué sa joie. Après la seconde vision, il est heureux de dire l'office des morts que la Vierge lui a demandé de célébrer ; c'est donc l'exécution d'un chant liturgique au service de Marie qui le rend joyeux. La proximité des formules invite à considérer que les deux expériences (la présence mariale et le chant liturgique) engendrent la même sensation d'union à Dieu ; l'émotion mystique peut ainsi être provoquée tout autant par la vision que par l'expérience ecclésiale que constitue le chant liturgique, en tant qu'il est la reprise d'une parole traditionnelle, non individuelle, définie par l'Église.

En tant que moine et auteur, Gautier de Coinci va justement transposer cette portée mystique du chant liturgique à sa propre écriture, à sa propre louange à la Vierge. Il en va ainsi dans le prologue du Ier livre, où Gautier loue le nom de Marie en affirmant qu'aucun mal ne pourrait l'atteindre quand il parle de la Vierge,

Puis que Marie eusse en bouche.
Si tost com la langue i atouche,
M'en chiet li miels aval les levres.

24 *I Mir 19*, v. 283-285 ; 381-387.

> [...]
> Tote douceurs treuve dedens,
> Qui bien la suce entre ses dens.
> Mais nul nel set, si ne l'espreuve,
> Com douce douceurs il i treuve.
> A cinc cenz doubles passe miel.
> [...]
> Bien doit ses nons cuer adoucir,
> Bouche emmiller, langue solfir.
> Il parest tant sades et douz
> Que de douceur seuronde touz
> Qui de bon cuer l'apele et nome[25].

Plusieurs caractéristiques invitent à voir dans ce passage tous les traits définitionnels de l'écriture mystique : l'usage d'un langage érotique qui assimile le chant sur Marie à un baiser langoureux à la Vierge (v. 168, 174) ; l'image du miel (v. 169, 177, 180) qui peut renvoyer au lexique du *Cantique des cantiques* ou aux écrits contemplatifs de cisterciens comme Bernard de Clairvaux ; l'aveu du caractère indicible de l'expérience (les v. 175-176, en affirmant qu'il faut expérimenter cette douceur pour la comprendre, suggèrent l'incapacité du langage à la dire) ; les dérivations lexicales et redondances autour de « doux-douceur » qui montrent aussi comment la langue achoppe dans sa tentative de traduire l'expérience vécue. Enfin, dernier élément qui rapproche ce passage d'un véritable discours mystique, les deux derniers vers, en décrivant l'invasion de la douceur mariale par l'image de l'inondation, dessinent une expérience de rencontre fusionnelle au cours de laquelle l'orant se perd, s'efface, dans la douceur mariale[26]. La simple prononciation du nom de la Vierge est ainsi décrite par Gautier de Coinci comme une expérience mystique.

Ainsi pourrait prendre sens la discordance observée, sous diverses formes dans les exemples analysés, entre les *faits* mystiques et l'*écriture* mystique : si le langage pouvait ériger en expérience mystique des faits qui ne relevaient pas en eux-mêmes de la vision spirituelle, c'est parce que l'écriture et le chant pour Gautier de Coinci ne sont pas seulement

---

25 *I Pr 1*, v. 167-169 ; 173-177 ; 179-183.

26 Sur la puissance de la douceur mariale et sa capacité à tout envahir, tout englober, voir Gros, Gérard « La douceur du nom de Marie. Étude sur la sensibilité religieuse de Gautier de Coinci », dans Hélène Babi et Josiane Rieu, *La Douceur en littérature, de l'Antiquité au* XVIe siècle, Paris Classiques Garnier, 2012, p. 183-204.

une tentative de saisir une expérience mystique ; ils sont le lieu même où cette expérience est rendue possible.

Les divers exemples choisis pour l'analyse permettent ainsi, me semble-t-il, de repérer plusieurs traits définitoires du rapport qu'établit Gautier de Coinci entre écriture et « expérience mystique ». En premier lieu, l'auteur des *Miracles de Nostre Dame* donne au langage mystique une vocation particulière, puisque ce langage ne se contente pas de dire une expérience que la langue se reconnaît incapable de circonscrire : il provoque cette expérience, c'est le chant du moine-poète qui permet l'émergence de l'expérience mystique.

En second lieu, le poète bénédictin accorde une place non négligeable à la question du regard et du contrôle ecclésiaux dans les récits de vision : c'est par le regard du représentant ecclésial qu'est le diacre que l'expérience mystique de l'apparition mariale est communiquée au lecteur dans *I Mir 19*, et Gautier insiste lui-même sur sa double autorité en tant qu'auteur – statut qui lui confère une autorité scriptoriale – et en tant que moine – il est ainsi doté d'une autorité religieuse et doctrinale. C'est cette double autorité qui lui donne le droit d'ériger son écriture en lieu de l'expérience mystique.

Ainsi l'écriture de Gautier devient-elle le lieu d'un véritable dialogue entre l'expérience mystique et l'expérience ecclésiale et liturgique, au sein d'une œuvre qui cherche à affirmer que la rencontre intime avec Dieu ne peut se faire en profondeur et en vérité sans la réunion de deux critères : celui de l'intériorité d'abord, de la prière du cœur qui naît indépendamment du regard des hommes (ainsi la piété de la pauvre veuve est-elle ignorée de tous) ; celui, ensuite, de la conformité à un dogme et à une tradition liturgique, qui n'apparaît pas comme un ensemble artificiel de rites auquel il faudrait se conformer de manière purement extérieure, mais qui serait bien au contraire, aux yeux de Gautier de Coinci, l'émanation et l'expression de l'expérience intime que chacun des orants d'une communauté devrait, idéalement, faire de Dieu.

En cela s'éclaire la démarche du poète lorsqu'il fait de son écriture des *Miracles de Nostre Dame* le lieu d'une expérience mystique : cette expérience mystique de l'auteur est appelée à être reproduite individuellement en chacun des lecteurs, de manière à faire de l'ensemble des lecteurs une communauté d'orants, et de l'acte de lecture le lieu d'une prière à la fois intime et collective. Propager par ces contes la dévotion à la Vierge, ce serait forger une communauté de lecteurs qui se définirait en quelque sorte comme une « communauté mystique ».

Claire DONNAT-ARACIL
Université Paris III –
Sorbonne Nouvelle

MARGUERITE PORETE ET L'EXTASE

Marguerite Porete est une auteure de la fin du XIIIe siècle parfois qualifiée anachroniquement de « mystique ». Son ouvrage, *Le Miroir des âmes simples*, se présente dans sa première partie comme un dialogue allégorique entre trois personnages principaux : Raison, Ame et Amour, la dernière enseignant aux autres sa leçon. Cette dernière est spirituelle puisque « Amour est Dieu et Dieu est Amour[1] ». Il s'agit donc d'apprendre à aimer Dieu de manière parfaite, dans un effort de purification reprenant nombre de ses codes à la *fin'amor* contemporaine. Parce que l'ouvrage avance que l'âme parvenue à la perfection et à l'union avec Dieu se trouve au-dessus et non plus au-dessous des vertus, il fut vraisemblablement mal interprété par une partie de ses auditeurs et lecteurs. Il le fut en tout cas par l'évêque de Cambrai et l'inquisiteur de Paris, qui le condamnèrent respectivement autour de 1300 et en 1310 : la première condamnation interdisait à Marguerite de diffuser encore son livre et jetait celui-ci au feu ; le second réprimait son obstination à lire son ouvrage malgré l'interdit et brûlait, cette fois, Marguerite elle-même comme hérétique.

Le *Miroir des âmes simples* manifeste un désir d'union sans médiation à Dieu. Cela semble suffire à l'inscrire dans une tradition de mystique unitive telle que définie par le pseudo-Denys. Son appartenance au milieu des béguines du XIIIe siècle incline par ailleurs à lire son texte au regard d'autres traités de l'amour de Dieu comme ceux Hadewijch d'Anvers ou de Marguerite de Magdebourg. Or ces textes se rangent tant du côté de la mystique de l'amour que de la mystique de l'être[2],

1 Porete, Marguerite, *Le Miroir des âmes simples* (désormais *Miroir*), Guarnieri, Romana (éd.), Turnhout, Brepols, 1986, ch. 21, p. 82.

2 Zum Brunn, Émilie, « Introduction », in Épinay-Burgard, Geneviève et Zum Brunn, Émilie (dirs.), *Femmes troubadours de Dieu*, Turnhout, Brepols, « Témoins de notre histoire », 1988, p. 15-23. La mystique de l'amour, dite aussi mystique nuptiale, prend son origine dans les *Sermons sur le Cantique des Cantiques* de saint Bernard de Clairvaux et « applique

quand *Le Miroir* de Marguerite Porete se distingue de ces ouvrages par son caractère dépassionné[3]. Aussi semble-t-il davantage développer une mystique ontologique dans le sillage de Guillaume de saint-Thierry. Il annonce en cela la mystique rhénane de Maître Eckhart et de Silesius, même si la transmission précise des idées de Marguerite à Maître Eckhart n'est pas avérée et fait débat[4].

Le problème du « je » se pose à plusieurs titres chez Marguerite Porete. La première question engagée est celle du « je » auctorial : qui parle dans cet ouvrage, qui se présente en grande partie comme un dialogue ? Que recouvre le « je » des différents personnages allégoriques y prenant la parole ? Chacun d'entre eux présente-t-il une facette du théâtre intérieur de l'auteur, revêtant, tour à tour, le masque de Raison, de l'Âme ou d'Amour ? Ou bien sont-ce des fictions auxquelles il faut prendre garde de ne pas identifier l'auteur, dont la figure n'affleurerait qu'à l'occasion de passages méta-discursifs, souvent plus émouvants que les chapitres dialogués dans lesquels ils s'insèrent ? Le « je », enfin, est-il celui de Dieu qui s'exprime au travers d'une auteure qui se présente en bien des endroits comme inspirée ?

Étudier systématiquement l'énonciation dans le *Miroir* permet d'analyser cette dimension d'inspiration du texte. Celui-ci, comme celui de tant d'autres femmes pieuses, trouve en effet sa légitimité dans le fait qu'il ne soit pas de l'initiative seule de son auteure[5]. Reste un autre problème, lui aussi lié à l'énonciation mais davantage associé à la mystique, entendue comme expérience : celui de la

---

le lyrisme érotique du texte sacré aux rapports de l'âme avec le Verbe divin », p. 15. La mystique de l'être, ou mystique ontologique, est issue de la tradition augustinienne ; elle privilégie une théologie de la Trinité, « trait distinctif de la piété béguinale » selon Émilie Zum Brunn ; elle met l'accent sur l'assimilation, l'unité à Dieu plus que sur l'union divine.

3 Fozzer, Giovanna, « *Saggio filosofico-telogoico* » in Guarnieri, Romana (éd.), *Lo Specchio della anime semplici*, Roma, San Paulo, 1994, p. 94-101. Giovanna Fozzer oppose « mystique du sentiment » (mystique nuptiale) et « mystique spéculative » (mystique ontologique). La mystique du sentiment se définit par la présence du « je » psychologique, la définition d'une expérience déterminée et une christologie accentuant le *pathos* ; la mystique spéculative se range du côté de la dissolution du moi, privilégie une expérience mystique entendue comme universelle et s'appuie sur une christologie formelle. Giovanna Fozzer indique qu'il n'a, dans le *Miroir*, aucune trace de sentimentalisme, ni de sensualité, même spiritualisée, p. 95.

4 *Cf.* notre article, « Forme et sens chez Maître Eckhart et Marguerite Porete » in *Maître Eckhart, une écriture inachevée*, Grenoble, Jérôme Millon, 2017, p. 147-166.

5 Ce travail est réalisé dans notre thèse de doctorat, « Poétique du *Miroir des âmes simples* de Marguerite Porete », dirigée par Lefèvre, Sylvie et Valette, Jean-René.

présence du « je » subjectif de l'auteure et de la dimension autobiographique des passages où il affleure. Ces extraits, qui sont parfois des envolées lyriques voire pathétiques, registres rares dans le reste de l'ouvrage, nous livrent-ils des expériences que l'on pourrait qualifier de « mystiques » ? C'est sur cette question du croisement du genre autobiographique avec l'énonciation propre à l'expérience mystique que nous nous pencherons ici, en nous livrant à des micro-lectures à la fois stylistiques et contextualisées.

Cette question est traitée à propos d'un texte médiéval quand le propos général de l'ouvrage est d'interroger la réécriture, par la modernité, de l'expérience mystique et du sacré. Peut-être cette approche permettra-t-elle de conforter (ou de nuancer) la part du moderne et du transhistorique dans l'énonciation, l'écriture et la représentation du phénomène si singulier qu'est celui de l'union à Dieu ? Le traitement que font les modernes de l'expérience mystique médiévale ne tient-il pas, le plus souvent, d'une représentation bien plus que d'une réécriture ? Qu'en est-il de la réalité de l'écriture, au cœur de l'expérience mystique médiévale ? Comment construit-elle, par l'énonciation, le sacré ? En abordant ces questions, nous espérons pouvoir éclairer par le Moyen Âge la notion de modernité et contribuer à renouer les fils d'une histoire des pratiques littéraires, appelant de nos vœux qu'elle cesse d'oublier la longue période de dix siècles séparant des mondes aussi éloignés que l'Antiquité Romaine et l'Europe du XVIe siècle.

LE « JE » DANS LE MÉTADISCOURS
Une expérience mystique qui se dérobe

C'est dès le prologue que l'idée d'une union à Dieu apparaît dans le texte :

> Ame de Dieu touchee, et denuee de peché ou premier estat de grace, est montee par divine graces ou septiesme estat de grace, ouquel estat l'Ame a le plain de sa parfection par divine fruiction ou païs de vie[6].

6 *Miroir*, « Prologue », p. 10.

> « Âme touchée par Dieu, et dénuée de péché au premier état de grâce, est montée par les grâces divines au septième état de grâce, état où l'Ame atteint la plus entière perfection par la fruction divine au pays de vie[7]. »

Cette phrase constitue le seuil de l'ouvrage. D'emblée, l'absence d'article devant le substantif « âme » demande à être élucidée : celui-ci désigne-t-il le personnage principal du dialogue entre l'Ame, Raison et Amour ? Aucun autre personnage n'est pourtant décliné à sa suite : Amour prend la parole et interpelle les « actifs et contemplatifs », termes qui désignent différentes manières d'aimer Dieu et de suivre le message des Évangiles.

S'agirait-il, dès lors, pour Marguerite de se désigner de façon liminaire, d'une part comme auteur du texte, d'autre part comme ayant fait l'expérience de l'union à Dieu ? L'Âme présentée est dite, en effet, parvenue au septième état de grâce. Par ces termes, Marguerite annonce le cheminement de l'âme, relaté au chapitre 118 du *Miroir*. S'y trouve exposé le cœur d'un enseignement qui coïncide avec la « divine leçon » du personnage allégorique d'Amour et qui détaille les étapes de l'union à Dieu. Le premier état est celui de l'âme qui tient les commandements des Évangiles : aimer Dieu; aimer son prochain comme soi-même[8]. Le second, celui des mortifications et du mépris du monde, suivant la parabole du jeune homme riche[9]. Le troisième voit l'Âme désirer les œuvres bonnes et se placer du côté de la charité. Au quatrième état, celle-ci pratique la contemplation par le moyen de méditations (désignées aussi comme « regars » dans le *Miroir*, terme qui signifie « considération »). Le cinquième état détaille une telle méditation : elle porte sur le fait que Dieu est tout et que l'âme n'est rien; cette considération engage l'Ame

7 Nous traduisons.

8 *Ibid.*, ch. 118, p. 420; l'âme y est désignée comme dans le prologue comme « de Dieu touchee par grace et desnuee a son povoir de peché ».

9 « Si tu veux être parfait, va, vends ce que tu possèdes, donne-le aux pauvres, et tu auras un trésor dans les cieux », Mc 10, 21. Marguerite Porete semble considérer cette exhortation comme difficile à suivre, au rebours des discours de son temps sur la pauvreté évangélique : « Notez ycy l'exemple du jouvencel, qui dist a Jhesucrist qu'il les avoit gardez des son enfance, et Jhesucrist luy dist : "Une chouse te fault faire, se tu vieulx estre parfait. C'est : va et vens toutes les chouses que tu as et les donne aux pouvres, et puis si m'ensuis, et tu auras tresor es cyelx". C'est le conseil de toute parfection des vertus, et qui bien le tendroit il demoureroit en vraye charité », *Miroir*, ch. 3, p. 16. C'est pourtant cette parabole qu'elle redit lorsqu'elle invite à se « désencombrer » de ce que chacun a de plus inaliénable, sa volonté propre, radicalisant en cela la demande évangélique initiale d'une part, la faisant entrer en écho avec le service d'amour de l'ami dans la *fin'amor* d'autre part.

à renoncer à sa volonté propre. Si un tel exposé convoque le lexique de l'inspiration (« lumiere de l'espandement de divine Lumière », « l'Âme [...] voit par lumiere que Vouloir doit vouloir le seul divin vouloir »), il n'y est pas encore question d'union à Dieu ni d'extase. L'état auquel parvient l'Âme est néanmoins préparatoire à celles-ci : elle ne fait rien et ne veut rien. Au sixième état, l'Âme s'oublie, au point que Dieu se voit en elle ; dès lors, l'Âme voit Dieu en toutes choses. C'est là le point culminant de l'itinéraire terrestre de l'âme vers Dieu, le septième état correspondant au maintien permanent de cet état et prépare à la glorification après la mort.

Dans l'hypothèse où Marguerite Porete se désigne dans cette mention liminaire, elle indiquerait dès l'orée de son texte avoir atteint une union avec Dieu, que l'on rangerait aujourd'hui du côté de l'expérience mystique. D'autres passages méta-discursifs attestent-ils cette lecture ? Nous retiendrons plus particulièrement les quelques extraits exposant la genèse du projet d'écriture du *Miroir.*

L'*exemplum* développé dans le chapitre qui suit immédiatement le prologue propose une analogie entre l'amour profane dans un roman contemporain et l'amour sacré de l'âme pour Dieu dans le *Miroir.* L'épisode en question est celui de la reine Candace dans le *Roman d'Alexandre* : ladite reine fait peindre en cachette le portrait d'Alexandre pour pouvoir le contempler à sa guise en son absence. De même, Marguerite écrit son ouvrage « pour moy souvenir de » Dieu, désignant le texte comme l'« ymage » divine[10]. Il ne s'agit pourtant pas de voir Dieu dans une révélation en image, ni de se remémorer une telle vision furtive et extatique : le terme d'image est à prendre dans le sens de « reflet », suivant la métaphore paulinienne du miroir qui oppose la connaissance terrestre de Dieu à sa vision après la mort : « Nous voyons actuellement de manière confuse, comme dans un miroir ; ce jour-là, nous verrons face à face[11] ». L'ouvrage qu'est le *Miroir* offre à voir le reflet de Dieu et constitue un support de méditation pour atteindre l'union divine ; il n'est pas le récit d'une expérience extatique.

Un autre passage méta-discursif particulièrement parlant explicite ce projet et révèle l'échec du projet initial :

10 *Miroir*, ch. 1, p. 11-12.
11 *Paul*, 1 *Cor*, 12.

(1) Une foiz fut une mendiant creature, qui par long temps quist Dieu en creature, pour veoir se elle luy trouveroit ainsi comme elle le vouloit, et ainsi comme luy mesmes y seroit, se la creature le laissoit œuvrer ses divines œuvres en elle, sams empeschement d'elle ; (2) et celle nient n'en trouva, mais ainçoys demeura affamee de ce qu'elle demendoit. (3) Et quant elle vit, que nient ne trouva, si pensa ; (4) et sa pensee luy dit a elle mesmes, que elle le quist, ainsi comme elle le demandoit, ou fons du noyau de l'entendement de la purté de sa haulte pensee, (5) et la le ala querir ceste mendiant creature, (6) et se pensa que elle escriroit Dieu en la maniere qu'elle le vouloit trouver en ses creatures. (7) Et ainsi escripsit ceste mendiant creature ce que vous oez ; (8) et voult que ses proesmes trouvassent Dieu en elle, par escrips et par paroles. C'est a dire et a entendre, qu'elle vouloit que ses proesmes fussent parfaitement ainsi comme elle les diviseroit, au moins tous ceulx a qui elle avoit voulenté de ce dire ; (9) et en ce faisant, et en ce disant, et en ce vouloir elle demouroit, ce sachez, mendiant et encombree d'elle mesmes ; et pource mendioit elle, que elle vouloit ce faire.

« (1) Il était une fois une créature qui mendiait, qui longtemps chercha Dieu dans les créatures pour voir si elle le trouverait comme elle le voulait, et comme lui-même y serait, si la créature le laissait produire ses divines œuvres en elle, sans qu'elle l'en empêche ; (2) et elle n'y trouva rien, mais elle demeura affamée de ce qu'elle demandait. (3) Et quand elle vit qu'elle ne trouvait rien, elle pensa ; (4) et sa pensée lui dit qu'elle cherchât, comme elle le demandait, au fond du noyau de l'entendement de la pureté de sa haute pensée, (5) et elle là alla le chercher cette créature mendiante, (6) et elle pensa qu'elle écrirait Dieu à la manière dont elle voulait le trouver dans ses créatures. (7) Et ainsi cette créature mendiante écrivit ce que vous entendez [lire] ; (8) et elle voulut que ses prochains fussent exactement comme elle les décrivait, au moins tous ceux à qui elle avait choisi de le dire ; (9) et en demeurant dans cet acte, dans ce dire et dans cette volonté, elle restait, sachez-le, mendiante et encombrée d'elle-même ; et aussi mendiait-elle pour faire cela. »

Construit par hypotaxe, ce passage est ponctué par la répétition de la conjonction de coordination « et », prise dans un sens chronologique. Peuvent dès lors être identifiés huit moments dans la genèse du projet d'écriture du *Miroir* : la « mendiante créature », comme elle se désigne par énallage de personne, cherche à atteindre le sixième état de perfection, celui où Dieu se voit en elle suite à l'anéantissement de la volonté (cinquième état), mais en est restée aux « œuvres », soit au troisième état (1). Cette quête est un échec (2). Cet échec amène à un retour sur soi (3), lequel aboutit à un résultat positif : l'âme trouve une nouvelle manière de chercher Dieu, non plus dans les créatures mais au fond de soi-même (où l'on retrouve le cinquième état, celui de l'anéantissement de la volonté)

(4)[12]. Aussi s'exécute-t-elle (5). Rien n'est dit de l'aboutissement de cette nouvelle recherche puisqu'il est immédiatement fait mention du projet de mettre par écrit, non pas le récit de cette recherche, mais la manière dont l'âme voulait trouver Dieu dans les créatures, ce qui boucle avec le premier moment du passage (6). L'auteur en vient alors, par ellipse, à présenter l'écriture de l'ouvrage comme achevée (7), ce alors même que ledit passage n'intervient qu'au quatre-vingtième chapitre d'un texte en comptant cent quarante. Arrive le moment de la diffusion du texte, laquelle passe par l'oral (« entendit ») et ne concerne qu'un public choisi (« ceux à qui elle avait choisi de le dire ») (8). Mais l'échec est de nouveau évoqué : ce projet d'écrire, cette écriture et cette diffusion orale de l'écrit demeurent de fausses routes (9). C'est dans le silence que réside l'anéantissement de la volonté, seule voie d'accès à l'union avec Dieu.

Les passages méta-discursifs du *Miroir* décrivent ainsi une auteure qui aspire à un état d'union avec Dieu, qu'elle identifie à la sixième et septième étape d'un cheminement spirituel. Toutefois, l'accent est porté sur son échec à parvenir au bout de cet itinéraire, l'existence de son ouvrage étant la meilleure preuve de son erreur. Et si nombreuses sont les femmes dites aujourd'hui « mystiques » à déplorer que Dieu se dérobe à leurs demandes et ne se donne qu'à l'improviste, rares sont celles qui affirment le refus radical de Dieu de se montrer. Le *Miroir* serait-il le cas particulier d'une mystique sans expérience ? Ou le texte du désir frustré de l'expérience mystique ?

LE DIALOGUE AVEC DIEU
Récit furtif d'une extase

Il est pourtant un passage du *Miroir* qui peut être tenu pour le récit d'une expérience mystique. Au détour d'une seule phrase, qui aurait tôt fait de passer inaperçue, l'union à Dieu est livrée dans sa furtivité.

Au chapitre 131, Marguerite retranscrit un dialogue entre Dieu et elle-même. Alors que les chapitres précédents sont structurés autour des

12 On peut noter que cette solution n'est pas inspirée à la « mendiante créature » par Dieu mais par « sa pensée », qui est personnifiée : « sa pensée lui dit… ».

différentes questions posées par Raison et Ame à Amour, ce chapitre 131 voit modifiés les interlocuteurs et la forme du dialogue. Aux personnages allégoriques, derrière lesquels il n'est pas aisé de reconnaître l'auteure, se substitue le seul « je » face à Dieu ; par ailleurs, ce « je » n'est plus mobilisé dans un commentaire méta-discursif mais au sein d'un passage alternant discours rapporté et discours indirect libre. Dieu y met à l'épreuve l'âme en lui soumettant des questions portant sur ce qu'elle serait prête à accepter pour lui. Serait-elle prête à en aimer un autre que lui plus que lui, s'il le voulait ? Serait-elle prête à ce qu'il en préfère une autre qu'elle, s'il le voulait ? Ces questions évoquent les questions dites de « demandes d'amour », rédigées en vers ou en prose lors des cours d'Amour des XIIe et XIIIe siècles ; elles sont, ici, transposées au domaine spirituel. Marguerite se dit interloquée par ces demandes et reste sans voix : « le cueur tout seul fist de luy ceste bataille » indique-t-elle, phrase où il faut entendre la « bataille » au sens de combat spirituel d'une part et de lutte contre sa volonté propre d'autre[13].

La bataille aboutit à l'anéantissement de la volonté de Marguerite ; la voilà parvenue au cinquième état de perfection, état qui doit mener au sixième stade, celui de l'union à Dieu :

> Amye, dictes nous nuement vostre voulenté.
>
> Adonc, je respondi tantoust que j'estoie pur nient. Helaz, et que vouldroie je ? Pur nient n'ot oncques point de voulenté, je ne vueil nulle chose. Il ne m'est nient de la bonté d'Amour, donc ne m'est il nient de tout ce qui est d'elle. Elle est d'elle vraiement remplie. Elle est ; nul n'est se il n'est d'elle ; et pource dis je que ce m'a du tout assovye, et si me souffist.
>
> Lors, commençay a yssir de l'enfance, et mon esperit veillart a devenir, quant mon vouloir fut mort, et mes œuvres finees, et mon amour qui me faisoit jolie. Car l'espandement de la divine amour, qui se monstra a moy par divine lumiere d'un esclar haultain persant qui me monstra soubdainement et luy et moy. C'est assavoir luy tres hault, et moy si bas, que je ne me peu puis de la relever, ne ayder de moy mesmes ; et la fut nez mon meilleur.
>
> Se vous ne l'entendez, je ne le puis amender. C'est une œuvre miraculeuse, dont l'en ne vous peut, se l'en ne ment, nient dire[14].

> « Amie, dites-nous simplement votre volonté.
>
> Alors je répondis aussitôt que j'étais pur néant. Hélas, et que voudrais-je ? Le pur néant n'eut jamais aucune volonté, je ne veux rien. Il ne m'est rien de la bonté d'Amour, aussi ne m'est-il rien de tout ce qui est d'elle. Elle est

13 *Miroir*, ch. 131, p. 386.
14 *Miroir*, ch. 132, p. 390.

vraiment remplie d'elle-même. Elle est ; nul n'est si ce n'est-elle ; et pour cette raison, je dis que cela m'a assouvie, et que cela me suffit.

Alors, je commençai à sortir de l'enfance, et mon esprit commençait à vieillir, quand ma volonté fut morte, et mes œuvres achevées, et mon amour qui me faisait jolie. *Car l'épanchement de l'amour divin, qui se montra à moi par la divine lumière d'un haut éclair perçant qui me montra soudainement et lui et moi. A savoir lui très haut, et moi si bas, que je ne pus me relever de là, ni m'aider moi-même ; et là fut né ce qu'il eut de meilleur pour moi.*

Si vous ne le comprenez pas, je ne peux rien y faire. C'est une œuvre miraculeuse, dont l'on ne peut, sans mentir, rien dire. »

Au cœur de ce passage se trouve la mention de la lumière et de l'élévation (« haut », « très haut »), associée à l'idée d'épanchement et de soudaineté (métaphore de l'éclair, « soudainement »). Plus qu'à un ravissement, nous assistons à travers cette seule phrase à une illumination. S'y ajoute le *topos* de l'indicible et de l'incommunicable (« si vous ne le comprenez pas, je ne peux rien y faire » ; « c'est une œuvre [...] dont l'on ne peut rien dire ») ; la mention du miracle (« œuvre miraculeuse ») fait signe vers le sème du ravissement : l'on n'atteint pas un tel état, on y est porté.

Si la mention de l'extase est furtive et isolée chez Marguerite Porete, les éléments stylistiques que nous venons de relever parsèment néanmoins son ouvrage : l'« éclair » ou la « lumière divine » qui se répand se rencontrent en plusieurs passages du *Miroir*, désignant le plus souvent ce à quoi l'âme aspire sans y parvenir et ce à quoi Amour l'invite sans être suivie[15]. La même image se trouve thématisée chez Maître Eckhart ; quant au caractère perçant de l'amour, il n'est pas sans rappeler les flèches de l'ange dans le récit d'extase de sainte Thérèse d'Avila, un peu plus de deux siècles plus tard, comme il évoque les *Aiguillons d'amour*, texte spirituel du XIIIe siècle. Dans tous les cas, on y trouve, qui plus est, la métaphore des flèches amoureuses du Dieu Amour déjà mobilisée durant l'Antiquité et abondamment reprise dans la lyrique courtoise.

Cette ressemblance des deux amours est d'ailleurs explicitée au chapitre 58 :

Aincçoys est en esbauts ou cincquiesme estat avec son amant. La ne fault elle mie, et si est souvent ou siziesme ravie, mais pou ce luy dure. Car c'est une

15 Le personnage d'Amour est féminin dans le *Miroir*, conformément au genre du terme en ancien français mais contrairement à la tradition antique et courtoise qui le personnifie dans le dieu Cupidon : « dame Amour » (*Miroir*, par ex. ch. 6, p. 24).

ouverture a maniere de esclar et de hastive closure, ou l'en ne peut longuement demourer [...][16].

« Ainsi est-elle en ébat avec son amant au cinquième état. Là elle ne manque à rien, et elle est souvent ravie au sixième état, mais cela dure peu. Car c'est une ouverture qui ressemble à un éclair et qui se clôt vite, dans laquelle on ne peut rester longtemps [...]. »

L'expérience mystique, décrite comme un ravissement (« ravie »), y est comparée à un orgasme. L'y assimiler serait réducteur : cette dérive, Marguerite la prévient dans la suite de ce même chapitre, formulant un avertissement :

Entendez ces motz divinement, par amour, auditeurs de ce livre ! Ce Loingprés, que nous appellons esclar a maniere d'ouverture et de hastive clousure, prent l'Ame ou cinquiesme estat et la mect ou siziesme, tant comme son œuvre demoure et dure, et ainsi est aultre ; mais pou luy dure l'estre de ce siziesme, car elle est remise ou cinquiesme[17].

« Comprenez ces mots de manière divine, auditeurs de ce livre ! Ce Loin-près, que nous appelons l'éclair qui ressemble à une ouverture et qui se ferme vite, prend l'Ame au cinquième état et la met dans le sixième état, tant que son œuvre demeure et dure, et ainsi est-elle autre ; mais le sixième état dure peu, car elle est remise au cinquième état. »

Reste que les mentions éparses de l'éclair divin ne livrent pas le secret de l'expérience effective qu'a pu avoir son auteur du ravissement mystique. Seul l'indique, en passant, la phrase du chapitre 132, dans un des rares passages de récit d'expérience qu'a laissé l'auteure du *Miroir*.

Comment comprendre que Marguerite Porete n'ait pas davantage mis en avant cette extase dans son projet d'écriture ? Une première explication est que son but n'est pas de montrer son cheminement propre vers la perfection ; en fin d'ouvrage, elle déclare même que « Eglise ne trouvera pas d'exemple en sa vie » : aucune hagiographie ne pourra lui être consacrée, absence gênante en un temps où la recevabilité d'un texte spirituel comme inspiré dépend tant de sa conformité aux Écritures que de l'exemplarité de la vie de son auteur. Or Marguerite ne cherche pas à être érigée en exemple : une telle quête irait au rebours de sa contemplation passive et de l'anéantissement de sa volonté. Dès lors, le

16 *Miroir*, ch. 58, p. 168.
17 *Ibid.*, p. 168-170.

récit de son extase n'est pas l'aboutissement de son projet d'écriture : il en est à l'origine, ainsi que le témoigne la phrase liminaire commentée au début de ce chapitre :

> Âme touchée par Dieu, et dénuée de péché au premier état de grâce, est montée par les grâces divines au septième état de grâce, état où l'Âme atteint la plus entière perfection par la fruction divine au pays de vie.

Au regard de cette attestation d'une expérience mystique par Marguerite Porete, nous pouvons relire ses passages méta-discursifs comme ambigus :

> et sa pensée lui dit qu'elle cherchât, comme elle le demandait, au fond du noyau de l'entendement de la pureté de sa haute pensée, (5) et là alla le chercher cette créature mendiante, (6) et elle pensa qu'elle écrirait Dieu à la manière dont elle voulait le trouver dans ses créatures. (7)

Nous avions relevé une ellipse entre le sixième et le septième moment de cet itinéraire : celle-ci correspond au temps de l'extase, passée sous silence. La quête de l'anéantissement de la volonté aura bien abouti mais n'aura pas été dite : on est loin des publicités données aux révélations des unes et aux visions des autres.

C'est à raison que Marguerite Porete est présentée comme une mystique, puisque son expérience de l'absolu est attestée par son texte. Est-ce à dire que le *Miroir* soit un texte de mystique ? Marguerite ne construit pas son ouvrage autour du récit de son expérience d'union à Dieu ; elle ne le convoque, au contraire, qu'en passant, sans s'y attarder, en insistant davantage sur la difficulté à l'atteindre et sur la rigueur de l'anéantissement de la volonté qui le conditionne que sur la joie et la « paix » qu'il procure. Plutôt que de décrire un état par nature indicible, Marguerite en théorise les étapes, visant à le rendre accessible et compréhensible à ceux à qui elle aura choisi de lire son livre. Le *Miroir* n'est donc pas un guide de mystique pour tous : s'y trouve présentée une aide au cheminement spirituel de certains. Son auteure en appelle néanmoins, et paradoxalement, à la raison de ces élus : c'est par leur intelligence que les auditeurs du livre doivent parvenir à la conclusion qu'il faut rendre les armes et abdiquer, précisément, tout recours à la raison. Le personnage allégorique de Raison meurt ainsi significativement au chapitre 87[18], laissant place

18 *Miroir*, ch. 87, p. 246-248.

au seul discours d'Amour et à un face-à-face entre l'Amour et l'Ame. Le *Miroir* peut ainsi être lu comme un texte préparatoire à l'union mystique comme l'*Ancrene Wisse*, qui, à la même époque, donne les règles de la vie de recluse et comme la *Règles des Fins Amant*s, qui entend indiquer celles de la vie béguinale. L'approche est néanmoins radicalement différente puisqu'il ne s'agit pas de livrer un mode d'emploi de la voie mystique mais d'aider chaque lecteur et auditeur à combattre les obstacles intérieurs qui empêchent Dieu de s'unir à lui. Dès lors, on pourrait qualifier le *Miroir* d'apologie de l'extase.

L'expérience que Marguerite Porete expose est bien une expérience de l'absolu, d'un absolu que chacun porte en lui-même. Cela ne va pas pour autant à rebours de la définition de l'expérience mystique comme extase puisqu'y est associée l'idée d'un ravissement impliquant celle d'une sortie de soi. Reste que le caractère intérieur et radicalement individuel de ce cheminement vers l'union à Dieu présente une vision de l'expérience mystique qui pose malgré lui les jalons de ses interprétations modernes.

Élodie PINEL
Université Paris Nanterre

IMAGES CABBALISTIQUES ET EXPÉRIENCES MYSTIQUES CHEZ JEAN PIC DE LA MIRANDOLE ET PIERRE LE LOYER

> Sculptés devant les temples des Égyptiens, les sphinx rappelaient qu'il faut, par le nœud des énigmes, mettre les enseignements mystiques hors d'atteinte de la multitude profane[1].

Plongées dans un silence ésotérique et sous le regard mystérieux et sévère des sphinx qui les veillent, les connaissances mystiques transmises par la Théologie des Anciens (*prisca theologia*) sont ainsi présentées par Jean Pic de la Mirandole (1463-1494). Répandue à la Renaissance, cette doctrine affirme qu'un antique savoir divin, expression d'une vérité unique, se serait manifesté, au fil des siècles, dans une pluralité de traditions sapientielles, philosophiques et religieuses[2]. Parmi les savoirs

1 Pico della Mirandola, Giovanni, *De la dignité de l'homme. De hominis dignitate*, traduit du latin et présenté par Hersant, Yves, Paris 1993 : « *Egiptiorum templis insculptae Sphinges hoc admonebat, ut mistica dogmata per enigmatum nodos a prophana multitudine inviolata custodirentur* ».

2 À cet égard voir entre autres études : Vasoli, Cesare, *Prisca theologia e scienze occulte nell'umanesimo fiorentino*, dans Cazzaniga, Gian Mario (dir.), *Storia d'Italia.* Annali 25. *Esoterismo*, Torino 2010, p. 175-205 ; Id., *Il mito dei 'prisci teologi' come ideologia della 'renovatio'*, dans Quasi sit Deus. *Studi su Marsilio Ficino*, Lecce 1999, p. 11-50 ; Mulsow, Martin, *Ambiguities of The Prisca Sapientia in Late Renaissance Humanism*, « *Journal of the History of Ideas* », Vol. 65, No. 1 (2004), p. 1-13 ; Toussaint, Stéphane, *Alexandrie à Florence. La Renaissance et sa* prisca theologia, in Méla, Charles, Möri, Frédéric (dir.) *Alexandrie la divine*, vol. II, Genève 2014, p. 971-990. En ce qui concerne la position ambiguë de Pic de la Mirandole, voir Akopian, Ovanes, *Me quoque adolescentem olim fallebat : Giovanni (or Gianfrancesco ?) Pico della Mirandola versus* prisca theologia, « Accademia » 18 (2019), p. 75-93.

qui sont dépositaires des étincelles du Vrai et des manifestations d'un message divin universel s'inscrit la cabbale, une tradition juive qui permet de lire dans le Livre de la Nature et dans le Livre de Dieu. Ce mot, qui signifie « réception » en hébreu (de la racine *qof bet lamed* (קבל) indiquant, en fait, l'action passive de recevoir), est utilisé pour définir une foisonnante littérature mystique qui s'était développée à partir du XIIe siècle. Cette expression de la pensée juive, constamment liée à la transmission/réception de la Révélation biblique, dont elle constitue une interprétation en mesure d'en éclairer les secrets profonds et inépuisables, introduit l'homme aux mystères du monde de la divinité et de sa manifestation dans la création. Considérée comme un ésotérisme ou un mysticisme, définitions insuffisantes à déterminer la spécificité de ce courant de pensée (et à la source de fréquents malentendus, comme l'avait justement remarqué Gershom Scholem[3]), cette littérature exprime à travers des images, des symboles et des métaphores, la tension éternelle de l'homme vers le divin.

Adaptée à la fin du XVe siècle au christianisme, la cabbale s'impose dans l'Occident latin comme un savoir ancestral qui offre les clefs interprétatives du réel et des rapports entre la divinité et la création, entre la divinité et l'homme[4]. À l'aube de la Renaissance, la cabbale chrétienne propose une intégration de la tradition mystique juive dans le contexte du christianisme. Ce processus est pris en charge par l'élaboration de traductions, par l'adaptation et la vulgarisation de textes cabbalistiques, ainsi que par la proposition de lectures et d'interprétations « cabbalisantes » du christianisme.

---

3 Scholem, Gershom, *La Cabala*, tr. it. Roma 1992, p. 12. Boaz Huss a mis en lumière les limites de la définition de cabbale comme mysticisme dans *Jewish Mysticism in the University : Academic Study or Theological Practice.*

4 Sur ce courant de pensée voir : François Secret, *Les Kabbalistes chrétiens de la Renaissance*, Paris 1964 ; Scholem, Gershom, *Zur Geschichte der Anfänge der Christlichen Kabbala*, in Leo Baeck (éd.), *Essays presented to Leo Baeck on the occasion of his eightieth birthday*, London 1954, p. 158-193 (tr. fr. par Jean-Marc Mandosio, *Considérations sur l'histoire des débuts de la cabale chrétienne*, in Wirszubski, Chaim, *Pic de la Mirandole et la cabale*, Paris-Tel-Aviv 2007, p. 435-473) ; Brach, Jean-Pierre, *Umanesimo e correnti esoteriche in Italia : l'esempio dell'inizio della « qabbalah cristiana » (XV-XVII secolo)*, in Cazzaniga, Gian Mario (éd.), *Storia d'Italia. Annali. 25 : Esoterismo*, Torino 2010, p. 257-288 ; Lelli, Fabrizio (dir.), *Giovanni Pico e la cabbalà*, Firenze 2014 ; Schmidt-Biggemann, Wilhelm, *Geschichte der christlichen Kabbala*, 4 vol., Leinen 2013-2015 ; Campanini, Saverio, *I cabbalisti cristiani del Rinascimento*, in Reinach Sabbadini, Patrizia (dir.), *La cultura ebraica*, Torino 2000, p. 149-165.

C'est la cabbale qui offre aux humanistes les éléments pour élaborer une notion tout à fait originale d'expérience mystique, considérée comme une rencontre « régénérante » avec le divin. Chez les premiers cabbalistes chrétiens, elle est conçue comme un parcours d'ascèse et de purification qui, par l'effet d'un très intense exercice de concentration intellectuelle, permet à l'homme de récupérer sa nature originelle et de renaître comme un nouvel Adam. Compte tenu de la finalité contemplative de ce savoir et de la tension existant entre une dimension théorique et une dimension pratique, cette étude se propose de prendre en considération les images utilisées par Jean Pic de la Mirandole et par son lecteur Pierre Le Loyer de manière à expliquer le rapport intime entre l'homme et Dieu à l'œuvre dans ces textes, dans le contexte d'un projet général de régénération de la nature humaine qui caractérise dans son ensemble la pensée cabbalistique chrétienne de la Renaissance.

L'IMAGE DU BAISER COMME SYMBOLE DE L'EXTASE UNITIVE CHEZ PIC DE LA MIRANDOLE

Figure de savant éclectique fasciné par les différentes facettes de la vérité, Jean Pic de la Mirandole a été l'un des premiers à proposer une harmonisation des vérités chrétiennes et juives, à la lumière de la cabbale[5]. Ce savoir divinement révélé et humainement reçu que Pic considère comme la source de la foi chrétienne et son fondement, est au cœur de sa pensée. Sur la base d'une étude attentive des textes

5 Sur la notion de cabbale chez Jean-Pic de la Mirandole voir Buzzetta, Flavia, *Magia naturalis e scientia cabalae in Giovanni Pico della Mirandola*, Firenze. Pierleone da Spoleto, le médecin de Laurent le Magnifique est un autre humaniste ayant contribué à la diffusion du savoir cabbalistique. Sur ce personnage et sur sa bibliothèque cabbalistique, voir Rotzoll, Maike, *Pierleone da Spoleto. Vita e opere di un medico del Rinascimento*, Firenze 2000 ; Bacchelli, Franco, *Giovanni Pico e Pierleone da Spoleto. Tra filosofia dell'amore e tradizione cabalistica*, Firenze 2001 et à mes articles *Traductions en sicilien de traités cabbalistiques : une étude du manuscrit 8526 de la Bibliothèque de l'Arsenal de Paris*, in Buzzetta, Flavia (dir.), *Cahier Cabbala*, « Accademia » 11 (2018), p. 61-76 ; *Pierleone da Spoleto : médecin, philosophe et cabbaliste*, in Buzzetta, Flavia (dir.), *Cahier Cabbala*, « Accademia » 11 (2018), p. 77-92 et *Qabbalah juive et Humanisme chrétien : l'altérité en dialogue au* XV*e* *siècle*, in Crouzet, Denis, Crouzet-Pavan, Élisabeth, Desan, Philippe, Revest, Clémence (dirs.), *L'humanisme à l'épreuve de l'Europe*, Paris, Seyssel, 2019.

cabbalistiques[6] et des échanges avec des savants juifs et chrétiens[7], le comte de la Mirandole développe une lecture personnelle de la cabbale, en harmonie avec ses intérêts philosophiques, théologiques et magiques. Évoquée de manière allusive et aphoristique dans ses œuvres, la cabbale est une science totalisante qui concerne les secrets du monde de la divinité et de la chaîne des êtres, traversant un éventail de connaissances variées et hétérogènes. La cabbale offre à Pic les éléments pour développer les potentialités de la *dignitas* humaine jusqu'à expérimenter l'adhésion au divin et à envisager une transformation de la nature humaine. La cabbale

6 Pic accède aux textes grâce à la médiation linguistique de Flavius Mithridate, un juif converti qui a élaboré pour le comte des traductions en latin des œuvres cabbalistiques et qui a été un des premiers, comme Gershom Scholem l'a remarqué (*Considérations sur l'histoire des débuts de la cabale chrétienne*, p. 448), à attirer l'attention de Pic de la Mirandole sur la littérature cabbalistique et ses affinités, réelles ou prétendues, avec le christianisme. Pour une édition de ses traductions, voir : *The Great Parchment. Flavius Mithridates' Latin Translation, the Hebrew Text, and an English Version*, edited by Giulio Busi with Simonetta M. Bondoni and Saverio Campanini, Torino 2004 ; *The Book of Bahir. Flavius Mithridates' Latin Translation, the Hebrew Text, and an English Version*, edited by Saverio Campanini, Torino 2005 ; Menaḥem Recanati, *Commentary on the Daily Prayers. Flavius Mithridates' Latin Translation, the Hebrew Text, and an English Version*, edited with Introduction and Notes by Giacomo Corazzol, Torino 2008 ; Yosef Giqatilla, *The Book of Punctuation. Flavius Mithridates' Latin Translation, the Hebrew Text, and an English Version*, edited with Introduction and Notes by Annett Martini, Torino 2011 ; Gersonide, *Commento al* Cantico dei Cantici *nella traduzione ebraico-latina di Flavio Mitridate. Edizione e commento del ms. Vat. Lat. 4273 (cc. 5r-54r)*, a cura di Michela Andreatta, Firenze 2009 ; *The Gate of Heaven : Flavius Mithridates' Latin Translation, the Hebrew Text, and an English Version*, edited with Introduction and Notes by Susanne Jurgan and Saverio Campanini with a text on Pico by Giulio Busi, Torino 2012 ; Chaim Wirszubski, *Liber Redemptionis. The Early Version of R. Abraham Abulafia's Kabbalistic Commentary of* Guide of Perplexed *in the Latin Translation of Flavius Mithridates*, « *Divrei ha-Akademia ha-Le'umit ha-Israelit le-Mada'im* » III (1970), p. 139-149 ; Buzzetta, Flavia, *Liber de homine. Edizione del Ms. Vat. Ebr. 189 (ff. 398r-509v)*, Lavis 2015. Sur la bibliothèque cabbalistique de Pic voir Busi, Giulio, *"Who does not wonder at this chameleon ?" the Kabbalistic Library of Giovanni Pico della Mirandola*, dans Id. (dir.), *Hebrew to Latin Latin to Hebrew. The Mirroring of Two Cultures in the Age of Humanism. Colloquium held at the Warburg Institute, London, October 18-19, 2004*, Torino 2006, p. 167-196 ; Id., *"Chi non ammirerà il nostro camaleonte ?". La biblioteca cabbalistica di Pico della Mirandola*, in Id., *L'enigma dell'Ebraico nel Rinascimento*, Torino 2007, p. 25-45 ; Tamani, Giulio, *I libri ebraici di Pico della Mirandola*, in Garfagnini, Gian Carlo (dir.), *Giovanni Pico della Mirandola. Convegno internazionale di studi nel cinquecentesimo anniversario della morte (1494-1994)*, Firenze 1997, vol. II, p. 491-530 ; Campanini, Saverio, *Pici Mirandulensis* Bibliotheca Cabbalistica latina. *Sulle traduzioni latine di opere cabbalistiche eseguite da Flavio Mitridate per Pico della Mirandola*, « Materia Judaica » 7 (2002), p. 90-96.

7 Je fais référence ici au célèbre réseau créé par Pic avec des savants juifs, philosophes et traducteurs, parmi lesquels Elia Del Medigo, Yoḥanan Alemanno, Flavius Mithridate sont les plus importants et les plus connus.

permet à l'homme pichien « qui a le pouvoir arbitraire et honorifique de modeler et de façonner sa nature[8] » (*plastes et fictor seipsum*), de traverser l'échelle de l'être jusqu'à se métamorphoser en ange et à franchir « la solitaire opacité du Père » (*solitaria Patris caligo*)[9]. Chez Pic, l'expérience mystique générée par la cabbale, transformant l'homme en auguste dieu revêtu de chair humaine (*numen humana carne circumvestitum*)[10], est décrite par deux images très poétiques : la « mort du baiser » (*mors osculi*) et la métamorphose en *malak ha-Shekinah* ou « ange de la Divinité ». Il s'agit de deux étapes mystiques, dont le *mors osculi* seul doit être considéré comme un exemple d'extase unitive, représentée symboliquement par le baiser. Pic se réfère pour la première fois à la mort du baiser dans son *Commento sopra una canzona d'amore.* Dans ce texte qu'Edgar Wind considérait comme un exemple de sa théologie poétique[11], le jeune comte propose une interprétation tout à fait originale d'un poème de Girolamo Benivieni, mêlant des éléments cabbalistiques et néoplatoniciens. C'est dans la lecture du vers *Arde morendo el cor morendo cresce*, que Pic introduit la notion de « mort du baiser[12] ». Élaborée par les « savants cabbalistes » (*e' sapienti cabalisti*), elle est ainsi décrite par Pic :

> Il est connu que la plus parfaite et la plus intime union que l'aimant puisse espérer de sa céleste aimée est le baiser, car toute autre union ou étreinte propre à l'amour corporel est absolument indigne d'être appliquée à cet amour sacré, infiniment divin ; et c'est parce que les savants cabbalistes veulent que beaucoup d'antiques patriarches soient morts de ce ravissement intellectif, que l'on trouve chez eux cette expression selon laquelle ils sont morts de *binsica*, que notre langue traduira par « baiser mortel », ce qui fut le cas d'Abraham, d'Isaac, de Jacob, de Moïse, d'Aaron, de Marie et de tant d'autres. Ceux qui ne comprennent pas notre exposition préliminaire ne pourront jamais comprendre parfaitement l'intention des cabbalistes, car on lira seulement dans leurs livres que *binsica*, ce baiser mortel, est une union de l'âme dans le ravissement intellectif avec les substances supérieures, au point de lui faire quitter définitivement son corps[13].

8 Pico della Mirandola, Giovanni, *De la dignité de l'homme. De hominis dignitate, opus cit.*

9 *Ibid.*

10 *Ibid.*

11 Wind, Edgar, *Mystères païens de la Renaissance*, Paris 1992, p. 169-170.

12 Sur l'union mystique du baiser dans la tradition juive voir Fishbane, Michael, *The Kiss of God. Spiritual and Mystical Death in Judaism*, Washington 1994.

13 Pico della Mirandola, Giovanni, *Commento*, traduit et annoté par Stéphane Toussaint, Lausanne 1990, p. 161.

Sur la base d'une lecture allégorique du *Cantique des Cantiques*, Pic considère l'union mystique comme une relation amoureuse entre l'âme et Dieu. Symbole de l'amour sacré et divin, le baiser annonce le bonheur ultime dans le ravissement extatique. Il comporte un détachement de l'homme de sa dimension corporelle-sensible et une exaltation de l'intellect humain dans l'adhésion au divin. Cette interprétation trouve son origine dans le *Commentaire au Cantique des Cantiques* de Gersonide[14] que Pic lut dans une traduction de Flavius Mithridate[15]. Dans ce texte le philosophe considère Salomon comme un symbole de l'intellect matériel dans son élan cognitif vers l'Intellect Agent[16]. Chez Pic, ce processus comprend deux étapes ou deux morts, dont la première consiste en la séparation de l'âme du corps et la deuxième du corps de l'âme qui entre

---

14 Philosophe, astronome et exégète biblique, Levi ben Geršom (1288-1344) est cité par Pic dans les *Disputationes adversus astrologiam divinatricem* et dans l'*Apologia*, où il est présenté comme un savant qui, avec Maimonide et Abraham ibn Ezra a proposé une lecture tropologique de la Bible. Il s'agit du *sechel* (*derek ha-sekel*), à propos duquel le comte écrit : « La lecture tropologique est appelée *sekel*. Elle a été adoptée d'abord par Maïmonide, ensuite par Abraham ibn Ezra, Levi ben Geršom et plusieurs autres », *Tropologicus dicitur sechel, quem sequuntur Abraham Abnazara,* [...] *et Levi Ben Gerson et multi alii, et ante omnes Rabi Moyses Egyptius*, Giovanni Pico della Mirandola, *Apologia. L'autodifesa di Pico di fronte al Tribunale dell'Inquisizione*, Fornaciari, P. E. (dir.), Firenze 2010, p. 184-186.

15 Il a été transmis dans le manuscrit Vat. Lat. 4273 (cc. 5r-54r), édité par Andreatta, Michela (*Commento al* Cantico dei Cantici *nella traduzione ebraico-latina di Flavio Mitridate. Edizione e commento del ms. Vat. Lat. 4273 [cc. 5r-54r]*, Firenze 2009), auquel elle a consacré plusieurs études comme, par exemple, *Guglielmo Raimondo Moncada traduttore di Lewi ben Geršom : La traduzione latina del Commento al Cantico dei cantici eseguita per Pico della Mirandola*, dans Perani, Mauro (éd.), *Guglielmo Raimondo Moncada* alias *Flavio Mitridate. Un ebreo converso siciliano. Atti del Convegno Internazionale, Caltabellotta (Agrigento) 23-24 ottobre 2004*, Palermo 2008, p. 101-133 ; Ead., *Alcuni aspetti della traduzione latina del* Commento al Cantico dei Cantici *di Gersonide : lessico, glosse esplicative e grammaticali*, « Annali Ca' Foscari » 47/3, s. or. 34 (2003), p. 5-27 ; Ead., *Filosofia e cabbalà nel* Commento al Cantico dei cantici *di Lewi ben Geršom tradotto in latino per Giovanni Pico della Mirandola*, dans Fabrizio Lelli (dir.), *Giovanni Pico e la cabbalà*, p. 69-91. Une description de ce manuscrit a été offerte par Zatelli, Ida, Lelli, Fabrizio, Ventura Avanzinelli, Michela, *Pico : la cultura biblica e la tradizione rabbinica*, dans Viti, Paolo, (éd.), *Pico, Poliziano e l'Umanesimo di fine Quattrocento*, Firenze 1994, p. 159-191, p. 170-172. J'ai signalé dans mon *Flavio Mitridate traduttore del Commento al Cantico dei Cantici di Gersonide. Su un recente volume della collana "Studi Pichiani" dell'Editore Leo S. Olschki*, « *Mediaeval Sophia. Studi e ricerche sui Saperi medievali* » 10, luglio-dicembre 2011, p. 153-158, que la version de Mithridate a influencé l'interprétation pichienne du *yeṣer ha-rah* et de la *cerva* comme symbole de la prophétie.

16 Développée par Gersonide dans la section introductive du *Commentaire*, cette lecture repose sur le rapport entre *Scielomo* et *scielemuth*, que Flavius Mithridate traduit en latin *perfectio* (Gersonide, *Commento al* Cantico dei Cantici *nella traduzione ebraico-latina di Flavio Mitridate. Edizione e commento del ms. Vat. Lat. 4273 [cc. 5r-54r]*, p. 112).

en communion avec la divinité. Cette dernière est le *binsica*, *mittat nešiqah* en hébreu[17], qui correspond à la mort du corps et à la naissance dans l'intellect[18]. Le passage de la vie sensible à la vie intellective du *binsica* est facilité par une transformation de l'homme en ange ; il s'agit de la première mort qui prépare à l'union avec Dieu. Pic écrit à son propos dans un autre passage du *Commento* :

> Et puisque comme nous l'avons déclaré, la part rationnelle est propre à l'homme tandis que la part intellective est l'apanage des anges, cet homme ne vit plus d'humaine vie, mais angéliquement et, mort à ce monde, il renaît au monde intelligible pour y mener une existence de perfection[19].

En utilisant des éléments de la cabbale, du néoplatonisme et de l'aristotélisme averroïste, Pic propose dans l'image du *binsica* le modèle d'une métamorphose ontologique de l'homme, du monde rationnel au monde intellectuel. Dans l'*Oratio de hominis dignitate*, cette transformation constitue l'achèvement de la nature proteico-caméléontique de l'homme et de son itinéraire philosophique et ascétique. Articulé dans une philosophie tripartite (philosophie morale, philosophie naturelle et théologie) qui correspond à une élévation intellectuelle et spirituelle progressive de l'homme ainsi qu'à sa transformation intérieure, ce parcours aboutit à la mort conçue comme une « plénitude de la vie » (*plenitudo vitae*[20]) et à l'adhésion à la brume divine. Elle se présente comme une possibilité offerte à l'homme qui peut choisir en toute liberté sa nature, mais aussi former

---

17 Jean-Marc Mandosio dans sa traduction de Wirszubski, Chaim, *Pic de la Mirandole et la Cabale*, p. 244, a constaté que Pic a *abusivement substantivé l'expression be-nešiqah (« par un baiser ») en la traduisant par « mort du baiser »*.

18 Cette perfectionnement de la nature humaine peut être considérée comme le résultat d'une ascension de l'intellect à travers les niveaux de la connaissance, que selon Black, Crofton, (*Pico's* Heptaplus *and Biblical Hermeneutics*, Leiden-Boston 2006, p. 179) abouti *in the potential intellect becoming somehow united or conjoined with the active intellect.* Sur les interprétations du *binsica* à la Renaissance voir Campanini, Saverio, *Ancora sulla 'morte di bacio' e la sua fortuna tra Rinascimento e Barocco*, « Materia Giudaica » XVII-XVIII (2013), p. 99-108.

19 *Commento, opus cit.*, p. 158.

20 *De la dignité de l'homme. De hominis dignitate, opus cit* : « [...] elle voudra mourir à soi pour vivre en son époux, dont la contemplation est la récompense qui à leur mort attend les saints. J'entends par là, s'il faut appeler mort la plénitude de la vie, cette mort dont les sages ont affirmé que la philosophie s'applique à la méditer ([...] *in se ipsa cupiet mori ut vivat in sponso, in cuius conspectu preciosa profecto mors sanctorum eius : mors – inquam – illa, si dici mors debet plenitudo vitae, cuius meditationem esse studium philosophiae dixerunt sapientes* ».

« avec Dieu un seul esprit, dans la solitaire opacité du Père dressé au-dessus de toutes choses[21] ». Fait marquant, le processus « d'angélification » de l'homme[22] qui précède la mort du baiser, est évoqué par Pic dans un passage qui exalte la dimension révélatrice de la théologie :

> Qui ne souhaiterait, reléguant toutes choses humaines au second rang, méprisant les biens de la fortune, tenant le corps pour négligeable, devenir le commensal des Dieux dès son séjour sur terre et, gorgé du nectar de l'éternité, recevoir, quoique mortel, le don de l'immortalité[23] ?

Ce stade est bien différencié de la mort du baiser et dans les *Conclusiones*, ils correspondent au sacrifice rituel et à la mort sacrée. Pic écrit dans la XI *conclusio secundum opinionem propriam* :

> Le mode par lequel les âmes rationnelles sont sacrifiées par l'archange à Dieu et qui n'est pas dit par les cabbalistes, ne se produit que par la séparation de l'âme et du corps, et non pas celle du corps et de l'âme, si ce n'est pas par accident, comme il arrive dans la Mort du Baiser, au sujet de laquelle il est écrit : « précieuse au regard du Seigneur est la mort de ses saints[24] ».

Liée à la première conclusion *selon la doctrine des sages hébreux* (*secundum secretam doctrinam sapientum hebraeorum*) dont elle constitue un éclaircissement

---

21 *Ibid.* : « [...] formant avec Dieu un seul esprit, dans la solitaire opacité du Père dressé au-dessus de toutes choses, il aura sur toutes la préséance ([...] *unus cum Deo spiritus factus, in solitaria Patris caligine, qui est super omnia constitutus omnibus antestabit*) ».

22 Chez Pic ce processus est souvent mis en rapport avec la transformation d'Hénoch en Métatron. À cet égard voir par exemple *Commento*, p. 158 et *Oratio*, *opus cit.* : « D'une part, en effet, la plus secrète théologie des Hébreux transforme tantôt Hénoch en un saint messager de la divinité, appelé *malakh ha-Shekhinah*, tantôt d'autres personnages en d'autres divinités (*Nam et Hebraeorum theologia secretior nunc Enoch sanctum in angelum divinitatis, quem vocant malakh ha-shekhina nunc in alia alios numina reformant*) ». En ce qui concerne les expériences d'angélification dans le christianisme et en particulier dans les écrits pauliens dans leurs rapport avec la littérature apocalyptique hébraïque, voir Segal, Alan F., *The afterlife as mirror of the self*, dans Flannery, Frances, Shantz, Colleen, A. Werline, Rodney, (éd.), *Experientia, volume 1. Inquiry into religious experience in early Judaism and Christianity*, Leiden-Boston 2008, p. 19-40.

23 Pico della Mirandola, Giovanni, *De la dignité de l'homme. De hominis dignitate*, *opus cit.* : « *Quis humana omnia posthabens, fortunae contemnens bona, corporis negligens, deorum conviva adhuc degens in terris fieri non cupiat, et aeternitatis nectare madidus mortale animal immortalitatis munere donari ?* ».

24 Pic de la Mirandole, *Les 900 Conclusiones*, Paris 2017, p. 314-315 : « *Modus quo rationales animae per archangelum Deo sacrificantur, qui a cabalistis non exprimitur, non est nisi per separationem animae a corpore, non corporis ab anima nisi per accidens, ut contingit in morte osculi, de quo scribitur : preciosa in conspectu domini mors sanctorum eius* ».

et un approfondissement[25], cette thèse propose de considérer le processus d'intellectualisation de la nature humaine comme une immolation de l'âme rationnelle sur l'autel divin et la mort du baiser comme une sanctification à travers la perte du corps. Ces opérations sont réalisables à travers l'exercice de la cabbale qui permet l'ascèse mystique ou la damnation, comme il est expliqué dans la *conclusio cabalistica XIII secundum opinionem propriam* :

> Qui opère dans la cabbale sans adjonction de l'extérieur, s'il reste longtemps à l'œuvre, mourra de la *be-nesiqah* et s'il se trompe dans son travail ou n'y accède que dans un état non purifié, il sera dévoré par Azazel selon un jugement qui lui est propre[26].

Pic, le seul à connaître les opérations de la cabbale selon Ludovico Lazzarelli[27], effleure le sujet des pratiques cabbalistiques et de leurs dangers. Sans expliquer en quoi elles consistent, le comte présente l'*opus cabalae* comme un exercice rituel du savoir qui, à l'aide de techniques de purification, facilite l'expérience mystique considérée comme un contact transfigurant avec la divinité[28]. Supérieure à l'action magique dont elle constitue le couronnement, cette pratique cabbalistique opère

---

25 *Ibid.*, p. 182-183 : « De même que l'homme, prêtre inférieur, sacrifie à Dieu les âmes des animaux irrationnels, de même Michaël, prêtre supérieur, sacrifie les âmes des animaux rationnels (*Sicut homo et sacerdos inferior sacrificat Deo animas animalium irrationalium, ita Michael sacerdos superior sacrificat animas animalium rationalium*) ».

26 *Ibid.*, p. 314-315 : « *Qui operatur in cabala sine admixtione extranei, si diu erit in opere morietur ex binsica, et si errabit in opere aut non purificatus accesserit, devorabitur ab Azazele per proprietatem iudicii* ». Pour une interprétation magico-cabbalistique de cette thèse voir B. P. Copenhaver, *Number, Shape, and Meaning in Pico's Christian Cabala : The Upright* Tsade, *the Closed* Mem, *and the Gaping Jaws of Azazel*, dans Anthony Grafton, Nancy G. Siraisi (éd.), *Natural Particulars – Nature and the Disciplines in Renaissance Europe*, Cambridge (Mass.) 1999, p. 25-76.

27 Dans son *Crater Hermetis* Ludovico Lazzarelli fait allusion aux connaissances pratiques du Comte de la Mirandole, en écrivant (Bibliothèque Nationale de Naples, ms. XIII AA34, f. 47r) : « Son opération est tout à fait cachée à tout le monde, sauf à un [homme] seulement » (*eius tamen operatio* [*si unum tantum excipio*] *omnes penitus latet*). À cet égard voir mon article *La palingénésie spirituelle de l'homme entre* generatio divina *et* generatio mystica *du golem dans le* Crater Hermetis *de Ludovico Lazzarelli*, « Accademia » XV (2013), p. 83-103, en particulier p. 102.

28 L'expression *opus cabalae* fait référence à la *pars practica scientiae cabalae*, un versant de la cabbale que Pic évoque dans les premières *conclusiones cabalisticae secundum opinionem propriam*. Sur les sources aboulafiennes de cette notion, voir Gershom Scholem, *Histoire des débuts de la cabale chrétienne*, p. 441-442 et Chaim Wirszubski, *Pic de la Mirandole et la cabale*, p. 213-216. Récemment Lelli, Fabrizio, (*Pico, i Da Pisa e 'Eliyya Hayyim da*

principalement à travers une causalité immédiate (*conclusio magica XXVI secundum opinionem propriam*[29]) sur la nature qui est *horizon de l'éternité temporelle* (*conclusio magica XVIII secundum opinionem propriam*[30]), c'est-à-dire la nature intellectuelle et divine. Les risques de ces opérations sont indiqués par la présence du démon Azazel qui attend les faux pas des cabbalistes.

VISIONS ET RAVISSEMENTS EXTATIQUES CHEZ PIERRE LE LOYER

Seigneur de la Brosse (1550-1634), avocat au Parlement de Paris et conseiller du roi à Angers, Pierre Le Loyer était un érudit et un démonologue « spéculatif » qui a voulu établir une « science des spectres ». Cette « science des apparitions » comme l'a justement appelée Stéphane Toussaint[31] ou « spectrologie » selon Deborah Miglietta[32], a fait l'objet de ses *Discours et Histoires des Spectres*[33], dans lesquels il se sert de plusieurs sources pour justifier l'existence de spectres, considérés comme

Gennazzano, in Id. [dir.], *Giovanni Pico e la cabbalà*) a repéré une partition similaire dans une lettre d'Isaac da Pisa.

29 Pic de la Mirandole, *Les 900 Conclusiones*, p. 298-301 : « De même que par l'influx du premier agent, s'il est particulier et immédiat, il se produit quelque chose qui n'est pas atteint par la médiation des causes, de même par l'œuvre de la cabale, s'il s'agit d'une cabale pure et immédiate, il se produit quelque chose qu'aucune magie n'atteint (*Sicut per primi agentis influxum, si sit specialis et immediatus, fit aliquid quod non attingitur per mediationem causarum, ita per opus cabalae, si sit pura cabala et immediata, fit aliquid ad quod nulla magia attingit*) »

30 *Ivi*, p. 296-297 : « La nature qui est l'horizon de l'éternité temporelle est proche du mage, mais il lui est supérieure, et c'est la cabale qui lui est propre (*Illius naturae quae est horizon aeternitatis temporalis, est mago proxima, sed super eum, et ei propria est cabala*) ».

31 Toussaint, Stéphane, *La « Science des Spectres » de Pierre Le Loyer (1605), lecteur de Marsil Ficin et de Jean Pic : Note de "Philosophia Occulta" aux XVIe-XVIIe siècles*, « Aries » vol. ½, 2001, p. 153-167, en particulier p. 155.

32 Voir Miglietta, Deborah, *La présence de Lactance dans les* Discours des Spectres *(1608) de Pierre Le Loyer*, « Rivista di Storia e Letteratura Religiosa » 2017/3, p. 623-650, en particulier p. 623.

33 Une première version des *Discours des Spectres* sont les *IV livres des Spectres* composés en 1586, révisée et augmentée en 1605 et en 1608. Cette dernière édition connue comme *Discours des spectres ou visions et apparitions d'esprits, comme anges, démons et âmes, se monstrans visibles aux hommes… le tout en huict livres* sera utilisée dans cet article.

des « imaginations[34] ». Ce chef d'œuvre d'érudition s'insère, comme l'a remarqué Claude-Gilbert Dubois, dans « le combat apologétique des "croyants", spiritualistes et surnaturalistes [...] contre toutes les manifestations du libertinisme post-renaissant[35] ». Lecteur des cabbalistes chrétiens et en particulier de Pic qui est présenté comme un savant et une âme tourmentée du purgatoire[36], Le Loyer fait souvent référence à la cabbale dans son livre. Il la considère à la fois comme un savoir révélé, comme un instrument herméneutique et comme une superstition. Cette dernière est la cabbale des « modernes », assimilable à la magie, que l'avocat décrit au chapitre VI du VIIIe livre :

> Ceste Cabale n'est pas celle qui estoit celebree entre le Iuifs anciens et mieux apprins que ceux qui sont venus depuis Iesus-Christ, elle n'en a que quelques vestige. Car ce n'est pour la plus part de la nouvelle Caballe que superstition, que Magie, que impieté. Et bien qu'elle s'attribuë le nom de Caballe, ou tradition, ce n'est qu'une doctrine bastarde que les Iuifs degenerans de leurs ancestres feignent tenir d'eux, combien qu'ils n'en retiennent que fort peu de choses, si bien qu'on peu appeler leur tradition une trahison manifeste[37].

Le Loyer propose de faire une distinction entre une cabbale des anciens et une cabbale des modernes qui trouve son origine dans la crédulité et dans l'ignorance des hommes. Seulement la première peut être considérée comme la vraie cabbale ou « tradition », contrairement à la deuxième qui est une doctrine « bastarde » et sulfureuse. Le Loyer emprunte cette partition à Pic qui distingue la vraie de la fausse cabbale dans l'*Apologia*. Chez Pic, les faux cabbalistes sont les nécromants qui possèdent les noms secrets (*secreta nomina*) de Dieu avec lesquels contraindre les démons et exercer des actions miraculeuses et extraordinaires[38]. Il y a, donc, selon Le Loyer, une pseudo-cabbale qui est une typologie de magie illicite

34 Le Loyer, Pierre, *Discours des Spectres*, p. 2. Ces images sont divisées en spectres, visions, fantaisies et fantômes, ces derniers provenant, comme Miglietta, Deborah a remarqué « des sens corrompus par le mélancolique à l'esprit perturbé », *Le regard empoisonné.* La fascinatio oculorum, *chez Ficin, Campanella et Pierre Le Loyer*, « Accademia » 18, 2019, p. 7-73, en particulier p. 61.

35 Dubois, Claude-Gilbert, Imaginatio phantastica : *le* Discours des spectres et apparitions d'esprits *de Pierre Le Loyer (1586)*, in *La Littérature fantastique*, Cahiers de l'Hermétisme, Paris, 1991, p. 73-89, en particulier p. 81.

36 Le Loyer, Pierre, *Discours des Spectres*, p. 649. Le Loyer tire cette image de la biographie du comte écrite par le neveu Jean François Pic, *Ioannis Pici Mirandulae Vita.*

37 *Ibid.*, p. 890.

38 Pico della Mirandola, Giovanni, *Apologia*, p. 192.

mettant en œuvre, par des modalités et des stratégies spécifiques, les puissances occultes des noms divins comme *Shaddai*[39], ainsi que des noms des anges et des démons, et une cabbale originaire qui correspond à la révélation sinaïtique des mystères. En suivant une tradition bien attestée chez les hébraïsants français[40], Le Loyer identifie les magiciens avec les cabbalistes modernes ou *mecubalistes*[41] qui « se feignent des vertus occultes et voilees des noms de Dieu » et des anges[42]. Ils obtiennent ces noms à travers des techniques linguistiques que Le Loyer divise en science du *Tsiruph*, du *Themurah ou Athbash*, en science *Gematrique* et *Notarique*[43]. Ces dernières sont utilisées par les cabbalistes modernes pour obtenir la puissance des noms sacrés, divins et angéliques, et des sceaux qui « le font valoir en leurs symboles chiffres, cachet, amulettes, et mesme és Phylacteres et ligatures[44] ». Ces pratiques cabbalistiques sont exercées par l'intermédiaire d'agents spirituels, avec lesquels le *mecubaliste* entre en

39 Le Loyer, Pierre, *Discours des Spectres*, p. 891.

40 Voir, par exemple, les annotations de Jean Mercier au *Thesaurus Sanctae Linguae* de Sante Pagnini (Lugduni 1577, p. 2400) : « Cette [cabbale] traitait des choses divines, de Dieu, des grands mystères que récemment des juifs ont transformé en des *nugae* et des choses bizarres [...] Et je ne parlerai pas de l'usage impie. Donc le mot cabbale signifie tout d'abord ce qui a été appris de vive voix par les patriarches et ensuite par les savants. (*Haec de rebus sacrjis erat, et toto Dei cultu, et mysteriis magni, quam posteri et recentiores Hebraei magna ex parte, in nugas et curiosiores* [...] *ne quid de impio deiceps invicto abusu dicam. Sic primum cabale nomine, quod viva voce a primis illis Patribus et deiceps a viris sapientibus*) ».

41 Ce mot a été utilisé par Johannes Reuchlin dans *De arte cabalistica* (*La Kabbale*, introduction, traduction et notes par François Secret, Milano 1995, p. 67) : « Ceux-ci ont été appelés par fois en raison des controverses talmudiques Thanaim, des maîtres, et en raison des profondes méditations sur les sujets profonds menées depuis les choses inférieures jusqu'aux plus hautes, reçues des ancêtres et transmises à la postérité, ou ils mirent toute leur étude, Mekablim en hébreu ».

42 Le Loyer, Pierre, *Discours des Spectres*, p. 892. Zambelli, Paola, *L'apprendista stregone. Astrologia, cabala e arte lulliana in Pico della Mirandola e seguaci*, Venezia 1995, p. 45.

43 Le Loyer, Pierre, *Discours des Spectres*, p. 892. Il s'agit de techniques linguistiques et alphabétiques, utilisées dans la tradition juive pour interpréter le texte biblique. Le mot *Tseruf*, qu'en hébreu signifie combinaison, indique l'*anagrammatisme* et l'instrument herméneutique cabbalistique. Le *temurah ou atbash* indique la permutation des lettres de l'alphabet, qui consiste dans le cas spécifique de l'*atbash* dans la substitution d'*aleph* avec *tau*, de *bet* avec *shin* et ainsi de suite. La *gematria* (*isopséphie* en grecque) est la troisième typologie de technique de cabbale moderne qui est considérée par Le Loyer comme une sorte d'*Arithmetique*, mettant en correspondance les lettres de l'alphabet et nombres. Le *notariqon* est une typologie d'interprétation avec les acrostiches qui *consiste* – explique Pierre Le Loyer – *en notes, et chaque lettre d'une diction signifier quelque chose* (*ibid.*).

44 *Ibid.* Un des premiers exemples de « magicisation » des techniques linguistiques peut être repéré dans le *De Magia Naturali* de Jacques Lefèvre d'Étaples, dont le premier livre a été récemment publié par Jean-Marc Mandosio (Lefèvre d'Étaples, Jacques, *La magie*

communication. Le Loyer cite, par exemple, la tradition « superstitieuse » juive qui attribue des fonctions protectrices aux anges Raziel, Raphael, Peliel et Métatron[45] ; il cite également la théorie des anges recteurs des planètes[46], et fait référence à Michael considéré, dans la foulée de Pic, comme un prêtre céleste qui « offre les ames en sacrifice aggreable devant Dieu[47] ». Interprétée comme un symbole de la première mort et de la transformation de la nature humaine, cette image se trouve dans la cabbale ancienne et originaire, dépositaire des secrets divins et des choses sacrées. Ces doctrines mystérieuses concernent, par exemple, la prophétie et l'extase qui sont à l'origine des visions, que Pierre Le Loyer examine dans le premier chapitre de son livre. Différenciées des fantômes et des fantaisies, les visions sont des images qui peuvent être reçues de sens externes, de la raison ou de l'intellect. Ces trois typologies que Le Loyer reprend de saint Augustin (*visio secundum oculos corporis, secundum spiritum, secundum mentis intuitum*[48]), sont expliquées à travers des exemples tirés de la cabbale. À cet égard, il écrit dans un passage :

> Ces trois sortes de vision ont leur nom divers entre les Hebrieux : l'une est le miroir clair, l'autre la fille de voix, qui est la Prophetie, ou le ravissement du baiser, qui est l'ecstatse ou assoupissement des sens : car la vision se faisoit par un grand assoupissement que les Hebrieux nomment תרדמה thardema : c'est toute autre chose que la vision de la face de la quelle Moyse privativement aux autres Prophetes auroit esté ioüissant[49].

Dans cet extrait, le « grand visionnaire[50] » Pierre Le Loyer fait allusion à la prophétie considérée comme une révélation divine et comme la forme la plus élevée du savoir, qui implique les sens, la raison et l'intellect. Pierre Le Loyer présente trois espèces de prophétie qui correspondent à trois dimensions cognitives ainsi qu'à trois formes d'extase. Les trois révélations qui ont été « octroyee aux hommes d'age meur, non prins

---

naturelle. De Magia naturali. Livre I : *L'influence des astres*, texte établi et traduit par Jean-Marc Mandosio, introduction de Jean-Marc Mandosio, Paris 2018).

45 Le Loyer, Pierre, *Discours des Spectres*, p. 220-221.

46 *Ivi*, p. 222.

47 *Ivi*, p. 221 et p. 535. Pierre Le Loyer se réfère à la première conclusion *secundum secretam doctrinam sapientum hebraeorum* citée ci-dessus.

48 Il fait référence au *Liber contra Adimantum Manichaei Discipulum*, ch. 28, 2.

49 Le Loyer, Pierre, *Discours des Spectres*, p. 3.

50 Il était ainsi appelé par Pierre Bayle dans son *Dictionnaire historique et critique* t. 9, Paris 1820, p. 301.

d'humeur melancholique[51] », sont décrites avec des images très symboliques : le miroir clair, la fille de la voix et la vision de la face. La première vision prophétique est une vision sensible, reçue par les yeux et, donc, des sens externes. En faisant référence à un passage du traité talmudique Yevamot 49b, elle est appelée « miroir clair », *asppaqlarya ha-me 'irah* (אספקלריא המאירה), c'est-à-dire « miroir réfléchissant » qui correspond souvent dans les textes cabbalistiques à la sixième *sefirah Tiferet*. Son action éclairante détermine l'expérience mystique et visionnaire de Moïse, supérieure à celle des autres prophètes. Ces derniers ont eu accès seulement à une vision indirecte à travers un miroir obscur, *asppaqlarya šeenah me 'irah* (אספקלריא שאינה מאירה). Le Loyer place cette typologie de vision au niveau inférieur, ce qui démontre une connaissance vague des textes juifs[52]. Moïse, par contre, est mis en rapport avec la vision la plus élevée, que Le Loyer appelle vision du visage sur la base d'une lecture de l'*Exode* (33, 11), dans lequel il est écrit que Dieu parla à Moïse face à face, *panim el panim*. Cette vision est facilitée par l'intervention de l'ange Métatron qui « guidoit Moyse iusques à la face visible du Seigneur et luy faisoit cognoistre Dieu par son nom propre et ineffable[53] ». La rencontre avec Dieu advient dans la vision intellectuelle qui produit une transfiguration de la nature humaine, et à un niveau inférieur, dans le *bat qol* que Le Loyer assimile au ravissement du baiser. La notion rabbinique de « fille de la voix » ou *bat qol*, identifiée dans les *Conclusiones* de Pic avec la *Shekinah*[54], correspond à un sommeil extatique, comparable au *tardemah* (תַּרְדֵּמָה) d'Adam[55], que Le Loyer avait défini comme un « excez de l'ame c'est ce profond sommeil dit des Hebrieux Thardema, dont Adam fut espris quand Dieu lui arrancha la coste[56] ». L'avocat identifie cette léthargie extatique avec la notion pichienne de *mors osculi* qui correspond à une vision *en Esprit* dans laquelle sont contemplées intellectuellement « les choses divines, celestes et supernaturelles,

51 Le Loyer, Pierre, *Discours des Spectres*, p. 111.

52 Sur les deux miroirs dans la tradition juive, Wolfson, Elliot R., (*Through a Speculum that Shines*, Princeton 1997, p. 214) écrit : « *Moses had a clear vision of that lower glory through the speculum that shines and all other prophets beheld the glory through a speculum that does not shines, that is, through images that distort reality* ».

53 Le Loyer, Pierre, *Discours des Spectres*, p. 221.

54 Pic de la Mirandole, *Les 900 Conclusiones*, *opus cit.*, p. 192-193.

55 *Genèse*, 15, 12.

56 Le Loyer, Pierre, *Discours des Spectres*, p. 446.

deumerant les sens assoupis[57] ». Ce contact avec le divin advient *in corpore*, c'est-à-dire que les fonctions vitales du corps sont maintenues pendant le détachement de l'âme. C'est aussi l'expérience mystique de Saint Paul qui, selon Pierre Le Loyer, « fut ravy divinement iusques au troisiesme ciel par le ravissement du baiser[58] ».

Dans la cabbale chrétienne, les expériences mystiques préfigurent symboliquement les métamorphoses et les transformations qui entrelacent tradition talmudique, apocalyptique juive, cabbale et christianisme[59]. Issus de périodes et de contextes culturels différents, Pic de la Mirandole et Pierre Le Loyer ont axé leur réflexion sur la notion de *unio mystica* et de vision extatique, envisageant une transformation de l'homme et de sa nature dans sa rencontre avec la divinité.

Si Pic est le premier à utiliser des images cabbalistiques pour expliquer l'expérience mystique et la mort sacrée, Pierre Le Loyer les adapte à sa recherche qui aboutira aux folies étymologiques d'*Edom*[60]. Dans ce texte qui conclut la production littéraire de Pierre Le Loyer, l'expérience mystique de la cabbale et son symbolisme rencontrent la tradition classique. L'avocat, qui « prétendait trouver dans Homère tout ce qu'il voulait[61] » nous introduit dans ses rêveries cabbalistiques, assimilées aux vaticinations des Sibylles[62], dans lesquelles, les personnages homériques

57 *Ivi*, p. 446. En ce qui concerne le rapport entre *mors osculi* et assoupissement des sens, Ioan P. Couliano (*Eros and Magic in the Renaissance*, en. tr. Chicago 1987, p. 58) écrit : « *The* morte di bacio, *the full and complete contemplation of angelic Intelligences, is rapture in heaven, a* vacatio *during which the body remains in a state of catalepsy, as Celio Agostino Curione seems to inform us in the appendix to the* Hieroglyphica *of Pierio Valeriano* ».

58 Le Loyer, Pierre, *Discours des Spectres*, p. 453. Chez Pic, ce ravissement permet à saint Paul de recevoir les paroles ineffables et les mystères de la cabbale. Vd. Giovanni Pico della Mirandola, *Apologia*, p. 180.

59 Sur le symbolisme cabbalistique par rapport à la mystique voir Idel, Moshe, *Symbols and* Symbolopoiesis *in Kabbalah*, in Buzzetta, Flavia, Golfetto, Marco (éd.), *Il Simbolismo : La Grammatica del Sacro, Atti del IV Seminario di studi Prospettive Sacre d'Oriente e d'Occidente, Palermo, 3 marzo 2012*, « Schede Medievali » 53, 2015, p. 197-247.

60 Utilisée par Nodier, Charles, *Folies étymologiques. Antiquités de l'Anjou*, in *Mélanges tirés d'une petite bibliothèque*, Paris, Grapelet, 1829, p. 323-326, cette expression fait référence à la recherche linguistique de Pierre Le Loyer. Voir aussi Closson, Marianne, *Le théâtre des spectres de Pierre Le Loyer*, in Lavocat, Françoise et Lecercle, François (éd.), *Les Dramaturgies de l'ombre*, Rennes 2005, p. 119-139.

61 Bayle, Pierre, *Dictionnaire historique et critique*, p. 301.

62 Le rapport entre la cabbale et les Sibylles a été proposé par Forster, Johann dans son *Dictionarium hebraicum novum*, Basileae 1564, p. 715. À cet égard Secret, François (*Le*

et mythologiques sont identifiés avec des figures issues de la tradition cabbalistique. Il propose cette assimilation sur la base de prétendues étymologies hébraïques, bizarres et peu orthodoxes, qui permettent de lire la tradition classique (grecque et latine) à travers le prisme de la langue hébraïque. En tant que langue sacrée et épiphanique, l'hébreu est considéré comme la langue historiquement première et source de toutes les autres[63]. Considérée comme la langue primordiale, elle permet de découvrir et de dévoiler des connaissances occultes et secrètes. C'est le cas du nom « Pénélope » qui devient un symbole de Métatron et de la transfiguration mystique. Cette correspondance est établie sur la base de l'assonance entre le mot hébreu *panim* et « Pénélope » qui signifie, selon Le Loyer, « l'illustration de la face de Dieu[64] ». Le personnage homérique serait donc une représentation classique de l'ange Métatron admis à recevoir la vision de Dieu et ayant guidé Moïse dans la sienne. Cette folie docte qui se manifeste dans les étymologies et que Pierre Bayle considérait comme l'achèvement de la perte du cerveau de Le Loyer[65], montre un développement inédit de l'étude de la cabbale, dans lequel l'instrument linguistique est utilisé pour rapprocher des traditions sapientielles, philosophiques et religieuses, mais aussi pour donner une profondeur « autre » aux discours mystiques.

Flavia BUZZETTA
CNRS-LEM

Zohar chez les cabbalistes chrétiens de la Renaissance, Paris 1964, p. 22) constate que : « Dans l'expression de kabbale chrétien, le terme kabbale, dont le Grecs ont fait Cybele, selon Postel où dont sont venu les Sybilles selon J. Forster, n'est pas loin comme celui de chrétien, de s'être vidé de son sens ». À cette insolite étymologie fait référence aussi Jean Mercier qui écrit dans ses annotations au *Thesaurus* de Sante Pagnini (*Thesaurus Sanctae Linguae*, p. 2400) : « *Somniare eos puto qui Cabulam i.* קבלה *proferunt atque hinc Sybille nomen deflectunt* ».

63 Cet aspect a été mis en valeur, par exemple, par Guillaume Postel qui signale dans son *De originibus, seu de Hebraicae linguae et gentis antiquitate*, Paris 1538, l'excellence de l'hébreu et sa primauté par rapport aux autres langues, jusqu'à affirmer que les langues orientales et méridionales proviennent de la source juive (*ex Hebraico fonte orientales et meridionales linguas dimanasse*, *ivi*, p. 58) ou par l'humaniste Jean Chéradame qui propose de déstructurer les langues pour repérer leur noyau hébraïque originel, dans son *Alphabetum Linguae Sanctae*, Paris, 1532, d'ailleurs.

64 Le Loyer, Pierre, *Edom ou les colonies Idumeanes*, Paris 1620, p. 96.

65 Bayle, Pierre, *Dictionnaire historique et critique*, p. 302.

LA MYSTIQUE DE BOSSUET

L'orateur et l'oraison

L'impéritie prend parfois plaisir au dessin des plus surprenantes physionomies. Ainsi de celle, commune, d'un Bossuet que l'on caricature ennemi de la mystique au prétexte qu'il se fit ennemi de ces « nouveaux mystiques » dont Fénelon fut un défenseur enflammé. Fraîchement encore, l'historien Georges Minois pouvait barder un chapitre consacré à la querelle du quiétisme d'expressions telles que « haro sur les mystiques », « lutte contre la mystique », « l'antimysticisme de Bossuet », « Bossuet *ne veut pas* être mystique », « sa décision d'écrire contre les mystiques[1] », etc. Rien n'est cependant plus faux ; et si Bossuet n'eut de cesse que d'avoir abattu le quiétisme, ce fut au nom, précisément, de ce qu'il considérait être la seule véritable mystique catholique possible et dont, par exemple, les *Lettres à une demoiselle de Metz* font assez voir combien il y était attaché. Il en devait aller donc, dans ce que nous nommons aujourd'hui la Querelle du quiétisme, de bien autre chose, pour que l'évêque de Meaux jetât dans ce débat toutes ses forces sans faiblir jamais. Nous voudrions tenter de montrer, en prenant appui principalement sur *L'Instruction sur les états d'oraison* (1697), que la préoccupation principale de Bossuet était celle de la parole adéquate à l'expérience mystique, – autrement dit celle de la *médiation* dont le mystique authentique, à ses yeux, éprouve la persistance, non seulement après l'expérience elle-même, mais surtout pendant cette dernière. Ses attaques, il est facile de le constater, portaient en effet toujours sur la suppression d'une médiation, désirée par les quiétistes : que ce soit le Christ, la Tradition, l'Écriture Sainte ou, plus profondément et plus essentiellement, le langage qui tend à n'être plus convoqué qu'afin de constater sa propre déliquescence, et son impuissance à dire l'indicible ressenti.

---

1 Minois, G., *Bossuet – Entre Dieu & le Soleil*, Paris, Perrin, 2003, p. 581-631. Il est vrai que la seule conclusion de l'ouvrage est une accablante accumulation de poncifs, dont il est bon peut-être de faire lecture en premier lieu, afin de situer le lieu d'où s'exprime l'auteur.

En effet, dès la première phrase du Livre premier de *L'Instruction*, Bossuet s'installe au cœur du problème en écrivant : « il y a déjà quelques siècles que plusieurs de ceux qu'on appelle *mystiques* ou *contemplatifs*, ont introduit dans l'Église un nouveau langage qui leur attire des contradicteurs ». On sait le peu d'ardeur qu'avait Bossuet à embrasser les nouveautés. Mais, outre cette inclination de sa personnalité, il nous intéresse ici de constater qu'il situe, d'emblée, le problème dans le domaine du langage : c'est une nouvelle *parole* mystique dont il est question, et qui lui apparaît tendancieuse. Ces nouveaux mystiques, écrit-il, usent d'un « langage exagératif » et d'« expressions exorbitantes » qui, rendant impossible une lecture précise, rationnelle, de leurs ouvrages, ébranlent les fondements mêmes du langage humain à l'instant où celui-ci devrait être, au contraire, selon Bossuet, de la plus grand acuité et de la plus grande transparence, puisqu'il tente alors de désigner sa propre source. Mais les nouveaux mystiques, récusant jusqu'au rôle du Médiateur absolu, le Verbe incarné, n'avaient aucune peine à dénier au verbe humain toute capacité à manifester puis transmettre une expérience contemplative sans en manquer la substance, voire la pervertir puisqu'elle est à leur yeux, par essence, étrangère à toute médiation, donc à toute parole, – et même à la Parole de Dieu. Plus encore : pour les tenants du quiétisme, la question du langage demeure et doit demeurer étrangère à l'essence de l'expérience mystique ; elle en est parfaitement indépendante car infiniment inférieure à l'événement de l'union continuelle de l'âme à Dieu.

Pour Bossuet, tout au contraire, le langage – le verbe et la raison – est consubstantiel à l'expérience mystique : il est à la fois ce qui, en tant que médiation, permet cette expérience du côté de l'homme, car l'union est une union de l'intelligence avec Dieu[2] ; en même temps que ce qui en rend possible la relation, donc la fécondité, empêchant semblable événement de n'être que la complaisance secrète d'une âme qui se croit chatouillée par l'index divin. Certes, l'expérience mystique *excède* le langage humain, mais elle ne lui est pas contraire. Elle le porte à son plus haut degré d'incandescence, et exige de lui non point qu'il s'évapore mais qu'il sache se faire toujours plus intense, toujours plus

2 « Toute la théologie… convient que l'on ne peut s'unir à Dieu que par la connaissance et par l'amour, par conséquent par les facultés intellectuelles » (*Instruction sur les états d'oraison*, Premier Traité, Livre I, p. 390). L'absence d'édition moderne de ce texte nous contraint à le citer d'après l'édition des *Œuvres complètes*, volume XVIII, Louis Vivès, Paris, 1862.

dense, afin d'épouser l'événement singulier de l'oraison. Affirmant cela, Bossuet ne fait rien d'autre que rendre à ce mot le sens de son étymon, *oro*, qui désigne le fait de dire, de parler ou de témoigner. Ainsi, à ses yeux, une oraison dont on ne puisse témoigner (pour des raisons essentielles, et non pas occasionnelles bien sûr : nous dirions aujourd'hui psychologiques) est un parfait contre-sens. Il est donc montré dans *L'Instruction* que, dans la question de l'expérience mystique, la question de la médiation est impliquée de manière essentielle. Qui pose l'une doit poser l'autre. Plus encore, l'évêque de Meaux nous apparaît-il comme, peut-être, l'un des seuls penseurs modernes à exposer explicitement non pas la mystique comme un problème de langage, mais au contraire la parole comme un problème mystique. Renversement vertigineux qui le conduit à méditer l'oraison non plus comme une profération parmi d'autres, mais bien comme la *condition implicite de toute profération intelligible.* L'oraison est la parole, et la pensée, originaire : telle est, à notre avis, la thèse fondamentale de Bossuet lorsqu'il rédige *L'Instruction sur les états d'oraison.* C'est ce que nous espérons mettre en lumière.

Commençons, pour ce faire, par l'examen des blâmes explicites que fait Bossuet aux dits « nouveaux mystiques », principalement au septième livre de son *Instruction.* Il en est deux, fondamentaux, sur lesquels repose tout entière sa critique. L'oraison passive telle que la pratique et la vante Mme Guyon, écrit-il, « emporte la suppression de tous actes généralement, et en tout temps, en sorte que l'âme demeure réduite à une perpétuelle passiveté, sans jamais s'exciter elle-même aux actes de piété[3] ». Mais que l'on ne s'y trompe pas, l'accent porte non pas sur la suppression des actes en tant que telle, dont Bossuet ne nie pas qu'elle soit une composante essentielle de l'expérience mystique véritable, mais uniquement sur une suppression générale, qui advient et demeure « en tout temps ». Il n'est certes pas question d'exiger de l'âme extatique qu'elle songe en permanence, par exemple, à Jésus Christ, et fasse tout au long de son extase des raisonnements sur sa personne et sur sa grâce. « Je ne veux pas dire, peut-on lire au Livre II, qu'il faille astreindre les âmes dans chaque moment de leur oraison à penser toujours actuellement à Jésus-Christ, encore moins à raisonner sur lui, puisque la foi n'a pas besoin de raisonnement[4] ». L'oraison passive est un état d'exception où

3 Bossuet, *Instruction…*, *op. cit.*, p. 530.
4 *Ibid.*, p. 410.

certes les actes discursifs de l'âme sont suspendus, mais non rendus pour de bon superflus dans la vie du croyant. De là se déduit commodément le second fondement dénoncé par Bossuet chez les nouveaux mystiques de son temps, à savoir la thèse selon quoi « d'un commun consentement l'âme peut être mise par état dans une oraison passive, d'où ils concluent qu'elle sera donc dans une perpétuelle et fixe passivité[5] ». Point qui se révélera d'une grande importance : la confusion commise, selon l'évêque de Meaux, entre l'acte et l'habitude. Un *état* d'oraison n'est pas en effet défini par l'exercice d'un acte contemplatif perpétuel, autrement dit n'est pas défini par l'actualité permanente de l'oraison ; bien plutôt par l'habitude, « fixe et permanente » (p. 529), qui est dans l'âme une inclination, une tendance ou une disposition. Autant de déterminations qui se tiennent du côté de la puissance et non de l'acte, ou, pour mieux dire, qui se situent précisément dans l'interstice d'où elles sont capables de préparer la réalisation d'un acte, lequel s'en trouvera donc accompli avec tout à la fois plus d'aisance et plus de perfection. L'état, comme l'écrit Bossuet, est bel et bien cette habitude qui *prépare* l'âme à faire oraison de telle façon plutôt que de telle autre. Il est donc précieux de distinguer tout ce qui, dans les diverses doctrines mystiques, relève de l'opération actuelle d'une part, et d'autre part de la disposition habituelle, celle-ci pouvant et devant être perpétuelle, celle-là ne pouvant, par définition, qu'être bornée dans le temps. Ainsi l'état d'oraison n'est-il pas réduit par Bossuet aux instants d'oraisons en actes, ou aux expériences d'extase mystique ; un tel état signifie non pas l'oraison passive en elle-même mais l'oraison en ses effets, qui peuvent être perpétuels et ne sont rien d'autre que l'inclination de l'âme à « produire facilement et de plus en plus les actes les plus parfaits[6] ».

L'équilibre que maintient l'évêque en ces questions est donc subtil, afin de ne céder ni à une partition radicale de l'existence humaine alors scindée en deux domaines hétérogènes – d'une part l'oraison ou l'expérience mystique, et d'autre part le quotidien expurgé de toute charge surnaturelle –, ni à une dissolution pure et simple de l'existence du chrétien dans un bain perpétuel de grâces mystiques. Dissolution qui pouvait aller jusqu'au point – et c'est là ce qui particulièrement répugne à Bossuet – où Mme Guyon considérait possible la suppression

5 *Ibid.*, p. 531.
6 *Ibid.*, p. 529.

de la plupart des actes de foi dont se compose habituellement la vie du croyant catholique, pour cette raison qu'aux altitudes mystiques où se tient en permanence l'âme orante, elle laisse loin derrière elle la nécessité de tels truchements. La contemplation est en effet continuelle, et continuellement en acte ; elle occupe, ou mieux : elle envahit la totalité de l'esprit et du corps, où elle ne laisse plus aucune place à rien d'extérieur. L'intérêt de la position défendue par Bossuet est, nous l'avons dit, que ni la nature ni le surnaturel ne se dévorent ou s'abolissent l'un l'autre. Le second perfectionne le premier, et certes le premier devrait être, dans l'idéal, illuminé tout entier par la lumière du second, mais sans pour autant que toute distinction ne s'efface entre ces deux ordres de réalité. Pour le dire autrement, l'acte d'oraison mystique est et demeure, au sens littéral, extra-ordinaire en cette vie. La nature et la grâce s'entrelacent, se tressent et s'embrassent, mais ne se confondent pas, car cela signifierait que, dès ici-bas, est atteinte une situation de *béatitude*, c'est-à-dire de vision béatifique, vue de Dieu « face à face », et non plus « comme en un miroir, et en énigmes[7] ». Certes, nul parmi les nouveaux mystiques dont les textes sont cités dans *L'Instruction* n'affirme explicitement le transport d'une telle vue au cœur de l'existence terrestre mais, aux yeux de Bossuet, il n'en demeure pas moins que l'état par eux décrit présente quantité de similitudes troublantes avec celui des bienheureux[8]. De fait, si le mystique se trouve élevé à un tel état de perfection, dès cette vie, l'inutilité de toute forme de médiation, des actes de foi à l'action du Christ lui-même, paraît comme une évidence. Ce lui serait une défaillance, et non une élévation, que de se soumettre encore aux médiations sacramentelles, christiques, ainsi qu'à l'expression de ce que Bossuet nomme les « actes explicites », lesquels sont expressément demandés par Dieu. « Par exemple, peut-on lire dans le Livre premier, les actes de foi explicite contenus dans le Symbole des apôtres, toutes les demandes et même celles de l'Oraison Dominicale, les réflexions, les actions de grâces,

7 1 *Cor.* XII, 12.

8 « Falconi tombe dans l'erreur de mettre la perfection de cette vie dans un acte qui ne convient qu'à la vie future. Il est vrai, comme cet auteur l'enseigne après saint Thomas, que la vie des bienheureux esprits n'est qu'un acte continué de contemplation et d'amour : mais de conclure la même continuité dans cette vie, où nous ne voyons qu'à travers un nuage et parmi des énigmes, sous prétexte que la contemplation est plus durable dans un même acte continué que dans plusieurs actes différents ; c'est de la terre faire le ciel et de l'exil la patrie » (*Instruction*, t. I, l. I, p. 398).

et les autres actes de nature qu'on trouve commandés et pratiqués dans toutes les pages de l'Écriture, et dans tous les ouvrages des Saints[9] ».

Ce que l'on a pu nommer la Querelle du quiétisme n'est donc pas, on le voit bien, un débat dont l'objet serait la mystique *comme telle*, et où l'évêque de Meaux représenterait un courant hostile à toute mystique. En réalité, une rapide lecture de *L'Instruction* suffit à constater que rien n'est moins étranger à son auteur qu'une telle hostilité, qu'on ne lui prête qu'afin, sans doute, de simplifier les lignes souvent subtiles de cette controverse. Ainsi Bossuet, dès les premiers chapitres de l'ouvrage, tente-t-il non pas de disqualifier les expériences mystiques mais au contraire de démontrer que les plus grands noms de la mystique chrétienne, sainte Thérèse d'Avila, saint Jean de la Croix, saint François de Sales, ne peuvent aucunement être revendiqués, en tant que modèles ou devanciers, par les quiétistes. Son entreprise n'est donc pas une lutte anti-mystique ; elle est bien plutôt un travail de discrimination, au sens premier de ce terme, entre l'authentique expérience mystique, et les simulacres dont il considère qu'ils constituent autant d'hérésies contre quoi il convient de lutter par tous les moyens. C'est même d'une veritable défense et illustration de la mystique dont il est question dans *L'Instruction*, – ouvrage aux prémisses duquel l'auteur expose, au-delà de toute polémique, son dessein dernier : « l'union à Dieu, qui est la fin de tout ce discours[10] ». Aussi n'est-ce dès lors pas contre la mystique, mais contre *une certaine* mystique que se déploient les arguments et les raisonnements de Bossuet, qu'il convient d'examiner de près afin de pouvoir mettre à jour, en un second temps, les principes et les fondements positifs où s'appuie la critique à laquelle trop souvent les lecteurs s'arrêtent.

Dès la *Préface* de l'œuvre, le reproche principal et primordial est exposé sans ambiguïté. Non pas la référence à l'expérience, mais la référence exclusive à l'expérience, chez les nouveaux mystiques, au détriment de tout autre forme de fondement dans la vie spirituelle. « Molinos et ses sectateurs voudraient qu'on renvoyât tout à l'expérience[11] », écrit Bossuet. L'expérience devient sa propre norme, et sa singularité, incommunicable par définition, devient alors la raison de sa souveraineté absolue, qui ne peut être reconduite, pour aucune part, à quelque autorité extérieure

9 *Instruction…*, t. I, l. I, p. 394-395.
10 *Ibid.*, p. 394.
11 *Ibid.*, p. 369.

que ce soit. Ni l'Écriture sainte, ni la théologie, ni l'Église ne sont plus d'aucune valeur en face de ce nouvel événement contemplatif. L'homme de cette oraison se trouve dès lors enfermé dans le cercle très restreint de sa propre expérience, dont l'essence même est comprise comme défiant toutes les lois de l'universalisation – que ce soit celle du langage, de l'institution ou de la science théologique. Que l'on ne s'y trompe pas, néanmoins : la distinction d'une connaissance expérimentale de Dieu d'avec une connaissance spéculative n'est certes pas une nouveauté au sein de la tradition chrétienne. Saint Thomas d'Aquin déjà, à la suite de saint Bonaventure, de saint Albert le Grand et de bien d'autres encore, la posait en toute clarté : « il y a deux manières de connaître la volonté de Dieu ou sa bonté. L'une est spéculative. [...] Il y a aussi une connaissance affective ou expérimentale (*affectiva seu experimentalis*) de la bonté divine : on expérimente en soi-même le goût de la douceur de Dieu et la complaisance de sa volonté[12] ». Chez tous ces théologiens, cependant, le second de ces deux modes de connaissance n'apparaît jamais, du moins ici-bas, comme la norme exclusive de la relation à Dieu. En outre, il n'est jamais à l'origine d'une contemplation perpétuellement actuelle : l'expérience de Dieu dans l'âme ne provoque pas un état permanent d'oraison, qu'elle soit active ou passive, mais déploie en elle une inclination, un habitus qui permet à « l'homme spirituel » de « juger sainement de toutes choses selon les règles divines, à partir desquelles il porte son jugement grâce au don de sagesse[13] ». L'on se gardera donc bien de conclure hâtivement de la possibilité de l'expérience mystique à l'impossibilité de tout autre mode valable et véritable de l'existence religieuse. Certes, une telle connaissance est immédiate et, de soi-même, n'exige nullement la médiation des concepts ; certes, du propre aveu de Thomas d'Aquin, elle est « *indocibilis* », c'est-à-dire qu'elle ne peut être enseignée par un homme, en tant qu'elle relève du domaine de la « *mystica* » et excède par là les proportions de la connaissance naturelle ; mais il n'en demeure pas moins qu'elle est toujours pensée comme accompagnant, par en-haut d'une certaine façon, les vertus intellectuelles qui s'acquièrent par l'étude et l'enseignement. Autrement dit, la singularité incommunicable de l'expérience mystique en elle-même ne signifie pas

12 D'Aquin, Thomas, *Summa theologiæ*, II-IIae, Q. 97, art. 2, ad 2.

13 D'Aquin, Thomas, *op. cit.*, Q. 60, art. 1, ad 2. « L'homme spirituel juge de toute chose » (1 *Cor.* II, 15).

la faillite des médiations omniprésentes dans la vie religieuse, et qui ont précisément pour fonction d'aider au rayonnement des grâces reçues, – rayonnement qui ne se peut réduire, comme l'affirme Mme Guyon, à une simple mécanique des fluides où ni l'agir ni la volonté du mystique n'auraient aucune part.

Aux yeux de Bossuet, qui pour affirmer cela s'appuie sur la doctrine du célèbre Gerson, il faut aller même plus loin et conclure que c'est bel et bien parce que l'expérience mystique est, en sa réalité d'*événement*, absolument incommunicable et indicible, c'est pour cette raison même que les médiations universelles de la tradition, de l'Église et du Christ sont nécessaires. La nature de l'expérience contient sa propre insuffisance, que manifeste, précisément, son absolue singularité. « C'est donc, pour ainsi parler, l'expérience elle-même qui empêche de tout donner à l'expérience », écrit Bossuet. Et d'ajouter ceci : « qu'on ne croie pas toutefois que je rejette le secours de l'expérience : ce serait manquer de sens et de raison : mais je dis que l'expérience, qui peut bien régler certaines choses, est subordonnée dans son tout à la science théologique, qui consulte la tradition et qui possède les principes[14] ». Ce dont il est fondamentalement question en cet ouvrage, ce n'est pas autre chose que la suivante question dédoublée : que peut régler, d'une part, l'expérience mystique ; et à quelles règles extérieures, d'autres part, doit-elle être elle-même soumise ? En d'autres mots, il ne s'agit ni d'abolir la théologie et l'Institution ecclésiastique pour laisser seule s'ébattre dans le domaine de la vie religieuse une expérience mystique absolument autonome et auto-régulatrice, ni de maintenir une opposition artificielle entre théologie et mystique. Le dessein de Bossuet est au contraire de faire voir à son lecteur la complicité, si l'on ose ainsi parler, de la théologie et de la mystique, de la médiation et de l'immédiat, de la vie sacramentelle et de l'expérience extatique. Ceci pour une très simple raison, qui est que sauf à préférer sombrer dans le mutisme le plus absolu, le mystique doit s'employer à *témoigner*, – ce qui ne signifie aucunement espérer réduire à néant la part immense d'indicible que contient toute expérience d'oraison extraordinaire. Témoigner ne veut pas dire que l'on aspire à communiquer, comme s'il était reproductible à volonté, l'événement même de sa propre expérience, dont nous avons dit que la

14 *Instruction*, éd. citée, p. 374-375.

singularité absolue en était une note essentielle. Témoigner signifie au contraire que l'on pallie cet indicible non pas en le voulant abolir mais en l'espérant tempérer. La raison d'être la plus profonde du témoignage repose en effet sur une nécessaire zone d'obscurité ou d'indicible : l'on ne témoigne qu'afin de rendre compte, par exemple, d'un événement, ou d'une vérité, à des interlocuteurs qui n'y ont pas eu un accès immédiat. Le témoin est lui-même médiation entre ce qu'il sait, mais qui est immédiatement inaccessible à d'autres, et ces autres eux-mêmes auxquels il transmet ce qu'il a vu, éprouvé ou vécu. Renversement : c'est donc parce que l'expérience mystique est, comme telle, incommunicable, qu'il en faut témoigner – et non pas l'inverse. Si elle pouvait être vécue à l'identique par tous, avec la même intensité, la même forme et le même contenu, alors n'y aurait-il plus aucune nécessité du témoignage, donc de la médiation par les voies diverses de la parole, qu'elle soit celle du croyant lui-même ou celle, symbolique, de la tradition ecclésiastique et des sacrements. Or, et ce point est capital, tout témoignage, en tant qu'acte de parole, doit être interprété : on *lit* les récits des mystiques, ou on les écoute, sauf bien sûr dans le cas singulier de Mme Guyon où, de son propre aveu, il suffit de s'installer en sa présence pour que la grâce, en un très étrange système de vases communicants, coule de son âme à celles de ses hôtes. Toute œuvre de théologie est toujours œuvre d'exégèse, car c'est toujours d'une parole, donc d'un langage, dont il s'agit. Parole de Dieu, dans la bouche des prophètes, ou parole des mystiques dont Bossuet rappelle que l'Église n'a jamais négligé de la prendre largement en compte, en tant qu'elle-même se pense et s'affirme le lieu où cette parole doit être interprétée. Non pas donc minimisée ou désamorcée, mais expliquée et exposée. L'Église est le lieu, aux yeux de Bossuet, où la singularité indicible de l'expérience mystique peut, seule, être élevée à l'universalité du langage ; et devenir, alors, féconde parce que transmissible non seulement aux proches et aux contemporains de celui ou celle qui reçoit la grâce d'une telle oraison extraordinaire, mais aussi à toutes les générations futures qui en pourront bénéficier à travers ses écrits et les enseignements que la tradition en tirera.

Pas plus que l'on ne peut opposer théologie et mystique, l'on ne peut opposer institution et expérience, toutes deux complémentaires dans la mesure où il est historiquement évident que l'Église se fonde, sans s'en être jamais dissimulée, sur le témoignage d'expériences mystiques exprimées par la bouche des prophètes et des Apôtres, – et spécialement de saint Paul dont l'extase sur le chemin de Damas est l'un des plus fameux épisodes du Nouveau Testament, évangiles exclus. Le plus parfait exemple de cette complémentarité est donné par Bossuet en la personne de sainte Thérèse d'Avila, dès la préface de *L'Instruction* : en elle sont parfaitement aliées science et expérience, quand bien même, de son propre aveu, elle préférait trouver chez ses directeurs spirituels, pourvu qu'ils fussent des « gens de bien », la science seule plutôt que l'expérience seule[15]. Et l'aigle de Meaux ne manque pas d'insister sur la raison, précieuse, que donne sainte Thérèse de cette préférence. Cette dernière écrit en effet ceci : « s'il s'agit de quelqu'un qui, bien qu'homme d'oraison, n'est pas conduit par le Seigneur par la même voie que vous, il s'en étonnera et la condamnera. C'est pourquoi je conseille de le choisir très docte, en même temps, si possible, que d'une grande spiritualité[16] ». Un homme d'expérience dénué de science, affirme la sainte, précisément pour ce que l'expérience est toujours singulière, éprouvée de manière personnelle, et incommunicable en son effectivité, un tel homme donc pourrait fort bien se révéler incapable d'accueillir le témoignage d'une autre oraison extraordinaire que celles par lui éprouvées, où il ne retrouverait pas ce qui en fait l'unicité, et sur la nature de quoi il pourrait alors se méprendre. Au contraire, un homme « très docte », un « bon théologien » capable de se référer non exclusivement à son expérience vécue mais aussi au fonds de la tradition, sera à même de recevoir un tel témoignage avec beaucoup plus d'objectivité et, par conséquent, si l'expérience dont il est question s'avère authentique, beaucoup plus de bienveillance. Comme l'écrivait donc Bossuet, il est dans la nature même de l'expérience de n'être pas suffisante au sein de l'existence spirituelle envisagée dans sa totalité. Et Lacan s'en fait écho, quelques siècles plus tard, lorsqu'il écrit ces lignes fameuses : « il est clair que le témoignage essentiel des mystiques, c'est justement de dire qu'ils l'éprouvent, mais qu'ils n'en savent rien[17] ». La vie spirituelle tout

15 « Il est bon que vous vous en ouvriez au début en confession à un fort bon théologien, ce sont eux qui doivent nous éclairer, ou, à défaut, à une personne de grande spiritualité ; au cas où elle ne le serait point, le très bon théologien est préférable ; si vous le pouvez, parlez en à l'un et à l'autre », *Le Château intérieur*, « Sixièmes demeures », ch. VIII, in *Œuvres complètes*, v. II, trad. Auclair, Paris, Desclée de Brouwer, 1995, p. 997.

16 *Ibid.*, p. 998.

17 Lacan, J., *Encore* (*Le Séminaire, livre* XX), Paris, Le Seuil, 1975, p. 71.

entière du mystique repose sur la possibilité de n'y point rester enclos, dans l'événement pur de leur extase, et de la partager à d'autres, qu'ils soient en grand ou petit nombre, – partant, de l'*exprimer*. L'expression est l'accomplissement naturel de l'expérience mystique, or cet accomplissement est, par définition, une élévation du singulier ineffable à hauteur d'universalité. Pour Bossuet, pourrait-on dire, le destin de toute expérience mystique est d'être catholique, c'est-à-dire « κατὰ ὀλικός », « en vue de l'universel ». Il n'est donc guère plus raisonnable d'espérer une Église sans mystique que de rêver une mystique sans Église, car il est impossible de penser le pur singulier sans son nécessaire complément au domaine de l'universel. Et cette nécessité, nous l'avons indiqué déjà, surgit d'un examen minutieux de l'expérience elle-même, dont la nature contient sa propre insuffisance en ceci que la certitude quant à la vérité de l'oraison extraordinaire ne s'obtient pas dans l'instant de cette oraison, de manière immédiate et immédiatement certaine. La certitude, à partir de l'évidence expérimentée, n'est acquise que par réflexion sur l'événement mystique dont l'on fut le patient, donc par la médiation de la pensée, du retour sur soi. Aussi l'expérience ne peut-elle pas être sa propre norme en ceci qu'elle ne fournit pas de certitude par elle-même. Là-dessus repose le refus catégorique que professe Bossuet de considérer l'extase comme le critère souverain et absolument législateur pour la vie religieuse. « Je l'ai vécu » ne peut suffire à devenir une loi ; aussi paraît-il nécessaire de médiatiser l'extrême singularité et l'extrême universalité. Il faut que l'Institution se fonde sur l'expérience mystique, cependant qu'en un mouvement inverse l'expérience mystique s'universalise dans l'institution, dans les sacrements et dans la messe, qui sont autant d'actes de paroles.

Là se fait jour l'importance du langage en cette question, lequel, s'il est inadéquat, fausse en profondeur l'expérience mystique, même authentique, et plus que tout la condamne à une stérilité coupable. Il est nécessaire que le langage, ou que la parole des mystiques, convienne à leur expérience – ce qui s'apprend non dans la solitude mais au sein d'une communauté capable d'exercer le chrétien à l'exégèse, souvent laborieuse, de sa propre existence. Ceci parce que la dimension d'universalisation de l'expérience n'est pas un surplus superfétatoire ; elle est essentielle à l'expérience mystique véritable qui est, nous le verrons bientôt, une expérience du Verbe et non celle d'une notion « confuse et indistincte », comme le prétend Mme Guyon. Tant confuse d'ailleurs, insistons-y, que non seulement l'âme doit renoncer à toute médiation christique (elle outrepasse l'union avec le Christ en tant qu'homme et en tant que Dieu), mais qu'il apparaît en outre que ce qu'elle atteint n'est pas le Dieu trine mais la « pure » essence divine d'où les personnes trinitaires sont exclues comme des « attributs » qui la voilent au lieu de la manifester. En plus donc de s'unir à Dieu non par ses puissances mais par son essence, ce qui implique une confusion entre l'âme et Dieu lors de l'oraison, cette âme atteint une pure *deitas* indistincte, plus divine, en Dieu même, que les trois personnes. Nous ne sommes pas loin ici de la pensée de Maître Eckhart, ainsi que de celle de Gilbert de la Porée. Là encore, la « nouveauté » du quiétisme est évidente, si l'on se souvient que pour sainte Thérèse d'Avila, par exemple, le terme de l'union mystique est atteint lorsque lui apparaît la Trinité, au plus intérieur de l'âme. Aussi pouvait-elle écrire, dans les *Septièmes Demeures*, c'est-à-dire les ultimes, du *Château intérieur* :

> on lui montre [à l'âme], par une sorte de représentation de la vérité, la Très Sainte Trinité, toutes les trois personnes, dans un embrasement qui s'empare d'abord de son esprit à la manière d'une nuée d'immense clarté ; et de ces personnes distinctes, par une intuition admirable de l'âme, elle comprend l'immense vérité[18].

Revenons cependant et sans plus attendre à la position de Bossuet. De son point de vue, l'expérience mystique, en tant que telle, est donc ineffable non par déficit mais par excès de verbe : c'est donc une expérience de *plus* de langage, ou bien plutôt de *trop* de langage, et non le contraire. L'oraison extraordinaire ne conduit pas le croyant à l'abolition du langage ; elle l'induit à éprouver l'insuffisance radicale de la parole humaine au touché de la Parole absolue, qui est celle de Dieu. De là une erreur fondamentale des nouveaux mystiques, dénoncée par Bossuet dès le premier chapitre du premier Livre de *L'Instruction*, à savoir celle précisément de n'opérer sur les écrits des mystiques anciens aucun travail d'interprétation : tout y est compris littéralement, et leur « langage exagératif[19] » n'y est soumis à nul autre prisme que l'admiration. Bref, les textes ne sont pas *lus*, ils sont absorbés sans aucune distance critique et

---

18 D'Avila, Thérèse, *Le Château intérieur*, ch. I, in *Œuvres complètes*, v. II, éd. citée, p. 1017.
19 *Instruction...*, t. I, l. I, p. 385.

leurs défauts de formulations sont imités, et augmentés encore à chaque imitation. Certes, concède Bossuet, ces mystiques « ont été obligés d'enfler leur style pour nous donner quelque idée de leurs transports », mais il n'en demeure pas moins que, par malheur, « selon le naturel de l'esprit humain, qui s'étant une fois guindé ne peut plus se donner de bornes, ils n'ont cessé d'enchérir les uns sur les autres : ce qui à la fin les a mis au rang des auteurs dont on ne fait point d'usage[20] ». Chez les nouveaux mystiques, par la profusion d'images, de métaphores, assimilées immédiatement et sans aucun recul, le langage se fantasme capable d'une prise directe sur la réalité, sur cette réalité singulière et indicible entre toutes qu'est l'expérience d'extase, dont ils paraissent considérer qu'un détour par ce que Lacan nommait le symbolique l'appauvrirait ou la trahirait ; alors même qu'au vrai, ce sont leurs « expressions exorbitantes » qui trahissent l'événement mystique et le condamne à ne jamais échapper à la sphère d'une langue qui, parce qu'elle est excessive en tout, et se compose exclusivement d'images, devient une langue privée, incapable de servir à une œuvre de témoignage pour le plus grand nombre. C'est là sombrer dans une contradiction que dénonce vigoureusement Bossuet : d'un côté les nouveaux mystiques espèrent atteindre à un état où toute distinction et toute médiation sont exclues, de l'autre ils ne peuvent s'empêcher d'emplir leurs textes d'images, c'est-à-dire de représentations, si confuses qu'elles finissent par être plus encombrantes encore que les médiations ecclésiales, christologiques et théologiques qu'ils dénoncent.

> Enfin, pour dernier exemple des exagérations dont je me plains, j'alléguerai ce que les mystiques répètent à toutes les pages, que la contemplation exclut non-seulement toutes images dans la mémoire et toutes traces dans le cerveau, mais encore toute idée dans l'esprit et toute espèce intellectuelle : ce qui est si insoutenable et si inintelligible, qu'en même temps qu'ils le disent, ils sont contraints de le détruire, non-seulement à l'égard des espèces et des idées intellectuelles, mais encore à l'égard des images même corporelles, puisque les livres où ils les excluent en sont tout remplis ; témoin Rusbroc dans celui des *Noces spirituelles*, où en s'opposant à ces images de toute sa force, il ne peut écrire une page sans y revenir[21].

Tel est le paradoxe que comporte la notion même d'image, laquelle est une médiation qui se veut immédiate ; elle est un symbole qui voudrait

20 *Ibid.*, respectivement p. 384 et p. 385.
21 *Ibid.*, p. 389.

s'oublier comme tel, et donner au lecteur un accès immédiat à l'objet qu'elle désigne, ce qui est impossible puisqu'en montrant ce qu'elle n'est pas, nécessairement, elle s'interpose entre ce qu'elle montre et celui à qui elle le montre. À tort, certains mystiques pensent que l'image est le plus court chemin pour dévoiler – qu'elle est le moyen le plus direct pour faire *voir* au lecteur ce que l'auteur s'avoue incapable de lui faire *concevoir.* Du point de vue de Bossuet, ce n'est pas là un raccourci mais un détour, et dangereux, car introduisant le lecteur en un territoire où toute rigueur est absente et où il ne reste plus à l'esprit du lecteur, comme à celui des quiétistes lors d'une oraison passive, qu'à se laisser porter sans volonté et sans action par la houle d'un océan de confusions assumées.

Concluons sur le quiétisme en exposant les conséquences pratiques de cette doctrine. La principale, nous l'avons dite déjà ; elle consiste dans le renoncement aux actes de foi explicites, lequel retient particulièrement l'attention de Bossuet :

> l'abrégé des erreurs du quiétisme est de mettre la sublimité et la perfection dans des choses qui ne sont pas, ou en tout cas qui ne sont pas de cette vie : ce qui les oblige à supprimer dans certains états, et dans ceux qu'on nomme parfaits contemplatifs, beaucoup d'actes essentiels à la piété et expressément commandés de Dieu[22].

Le mystique à la mode nouvelle, dès lors qu'il se trouve en état d'oraison – et cet état, une fois atteint par un seul acte de volonté primordial, est perpétuel –, n'a plus à effectuer nul acte d'intelligence ni de volonté. L'oraison n'est pas une voie, elle est un but d'où l'on ne peut que retomber, ou s'y maintenir dans un état de passivité totale. Non point donc s'abandonner en Dieu pour être mû par lui, mais au contraire y faire l'abandon de toute motion et de tout motif absolument. En état d'oraison passive, le quiétiste voit son in-quiétude intrinsèque d'homme vivant non pas déjà dans l'éternité de Dieu, mais dans un monde de temps et de mouvement, suspendue d'une manière radicale, et il n'est plus alors question pour lui du moindre intermédiaire, de la moindre action, pas même de la moindre parole. Le chrétien enlevé à telle extase n'a plus rien à faire de sa propre part ; il est une manière de pantin très articulé dont les fils sont tirés directement par Dieu, sans que son arbitre ni son intellect n'ait plus à jouer le moindre rôle. Affirmation inadmissible pour

22 *Ibid.*, p. 394.

Bossuet, en ceci qu'elle revient à déséquilibrer absolument le rapport de la grâce et du libre-arbitre : si l'homme n'a plus rien à faire, pas même un acquiescement toujours recommencé à la volonté divine, son libre-arbitre perd toute efficace, et partant toute réalité. Or, là où il n'y a point de liberté, il ne saurait y avoir de grâce véritable. La formule de saint Bernard est fameuse : « *Tolle liberum arbitrium : non erit quod salvetur ; tolle gratiam : non erit unde salvetur*[23] ». Grâce étrange, considère Bossuet, que celle qui, lorsqu'elle ravit l'âme de l'homme, lui arrache précisément tout ce qui le définit en tant que tel, et le laisse comme extirpé et abstrait de sa propre nature. Aux yeux de l'évêque de Meaux, l'expérience mystique authentique ne peut pas être celle qui fait de l'homme autre chose qu'un homme plus accompli, plus parfait – c'est-à-dire non pas absolument passif mais, lorsqu'il retombe du haut de son extase, plus actif, plus pieux et, certes, plus contemplatif d'autant. L'Esprit Saint est bel et bien une *motion*, qui n'abolit pas la nature humaine – dont la parole et l'action libre sont des notes essentielles – de celles et ceux qui en sont emplis, mais l'accomplit bien plutôt. Il suffit pour s'en convaincre de lire son beau *Discours sur l'acte d'abandon à Dieu*, et particulièrement ce passage où il écrit

> [Qu'] il ne faut donc pas s'imaginer, comme quelques-uns, qu'on tombe par cet abandon dans une inaction ou dans une espèce d'oisiveté. Car au contraire, s'il est vrai, comme il l'est, que nous soyons d'autant plus agissants que nous sommes plus poussés, plus mus, plus animés par le Saint-Esprit, cet acte par lequel nous nous y livrons et à l'action qu'il fait en nous, nous met, pour ainsi parler, tout en action pour Dieu[24].

Bossuet, sur ce point comme sur la plupart des autres, est en accord avec la théologie traditionnelle de l'Église, particulièrement celle de Thomas d'Aquin, qui enseignait que « *movetur ad finem creatura rationalis, non solum patiendo, sed etiam operando*[25] ». L'expérience mystique n'est pas une exception à l'état du commun des mortels, ce qui rend rigoureusement impossible la thèse de Mme Guyon selon laquelle un

23 « Ôtez le libre-arbitre, il n'y aura plus rien à sauver ; ôtez la grâce, il n'y aura plus rien par quoi être sauvé » (Clairvaux, Bernard de, *La Grâce et le Libre Arbitre*, « Prologue », § 2).

24 Bossuet, *Discours sur l'acte d'abandon à Dieu*, éd. citée, v. VII, p. 539.

25 « La créature rationnelle n'est pas mue vers sa fin seulement de façon passive, mais aussi de façon active » (D'Aquin, Thomas, *Summa theologiæ*, Ia, Q. 62, art. 9, ad 1).

seul et unique acte d'abandon à la volonté divine suffit à la perpétuité de l'état d'oraison. On peut lire en effet dans le *Moyen court* ceci : « l'âme ne doit pas se mettre en peine de chercher cet acte pour le former, parce qu'il subsiste ; elle trouve même qu'elle se tire de son état sous prétexte de le chercher, ce qu'elle ne doit jamais faire, puisqu'il subsiste en habitude, et qu'alors elle est dans la conversion et dans un amour habituel[26] ». Mais c'est faire de l'homme en était d'oraison passive ni plus ni moins qu'un ange, dont la volonté « *adhaeret fixe et immobiliter*[27] », écrit Thomas d'Aquin. Il est donc au fond de la doctrine quiétiste une confusion entre nature et grâce, laquelle conduit de manière paradoxale à une survalorisation des capacités de la volonté humaine – à quoi suffit un seul acte d'abandon –, ainsi qu'à une absorption par le surnaturel de la totalité de l'existence du mystique qui, par cet acte subsistant en habitude, se voit exhaussé au-dessus des contingences liées à la situation peccamineuse où se trouve en cette vie plongé le chrétien. Au fond, le quiétisme repose sur des principes qui, dans le domaine métaphysique, sont analogiquement ceux qui régiraient un monde plongé dans le vide, où tout mouvement serait perpétuel jusqu'à ce qu'il soit contrarié par un obstacle. De même, aux yeux de Mme Guyon, tout acte d'abandon perdure de soi, comme une habitude, tant qu'il n'est pas explicitement révoqué. Cette force d'inertie qu'est le péché est donc réduite à rien, et l'âme en extase ressemble autant à l'ange qu'à celle des bienheureux, dont l'acte de contemplation est unique et continué.

À cette doctrine, et à ce qu'il considère comme ses nombreuses erreurs, qu'oppose donc l'évêque de Meaux ? Rien moins que ce qui serait une « méthode » de vraie mystique, dont les chrétiens pourraient user afin d'atteindre non à l'état d'oraison passive tel que décrit par les quiétistes, mais à, par exemple, la reproduction des extases de sainte Thérèse ou de saint Jean de la Croix. Bossuet sait bien ce qu'une telle entreprise aurait d'absurde. À l'expérience des nouveaux mystiques, il répond donc par tout autre chose qu'une simple exégèse des traditions mystiques orthodoxes. Dès en effet les environs de l'an 1692, c'est-à-dire en pleine Querelle, l'évêque entreprend la composition de ce qu'alors il

26 Bouvier de La Motte, Jeanne-Marie dite Mme Guyon, *Moyen court et très-facile de faire oraison que tous peuvent pratiquer tres-aisement*, Briasson, A., Lyon, 1686, ch. XXII.

27 « … adhère fixement et sans mouvement » (D'Aquin, Thomas *Summa theologiæ*, Ia, Q. 64, art. 2, Réponse).

nomme des « réflexions sur l'Évangile », à l'usage des Visitandines de Meaux[28] ; réflexions qui deviendront les célèbres *Méditations sur l'Évangile*, chef d'œuvre de pensée publié pour la première fois en 1731. Ces intersections chronologiques ne sont pas innocentes, et quant à la « portée antiquiétiste que ce titre confère à l'œuvre », le Père Renaud Silly a dit l'essentiel dans la présentation qu'il donna naguère de ce livre[29]. Contre l'acte confus, sans déterminations distinctes ni du côté de l'âme ni du côté de Dieu, que prônent les nouveaux mystiques, Bossuet introduit ses lecteurs – et d'abord ses lectrices – « à la lecture priée de la parole de Dieu à travers des points bien précis, limités et détachés les uns des autres, qui permettent de fractionner la méditation des mystères de la foi[30] ». L'union à Dieu n'est pas un événement immédiat marqué par la déliquescence de l'âme en une substance supérieure sans forme ni contours ; elle est, aux yeux de Bossuet, le résultat d'un long travail de méditation, c'est-à-dire de médiation, par lequel l'homme lentement s'élève, degré après degré, jusqu'à l'union avec le Christ. « S'unir à Jésus-Christ » est en effet le titre du dernier chapitre de la seconde partie des *Méditations*, et la chose n'est certes pas fortuite : ce n'est qu'à l'extrême de l'oraison fondée sur le texte biblique que l'âme est enfin disposée à écouter « uniquement ce que Dieu [lui] dira dans le cœur sur cette prière, de s'y unir avec foi[31] ». Là encore, comme chez Thérèse d'Avila, le plus haut point de la prière n'est pas la contemplation de l'essence divine, outre les trois Personnes de la Trinité, mais au contraire le ravissement de l'âme dans la vie trinitaire elle-même : « et nous devons croire, écrit Bossuet, qu'il ne tombe pas sur nous la moindre lumière de la foi, la moindre étincelle de Dieu, qu'elle ne soit tirée de l'amour immense que le Père éternel a pour son Fils[32] ».

Comme nous l'avons laissé entendre, déjà, l'union à Dieu est inséparable de la parole, – et que celle-ci, lorsqu'elle est humaine, y soit confrontée à son propre excès n'y change rien, car cet excès est celui d'une

28 Lettre aux Visitandines de Meaux du 6 juillet 1695.

29 *Bossuet – Élévations sur les mystères, méditations et autres textes*, édition établie et présentée par Silly, Renaud o. p., coll. « Bouquins », Robert Laffont, Paris, 2017. Pour la citation, p. 606.

30 Silly, Renaud, o. p., « Méditations sur l'Évangile », in *Bossuet – Élévations sur les mystères et autres textes*, éd. citée, p. 606.

31 Bossuet, *Méditations…*, éd. citée, p. 1281.

32 *Ibid.* On notera que l'amour du Père pour le Fils, et du Fils pour le Père, n'est autre que l'Esprit Saint. La Trinité est bel et bien présente ici, au grand complet.

autre Parole, et non d'un néant de langage. Son moyen est la méditation de la Bible, parole de Dieu, et son but est l'union au Verbe de Dieu. Or, pour y parvenir, rien n'est moins indiqué que la suspension perpétuelle de tous les actes discursifs, comme le voulaient les quiétistes. L'oraison ne se peut réduire à une telle passivité, sauf à considérer rigoureusement et seulement l'événement restreint d'une extase mystique dans le moment de son advenue, où certes tous les grands mystiques de la tradition s'entendent pour affirmer que l'âme n'a plus alors à « discourir » en elle-même d'aucune façon. Sortie de cette exception très restreinte, l'oraison, affirme Bossuet, est une *réflexion*, ou du moins est-elle portée par la réflexion, travail de l'intelligence qui selon ses structures propres cherche à s'élever vers toujours plus de confiance (*fides*) en Dieu. On notera donc cette déterminante définition de la foi, donnée par Thomas d'Aquin et rappelée par le Père Silly, décrite comme une « réflexion avec assentiment[33] ». Et l'Aquinate de s'expliquer au même endroit : « cet acte qui consiste à croire contient la ferme adhésion à un parti ; en cela le croyant se rencontre avec celui qui a la science et avec celui qui a l'intelligence ; et cependant sa connaissance n'est pas dans l'état parfait que procure la vision manifeste ; en cela il se rencontre avec l'homme qui est dans le doute, dans le soupçon ou dans l'opinion. De sorte que c'est bien le propre du croyant de réfléchir en donnant son assentiment (*cum assensu cogitet*) ». L'on trouve ici précisément tout ce que Mme Guyon et les quiétistes refusaient à l'âme en état d'oraison passive : mouvements discursifs de l'intellect, actes d'assentiments explicites, donc objets déterminés de foi auxquels acquiescer ou n'acquiescer point, etc. Jamais en cette vie totalement déliée des chaînes du péché, le croyant en son acte de foi tient autant de l'homme qui sait que de l'homme qui doute et soupçonne. La grâce d'oraison ne s'acquiert donc pas par cette « communication silencieuse », chère à Mme Guyon et sur laquelle ironisait Bossuet en affirmant qu'elle était déjà « le langage des anges, celui du Verbe qui n'est qu'un silence éternel[34] ». Car dans le cas

33 « *Credere non sit cum assensione cogitare* » (*Summa theologiæ*, II-IIa, Q. 2, art. 1, arg. 1). Et l'auteur d'ajouter que la *cogitatio* est ce « mouvement de l'esprit lorsqu'il délibère sans être encore arrivé à son point de perfection par la pleine vision de la vérité ». L'on comprend donc que, *dans le temps restreint de l'extase mystique*, l'âme en puisse être dispensée, puisque très brièvement, il lui est offert un aperçu de cette « *plena visio veritatis* » qui, accomplie, n'est offerte qu'aux bienheureux.

34 Bossuet, *Relation sur le quiétisme*, éd. citée, v. XX, p. 93.

de Mme Guyon, l'on ne peut plus même parler d'un modèle à imiter, car imiter, c'est encore essayer de refaire ; or, les « véritables enfants » de Jeanne-Marie Bouvier n'ont pas à tenter de lui être semblables : ils demeurent en silence auprès d'elle et d'elle, reçoivent miraculeusement ce dont ils manquent. Point ici d'imitation, mais toujours une totale passivité, tant de la part de la « mère » Guyon que de celle de ses « enfants », qui les allaite de ses grâces liquides dont elle s'affirme pleine à crever – littéralement.

L'économie de l'oraison est, on le voit, radicalement différente dans la doctrine de Bossuet. Il s'agit pour lui de revenir toujours à ce qui doit être le commencement et la fin de toute méditation chrétienne, à savoir le texte biblique, dont le rapport étroit avec la personne de Jésus apparaît évident, quoique bien mystérieux : le Christ étant le Verbe, donc la Parole de Dieu, l'analogie de son être de chair avec le tissu textuel de l'Évangile ne pouvait que susciter l'intérêt de l'évêque qui n'a de cesse d'inciter ses lecteurs à se mettre aux pieds de Jésus afin d'entendre sa parole. Car Dieu, en effet, *parle*, et c'est sur ce point encore que se marque l'insuffisance du système des nouveaux mystiques puisque Dieu étant par eux réduit à une entité vague, confuse, détachée même de ses « attributs » trinitaires, il ne lui est plus possible de proférer seulement une parole. Dieu sans Verbe est un Dieu muet ; et le mutisme, qui était traditionnellement du côté du mystique lui-même, passe du côté de l'Absolu, qui ne communique plus que par échange de fluides gracieux[35]. Pour Bossuet, tout au contraire, l'oraison comme l'expérience mystique à quoi elle peut aboutir, est un dialogue : « parole pour parole, écrit-il : pour la parole par laquelle vous l'aurez prié de vous instruire, la parole par laquelle il vous fera entendre ce qu'il veut de vous, et son éternelle vérité[36] ». L'on comprend donc qu'une totale passivité soit impossible, ne serait-ce que parce que l'écoute attentive, malgré les apparences, est déjà et toujours une certaine activité de l'âme, et que cette activité n'a d'autre fin que de nous élever à une action plus haute, au sein même de l'abandon qu'exige l'oraison. Jamais le chrétien n'est mu par l'Esprit

35 À l'inverse : « ce grand silence de l'âme, où tout se tait devant Dieu dans le ciel » (*Discours sur l'acte d'abandon à Dieu*). Si le silence est bel et bien une détermination essentielle de l'expérience mystique, c'est du silence de l'âme dont il s'agit, destiné précisément à une meilleure écoute de la parole divine.

36 Bossuet, *Discours sur l'acte d'abandon à Dieu*, éd. citée, v. VII, p. 535.

Saint « à la manière des choses inanimées », car l'union à Dieu est toujours une participation par les opérations de l'âme à sa perfection – participation qui exige de nous que nous ne soyons pas défaits de toutes les qualités de nature qui nous permettent d'imiter à notre mesure le modèle christique. L'abandon à Dieu est « cet acte qui nous fait dire : "que votre nom soit sanctifié[37]" », qui donc nous pousse à la parole, à la profération et à l'expression de cet assentiment requis par la foi. Ce n'est pas l'absolue passivité mais l'*action* de grâce qui est le fruit que le croyant reçoit dès lors qu'il parvient à s'abandonner véritablement. L'âme d'abord écoute, attentive, puis ayant écouté, elle se découvre pleine d'une parole qui « la suivra partout » ; et, ajoute Bossuet, « l'attention secrète qu'elle y aura, lui fera tout faire comme il faut[38] ». Il ne faudrait pas croire pourtant que, au contraire du quiétisme qui supprime radicalement toute activité du côté de l'homme, la pensée de l'évêque de Meaux au contraire accorde par réaction beaucoup trop à l'action de l'âme, sombrant par là dans une manière de pélagianisme de la prière. L'origine de la prière, en effet, c'est déjà Dieu, – et non pas seulement son but. Il en est principe et fin, à la fois celui que l'on prie et celui qui nous inspire la prière, de par sa présence dans l'âme du contemplatif[39]. L'oraison n'est donc pas ce qui, partant de l'homme, conduit à Dieu ; elle est bien plutôt cette parole inspirée par Dieu afin de manifester et d'accomplir en l'homme sa présence sur un mode nouveau. Agissant en vue de Dieu, l'âme agit déjà *par* Dieu, et grâce à Dieu : ainsi l'équilibre est-il maintenu entre la participation active de l'homme, et la toute-précédence incontestable de Dieu, qui est toujours à la fois origine et fin des actes qu'il suscite en sa créature. Présence divine qui est donc une motion, et non une envahissante nappe de brume où toutes les facultés de l'âme se dissolvent et s'évaporent. Le Père et le Fils, écrit Bossuet, dès lors qu'ils habitent dans l'âme, « la dilatent comme pour s'y promener, et de ce fond intime de l'âme, se répandre partout, occuper toutes les puissances, animer toute les actions[40] ».

De l'union avec Dieu, l'âme gagne *plus d'animation*, et non point plus de passivité. Elle est plus âme lorsqu'elle s'unit à son Principe par l'oraison

37 *Ibid.*, p. 540.
38 *Ibid.*, p. 544.
39 *Cf.* Bossuet, *Instruction…*, éd. citée, p. 421.
40 Bossuet, *Méditations…*, éd. citée, p. 1139.

– et si elle est plus âme, c'est qu'elle est plus « animante ». Car la médiation ne conduit pas jusqu'à un simulacre de béatitude, laquelle adviendrait d'inexplicable façon dans le cours de cette vie, et pourrait constituer même un état de perpétuelle contemplation bienheureuse, comme semblaient l'affirmer les quiétistes. La méditation de la parole divine n'amène ni évidence ni certitudes absolues : elle ne peut porter le contemplatif outre les frontières de sa condition présente, dont nous avons vu que Thomas d'Aquin la situait à l'exact milieu entre la science et le doute. L'on ne retombe cependant pas au domaine de ces notions vagues et confuses qui faisaient les délices de Mme Guyon. Ici, l'incertitude n'est pas une vue confuse, mais une vue incomplète : ce que l'on voit, certes on l'entrevoit, mais on le voit bien, de manière distincte et non point embarrassée. Dieu « nous est plus intime que nous ne le sommes à nous-mêmes ; ainsi il se cache en nous autant qu'il lui plaît : il s'y découvre à nous-mêmes autant qu'il lui plait[41] ». Encore une fois, l'écart entre l'expérience mystique, même la plus haute, et la vision béatifique, est fermement tenu. Le contemplatif ne profite pas d'une avance faite sur la vision face à face dont parle saint Paul ; il n'est pas un bienheureux avant l'heure, à qui le Seigneur offrirait de vivre dans un perpétuel état de béatitude où l'âme engourdie n'aurait plus qu'à crever des grâces en elle contenues afin d'en inonder son entourage[42]. La transcendance de la béatitude sur la condition humaine présente n'est jamais compromise par Bossuet, et si chez lui les effets de la grâce divine ne sont pas moins souverains que chez les quiétistes, ils ne sont jamais présentés comme tombant du ciel sur une âme qui n'a d'autre réponse adéquate à lui offrir que son oisiveté la plus totale. La grâce ne s'abat pas sur l'homme, ou bien plutôt : elle ne s'abat sur lui que pour le surélever, et non pour le réduire à l'état de pantin passif. Habité par Dieu, je suis *plus* homme : je prie mieux, je pense mieux, je parle mieux, j'agis mieux. Ainsi, le Père Silly peut-il écrire que

---

41 *Ibid.*, p. 1140.

42 « On dit souvent que l'extase est un avant-goût de la béatitude, et l'expression n'est pas fausse, mais elle n'est pourtant qu'une métaphore. Il est de l'essence de la béatitude d'être éternelle, car qu'est-ce qu'une béatitude que l'on serait menacé de perdre à tout instant, sinon une misère ? L'extatique, celui même que le ravissement élève au troisième ciel, n'en reste pas moins un habitant de la terre ; il est contradictoire de l'imaginer comme une sorte d'élu provisoire et il est par conséquent vrai de dire que le terme de l'amour, en cette vie, ne saurait être la vue de Dieu face à face, ni la possession du souverain bien tel qu'il est, si courtes que puissent être une telle possession et une telle vue », Gilson, E., *La Théologie mystique de saint Bernard*, Vrin, Paris, 1969, p. 113.

> dans l'âme qui se trouve ainsi sous la motion de l'Esprit Saint, la sensibilité se trouve entraînée dans un mouvement de contemplation où les mots ne sombrent jamais dans le bavardage, car c'est le Verbe qui prend la parole. Ce n'est pas l'imagination, fût-elle surnaturalisée, qui commande le développement et l'ordonnance des représentations, c'est la Parole elle-même qui, en faisant sa demeure, sème dans l'âme ses propres notions[43].

Tels sont les effets de l'oraison dont Bossuet entend montrer qu'elle est, comme telle, une expérience de la médiation : avant, par la méditation de l'Évangile, pendant, par les actes de foi explicites, et après, par les actions de grâces. La médiation n'est donc pas extérieure à l'expérience de la contemplation, comme le pensaient les quiétistes qui s'employaient à l'en dépouiller totalement ; la médiation est cet acte, déjà mystique, rendu possible par la disposition de l'âme en méditation, qui rumine sa « bouchée intelligible », selon une belle formule de Claudel.

Concluons. Aux yeux de Bossuet, l'expérience mystique est, en son essence même, une expérience de la Parole, – et ce en maints sens. Expérience qui advient par la parole, puisqu'elle est préparée par la lecture et la méditation de la Bible ; expérience qui se manifeste comme une parole nouvelle, puisqu'elle est excite l'âme à *répondre* aux sollicitations divines ; expérience, enfin, qui se prolonge en un exercice renouvelé de tous les actes de parole dont l'existence d'un chrétien est parsemée, des plus spéculatifs aux plus concrets puisque la messe elle-même culmine avec l'eucharistie, présence réelle parmi les fidèles du *corpus christi*, c'est-à-dire du *corpus verbi*. La vie mystique se tient tout entière à l'intérieur du complexe vivant, organique, des médiations qui structurent l'Église et son peuple : toujours déjà dans le langage, l'âme humaine ne peut s'en abstraire lorsqu'elle touche à sa plus profonde intimité, qui est la présence de Dieu en elle. Tout autour d'elle se tisse un monde, naturel et surnaturel, de langage : la tradition, l'institution, la théologie, l'eucharistie, le Christ lui-même, nulle d'entre ces réalités ne sont extérieures à l'unique Parole qui s'y démultiplie sans s'y diviser. Et les gestes extérieurs mêmes du culte à Dieu sont encore un langage, ce « langage de tout le corps par lequel nous expliquons ce que nous sentons dans le cœur[44] ». Autant donc de dimensions qui, loin de

---

43 Silly, Renaud, « Méditations sur l'Évangile », *op. cit.*, p. 612.

44 Bossuet, *Du culte qui est dû à Dieu*, in *Œuvres complètes*, v. XIII, p. 137.

devoir être repoussées par le mystique, participent de son expérience et nourrissent son oraison. C'est en leur sein que la contemplation s'avère possible, et non par leur suppression systématique, – car cette contemplation, nous l'avons dit, n'est jamais celle d'une entité indéterminée mais toujours l'écoute attentive d'une parole qui prononce, à l'âme attentive destinée, des paroles nettes, précises, chargées d'un sens rien moins que flottant. Disons plus. Une telle activité contemplative n'est possible qu'en tant qu'elle se déploie au sein d'une âme qui est faite, Bossuet y insiste souvent, à l'image de Dieu ; et dont, partant, la perfection est dans l'union à son modèle par accomplissement de cette ressemblance fondamentale. Vivre de la vie de Dieu, affirme l'évêque, c'est rétablir en nous son image, ou encore « établir en nous son saint amour[45] ». Par l'imitation du Fils, « dont l'exemple est notre règle », l'homme peut espérer parvenir à s'unir au Dieu trinitaire tout entier, à sa vie, sa connaissance et son amour parfait.

> Unissons-nous à la vie de Dieu, à la connaissance et à l'amour qu'il a pour lui-même : lui seul se connaît et s'aime dignement. Unissons-nous autant que nous pouvons à l'incompréhensible connaissance qu'il a de lui-même ; et consentons de tout notre cœur aux louanges dont il est digne, que lui seul connaît : nous vivrons de sa vie, et son image sera parfaite en nous[46].

L'expérience mystique est celle d'une union de l'âme, image trinitaire, à la vie de Dieu, Père, Fils et Saint-Esprit. L'union espérée et visée ne peut donc advenir qu'en tant que l'âme vit, aime et connaît le plus parfaitement possible sa condition d'*imago Dei* et ce faisant l'accomplit puisque vivant, aimant et connaissant en vérité cette condition, c'est en Dieu même qu'elle exerce ses facultés les plus profondes et les plus essentielles. Et « en Dieu » doit ici s'entendre au sens le plus fort de l'expression puisque cette union ne peut advenir qu'à l'intérieur d'une méditation de la parole divine, c'est-à-dire d'une méditation de Dieu lui-même, puisque son Verbe n'est pas différent de son essence. Méditer l'Évangile, réciter des prières, désirer de vouloir s'unir au Christ, communier, tout cela ne signifie pas se distraire de Dieu mais au contraire *se concentrer* en Dieu, littéralement : rejoindre par ces apparents détours extérieurs le centre de l'âme où le Seigneur se promène et se répand, et d'où il occupe toutes

45 Bossuet, *Méditations…*, éd. citée, p. 773.
46 *Ibid.*

les puissances et anime toutes les actions, comme l'écrivait Bossuet. L'oraison, en ses maintes médiations et méditations, est bel et bien un « *itinerarium mentis in Deum* », selon le titre de saint Bonaventure, un « itinéraire de l'âme *en* Dieu », et non simplement vers Dieu, formulation qui impliquerait une impensable extériorité de la créature orante à son créateur. Et Damascène, déjà, définissait l'oraison ainsi : « *oratio est ascensus intellectus in Deum*[47] ».

Pourquoi dès lors ce reproche aux nouveaux mystiques, d'apparence anodine, placé à la tête de *L'Instruction*, ce reproche de s'exprimer en un langage « exorbitant » et « exagératif » ? Pour cette raison que le langage de l'expérience mystique est toujours déjà donné aux contemplatifs, et n'est autre que la parole divine elle-même que le chrétien n'a pas à embrouiller ou à disloquer mais à laquelle il se doit de répondre de l'intérieur, puisque tout acte de parole proféré en vérité est toujours inspiré par l'Esprit Saint d'une part, et par le dessein principal d'imiter le Christ d'autre part. Contemplation et parole vont toujours de paire, parce que la contemplation révèle le fond de toute parole humaine, sa condition ultime de possibilité qui est la structure de l'âme faite à l'image de Dieu, où donc se donne l'espace de profération de ce que saint Thomas nommait un *verbum mentis*, sans lequel le verbe extérieur, l'expression de la pensée, serait impossible. Je parle *parce que je puis contempler*. Aussi, ayant contemplé, je me dois de parler, de témoigner, – mais non pas selon une parole purement humaine qui, de façon nécessaire, se disloquera toute dès lors qu'il s'agira pour elle de désigner l'ineffable et de circonscrire l'immense ; selon bien plutôt cette seule parole configurée parfaitement à son objet qui est la Parole de Dieu, dont les multiples médiations louées par Bossuet nous sont offertes comme autant de moyens de n'être pas absolument dépourvus de la possibilité de lui répondre, lorsqu'elle fait entendre à notre âme attentive son appel. Citons enfin ces lignes limpides, où se trouve ramassée toute la pensée de Bossuet sur cette matière, et où se montre sans ombre la filiation profonde qui l'attache à la doctrine thomiste :

> [J]e dis donc encore une fois et je pose pour fondement que le principe de bien adorer, c'est de bien connaître. L'oraison, dit saint Thomas, et il faut dire le

47 « La prière est une ascension de l'intellect en Dieu ». Cité par D'Aquin, Thomas, in *Summa theologiæ*, II-IIae, Q. 83, art. 1, ad 2.

> même de l'adoration, dont l'oraison, selon saint Thomas, est une partie, est un acte de la raison ; car le propre de l'adoration, c'est de mettre la créature dans son ordre, c'est-à-dire de l'assujettir à Dieu. Or est-il qu'il appartient à la raison d'ordonner les choses : donc la raison est le principe de l'adoration, laquelle par conséquent doit être conduite par la connaissance[48].

L'oraison est donc bel et bien, selon l'étymologie de Cassiodore, invoquée par l'Aquinate, une *oris ratio*, une « raison parlée » – qui est aussi, dès lors, une raison priée. Loin alors de toute pensée antimystique, Bossuet en ses œuvres oratoires comme en ses œuvres doctrinales trace les contours d'une mystique de la pensée, où les actes d'adoration et d'oraison ne surgissent pas en rupture avec les structures de l'âme humaine mais dans leur prolongement, en tant qu'ils sont, par excellence, les lieux où se manifeste non pas un au-delà de la raison et du langage, mais un autre régime de la raison et du langage, régime surnaturel et transcendant, dont la parfaite jouissance est le privilège des bienheureux.

Romain DEBLUË
Sorbonne Université, Paris IV

48 *Sermon pour le vendredi de la IIIe semaine de Carême, sur le culte dû à Dieu*, in *Élévations sur les mystères…*, *op. cit.*, p. 100.

TROISIÈME PARTIE

DESTIN MODERNE DE L'ÉCRITURE MYSTIQUE

L'EXPÉRIENCE ENTRE EXPRESSION POÉTIQUE ET RECHERCHE MÉTAPHYSIQUE

COMMENT « RECONSTRUIRE L'ÉDIFICE MYSTIQUE » ?

Aspiration mystique et savoirs ésoteriques dans l'œuvre de Gérard de Nerval

Dans un article publié dans la revue *Romantisme*, Riccardo Raimondo a proposé de lire *Aurélia* à l'aune de la notion de « fable mystique » théorisée par Michel de Certeau : sa réflexion présente l'avantage « d'aborder le récit d'un point de vue purement rhétorique sans pour autant négliger la dimension essentielle de l'ineffable[1] ». Ces analyses peuvent être poursuivies au-delà du cadre strictement rhétorique et étendues au problème de l'intertextualité et du recours aux références ésotériques dans l'œuvre de Gérard de Nerval : celles-ci participent en effet pleinement de l'itinéraire mystique décrit dans ses textes. La philologie nervalienne a toujours été affectée par un balancement singulier. Déjà en 1946, Antonin Artaud s'opposait à l'exégète Le Breton, écrivant à propos des *Chimères* que

> Devant la Mythologie ou les Tarots, Gérard de Nerval a retrouvé ses propres sources et les histoires des hautes fables pâlissent devant les coups de bombe du Desdichado, d'Horus, de Delfica, d'Artémis[2].

Artaud affirmait ainsi sa rupture avec la tradition surréaliste qui voyait en l'œuvre de Nerval « un plaidoyer en faveur de l'ésotérisme et les sciences occultes[3] ». Une telle réserve anime également les critiques : en conclusion d'un article de 1963 pourtant consacré au mysticisme du poète, Auguste Viatte se dérobe ainsi :

---

1 Raimondo, Riccardo, « *Aurélia* fable mystique », *Romantisme*, 2016/1, nº 171, p. 127.

2 Artaud, Antonin, *Lettres écrites de Rodez*, *Œuvres complètes*, t. XI, Gallimard, 1974, p. 196.

3 Article « Ésotérisme », *Dictionnaire Nerval*, Pichois, Claude et Brix, Michel (dirs.) Tusson, Charente, Du Lérot, 2006, p. 185.

> N'appuyons pas trop. Ce serait faire tort à la poésie de Nerval que de la réduire à un cryptogramme. Son charme tient en grande partie à ce qu'elle renferme d'ineffable[4].

En 1998, Claude Pichois, dans un hommage au Père Jean Guillaume, dénonce la démarche de Jean Richer dont l'édition des œuvres de Nerval en Pléiade donnait une place importante aux considérations ésotériques : « Je voyais mon ami dépenser beaucoup d'efforts et de force nerveuse à lutter, pour établir la vérité, contre les perfidies de Jean Richer et sa bande et leur perversion des textes[5]. » L'étude des sources ésotériques de Nerval a ainsi été soumise à deux approches : le travail des références a tantôt été interprété comme le témoignage d'une initiation et d'une filiation, tantôt comme le manifeste d'une écriture poétique et rhapsodique au sein de laquelle le contenu des références importe moins que leur fonction de renvoi et que la force de l'image qu'elles véhiculent. Il convient d'interroger cette tension entre innocence et expérience que développe l'écriture des sources et qu'illustre le conflit des interprétations, tension que l'auteur assume et interroge, tension que l'alternative entre aspiration mystique et doctrine ésotérique cristallise.

Dans la seconde partie d'*Aurélia*, Nerval thématise cette alternative entre une expérience mystique immédiate, celle des « innocents et des simples » et la volonté de reconstruire et de décrire un monde spirituel grâce à des livres sur la cabale ou l'astrologie ou encore grâce à l'étude comparée des religions :

> Mais pour nous, nés dans des jours de révolutions et d'orages, où toutes les croyances ont été brisées [...] il est bien difficile, dès que nous en sentons le besoin, de reconstruire l'édifice mystique dont les innocents et les simples admettent dans leurs cœurs la ligne toute tracée. « L'arbre de science n'est pas l'arbre de vie ! » Cependant, pouvons-nous rejeter de notre esprit ce que tant de générations intelligentes y ont versé de bon ou de funeste. L'ignorance ne s'apprend pas[6].

---

4 Viatte, Auguste, « Mysticisme et poésie chez Gérard de Nerval », *Cahiers de l'Association internationale des études françaises*, 1963, n° 15, p. 85.

5 Guillaume, Jean, *Philologie et exégèse : trente-cinq années d'études nervaliennes*, textes réunis par M. Brix, préface de Pichois, Claude, Louvain, Peeters, 1998, p. VI.

6 Nerval, Gérard de, *Aurélia*, in *Œuvres complètes*, Édition publiée sous la direction de Guillaume, Jean et Pichois, Claude avec la collaboration de Bony, Jacques, Brix, Michel, Fonyi, Antonia, D'Hulst, Lieven, Pichois, Vincenette, Steinmetz, Jean-Luc et Ziegler, Jean, 3 vol., Paris, Gallimard, 1993, coll. « Bibliothèque de la Pléiade », t. III, p. 723.

Dans ce chapitre complexe où il interroge son propre rapport au catholicisme, Gérard de Nerval oppose deux conceptions de la mystique : il fait ainsi écho à la distinction opérée par Novalis dans les premières pages des *Disciples à Saïs* entre la voie de la Nature, symbolisée par l'enfant, et le chemin mystérieux, qui va « vers l'intérieur », que le narrateur « ne cherche pas » et « cherche souvent dans les autres », comme s'ils devaient lui montrer le chemin[7]. Il rejoint en outre l'opposition théorisée par Boris Todoroff dans son article sur la mystique occidentale entre une voie de la vacuité et une voie de l'amour. La première, caractérisée par sa « pauvreté spirituelle » consiste à « ne rien posséder, ne rien vouloir, ne rien connaître » : c'est celle des « innocents et des simples ». La seconde recherche l'union avec Dieu et la conçoit comme un parcours jalonné d'étapes, de degrés : plus précisément, « l'homme en s'intériorisant [...] exprime son amour pour Dieu, qui à son tour, s'imprime dans l'âme du mystique[8] ». L'originalité de la démarche de Gérard de Nerval réside en ce que dans ses œuvres expérience mystique et savoir ésotérique, loin de s'exclure, participent d'une même démarche : la mise en scène de références ésotériques a pour fonction de rejouer sur le plan textuel les étapes d'un itinéraire spirituel.

DE LA BIBLIOTHÈQUE MYSTIQUE À UNE MYSTIQUE DE LA BIBLIOTHÈQUE

Après avoir évoqué la foi des ignorants, Nerval décrit sa propre démarche mystique :

> J'avais réuni quelques livres sur la cabale. Je me plongeai dans cette étude, et j'arrivai à me persuader que tout était vrai dans ce qu'avait accumulé là-dessus l'esprit humain pendant des siècles[9].

---

7 Novalis, *Les Disciples à Saïs, Hymnes à la nuit, Chants religieux*, trad. Guerne, Armel, Paris, Gallimard, 1975, p. 41.

8 Todoroff, Boris, « Mystique occidentale. Le cadre mental préliminaire » in *Mystique : la passion de l'Un, de l'Antiquité à nos jours*, Éditions de l'Université de Bruxelles, 2005, p. 30-31.

9 Nerval, Gérard de, *Aurélia*, *op. cit.*, p. 723.

Cette notion d'accumulation des connaissances renvoie, selon Brian Juden, à la pensée de Saint-Martin qui prône l'unité de l'homme et de toutes ses connaissances : « les sciences ésotériques et la poésie des anciens constituent un fil important, tendu devant l'homme par la divinité afin de le guider dans le labyrinthe de la vie terrestre[10]. » Elle n'est pas non plus sans lien avec la position de Pierre-Simon Ballanche selon laquelle l'homme s'engage dans « perfectionnement de l'être intelligent et moral » et « chaque homme en arrivant dans la vie future, y arrivera avec les perfectionnements auxquels il aura été conduit par les épreuves[11] ».

Un tel cadre doctrinaire justifie la référence à la kabbale : comme le remarque judicieusement les éditeurs de la Pléiade, ce sémantème revient plus de six fois dans *Aurélia*. Même s'il n'a qu'une connaissance vague et approximative (de seconde main) des grands kabbalistes, Gérard de Nerval revient régulièrement sur ce terme car la *kabbale* représente à ses yeux une approche qui assimile la voie de la mystique et la voie de la connaissance. Elle est en outre entendue comme la voie d'accession à un *secret* qui vaut *pouvoir* ; il parlera ainsi des « secrets de la divine cabale qui lie les mondes[12] ». Enfin, la référence à la kabbale s'accompagne toujours de la mention des livres qui portent ce savoir. Ainsi, la description par le narrateur de sa bibliothèque lors de son internement à la clinique de Passy en 1853 ne manque pas d'y faire référence : « Mes livres, amas bizarre de la science de tous les temps, histoire, voyages, religions, cabale, astrologie, à réjouir les ombres de Pic de la Mirandole, du sage Meursius et de Nicolas de Cusa[13] ».

Nerval développe l'idée selon laquelle, grâce à l'accumulation d'un savoir occulte, « notre passé et notre avenir sont solidaires », et la couple à la croyance que la voie mystique et la voie de la connaissance se rejoignent en une même image, celle de la bibliothèque. Gérard de Nerval se met en effet régulièrement en scène dans ces lieux publics ou privés, à la Bibliothèque Nationale, dans le Valois ou en Égypte, et ancre souvent sa rêverie autour de la bibliothèque d'Alexandrie. L'une d'entre elles a retenu l'attention de la critique : l'introduction « La Bibliothèque de mon oncle » de son recueil *Les Illuminés* :

---

10 Juden, Brian, *Traditions orphiques et tendances mystiques dans le Romantisme français (1800-1855)*, Paris, Klincksieck, coll. « Bibliothèque française et romane », 1971, p. 665.

11 Ballanche, Pierre-Simon, *Orphée*, *Œuvres*, t. IV, livre VIII, Genève, Barbezat, J., 1830, p. 425 (cité par Juden, Brian).

12 Nerval, Gérard de, *Aurélia*, *op. cit.*, p. 713.

13 *Idem.*, p. 743.

> J'ai été élevé en province, chez un vieil oncle qui possédait une bibliothèque formée en partie à l'époque de l'ancienne révolution. Il avait relégué depuis dans son grenier une foule d'ouvrages, – publiés la plupart sans noms d'auteur sous la Monarchie, ou qui, à l'époque révolutionnaire, n'ont pas été déposés dans les bibliothèques publiques. – Une certaine tendance au mysticisme, à un moment où la religion officielle n'existait plus, avait sans doute guidé mon parent dans le choix de ces sortes d'écrits [...]
>
> Ayant fureté dans sa maison jusqu'à découvrir la masse énorme de livres entassés et oubliés au grenier, – la plupart attaqués par les rats, pourris ou mouillés par les eaux pluviales passant dans les intervalles des tuiles, – j'ai, tout jeune, absorbé beaucoup de cette nourriture indigeste ou malsaine pour l'âme ; et, plus tard même, mon jugement a eu à se défendre contre ces impressions primitives[14].

La critique philologique, incarnée par Jean Richer, a cherché à identifier cette bibliothèque (l'associant à celle d'un parent à Mortefontaine) et s'est attachée à réaliser la liste des ouvrages qu'elle aurait contenu :

> Sans doute Gérard a-t-il exagéré en parlant d'une « masse énorme » de livres. Il y avait, pensons-nous, tout au plus une dizaine de titres, ceux auxquels Nerval s'est sans cesse référé ; citons, dans l'ordre chronologique : *L'Âne d'or* d'Apulée, l'*Œdipus Aegypticus* de Kircher (1652), *Séthos* de l'abbé Terrasson (1728), le *Dictionnaire mytho-hermétique* de Pernety (1758), *Le Diable amoureux* de Cazotte (1772), *Le Monde primitif* de Court de Gibelin (1775-1788), *Les Mémoires authentiques pour servir à l'histoire du Comte de Cagliostro* (1785), *Le Comte de Gabalis* de l'abbé Villars, *Les Nouvelles Recherches* de Devismes du Valgay[15].

Cette énumération correspond en fait à la liste des sources ésotériques connues de Gérard de Nerval et ne se base par sur le recensement d'une quelconque bibliothèque familiale. Camille Aubaude a observé que cette liste occulte plusieurs « classiques » de la littérature mystique de la fin du XVIIIe siècle au profit d'œuvres bien mineures. Elle souligne en outre le caractère « omnivore » de l'érudition nervalienne. Plusieurs manuscrits confirment en effet cette hypothèse : le *Carnet du Caire* (rédigé par Nerval pendant son séjour au Caire en 1843) compulse de manière peu rigoureuse des lectures de nature très différentes et illustre à travers la disposition même de ses notes, le désordre des lectures. Camille

---

14 Nerval, Gérard de, « La Bibliothèque de mon oncle », *Les Illuminés*, *Œuvres complètes*, t. II, Paris, Gallimard, 1984, coll. « Bibliothèque de la Pléiade », p. 885-886.

15 Voir la note 3, p. 1516 du deuxième tome de l'édition de Richer, Jean, *Œuvres complètes*, Paris, Gallimard, 1961.

Aubaude conclut qu'outre sa fonction symbolique, la description par le narrateur de la bibliothèque de son oncle, « a une fonction unificatrice, d'une part, pour les livres des différents écrivains dont le recueil de 1852 [*Les Illuminés*] retrace les biographies [...] ; d'autre part, pour les ouvrages ésotériques, écrits ou réédités à l'époque révolutionnaire[16] », elle considère en outre que cette bibliothèque fait ressortir la notion de « livre universel ». La bibliothèque mystique de Gérard de Nerval vaut donc moins pour son contenu que pour sa valeur unificatrice. Ce même phénomène peut être observé dans les premières pages d'*Aurélia*. Sur le point d'entamer le récit d'une expérience authentique et originale, le narrateur prend la peine d'évoquer ses illustres prédécesseurs :

> Swedenborg appelait ces visions *Memorabilia* ; il les devait à la rêverie plus souvent qu'au sommeil ; *L'Âne d'or* d'Apulée, *La Divine Comédie* du Dante, sont les modèles poétiques de ces études de l'âme humaine[17].

De même que les auteurs qui sont évoqués dans les monographies des *Illuminés*, l'influence d'Apulée, de Dante et de Swedenborg est moins présente qu'elle n'est revendiquée dans l'œuvre de Gérard de Nerval. Jean-Nicolas Illouz observe dans l'introduction de son édition d'*Aurélia* que ces auteurs font référence à des réalités très hétérogènes : du point de vue du rapport au divin sont convoqués le paganisme antique (Apulée), le christianisme médiéval (Dante) et l'illuminisme (Swedenborg). Le même raisonnement est appliqué aux époques concernées et aux formes poétiques. La thèse de Jean-Nicolas Illouz est que Nerval, en convoquant ensemble ces références pourtant hétérogènes les unes aux autres, les « *romantise* », rétablissant une continuité qui a été brisée, et mettant en œuvre des liens entre des littératures que l'Histoire et la religion avaient disjointes[18]. La bibliothèque est donc l'organe par lequel Gérard de Nerval réalise un projet d'ordre mystique : dans *Aurélia*, il précise cette ambition :

> Mon rôle me semblait être de rétablir l'harmonie universelle par art cabalistique et de chercher une solution en évoquant les forces occultes des diverses religions[19].

16 Aubaude, Camille, *Le Voyage en Égypte de Gérard de Nerval*, Paris, Kimé, 1997, p. 54.

17 Nerval, Gérard de, *Aurélia*, *op. cit.*, p. 695.

18 Nerval, Gérard de, *Aurélia ou le Rêve et la Vie*, éd. Jean-Nicolas Illouz, Paris, Classiques Garnier, 2014, p. 8-10.

19 Nerval, Gérard de, *Aurélia*, *op. cit.*, p. 739.

Qu'importe que certains titres, au sein de cette bibliothèque mystique soient présents pour la montre : la bibliothèque mystique de Gérard de Nerval a pour fonction de révéler les correspondances que l'Histoire a effacé. Dans sa thèse consacrée au platonisme dans l'œuvre de Gérard de Nerval, Loïc Le Denmat a mis en évidence le modèle théorique de cette assomption : le motif platonicien de *la chaîne d'or* (décrite dans l'*Ion*) qui « métaphorise l'inspiration divine se répandant du dieu à l'homme puis aux hommes entre eux, y est transposée au domaine de la transmission du savoir, en conservant le sème d'une origine inspirée du savoir transmis[20]. » En ce sens, la bibliothèque est bien le lieu d'une révélation mystique, décrite par Nerval en ces termes dans *Aurélia* :

> Tout vit, tout agit, tout se correspond ; les rayons magnétiques émanés de moi-même ou des autres traversent sans obstacle la chaîne infinie des choses crées ; c'est un réseau transparent qui couvre le monde, et dont les fils déliés se communiquent de proche en proche aux planètes et aux étoiles[21].

PARCOURS DE LA BIBLIOTHÈQUE
La recherche de l'unité

Les sources ésotériques de Nerval se détournant des « classiques » au profit d'ouvrages de seconde main, c'est donc au fond des rayonnages de la bibliothèque nervalienne que se trouvent les ouvrages les plus emblématiques du lien entre ésotérisme et mysticisme. Trois ouvrages illustrent de manière paradigmatique cette convergence les *Douze surprises de Pythagore* de Delisle de Sales, le *Dictionnaire mytho-hermétique* de Dom Pernety et la *Bibliothèque orientale* d'Herbelot. Le premier d'entre eux a influencé le sonnet *Vers dorés* : Georges Le Breton a en effet montré que la source de ce sonnet est l'essai de Delisle de Sales, les *Douze surprises de Pythagore*[22]. Une telle référence est importante car elle inscrit

20 Denmat, Loïc Le, « "Quelque chose comme l'époque de Pérégrinus et d'Apulée" : variations sur la tradition néo-platonicienne dans l'imaginaire nervalien de l'histoire », *Revue italienne d'études françaises*, 4, 2014, p. 5.

21 Nerval, Gérard de, *Aurélia*, *op. cit.*, p. 740.

22 Le Breton, Georges, « Le pythagorisme de Nerval et la source des "Vers dorés" », *La Tour Saint-Jacques*, nº spécial 13-14 « Gérard de Nerval », janvier-avril 1958, p. 79.

l'intertextualité nervalienne dans le cadre du pythagorisme, doctrine selon une chaîne liant « par des anneaux imperceptibles, l'atome et sa divinité ». Pourtant, Nerval choisit de se référer non à Pythagore mais à Delisle. Ce choix n'est pas innocent car ce dernier réalise dans son ouvrage une généalogie de la pensée pythagoricienne dont Pythagore ne serait qu'un maillon qui hériterait sa pensée de l'Inde :

> Le Zoroastre de Babylone, Zabrab, Teucrus et d'autres qui ne nous ont transmis que leurs noms, répandirent ce dogme sous le ciel brûlant de Chaldée ; Orphée en Égypte en fit le fondement de la doctrine ésotérique, et les trois classes de savants révérés primitivement chez les Celtes, les bardes, les prophètes et les druides, reconnurent dans la fange de leurs forêts ce grand principe qu'ils regardaient comme la clef de la nature. Après Pythagore, ce dogme, comme le feu sacré, se conservera particulièrement dans la Grèce[23].

La référence à Delisle présente donc le double intérêt de défendre une doctrine de l'unité tout imposant cette même unité à la généalogie spirituelle des auteurs qui l'ont défendue.

Une autre source de Nerval relevée par Le Breton présente la même fonction : le *Dictionnaire mytho-hermétique* de Dom Pernety de 1759 (cité plusieurs fois dans les *Illuminés* au titre des œuvres importantes de l'illuminisme[24]). Dom Pernety, moine bénédictin, propagateur de la doctrine de Swedenborg, soutient que les récits mythologiques égyptiens et grecs ont été entièrement conçus par des alchimistes qui voulaient décrire sous une forme allégorique la fabrication de la pierre philosophale. Il contribue donc à établir des correspondances entre la mythologie et la doctrine ésotérique qu'est l'alchimie. L'hypothèse portée par Le Breton selon laquelle les *Chimères* sont des énigmes alchimiques[25] est peut-être excessive, mais on observe néanmoins que Nerval choisit comme référence un ouvrage qui non seulement traite d'alchimie (dont la doctrine s'appuie sur les notions de transformation et de perpétuation des métaux) mais qui surtout propose une théorie de l'évolution et de la mutation des doctrines ésotériques.

---

23 Sales, Delisle de, *Douze surprises de Pythagore, De la philosophie de la nature*, t. II, Londres, [s. n.], 1777, p. 157.

24 « On peut compter principalement parmi eux [...] dom Pernetty, l'auteur du *Dictionnaire mytho-hermétique*, d'Esprémenil, Lavater, Delille de Salle [...] Court de Gebelin, Fabre d'Olivet, etc. », Gérard de Nerval, *Les Illuminés, Œuvres complètes*, t. II, *op. cit.*, p. 1132.

25 *Cf.* Le Breton, Georges, *Nerval poète alchimique. La clef des* Chimères *: le* Dictionnaire mytho-hermétique *de Dom Pernety*, [s. l.], Curandera, 1982.

C'est aussi le cas de la *Bibliothèque orientale* d'Herbelot de Molainville. Cet ouvrage savant du XVIIe siècle, organisé à la manière d'un dictionnaire, a pour objectif de compulser tous les savoirs sur l'Orient en dressant des filiations entre les sources perses, turques et arabes et en comparant ces récits aux sources occidentales, mythologiques et bibliques[26]. Ce fut une source importante de Gérard de Nerval : un manuscrit de la Bibliothèque de l'Institut synthétise la matière de plusieurs de ses notices. Il s'agit en outre du dernier ouvrage emprunté par Nerval à la Bibliothèque Impériale avant son suicide. Plus précisément, Nerval compulsa la matière des articles « Cabil » (Caïn) « Elbis » et « Sabi[27] » : on y apprend qu'Eblis (ou Lucifer) est le prince des anges apostats et que « Le feu qui est l'origine de la nature, sera éternellement l'instrument de sa peine », les « Sabi » (ou Sabéens) sont ses descendants : ils sont « les descendants de la plus ancienne Nation du monde, et qu'ils parlent encore aujourd'hui, au moins dans leurs Livres, la langue qu'Adam et ses enfants ont parlée » de sorte que « la Religion des Sabiens a été non seulement la première, et la plus ancienne ; mais encore la générale et la seule religion du Monde, jusqu'au temps d'Abraham ». De tels développements offrent au fantasme d'unité de multiples prises : ils condensent en une même image plusieurs doctrines ésotériques (caïnisme, sabéisme, satanisme) et décrivent une Histoire universelle du monde qui réintègre ses réprouvés, au point de faire de leur révolte l'origine de tous les cultes[28]. Elle permet également, comme le signale Jean Richer de donner une unité, une autorité et une origine à la figure de Lucifer décrite d'une part par des mystiques (Court de Gébelin et Fabre d'Olivet) et d'autre part par des écrivains (Milton, Byron, Lamartine, Hugo). De façon similaire, Nerval valorisera les discours des mythologues tels que Creuzer ou Guignault qui établissent des liens entre les religions et proposent une origine commune à ceux-ci (ainsi le chapitre « Les trois Vénus » du *Voyage en Orient* s'inspire fortement de plusieurs

26 Comme en témoigne son titre intégral : *Bibliothèque orientale ou dictionnaire universel contenant généralement tout ce qui regarde la connaissance des peuples de l'Orient avec note bibliographiques tirées de Hâjjî Khalîfa.*

27 Molainville, Herbelot de, *Bibliothèque orientale*, Paris, Chez Moutard, 1783, t. I, p. 428-439, p. 620-621, t. III, p. 142-143. Les exemplaires consultés et empruntés par Nerval en 1854 sont conservés à la BNF sous la cote suivante : 4-O2-254 C.

28 Cette idée sera la matière du chapitre « Le Monde souterrain » du *Voyage en Orient* et du sonnet « Antéros ».

chapitres de la *Symbolique*[29]). La recherche de l'Unité se confond ici avec le fantasme de l'origine.

Ce parcours de la bibliothèque nervalienne a montré que le choix du poète se tourne vers les doctrines syncrétiques qui révèlent les correspondances du monde, qui recherchent les concordances entre ces différents codes et qui tendent à établir des dénominateurs communs entre plusieurs traditions très différentes. Comme l'a montré Antoine Faivre dans son ouvrage sur l'ésotérisme, cette tendance se développe au XIXe siècle sous l'influence de disciplines académiques et repose souvent sur la recherche d'une « tradition primordiale[30] ». Cette recherche d'unité au sein du corpus ésotérique par la mise en relation des textes entre eux mime de façon remarquable l'expérience mystique de l'auteur évoquée dans *Aurélia*. Albert Béguin, dans son essai *Poésie et mystique* (qui fait suite à une étude sur Gérard de Nerval) a bien décrit une démarche commune au poète et au mystique :

> Pour le mystique aussi, le geste capital est la négation du multiple et l'affirmation de l'Un. Le chemin de perfection consiste à s'arracher au monde des apparences, au « samsara » et à s'élever jusqu'à la contemplation de l'unité. Deux itinéraires y mènent, semblables aux deux voies de la poésie, et comme elles, convergent : le chemin mystérieux qui, selon Novalis, « va vers l'intérieur », aboutit à la même *union* mystique que la contemplation de l'unité à travers la fuyante multiplicité des apparences. L'une et l'autre voies acheminent vers cet état de conscience où s'efface toute contradiction, dans l'harmonie retrouvée[31].

Béguin décrit donc une démarche mystique où la révélation de l'Unité se fait à travers la réunion des fragments épars de la réalité : en ce sens, le dévoilement d'une réalité cachée est indissociable des étapes de son déchiffrement. Comme l'a montré Brian Juden, la caractérisation de l'Unité mystique chez Gérard de Nerval a cela de particulier qu'elle ne considère pas des étapes d'une initiation puis son objectif, mais un « grand tout[32] » (au sens où ce tout est en rapport constant avec ses parties) : les étapes de l'initiation ne sont pas isolables de l'objectif de

---

29 *Cf.* l'analyse de Mizuno, Hishashi dans *Nerval. L'écriture du voyage. L'expression de la réalité dans les premières publications du Voyage en Orient et de Lorely. Souvenirs d'Allemagne*, Paris, Honoré Champion, 2003, coll. « Romantisme et modernités ».

30 Faivre, Antoine, *L'Ésotérisme*, Paris, PUF, 2012, p. 21.

31 Béguin, Albert, *Gérard de Nerval*, suivi de *Poésie et mystique*, Paris, Stock, 1936, p. 113-114.

32 Juden, Brian, « Nerval et le paradoxe du grand tout » in *Hommage à Jean Richer*, Paris, Les Belles Lettres, 1985.

celle-ci. L'auteur d'*Aurélia* décrit en ces mots cette démarche qui lie mystique et ésotérisme : « Les dogmes et les rites des diverses religions me paraissaient s'y rapporter de telle sorte que chacun possédait une certaine portion de ces arcanes qui constituaient ses moyens d'expansion et de défense[33] ». Le travail des sources ésotériques rejoue donc au niveau textuel cette initiation, l'hétérogénéité des sources figurant les fragments éparpillés du réel mais aussi leur possibilité de réunion.

DES SOURCES OCCULTES ET OCCULTÉES
Au-delà du voile d'Isis

Le dévoilement d'une réalité cachée est donc indissociable des étapes de son déchiffrement. Le discours mystique dans l'œuvre de Gérard de Nerval accorde tout son prestige à la médiation car il conserve les traces des discours ésotériques qui ont participé à son élaboration, en refusant tout achèvement. Dans son article consacré à la rhétorique d'*Aurélia*, Riccardo Raimondo mesure à quel point la fable mystique réinterprétée par Nerval procède d'une négociation avec le silence et l'indicible : il relève en outre tous les procédés d'opacification du signe et de création de « dissimilitudes ». Nerval applique une démarche en tous points analogue au travail des sources : il fait ainsi écho à la définition de l'« énigme » proposée par Pernety dans son *Dictionnaire mytho-hermétique* : « discours allégorique, qui, sous une enveloppe de mots ambigus et équivoques, renferme un sens vrai[34] ». Le discours mystique chez Nerval a en effet inoculé le mystère et refuse de se donner entièrement. Il faut donc placer en miroir de l'image de la « bibliothèque de Babel[35] » celle de bibliothèque d'Alexandrie à laquelle Nerval revient de façon obsessionnelle dans ses différents écrits : l'évocation des conditions de vie des artistes et des savants dans le *Sérapéon* et celle de la destruction de la bibliothèque interrogent en effet l'accès au patrimoine et à la connaissance universelle

33 Nerval, Gérard de, *Aurélia*, *op. cit.*, p. 723.
34 Pernety, Antoine-Joseph, *Dictionnaire mytho-hermétique*, Paris, Chez Bauche, 1758, p. 136.
35 Destruel, Philippe, « *Angélique* et la bibliothèque de Babel », in *Romantisme*, n° 48, 1985, p. 21-32.

sur le mode de l'angoisse. Dans *Angélique*, cet événement est en outre interprété comme la fin d'une ère culturelle, symbole du renversement du paganisme par la chrétienté :

> La bibliothèque d'Alexandrie et le *Sarépéon*, ou maison de secours, qui en faisaient partie, avaient été brûlés et détruits au IVe siècle par les chrétiens, qui, en outre, massacrèrent dans la rue la célèbre Hypatie, philosophe pythagoricienne[36].

Nonobstant la chronologie historique, Gérard de Nerval associe la bibliothèque d'Alexandrie à l'école d'Alexandrie, qui comme l'a montré Loïc Le Denmat, est une construction relativement artificielle des historiens de la philosophie du XIXe siècle qui cristallise en son sein plusieurs philosophies d'origine néo-platoniciennes d'époques différentes. Faut-il pour autant en conclure que cette dernière image de bibliothèque condamne toutes celles qui l'ont précédée, l'incendie de la bibliothèque signifiant la perte irrémédiable d'un savoir d'ordre mystique ? S'il n'est pas directement accessible, ce savoir mystique continue d'être transmis par des biais indirects : Loïc Le Denmat synthétise l'histoire de cette « Tradition primordiale » dont l'histoire, concurrente de celle des sciences, est faite de périodes d'émergence et de recouvrements :

> Aux initiations égyptiennes et proche-orientales succèdent l'ultime sursaut de paganisme entrepris par l'école d'Alexandrie aux premiers siècles de notre ère, puis, au cours du Moyen-Âge, parallèlement à l'évocation des Templiers, la Tradition effectue un détour par Byzance où elle essaime dans la philosophie arabe, avant de resurgir au XVe siècle florentin avec les néo-platoniciens de Florence (Pic de la Mirandole, Marsile Ficin et Giordano Bruno en tête), puis de se répandre dans les milieux maçonniques, théosophiques et illuministes aux XVIIe et XVIIIe siècles[37].

Il faut concevoir le flamboiement de l'école d'Alexandrie et l'incendie de la bibliothèque en symétrie : ils sont le symbole double d'un savoir dont l'essence est de demeurer occulte, dont chaque nouvelle révélation ne peut aller sans la prochaine dissimulation. L'histoire universelle de ce savoir mime ainsi l'itinéraire individuel du mystique. En effet, si l'expérience du deuil de ce savoir devenu inaccessible est l'un des thèmes

---

36 Nerval, Gérard de, *Angélique*, *Les Filles du feu*, *Œuvres complètes*, t. III, *op. cit.*, p. 464.

37 Le Denmat, Loïc, « "Quelque chose comme l'époque de Pérégrinus et d'Apulée" : variations sur la tradition néo-platonicienne dans l'imaginaire nervalien de l'histoire », art. cité.

fondamentaux d'*Aurélia*, elle présente également un versant psychologique (la perte de l'être aimé), un versant religieux (la damnation) et un versant ésotérique exposé en ces termes :

> Toutefois il est sûr que ces sciences sont mélangées d'erreurs humaines. L'alphabet magique, l'hiéroglyphe mystérieux ne nous arrivent qu'incomplets et faussés soit par le temps, soit par ceux-là même qui ont intérêt à notre ignorance[38].

De ce point de vue, le travail des sources Gérard de Nerval rend compte de ce brouillage du sens du hiéroglyphe en multipliant les différentes lectures ésotériques du monde : à la lecture des exégèses des *Chimères* (Le Breton, Jean Richer), on est frappé par la pertinence de chacune des clefs interprétatives : alchimie, Tarot, astrologie, franc-maçonnerie ou encore héraldique[39]. La vanité de chacune de ces tentatives exégétiques réside peut-être dans leur tentation à s'affirmer unique clef des sonnets : les *Chimères* ne sont ni une énigme alchimique, ni un cryptogramme astrologique, ni même un blason. Ces sonnets, à l'image de l'œuvre de Nerval, reprennent à chacune de ses clefs leur codes et leurs mécanismes pour à la fois ruiner leur prétention à l'exclusivité et dénoncer toute réduction de la mystique à une *épiphanie du sens*.

Selon Brian Juden, Gérard de Nerval valorise ainsi une conception de la mystique qui « agrandit la distance entre l'intelligence humaine et l'univers qui l'entoure[40] ». Le sens du dernier vers de *Vers dorés*, « Un pur esprit s'accroît sous l'écorce de pierre » doit donc être réinterprété : en effet, si elle traduit la menace d'une incommunicabilité entre l'homme et la puissance qui l'excède, cette l'*écorce* doit être comprise comme une *interface* qui trahit tout autant qu'elle recouvre. Gérard de Nerval déjoue l'incommunicabilité de l'expérience mystique en choisissant comme objet de la représentation le centre obscur et secret de celle-ci, inoculant la négativité à la manière de John Keats, qui dans ses lettres parle de « capacité négative » (*negative capability*)[41]. Ce phénomène d'occultation grâce à l'accumulation des

---

38 Nerval, Gérard de, *Aurélia*, *op. cit.*, p. 724.

39 Voir l'étude d' « *El Desdichado* » par Pastoureau, Michel dans *Une histoire symbolique du Moyen Âge occidental*, Paris, Le Seuil, 2004.

40 Juden, Brian, *Traditions orphiques et tendances mystiques dans le romantisme français (1800-1855)*, *op. cit.*, p. 670.

41 Lettre à Keats, George et Tom, 21, 27 (?) décembre 1817 : « Je veux dire la Capacité négative, je veux dire celle de demeurer au sein des incertitudes, des Mystères, des doutes, sans

références crée une convergence entre les deux voies de la mystique, celle de l'amour et celle de la vacuité. Nerval en donne une image saisissante dans le *Voyage en Orient* à travers l'image du voile islamique :

> Je n'avais pas compris tout d'abord ce qu'a d'attrayant ce mystère dont s'enveloppe la plus intéressante moitié du peuple d'Orient ; mais quelques jours ont suffi pour m'apprendre qu'une femme qui se sent remarquée trouve généralement le moyen de se laisser voir, si elle est belle. Celles qui ne le sont pas savent mieux maintenir leurs voiles, et l'on ne peut leur en vouloir. C'est bien là le pays des rêves et de l'illusion ! La laideur est cachée comme un crime, et l'on peut toujours entrevoir quelque chose de ce qui est forme, grâce, jeunesse et beauté[42].

Le voile confronte ainsi une certaine mystique de l'union – incarnée certes de façon dégradée –, et une mystique de l'absence, puisque la femme ne cessera de se dérober au narrateur tout au long du récit de voyage.

Le travail des sources ésotériques rejoue donc sur le plan de l'énonciation et plus généralement, sur le plan du rapport à la littérature cette expérience mystique : la page recueille telle une série de hiéroglyphes les fragments de multiples doctrines ésotériques dans l'espoir de débrouiller le secret du monde que le myste a pu entrevoir. Pourtant, cette même accumulation de signes divers et concurrents scelle l'incommunicabilité de cette même arcane, le recouvrant du voile du mystère avant même qu'il n'ait pu être transmis. Nerval réconcilie l'expérience mystique et son énonciation, et fait en outre participer le lecteur à cette tâche qui consiste à tenter de lier les fragments épars d'une vérité occultée, disséminée dans le monde et dans les livres. Ce lecteur doit, à la manière de l'auteur, parcourir cette « forêt de signes » ésotériques, entrevoir sa cohérence, et s'y perdre, n'ayant pu qu'entrevoir ce qui se trouve derrière le voile de la réalité.

Rémy Arcemisbéhère
Sorbonne Université, Paris IV

---

s'acharner à chercher le fait & la raison » in *Lettres à Fanny et autres correspondances*, traduction Davreu, Robert, Paris, Belin, 2010. Voir également les analyses de Jackson, John E., dans *Souvent dans l'être obscur. Rêves, capacités négative et romantisme européen*, Paris, José Corti, 2001.

42 Nerval, Gérard de, *Voyage en Orient*, *Œuvres complètes*, *op. cit.*, t. II, p. 262.

MYSTICISME ET MESSIANISME POLITIQUE DANS L'ŒUVRE PLURIELLE DE FERNANDO PESSOA

« *Sou, de facto, um nacionalista místico, um sebastianista racional*[1] », écrit Fernando Pessoa à Adolfo Casais Monteiro vers la fin de sa vie, associant deux propositions volontiers oxymoriques, qui illustrent d'emblée l'idée que son mysticisme relève d'une esthétique du divers et de la contradiction. Le poète continue d'ailleurs ainsi : « *Mas sou, à parte isso, e até em contradição com isso, muitas outras coisas*[2] ».

Contradictoires, en effet, ce mysticisme qui prendrait place dans les limites apparemment étroites de la nation et cette croyance qui relèverait d'une approche rationnelle. L'affirmation de Pessoa nous enseigne déjà que son mysticisme ne peut être compris qu'en regard de ses implications philosophiques, poétiques et historiques.

Évidemment, contradiction et diversité sont au cœur même de l'œuvre pessoenne : la création de la galaxie des hétéronymes – ces personnalités littéraires qui émanent de lui mais possèdent chacune une pensée, une écriture, une esthétique distinctes – relève bien de cette volonté d'éclatement et d'une possibilité sans cesse rejouée de la

1 « Je suis, de fait, un mystique national, un sébastianniste rationnel ». Le Sébastianisme est la croyance messianique dans le retour du Roi Sébastien, qui annonce la Renaissance du Portugal. Le Roi Sébastien, dit le « *Desejado* », « le Désiré », disparaît corps et âme lors de la Bataille d'Alcacer-Quibir, en 1578, à l'âge de 24 ans. La défaite et sa mort partagent l'histoire du Portugal en deux : il entraîne avec lui la chute de la dynastie des Aviz, qui soumet le Portugal à l'Espagne, et entraîne l'humiliation de tout un peuple. Le Roi Sébastien est donc à la charnière entre grandeur et décadence : dernier témoin de la puissance lusitanienne, après deux siècles de découvertes, il est aussi le premier à avoir essuyé une défaite. L'on voit déjà là toute l'ambiguïté de ce messianisme portugais.

2 « Mais, je suis, à part ça, et parfois en contradiction avec ça, beaucoup d'autres choses. » Lettre du 13 janvier 1935 à Adolfo Casais Monteiro, in *Correspondência, II, 1923-1935*, Lisboa, Assirio & Alvim, 1996, p. 338. Casais Monteiro, poète et critique portugais, directeur de la revue *Presença*, est une des figures centrales du second modernisme portugais. À ce titre, il est l'un des interlocuteurs privilégiés de Pessoa.

palinodie. Un hétéronyme peut en corriger un autre, l'enrichir, dans une logique de palimpseste, ou s'y opposer, par un jeu de contradiction interne. Peut-être l'éclatement, la division qui président à la pratique hétéronymique participeraient-ils d'un transcendantalisme panthéiste, d'un désir d'« être tout » (« *sermos tudo* »), de « tout sentir de toutes les manières », pour viser à une Unité hypothétique. Dès lors il semblerait que la fabrique hétéronymique ait partie liée avec le mysticisme : l'acte initial de génération des hétéronymes, ce « jour triomphal » de mars 1914, apparaîtrait volontiers comme un acte magique, voire alchimique. Plus même, la dimension fondamentalement plurielle de la mystique pessoenne partage une logique commune avec cette production hétéronymique. Yvette K. Centeno, dont les travaux sur l'œuvre de Pessoa se concentrent sur sa dimension hermétique et mystique, propose :

> *uma raiz antiga, maniqueísta, e outras formas de gnosticismo e catarismo mais recente, explicam talvez parte da dificilmente explicável filosofia e Pessoa, hermética, sem dúvida, mas numa multiplicidade de sentidos, só comparaveis aos múltiplos da heteronimia*[3].
>
> « Une racine ancienne, manichéenne, et d'autres formes de gnosticisme et de catharisme plus récents expliquent peut-être une partie de la philosophie, difficilement explicable, de Pessoa, hermétique, sans doute, mais dans des sens multiples, comparable seulement à la multiplicité de l'hétéronymie. »

Si, comme nous le verrons, le travail hétéronymique permet une mise en contradiction de la pensée mystique qui anime l'œuvre de Fernando Pessoa « orthonyme », celle-ci se fonde pourtant sur une esthétique du divers, de la discordance, qui informe jusqu'à sa pensée politique, et son messianisme. Car le guide, c'est précisément celui qui saura être tout, et incarner la moyenne des opinions contraires.

Après avoir étudié les manières contrastées par lesquelles les hétéronymes s'emparent de cette question, nous tâcherons de dessiner les contours de la mystique pessoenne, creuset de traditions diverses, et de voir comment elle se conjugue à sa pensée politique.

« *Se quiserem que eu tenha um misticismo, está bem, tenho-o*[4] » : par cette saillie, où la désinvolture de la concession masque à peine une certaine

3 Kace Centeno, Yvette, *O Pensamento Esoterico de Fernando Pessoa*, Lisboa : & etc., 1990, p. 13. (Nous traduisons).

4 « Si l'on veut que j'aie quelque mysticisme, soit, j'en ai », Pessoa, Fernando, *O guardador de Rebanho*, in *Poemas de Alberto Caeiro*, Lisboa, Atica, 1993, p. 55. Les traductions des

ironie, le « maître » de Fernando Pessoa, Alberto Caeiro – indique sa distance et son refus de tout mysticisme. Ses poèmes païens, principalement ceux qui forment le recueil *O guardador de rebanho*, et l'éthique propre qu'il y met en jeu, sont fondés sur le primat de la sensation et la foi en une adhésion simple au monde. Le poème continue ainsi :

> *Sou místico, mas só com o corpo.*
> *A minha alma é simples e não pensa.*
> *O meu misticismo é não querer saber*[5].
>
> « Je suis mystique, mais par le corps.
> Mon âme est simple et ne pense point.
> Mon mysticisme, c'est de ne pas vouloir savoir. »

Cette adhésion simple au monde, sans médiation, sans le détour par la pensée et la métaphysique qui nous mettent à distance de la réalité nue, s'exprime à travers une simplicité déroutante de l'expression poétique : ascétisme des images, recours récurrent à la tautologie – figure principale de son expression poétique. Dans le poème XXVIII du *Guardador de Rebanho*, on lit :

> *Li hoje quase duas páginas*
> *Do livro dum poeta místico,*
> *E ri como quem tem chorado muito.*
>
> *Os poetas místicos são filósofos doentes,*
> *E os filósofos são homens doidos.*
> *Porque os poetas místicos dizem que as flores sentem*
> *E dizem que as pedras têm alma* [...]
> *É preciso não saber o que são flores e pedras e rios*
> *Para falar dos sentimentos deles.* [...]
> *Graças a Deus que as pedras são só pedras,*
> *E que os rios não são senão rios,*
> *E que as flores são apenas flores*[6].
>
> « J'ai aujourd'hui lu presque deux pages
> Du livre d'un poète mystique,
> Et j'ai ri comme qui a beaucoup pleuré.

---

textes de Caeiro sont toutes extraites de Pessoa, Fernando, *Poèmes Païens d'Alberto Caeiro et Ricardo Reis*, traduction de Chandeigne, M., Quillier, P. et Camâra Manuel, M. A., Paris, Points, 2007.

5 *Ibid.*

6 *Ibid.*, p. 53.

Les poètes mystiques sont des philosophes malades,
Et les philosophes sont des hommes déments.
Car les poètes mystiques disent que les fleurs ont des sentiments
Et disent que les pierres ont une âme [...]
Il ne faut pas savoir ce que sont fleurs et pierres et fleuves
Pour parler de leur sentiment. [...]
Grâce à Dieu les pierres ne sont que pierres,
Et les fleuves ne sont rien que fleuves,
Et les fleurs, fleurs, tout simplement. »

Ces tautologies sont autant de gages d'un rapport sensible, immédiat, au monde qui l'entoure. Si la traduction française des derniers vers privilégie une expression resserrée, poétisée par l'usage de répétitions et une harmonie rythmique (« ne sont que [...] ne sont rien que [...] les fleurs, fleurs »), le texte original est plus volontiers dépouillé de toute afféterie poétique, et paraît presque prosaïque[7]. Ces modes d'expression tautologiques, cette simplicité expressive, relèvent d'une sagesse propre à Alberto Caeiro, qui ne veut pas s'encombrer de l'idée d'un Mystère, car « l'unique mystère est qu'il y a qui pensent au mystère[8] ».

Si Alberto Caeiro est désigné comme le « Maître », par Pessoa lui-même ainsi que par les autres hétéronymes, c'est précisément dans cette capacité d'adhésion qu'il faut en trouver la raison : car d'autres hétéronymes chercheront, ou désireront, sans la même évidence, à atteindre ce rapport d'immédiateté au monde. Ricardo Reis, autre poète païen, développe une poésie teintée d'épicurisme triste – effort lucide pour atteindre l'épicurisme ; Álvaro de Campos, le grand poète futuriste, héritier de Walt Whitman, chante dans ses *Odes* la poésie de la mécanique, des paquebots, des trains, de la vitesse, mais cherche, avec désespoir, à voir les gens « sans métaphysique[9] », à retrouver un accès à la réalité mondaine pour lutter contre le vertige des conceptualisations

---

7 Plus littéralement, la traduction serait : « les pierres ne sont que des pierres / et les fleuves ne sont rien d'autre que des fleuves / et les fleurs sont seulement des fleurs ».

8 *Ibid.*, p. 28.

9 Voir la pointe finale de *Tabaccaria* (1928) (*Bureau de Tabac*) : « *O homem saiu da Tabacaria* [...] / *Ah, conheço-o : é Esteves-sem-metafisica / Acenou-me adeus gritei-lhe* Adeus ó Esteves *!, e o universo / Reconstruiu-se me sem ideal nem esperança, e o Dono da Tabacaria sorriu* ». « L'homme est sorti du Bureau de Tabac / Ah, je le reconnais ! : c'est Estève-sans-métaphysique ! / Il m'a salué de la main et je lui ai crié "Salut Estève !" / et l'univers s'est reconstruit pour moi sans idéal ni espérance, et le Patron du bureau de tabac a souri. » Pessoa, Fernando, *Poesias de Álvaro de Campos*, Lisboa, Ática, 1944, p. 252.

et spéculations métaphysiques ; Pessoa « lui-même », orthonyme, vit comme une souffrance le sentiment de dés-adéquation avec le réel. Le mysticisme de Pessoa, se posant de manière antagoniste à la pensée du « Maître », est dès lors, peut-être, reconnaissance d'un échec : de l'œuvre orthonymique, ou du semi-hétéronyme Bernardo Soares, auteur du fameux *Livro do desassossego*, on peut noter le ressassement du sentiment douloureux d'inadéquation et d'étrangeté, sentiment de scission interne et de distance vis-à-vis du monde, dans la mesure où le Réel voilé lui semble inatteignable.

Cette importance de la pensée de Caeiro, et l'originalité radicale qu'il manifeste dans son rapport au monde, oblige ainsi à s'interroger sur les contours du mysticisme pessoen. Car les hétéronymes se rencontrent pourtant sur un point fondamental de l'œuvre de Pessoa : le primat de la *sensation*. Si c'est par ce primat de la sensation pure que Caeiro défend cette appréhension du monde, elle est aussi au fondement de toute la pensée esthétique et philosophique de la poésie du moderniste portugais, qui théorisera les contours d'un mouvement « sensationniste[10] ». Pessoa orthonyme en fait, lui, une démarche spirituelle : c'est aussi par le biais des sensations que peut avoir lieu un dévoilement de la vérité du monde. Il pose ainsi les « principes essentiels du sensationnisme » :

> *Os sentidos são divinos.* [...] *Faz de tua alma uma metafísica, uma ética e uma estética. Substitui-te a Deus indecorosamente. É a única atitude realmente religiosa*[11].
>
> « Les sens sont divins. [...] Fais de ton âme une métaphysique, une éthique et une esthétique, substitue-toi à Dieu avec indécence. C'est la seule attitude réellement religieuse. »

La sensation prend donc place de manière privilégiée au sein de l'esthétique pessoenne, mais aussi au sein de sa mystique, présentée comme gnostique, fondée sur un désir de *connaissance* du monde. Les poèmes de Pessoa

10 L'art poétique de Pessoa, théorisé sous le nom de « sensationnisme », se fonde sur le primat exclusif de la sensation (« Rien n'existe hors des sensations », « *Nada existe fora das nossas sensações* »), la raison, n'étant pas créative, servant à rectifier ou élaborer les données que les sens fournissent. Voir Pessoa, Fernando, « *O movimento sensacionista* », *Aforismos Filosóficos*, in *Obra poética e em prosa*, Prosa 2, vol. III, Porto, Lello & Irmão, 1986, p. 190-191. Le texte est repris et traduit en français dans *Le Chemin du serpent*, textes réunis par Bréchon, Robert, traduction de Chandeigne, M., Laye, F., Viegas, J.-F., Paris, Christian Bourgois, 2008.

11 Pessoa, Fernando, « *Sobre Orpheu* », in *Páginas Íntimas e de Auto-Interpretação*, Lisboa, Ática, 1966 (1916), p. 216. (Nous traduisons).

orthonyme, comme ceux que l'on trouve réunis dans *Passos da Cruz* ou *Além-Deus*, traduisent bien cette appréhension possible du divin par les sens : Dieu lui apparaît par sa voix, qui « brille dans la nuit », et par l'expérience immédiate du regard qui s'oublie :

Olho o Tejo, e de tal arte
Que me esquece olhar olhando, [...]
E súbito encontro Deus[12].

Je regarde le Tage, et de telle façon
Que j'oublie de regarder en regardant, [...]
Et tout à coup je rencontre Dieu

Ce sont encore les sensations qui viennent mettre fin aux errances de l'esprit, qui lui, peut être en proie au doute :

Não sei se existe o Rei que me mandou
Minha missão será eu a esquecer [...]
Mas há ! Eu sinto-me altas tradições
De antes de tempo e espaço e vida e ser...
Já viram Deus as minhas sensações[13]...

« Je ne sais si existe le Roi qui m'a mandé
Ma première mission sera l'oubli de ma mission [...]
Mais voilà ! Je sens en moi de hautes traditions
D'avant le temps et l'espace et la vie et l'être...
Mes sensations ont déjà vu Dieu. »

Par conséquent, au contraire du Maître, Pessoa conçoit le monde comme voilé, porteur d'un mystère. Cette foi, ou cette évidence douloureuse, s'incarne dans les nombreuses recherches que Pessoa a menées dans le domaine de l'ésotérisme, de la théosophie, et dans ses écrits, théoriques, sur la gnose ou le mysticisme. Dès lors, les écrits hétéronymiques qui se concentrent autour de sa réflexion néo-païenne, ceux de Caeiro au premier chef, apparaissent aussi comme une sorte de stratégie existentielle, permettant à la conscience malheureuse d'échapper à la fascination romantique de l'infini, héritée du christianisme. Ainsi, le rapport de Pessoa au mysticisme n'est-il pas qu'un effet d'époque, dont on pourrait

12 « Abismo », in *Além-Deus, Orpheu*, n. 3, Lisboa, Ática, 1984 (1913), p. 36. (Nous traduisons)
13 Pessoa, Fernando, *Passos a Cruz*, in *Poesias*, Lisboa, Ática, 1996 (1916), p. 57. (Nous traduisons)

reconnaître des échos, par exemple, chez Yeats : il prend naissance dans ce sentiment de scission, au cœur de sa pensée.

Aussi le jeu hétéronymique a-t-il commandé toute la question mystique et messianique : si ces questions travaillent Pessoa dès son jeune âge, l'hétéronymie a permis que cette dimension fondamentale de sa pensée se retrouve confinée, cantonnée dans l'œuvre et dans l'espace mental de Pessoa orthonyme. La jeunesse de Pessoa est fervente, mais sa foi apparaît comme désincarnée, volontiers mystique : elle se fonde sur une sorte d'idéalisme absolu, qui est celui de la tradition néo-platonicienne. L'« invention » des hétéronymes, en 1914, coïncide avec une triple découverte : celle du paganisme, du sébastiannisme, celle enfin de la théosophie et des traditions occultes. La pensée mystique de Pessoa apparaît dès lors comme une pensée gnostique, qui fait de l'Initiation une question centrale. Son rapport à la gnose, sa recherche constante d'une vérité, le pousse ainsi à s'intéresser à divers courants. Ses poèmes ésotériques, comme le grand recueil *Mensagem*, apparaissent ainsi comme un « creuset », où se mêlent divers matériaux ésotériques : ordre des templiers, rosicrucisme, kabbale, alchimie, astrologie (à propos de laquelle différents textes sont signés par Rafaël Baldaya, autre hétéronyme, qui établit une série de thèmes astraux), et magie (pour laquelle le modèle fut Aleister Crowley, que Pessoa rencontra en 1930). La question ésotérique passionne Fernando Pessoa qui rédige, entre autres, en anglais, un *Essay on Initiation*, un traité initiatique, intitulé *Le Chemin du serpent* et divers écrits – réflexions, contes, rituels – occultes. Sa pensée se fonde, également, sur une intuition qui va être au fondement de sa théologie, et qu'il exprime dans ses premiers poèmes ésotériques ou dans le grand drame symboliste, *Fausto* : il y a un infini d'infinis, une « gradation » d'infinis ; Dieu « n'est pas une simple présence, il est sa propre évanescence[14] » : il est le mouvement par lequel l'invisible, l'inconnaissable, s'échappe devant la pensée qui cherche à le saisir. C'est l'intuition qui traverse *Além-Deus* (*Outre-Dieu*, ou *Au-delà de Dieu*), qui n'implique pas un dépassement, mais une transcendance. Dans *Fausto*, Pessoa cherche ce qu'il y a dans le divin :

> *Não de infinito só, de inatingível,*
> *Mas mesmo de mais do que inatingível* [...]

14 Bréchon, Robert, introduction au *Chemin du serpent*, *op. cit.*

Eu vi o outro lado [...]
Do além-divino e do Divino em Deus[15]...

« Non pas seulement ce qu'il y a d'infini, d'inatteignable
Mais ce qu'il y a même de plus que l'inatteignable. [...]
J'ai vu l'autre côté [...]
De l'Outre-Dieu, et du Divin en Dieu... »

Vers la fin de sa vie, le choix que fait Pessoa que publier *Mensagem*, son livre de poésie, ésotérique et messianique, en priorité sur toute autre œuvre[16], indique assez clairement l'importance qu'il confère à la dimension mystique de son œuvre. Vers cette période, notamment après quelques malentendus avec le régime salazariste[17], Pessoa cherche à clarifier sa position vis-à-vis de la question mystique et de la foi : il se réclame ainsi de « la tradition secrète du christianisme » et déclare, dans son *Curriculum vitae*, publié quelques mois avant sa mort, en 1935, être chrétien gnostique, « par conséquent opposé à toute les Églises organisées, et surtout à l'Église romaine[18] ». Ainsi, cette série de malentendus et de clarifications, dans les premières années du salazarisme, montre déjà dans quelle mesure la question mystique et la question politique sont étroitement liées. Je me propose, dans un dernier temps de cette étude, de préciser les contours de cette relation, de ce « mysticisme nationaliste, [de ce] sébastianisme rationnel » dont Pessoa se réclamait.

15 Pessoa, Fernando, *Fausto, Tragédia Subjectiva*, Lisboa, Presença, 1988, p. 66. (Nous traduisons).

16 Notamment sur *Fiction de l'Interlude*, qui regroupe les textes de ses divers hétéronymes : preuve peut-être du primat qu'il accorde, en fin de vie, à son œuvre orthonyme, résolument mystique.

17 Après avoir reçu un prix du Secrétariat de la Propagande Nationale, pour lequel il avait concouru pour *Mensagem*, Pessoa publie, dans le *Diario de Lisboa* du 4 février 1935 un article de circonstance où il prend nettement position contre le pouvoir : celui-ci, en effet, vient de faire passer une loi d'interdiction des loges secrètes ; Pessoa écrit en défense de ces loges. À la suite de la confusion et de la perplexité de son lectorat, il s'en explique ainsi, dans un écrit nommé, justement, *Mensagem* : « l'article est de manière patente écrit par un libéral, un ennemi de l'Église de Rome, quelqu'un qui éprouve pour la Maçonnerie et les maçons un sentiment profondément fraternel [...] De fait, mon tempérament, est toujours resté fidèle, et conforté en cela par mon éducation – entièrement anglaise – aux principes du libéralisme, qui sont le respect de la Dignité de l'Homme et de la Liberté de l'Esprit, ou, en une seule expression, l'individualisme fraternel. »

18 « *Cristão gnóstico, inteiramente oposto a todas as Igrejas organizadas, e sobretudo a Igreja de Roma* ». Pessoa, Fernando, *Obra em Prosa. Escritos Íntimos, Cartas e Páginas Autobiográficas*, Lisboa, Europa-América, 1986, p. 253.

La politique, pour Pessoa, est par essence affaire de mystique : le mystique pessoen est celui qui est sans cesse poussé par l'instinct de connaître, et cet instinct doit souvent porter sur ce qui est impossible à observer dans des conditions scientifiques, irréductible à toute situation d'exactitude. Dès lors, cet instinct

> *não desiste, em seu ímpeto espiritual. Não podendo conhecer com a inteligência, conhece com o sentimento, que é a inteligência do desejo. E onde não pode observar, crê ; onde não pode calcular, adivinha ; onde não pode pôr à prova, profetiza. Este estado de alma é o misticismo, que é o ter um sentimento nítido de uma coisa que se não sabe o que é*[19].
>
> « ne renonce jamais dans son élan spirituel. S'il ne peut connaître avec l'intelligence, il connaît par le sentiment, qui est l'intelligence du désir. Et là où il ne peut observer, il croit ; là où il ne peut calculer, il devine ; là où il ne peut vérifier, il prophétise. Ce comportement de l'âme est le mysticisme, qui consiste à avoir un sentiment net d'une chose dont on ignore ce qu'elle est. »

Or, il n'existe pas, pour Pessoa, de science politique, en cela qu'elle ne peut faire l'objet de prédictions certaines et scientifiques. Dès lors, s'occuper de politique doit être essentiellement une mystique :

> *Se o não for, é um mero alto comércio sem lucro das nações. Todo político que tenha um ideal, real ou fictício, é – triste é dizê – louma espécie profana de Santa Teresa de Jesus*[20].
>
> « Faute de quoi, elle n'est que le piètre haut commerce, sans aucun profit, des nations. Tout politicien qui a un idéal, réel ou fictif, est – il est triste de le dire – un succédané profane de Sainte Thérèse de l'Enfant Jésus. »

Fernando Pessoa rédige, de ce fait, un ensemble de poèmes mystiques, ésotériques, à charge politique, dont le long poème « *À Memória do Presidente-Rei Sidónio Pais*[21] », où il célèbre la mémoire du quatrième président de la République qui, cherchant à mettre fin aux désordres de la République, instaure un régime fort, virant au culte de la personnalité. Sidonio Pais, qui doit à son autoritarisme le nom de « Président-Roi » est assassiné en décembre 1918 par un militant Républicain. Le poème, constitué de cinquante-neuf quatrains, exalte la dimension messianique

19 Pessoa, Fernando, *Sobre Portugal. Introdução ao Problema Nacional.* Lisboa, Ática, 1979, p. 94.

20 *Idem.*

21 Pessoa, Fernando, *À Memória do Presidente-Rei Sidónio Pais*, in *Da República (1910-1935)*, Lisboa, Ática, 1979 (1920).

du Président : à travers l'obscurité (« *sombras* ») et la nuit énorme (« *a noite enorma* ») de l'absence, sondant le mystère de la mort (« *No misterio onde a morte some* »), il s'agit pour Pessoa de dévoiler une vérité cachée. Dans l'entrelacement de symboles patriotiques et religieux (« *unguida espada* », « *gládio de fé erguida acima da nossa cruz* », « épée ointe, glaive de foi élevé au-dessus de notre croix »), qui constituent aussi le fond symbolique de *Mensagem*, c'est le caractère mystique du Roi, réincarnation du « *Desejado* » (le « désiré », réincarnation de Dom Sébastien) qui est révélé. Ici l'appréhension purement sensible échoue, et c'est bien *l'instinct* de connaître, c'est-à-dire celui de croire, de deviner, de prophétiser – faculté prise en charge, dans le poème, par « l'âme », qui perçoit l'invisible et atteint à la connaissance : le Roi va, souriant, « *No oculto para o nosso olhar / No visível à nossa alma* » (dans « ce qui est caché à notre regard / ce qui est visible à notre âme ») ; le poème s'achève ainsi sur l'annonce du Retour, « *O DESEJADO enfim regresse / A Portugal* ».

C'est précisément l'affirmation de ce retour qu'exprime *Mensagem*, qui va prêter au Portugal un destin messianique. Le messianisme de Pessoa se fonde, en majeure partie, sur deux sources, deux traditions importantes. Tout d'abord, les écrits du Bandarra, un cordonnier de village illettré et illuminé qui avait prophétisé, en 1540, la renaissance portugaise, dans un style populaire. Bandarra, exact contemporain de Nostradamus, avait été publié en France en 1542, puis redécouvert au Portugal. On lit, ainsi, dans ses *Trovas*, ses strophes, la prophétie du retour du Roi caché : bien que ces prophéties datent d'avant la disparition du Roi Sébastien, elles ont été réinterprétées à la fin du XIXe siècle à la lumière du Sébastiannisme, le Roi prenant le nom de « *Rei incoberto* », qui donne son nom à la dernière section de *Mensagem*. La seconde tradition, celle du Quint-Empire, principe mystique et millénariste, est héritée du Padre Antonio Vieira, jésuite du XVIIe siècle, empereur de la langue portugaise, prosateur baroque et pompeux, qui prétendit inventer une « science de la prophétie ». Le Quint-Empire est la prophétie d'un Empire final, universel et éternel, qui se fonde sur une lecture personnelle du *Songe de Nabuchodonosor*, où le père Vieira voit dans les parties de la statue les symboles des empires assyrien, perse, grec, et romain ; le cinquième empire est celui de l'évangile éternel. La lecture de Pessoa diffère encore : les quatre empires sont la Grèce, la Rome antique, le Christianisme, et l'Europe, qui permettent la diffusion dans le monde entier des connaissances des Empires précédents. Dans cette relecture des quatre empires, on perçoit déjà une différence majeure : les quatre premiers empires de Pessoa ne correspondent pas tant à des empires politiques, qu'à des ères civilisationnelles ; ainsi, le Quint-Empire doit être la réunion du monde spirituel et culturel – sous la direction du Portugal.

Dans *Mensagem*, ces deux prophéties, ces deux messianismes, se mêlent : le retour du Roi Sébastien doit annoncer l'avènement de cette civilisation portugaise, signe déjà d'un long poème qui unit des traditions diverses. Dans le long poème qui forme ce *Message*, se trouvent divers matériaux ésotériques : Fernando Pessoa rappelle ainsi, dans son article sur les loges, l'anti-romanisme constant qui émerge du poème : « Un lecteur [...] initié à la compréhension, ou du moins l'intuition des choses hermétiques », pourra être ainsi sensible à ces vers « si abondamment imprégné[s] de symboles templiers et rosicruciens ». Et, en effet, *Mensagem* est un véritable creuset de diverses traditions hermétiques. L'organisation de ce long poème, divisé en trois parties (*Brasão*, *Mar Português*, *O Rei Incoberto*), procède elle-même d'une intention symbolique, de signification ésotérique. Le titre du recueil, sur lequel il ne me semble pas inutile de faire quelques réflexions, ne s'est imposé que tardivement, c'est-à-dire au moment où les épreuves allaient passer à l'impression.

Le titre initial était *Portugal*, titre qui rendait plus patent le caractère profondément patriotique du recueil, constituant le Portugal non pas tant comme un point d'arrivée que comme une médiation pour atteindre une nouvelle communauté spirituelle, fondée sur un nouveau paradigme civilisationnel. Dans cette optique, le titre conservé, *Mensagem* – indique assez la dimension médiatrice et l'ambition initiatique du recueil. Mais le titre est aussi un acronyme, allusion au « *Mens Agitat Molem* », « l'esprit meut la masse », de Virgile[22] : Pessoa se donne la mission de guide spirituel.

La volonté d'asseoir une pensée universalisante sur un nationalisme pourrait paraître problématique. Mais le Portugal est par essence, pour le poète, transnational et cosmopolite : « *Nunca um verdadeiro portugês foi português : foi sempre tudo*[23] ». C'est là la condition même d'une renaissance portugaise, de même que la réalisation d'un Quint-Empire final,

22 « L'esprit meut la matière », Virgile, *Énéide*, livre VI, v. 727.

23 « Jamais un véritable portugais n'a été portugais : il a toujours été tout », en réponse à la question : « Que pensez-vous de notre crise morale – de ses aspects politiques, moraux,

pensée messianique qui traverse tout *Mensagem*, est pensée comme une sorte de « Polythéisme Suprême », de transcendantalisme panthéiste. À l'orée de *Mensagem*, dans son poème « *Ulysses*[24] », Pessoa définit ainsi le mythe, « *o mytho brilhante* » : « *o nada que é tudo* », « le tout qui n'est rien », « *o corpo morte de Deus / vivo e desnudo* », « le corps mort de Dieu / vivant et dénudé ». C'est à travers une série d'oxymores, qui informe tout ce poème, permettant la coexistence de tout, que le dévoilement (« *desnudo* »), dans la lumière, a lieu : là émerge la thématique gnostique récurrente dans tout le recueil.

Ce caractère multiple – coexistence des contraires –, cette tension vers le tout, n'est pas sans rappeler le désir d'être tout, « *Sermos tudo* », de Pessoa, qui s'incarne dans sa pratique hétéronymique : Álvaro de Campos faisait du « Surhomme », selon une définition qu'il oppose à celle de Nietzsche, celui qui sait faire, à un degré le plus élevé, la moyenne de toutes les opinions ; celui qui sait les incarner toutes[25].

Il n'est pas anodin de citer les vers de *Passos da Cruz* où Pessoa se donne une « mission » : cette foi de Pessoa en sa propre mission est récurrente dans sa pensée. En 1912, le poète écrit un article dans la revue *A Águia*, intitulé « *A nova poesia portuguesa considerada sociologicamente*[26] », où il énonce la nécessité de l'avènement d'un « super-Camões » pour régénérer la littérature et la culture Portugaises : *Mensagem*, avec son exaltation de la destinée maritime portugaise, peut-être approché comme une sorte de réécriture des *Lusiadas*[27], grand poème épique national de Luís de Camões.

Plus tard, relisant et commentant les prophéties du Bandarra, le poète portugais, né en 1888, s'intéresse de près à un fragment, datant

intellectuels ? », « *As nossas intrevistas* », in Pessoa, Fernando, *Ultimatum e Páginas de Sociologia Política*, Lisboa, Ática, 1980, p. 3.

24 Ulysse est parfois considéré comme le fondateur mythique de Lisbonne. Le nom de la ville serait, issu, selon une étymologie controuvée – quoique séduisante –, de *Olissipo*, du nom du héros Grec.

25 Pessoa, Fernando, « Ultimatum », in *Obra completa de Álvaro de Campos*, Lisboa, Tinta da China, 2014.

26 « La nouvelle littérature portugaise considérée d'un point de vue sociologique. » Pessoa, Fernando, *Textos de Crítica e de Intervenção*, Lisboa, Ática, 1980, p. 15.

27 *Les Lusiades* est un poéme épique de Luís de Camões, probablement achevé en 1556 mais publié en 1572, trois ans après son retour des Indes. Cette œuvre, qui relate principalement la découverte de la route maritime des Indes par Vasco de Gama, est destinée à raconter et à glorifier la naissance et le destin de la nation et de l'Empire portugais ; elle est dédiée au roi dom Sébastien Ier.

de la fin du XIXe siècle – en 1888 – la venue du Roi caché. Ainsi, à l'intersection des questions esthétiques, mystiques et politiques, Fernando Pessoa, qui aura su incarner poétiquement à un degré vertigineux la multiplicité, la possible coexistence de toutes les opinions, s'était-il sans doute attribué cette mission de provoquer la Renaissance, culturelle et spirituelle, du Portugal.

Aurélie LECLERCQ
Université Paris Diderot

LE DIALOGUE MYSTIQUE DE SALVATORE QUASIMODO ET GIORGIO LA PIRA

Du « mystère de la parole » à la « révélation de l'indicible »

Quand ils se sont rencontrés pour la première fois, Salvatore Quasimodo et Giorgio La Pira n'avaient pas encore dix ans. Le premier est devenu poète ; le second homme d'Église, professeur de droit, homme politique et philosophe. Ils ont tous deux grandi dans la Sicile catholique du début des années 1900 et ont suivi ensemble l'enseignement des frères Rampolla del Tindaro – un laïque et un religieux –, dont l'influence a été fondamentale. Physiquement séparés à l'âge de dix-huit ans, ils comblent cette distance par l'échange d'une correspondance qui durera toute leur vie, dont la lecture donne de précieuses indications sur cette période de formation intellectuelle et spirituelle des deux amis. Chacun d'eux, par la voie de la poésie ou de la philosophie, s'engage dans un parcours mystique où il entraîne l'autre en même temps qu'il y est entraîné par lui.

Cet article se propose de mettre en évidence l'influence peu connue mais absolument déterminante de cette amitié sur la personnalité et le parcours de chacun des deux hommes. Nous verrons comment, au fil de leurs échanges, ils créent leur propre langage, dont les images et les allégories révèlent un idéal poétique et religieux vers lequel ils tendent de toutes leur forces[1].

---

1 Cet article reprend, en les approfondissant, certains points évoqués dans « Du vagabond des étoiles au messager de l'invisible : le *fanciullo* chez Salvatore Quasimodo », *Italies*, n° 21, 2017, p. 335-346. Si l'article d'*Italies* analyse la figure de l'enfant dans la correspondance de Quasimodo et La Pira, il s'agit ici de se concentrer sur la dimension mystique de leurs échanges.

LE PHILOSOPHE ET LE POÈTE

Giorgio La Pira est né à Pozzalo en 1904. À l'âge de dix ans, il est envoyé chez son oncle à Messine pour commencer ses études. Élève brillant, il se fait très vite remarquer par son professeur d'italien, Federico Rampolla del Tindaro, qui le pousse à poursuivre dans cette voie. Quelques années plus tard, c'est le frère de ce dernier, Monseigneur Mariano Rampolla del Tindaro, qui remarque à son tour le jeune homme, dont il devient le guide spirituel. À l'âge de vingt-quatre ans, déjà fervent croyant et pratiquant, La Pira vit une véritable révélation lors d'une messe de Pâques, qu'il décrit en ces termes à son ami Salvatore Pugliatti :

> Je n'oublierai jamais cette Pâques de 1924, durant laquelle je reçus Jésus Eucharistie : je sentis circuler dans mes veines une si pleine innocence, que je ne pus retenir mon chant, ni mon bonheur démesuré[2].

La Pira décide alors de consacrer sa vie à Dieu et à la mission « sublimement belle[3] »de répandre sa parole. Après le baccalauréat, il commence des études de droit, puis un doctorat en droit romain pendant lequel il décide de suivre son directeur de thèse à Florence. Il y termine ses études, commence à y enseigner à l'université, s'engage dans les Jeunesses Catholiques, entame une carrière politique au sein de la Démocratie Chrétienne (il est élu maire de la ville de 1950 à 1956, puis de 1960 à 1964 et élu député à l'Assemblée en 1946) et finit par y passer toute sa vie. Tertiaire dominicain, La Pira choisit de vivre dans une cellule du couvent San Marco et de prendre le nom de Frère Raimondo – dont l'étymologie, loin d'être anodine, se fonde sur « *ragin* » (le conseil divin, la raison) et « *mund* » ou « *munda* » (protection protecteur, défense). Ce que l'on peut interpréter comme « qui protège par son conseil », « protection divine » ou « celui qui a la sagesse pour défense ». La Pira meurt à Florence en 1977 et son procès en béatification est ouvert depuis

2 « *Io non dimenticherò mai quella Pasqua 1924, in cui ricevei Gesù Eucaristico : risentii nelle vene circolare una innocenza così piena, da non potere trattenere il canto e la felicità smisurata* », site officiel de la Fondation La Pira, consulté le 12 janvier 2018.

3 « [...] *è sublimemente bella questa seminagione di bene che il Signore mi affida* », Giorgio La Pira dans une lettre envoyée à sa tante Settimia en avril 1931. Site officiel de la Fondation La Pira, consulté le 24 février 2018.

janvier 1986. Il est amusant de relever le fait que l'année où son nom a été proposé pour le prix Nobel de la Paix – 1959 – est celle où son ami d'enfance Salvatore Quasimodo, qui a tout particulièrement bénéficié des « conseils » et de la « protection » du dominicain, a obtenu le prix Nobel de littérature.

Ce dernier, né à Modica, a trois ans de plus que La Pira. Contraint de déménager régulièrement à cause du métier de son père, chef de gare, Quasimodo arrive à Messine en 1908, au lendemain du violent tremblement de terre qui a détruit la ville. Pendant un temps, il vit avec sa famille dans un wagon de marchandises abandonné le long des voies ferrées dévastées. Nombre de critiques s'accordent à reconnaître l'importance fondamentale de cet événement et à y voir une rencontre violente et fondatrice avec la mort. Le spectacle macabre des « morts transpercés par les fers[4] » serait à l'origine de sa conception de la vie comme épreuve, comme paiement constant et éternel d'une dette et de la mort comme élément transfigurant. C'est donc à Messine que le jeune Salvatore, déjà en proie à une angoisse existentielle qui perdurera toute sa vie, rencontre Giorgio La Pira et Salvatore Pugliatti (qui seront par la suite surnommés « les trois de Messine » ou « les trois enfants du tremblement de terre »). Les adolescents fondent en 1917 une revue que Giorgio vend dans le magasin de son oncle et dans laquelle Salvatore publie ses premiers poèmes. Ces textes de jeunesse sont ensuite rassemblés dans un premier recueil, *Bacia la soglia della tua casa* (comprenant les écrits rédigés entre 1918 et 1922) et un second, *Notturni del Re silenzioso*, que Quasimodo offre à Pugliatti en 1929. À l'âge de dix-huit ans, le jeune poète quitte Messine pour poursuivre ses études à Rome. Son ancien professeur d'italien, Federico Rampolla del Tindaro, le met en contact avec son frère évêque, Monseigneur Mariano Rampolla del Tindaro (le même qui, peu de temps après, devient le guide spirituel de La Pira) : le soir et sur son temps libre, Quasimodo se rend auprès de lui pour apprendre le grec et le latin. L'Évêque constitue donc un point commun fondamental dans le parcours religieux des deux amis, même si leurs façons de vivre la religion sont, à bien des égards, extrêmement différentes. Ce dernier est en effet le guide spirituel de La Pira

4 Quasimodo, Salvatore, « *i morti sfondati dai ferri* », in « *Al Padre* », *La terra impareggiabile. Poesie e discorsi sulla poesia*, Finzi, Gilberto (dir.), Milan, I Meridiani, Mondadori, 1971 ; dixième édition revue et augmentée, 1996, p. 201.

et un point de repère fondamental pour le poète, comme en témoigne le courrier daté du 12 décembre 1924 qu'il adresse à son compagnon : « Dès que j'ai reçu ta lettre, je suis allé trouver Monseigneur Rampolla qui, comme toujours, me prodigue conseils et lumière[5] ».

Bien qu'ils aient grandi au même endroit et suivi les enseignements littéraires et spirituels des mêmes maîtres, les deux hommes ont un rapport à eux-mêmes, aux autres et à Dieu que l'on pourrait presque qualifier d'antagoniste. Fort de sa foi inébranlable, La Pira semble avoir la force tranquille et sereine de ceux dont la vie a un sens et qui ont une « mission » à remplir. Tout, chez lui, est inextricablement lié à son rapport à Dieu. Très tôt, il s'engage auprès des pauvres, des jeunes, des déclassés, à qui il cherche à apporter un réconfort matériel et spirituel. Cet altruisme tranche avec la solitude de Quasimodo, qui subit avec une grande souffrance ce qu'il considère comme un abandon des siens et un désintérêt des autres[6]. « Je suis un homme seul / un seul enfer[7] », écrit-il dans un de ses poèmes. Et bien qu'il cherche à apaiser cette solitude existentielle en se tournant vers le ciel, son rapport à la transcendance est loin d'être fluide et évident. Il confie en effet à Claudio Casoli lors d'un entretien publié en 1969 :

> Ma formation a été celle de toute ma génération : une éducation formellement chrétienne et une culture humaniste. Mon ami d'enfance a été Giorgio La Pira. J'ai des lettres de lui : il m'y exhorte à une forme active de religion, il me dit "Va te confesser !". Moi j'ai toujours éprouvé des difficultés ; c'est la raison pour laquelle j'ai aussi écrit un poème qui commence par : "Tu me trouves désert, Seigneur, dans ton jour"[8].

5 Quasimodo, Salvatore et La Pira, Giorgio, *Carteggio*, Quasimodo, Alessandro (dir), Milan, Scheiwiller, 1980 ; nouvelle édition revue et augmentée sous la direction de Miligi, Giuseppe, Modène, Artioli, 1998, p. 141.

6 Toute sa vie, que ce soit dans ses poèmes ou ses correspondances, Quasimodo se désespère d'une solitude qui le broie. Si la souffrance qu'engendre ce sentiment est indiscutable, nombre de témoignages révèlent que le poète était entouré, apprécié, recherché et appartenait à de nombreux groupes d'artistes et intellectuels.

7 Quasimodo, Salvatore, « *Sono un uomo solo / un solo inferno* », in « *Al tuo lume naufrago* », *Erato e Apòllion*, *Poesie e discorsi sulla poesia*, *op. cit.*, p. 86.

8 « *La mia formazione è stata quella di tutta la mia generazione : educazione formalmente cristiana e cultura umanistica. Mio compagno d'infanzia è stato Giorgio La Pira. Ho delle sue lettere : mi esorta ad una forma attiva di religione, mi dice "Vai a confessarti !". Io ho sempre provato difficoltà ; per questo ho scritto anche una poesia che comincia : "Mi trovi deserto, Signore, nel tuo giorno* ». Casoli, Claudio, in *Bacchelli, Betocchi, Cassola, Luzi, Quasimodo, Silone interpretano la società in cui viviamo*, Rome, Città nuova, 1969, p. 128.

Cette tension entre éducation chrétienne et rapport difficile à Dieu se lit explicitement dans certains poèmes rédigés à partir des années 1930, dans lesquels Quasimodo exprime ses doutes. C'est pour cette raison que, quand le journaliste Ferdinando Camon y fait allusion lors d'un entretien, réalisé dans les années 1960, ce dernier lui répond : « Mon problème religieux concerne le Dieu chrétien[9] ». Cependant, à l'époque sur laquelle nous voudrions concentrer notre attention (autrement dit, les années de formation intellectuelle et spirituelle allant du début des années 1910 à la fin des années 1920), jamais le poète n'aurait pu exprimer de la sorte une difficulté qui n'était n'était alors qu'en gésine. À ce moment-là, comme le révèlent les propos tenus à Claudio Casoli, il entretenait avec son ami La Pira une correspondance déterminante – et bien plus fervente que ne le suggère cette analyse rétrospective.

UNE INFLUENCE RÉCIPROQUE

Entamée en 1919, lors du départ de Quasimodo pour Rome, cette correspondance est en effet aussi dense qu'exaltée. Les lettres qui la composent, contenant de précieuses informations sur cette période d'apprentissage et de formation de leurs pensées respectives, ont été rassemblées par le fils de Quasimodo, Alessandro, et publiée sous le titre *Carteggio* aux éditions Scheiwiller en 1980 (avant d'être rééditée aux éditions Artioli en 1988). Dans l'un des très rares articles consacrés à la relation amicale de Quasimodo et La Pira, Lia Fava Guzzetta déplore le fait que ce recueil, parce qu'il a été publié en un nombre d'exemplaires extrêmement limité – qui, de plus, est « non commercialisables » – ne permettra qu'à un cercle très restreint de lecteurs de découvrir « les tout premiers pas d'un itinéraire spirituel si précieux[10] ». À quelques

9 « *Il mio problema religioso riguarda il Dio cristiano* ». Camon, Ferdinando, *Il mestiere di poeta. Autoritratti critici di Jahier, Ungaretti, Betocchi, Quasimodo, Montale, Valeri, Sbarbaro, Palazzeschi, Pasolini, Pignotti, Sanguineti, Sinisgalli, Gatto, Caproni, Sereni, Zanzotto, Fortini, Govoni, Luzi*, Milan, Lerici Editore, 1965, p. 93.

10 « [...] *un itinerario spirituale così prezioso* ». Fava Guzzetta, Lia, « *L'inquieta ricerca religiosa del primo Quasimodo attraverso il carteggio con Giorgio La Pira* », in Nicola di, Laura et Luisi, Maria (dirs.), *Segni e sogni quasimodiani*, Pesaro, Metauro, 2004.

exceptions près, seules les lettres de La Pira ont été retrouvées. L'absence de celles de Quasimodo ne constitue cependant pas pour autant une irrémédiable lacune, puisqu'il répond (directement ou indirectement) aux missives par des poèmes. La lecture croisée de leurs écrits respectifs permet alors de restaurer leur dialogue et révèle une véritable connivence affective, intellectuelle et spirituelle. Avec une solennelle effusion, La Pira déclare en effet à son ami : « Ta poésie est l'aspect le plus proche et le plus parfait de mon "moi" poétique et penseur. Je tiens vraiment à te dire ceci : que toi et moi sommes deux aspects du même infini[11] », ou encore : « Sache seulement que je t'ai fait chair et esprit de mon être[12] ». Ces quelques lignes, en plus d'une osmose « de corps et d'esprit », mettent en évidence la dimension spéculaire de leurs écrits respectifs et la volonté de mener ensemble une même démarche spirituelle et poétique.

Quand il est parti pour le nord de la Péninsule italienne, Quasimodo a laissé à son ami une version manuscrite du recueil *Bacia la soglia della tua casa.* Pendant plusieurs années, ces textes emprunts d'« une angoisse métaphysique, presqu'une ascèse de rédemption[13] » – pour reprendre les mots de Curzia Ferrari, la dernière compagne et épouse du poète –, ont constitué pour La Pira une véritable source de méditation. Ce dernier les apparente en effet à des prières, comme il l'exprime dans une lettre datée de 1922 :

> J'ai ressenti le besoin de t'écrire pour te convaincre toujours plus de l'incroyable efficacité de tes vers sur mon cœur : certains de tes poèmes (les plus purs, j'entends) sont pour moi presque des prières, et source de dévotion intérieure[14].

Si l'adverbe « presque » modère ici la comparaison implicite du poète avec un prophète, celle-ci est parfois plus transparente :

11 « *La tua* poesia *è l'aspetto più vicino e più perfetto del mio me poetico e pensatore. Questo a me preme dirti : che tu ed io siamo o due aspetti della stessa infinita* ». Salvatore Quasimodo et Giorgio La Pira, *Carteggio*, Milan, Scheiwiller, 1980, p. 67.

12 « *Sappi solamente ch'io t'ho fatto carne e spirito dell'essere mio* ». *Ibid.*

13 « [...] *un'ansia metafisica, quasi un'ascesi di redenzione* ». Ferrari, Curzia, « *Dio del silenzio, apri la solitudine* », in *La fede tormentata di Salvatore Quasimodo*, Milan, Ancora, 2008.

14 « *Ho sentito il bisogno di scriverti perché tu ti convinca sempre più della incredibile efficacia del tuo verso nel mio cuore : alle volte una tua poesia – tra le più pure, si intende – è per me quasi motivo di preghiera e cagione di interiore devozione* ». Salvatore Quasimodo et Giorgio La Pira, *Carteggio, op. cit.*, p. 80.

> Si je pouvais m'agenouiller à ton Autel [...], si je pouvais de toi et de toi seul, si je pouvais de ton art uniquement me nourrir, moi, mendiant, j'aurais trouvé l'unique voie droite[15], sans danger et sans crainte.

Les constructions anaphoriques, le polyptote fondé sur « unique/uniquement » et la majuscule du substantif « Autel » révèlent la confiance sans réserves que place La Pira en la personne du poète. Celui-ci est explicitement comparé à un dieu, dont les mots sont lumière qui déchirent les ténèbres – ce qui est plutôt surprenant venant d'un homme si pieux et révèle l'intensité de la fascination mystique qu'exercent les méditations poétiques de Quasimodo sur le dominicain.

Ce dernier semble à peine conscient du rôle fondamental qu'il joue dans la quête spirituelle du poète ; car si quête il y a, c'est en grande partie grâce à ses « exhortations » à « une forme active de religion[16] ». Dans un article publié en 1977, Carlo Bo attire l'attention sur le caractère déterminant de cette influence :

> Je pense que l'on devrait longuement insister sur son amitié avec La Pira, car tout le religieux que l'on trouve dans certains poèmes des années 1930 puise sans aucun doute son origine, son inspiration auprès du mystique La Pira[17].

Quasimodo lui-même reconnaît sans détour avoir viscéralement *besoin* des lettres de son ami, à qui il écrit en 1922, suite à une brève période de silence : « Très cher Giorgio, ton silence a une saveur douloureuse, peut-être parce que je me délectais à l'idée d'une correspondance constante[18] ». Persuadé que La Pira est le seul qui puisse le comprendre et considérant

---

15 « *S'io potessi inginocchiarmi al Tuo Altare* [...] *s'io potessi di te, solo di te, esclusivamente dall'arte tua nutrirmi, io, mendicante, avrei trovato la unica* via diritta *senza pericolo e senza affanni* ». Il s'agit là d'une allusion directe à la *Divine Comédie* de Dante, dont le premier tercet est le suivant : « *Nel mezzo del cammin di nostra vita / mi ritrovai per una selva oscura / ché la* diritta via *era smarrita* ».

16 Quasimodo, Salvatore à Casoli, Claudio, in *Bacchelli, Betocchi, Cassola, Luzi, Quasimodo, Silone interpretano la società in cui viviamo*, Rome, Città nuova, 1969, p. 128.

17 « *Penso che si dovrebbe insistere a lungo sul sodalizio con La Pira, perché quel tanto di religioso che troviamo in certe poesie degli anni '30 senza dubbio ha la sua origine, la sua ispirazione nel mistico La Pira e non per nulla la oro amicizia non venne mai scalfita, neppure nel lungo periodo della loro separazione* ». Bo, Carlo, *Corriere della Sera* du 4 avril 1977, cité par Fava Guzetta, Lia, in « *L'inquieta ricerca religiosa del primo Quasimodo attraverso il carteggio con Giorgio La Pira* », *op. cit.*, p. 16.

18 « *Giorgio Carissimo, di dolore mi sa il tuo silenzio, forse perché m'ero deliziato al pensiero d'una corrispondenza costante* », Quasimodo, Salvatore, *Carteggio*, *op. cit.*, p. 128.

que son jugement est le seul qui compte vraiment, Quasimodo lui envoie régulièrement ses poèmes à mesure qu'il les écrit pour lui demander « un peu d'espoir et la parole de l'esprit[19] ». Et définit la lecture des missives lapiriennes comme « des moments de jouissance spirituelle[20] ». Chacun d'eux se nourrit donc intimement de la pensée de l'autre, en fait son interlocuteur privilégié et son guide spirituel. C'est donc logiquement que l'on retrouve des éléments de langage et un imaginaire communs dans les lettres de l'un et les poèmes de l'autre.

UNE SOIF D'ABSOLU
Croire ou mourir

Les poèmes de jeunesse de Quasimodo sont emprunts d'un mysticisme aux accents souvent douloureux, comme en témoignent les titres de certains poèmes présents dans les recueils *Bacia la soglia della tua casa* et *Notturni del Re silenzioso* : « L'élégie de l'égaré », « La croix de Cendres », « Profanation », « Cilice » ou encore « Chemin de Croix ». On devine également, à la lecture d'autres titres comme « L'offrande divine », « La fleur du silence », « Le temple », « L'âme et moi » ou « La pureté », une recherche de purification et d'apaisement par la religion. Cette quête de quiétude pousse le poète à se tourner vers Dieu et à chercher dans le sensible des signes donnant un sens à ce qu'il vit et ce qu'il voit. L'onomastique est par exemple vécue comme une double preuve de sa condamnation et de son élection. Dans une dédicace à Curzia Ferrari, Quasimodo s'auto-désigne en effet comme un « *Salvatore sempre da salvare*[21] » – autrement dit, un « Sauveur à toujours sauver ». Et dans le livre qu'elle consacre à son mari, cette dernière révèle l'habitude qu'avait le poète d'écrire les deux « t » de son surnom, « Totò » en majuscules, comme deux grandes croix dressées lui envoyant un message. Cette

19 « Da te aspetto un po' di speranza e la parola dello spirito », *ibid.*, p. 133.

20 « Carissimo, ho ricevuto la tua ultima lettera che come sempre mi ha procurato momenti di godimento spirituale [...] », *ibid.*, p. 134.

21 Quasimodo, Savatore, *Senza di te, la morte. Lettere a Curzia Ferrari (1963-1968)*, Musolino, Giovana (éd.), Milan, Archinto, 2001, p. 45.

tension vers l'invisible, en ce qu'il a de sublime ou de funeste, est vécue de façon radicale et absolue. En novembre 1922, Quasimodo adresse une lettre au « *Vate*[22] » Gabriele d'Annunzio, uniquement composée de deux phrases. Un exergue, « *Lux lucet in tenebris*[23] » et une supplique, « Maître, d'aucuns connaissent mon tourment : mais à Vous j'ose demander un mot : de foi ou de mort[24] ». Croire ou mourir. Le poète pense alors ne pas avoir d'autres choix. À cette époque, la constance de la foi et la ferveur de La Pira lui donnent l'envie et la force de croire. Avec d'autant plus d'efficacité que ce dernier, parce qu'il a besoin de Quasimodo autant que Quasimodo a besoin de lui, utilise très régulièrement un pluriel qui entraîne le poète dans son élan, reprenant l'image aristotélicienne d'une même âme dans deux corps :

> Nous avons une origine commune, mais des routes diverses : le but est pourtant unique. Nous exprimer simultanément – toi venant de la poésie, et moi de la philosophie. Ce sera le premier pas : puis nous avancerons ensemble vers l'Ascèse. Après cette première étape, il est nécessaire d'avancer en tendant la main, comme des mendiants. Notre dessein est Mysticité[25].

La poésie de l'un et la philosophie de l'autre sont donc les chemins grâce auxquels les deux amis effectuent un parcours commun vers une ascèse mystique. Chacun reprend les mots et métaphores de l'autre, les précise et les enrichit, élaborant ainsi un réseau d'images symboliques n'ayant de sens que pour eux. Il en va de même pour cette « mysticité » en laquelle ils voient leur destin : celle-ci est certes religieuse, mais aussi

---

22 Ce terme, issu de l'indo-européen *wat*, signifie littéralement « inspiré par dieu ». On désigne donc par le nom de *vate* un prophète ou un poète « *soprattutto in quanto sia animato anche da spirito profetico, o acquisti, per il tono elevato della sua poesia, o per l'ispirazione civile, un carattere sacro, quasi sacerdotale* » (voir l'entrée « Vate » du dictionnaire en ligne Treccani). « *Il Vate* » est le surnom donné à Gabriele D'Annunzio, poète prophète et patriote, qui nous semble également applicable à Quasimodo. Il convient toutefois de souligner que, dans la production poétique de jeunesse du Sicilien, le terme *vates* n'a pas la connotation de poète civil et de guide de la nation, comme cela était le cas pour D'Annunzio.

23 « La lumière luit dans les ténèbres », prologue de l'*Évangile selon Jean*, 1 : 5.

24 « *Alcuno conosce il mio tormento, a ma Voi oso chiedere una parola : di fede o di morte* ». Quasimodo, Salvatore, lettre du 21 novembre 1922, in Ferrari, Curzia, « *Dio del silenzio, apri la solitudine* ». *La fede tormentata di Salvatore Quasimodo*, Milan, Ancora, 2008, p. 25.

25 « *Abbiamo un'origine comune, ma strade diverse : ma la meta è però una sola. Esprimerci assieme contemporaneamente – tu dalla poesia, io dalla Filosofia : sarà il primo passo : poi procederemo assieme ad Ascesi. Dopo questa primiera tappa è necessario procedere per mano, come mendichi. Nostro fine è* misticità ». Salvatore Quasimodo et Giorgio La Pira, *Carteggio*, *op. cit.*, p. 67-68.

poétique, dans la mesure où la foi que chacun d'eux place en Dieu et en la Poésie se mêle jusqu'à se confondre – et ce dans ses croyances aussi bien que dans ses représentations.

Comme il est impossible de traiter ici de façon exhaustive tous les éléments constituant un langage ou un imaginaire commun, nous choisissons d'en isoler un, à savoir le thème du *fanciullo canuto*, dont la pertinence est due au fait qu'il cristallise plusieurs thèmes-clés de cette correspondance anagogique.

LE *FANCIULLO CANUTO*

Le terme « *fanciullo* », qui signifie « enfant », n'a cependant pas exactement le même sens que « *bambino* », employé dans le langage courant. Désormais archaïsant, le substantif *fanciullo* appartient à un registre soutenu. On l'emploie pour parler d'un enfant prodige ou en référence au *topos* du *fanciullo divino* (ou *primordiale*), qui désigne les figures théologiques ou mythologiques représentant les divinités des diverses religions dans leur condition d'enfant (comme Hercule, Zeus ou Jésus). L'adjectif *canuto* est dérivé du latin « *canus* », dont le sens propre fait référence à la couleur blanche et le sens figuré à la sagesse des anciens. Dans la correspondance de Quasimodo et La Pira, le *fanciullo canuto* revêt simultanément les deux acceptions, la blancheur et l'innocence. Dans ses lettres, le dominicain multiplie les injonctions à être « pur » et « innocent » comme un petit enfant et déclare ressentir la nécessité de « couvrir son âme avec un voile blanc, comme se couvrent les *fanciulle* quand elles s'approchent de Jésus pour la première fois[26] ». On retrouve cette association dans les vers de Quasimodo, qui ajoute à ce *topos* la sagesse du *senex*[27] : « Ô visages blancs d'enfants / blonds [...] je vous reviens : plus vieux, mais plus sage[28] ». C'est par sagesse que le

26 « *Dimmi Totò : tu pure intendi la necessità di coprire con un velo bianco, come si coprono le bimbe quando si appressano a Gesù la prima volta, l'anima tua ?* ». *Ibid.*, p. 86.

27 Du latin *senex*, qui signifie « vieux ».

28 « *O visi bianchi di bambini / biondi* [...] *ritorno a voi : più vecchio, ma più buono !* ». Quasimodo, Salvatore, *Poesie e discorsi sulla poesia*, *op. cit.*, p. 1000.

vieillard revient vers les enfants aux visages blancs, présentés, en raison de leur pureté, comme les intermédiaires du Christ et ses interlocuteurs privilégiés. Conscients de leur incapacité à formuler des prières aussi pures que les leurs, les adultes en font leurs émissaires, comme le prouvent le vocatif liminaire du vers « Enfant, prie pour l'aube et la nuit[29] » ou la tentative de mimétisme que révèle l'adverbe comparatif de l'expression « Je te priai comme un enfant ». Le thème du *fanciullo* adamantin, que cette couleur lie autant à l'innocence du *puer*[30] qu'à la sagesse du *senex*, est particulièrement présent dans deux poèmes de Quasimodo, « *Il bimbo povero* » et « *Il fanciullo canuto* ». C'est à ce corpus que nous allons circonscrire notre analyse, en le lisant à la lumière des lettres de La Pira et de certains passages du *Nouveau Testament*[31] qui sous-tendent les propos du philosophe. Quasimodo écrit « *Il bimbo povero* » en 1917 et l'envoie à son ami en 1919, qui lui répond par une longue lettre commentant le poème. Deux ans plus tard, le poète rédige « *Il fanciullo canuto* », qu'il dédicace « À Giorgio La Pira qui sait pleurer près de mon âme ». En 1922, le symbole du *fanciullo canuto* est un *topos* de leurs échanges.

Ces deux textes se ressemblent aussi bien par leur structure que par leur thème. Ils sont composés de vers libres aux strophes irrégulières qui, par le ton ou la forme employés, font davantage penser au conte philosophique, au théâtre ou à la parabole qu'à des poèmes. La scène s'ouvre à chaque fois sur une foule ivre et bruyante, où marins et prostituées s'agitent dans la nuit. Discret et silencieux, tapi contre un mur froid, un enfant malade attire soudain le regard du narrateur, qui s'en approche et commence à lui parler. Le *fanciullo* est présenté comme un vagabond errant à l'écart des hommes, infirme, sans famille ni maison, grandissant parmi les ivrognes. On comprend rapidement, à la lecture des deux poèmes, que l'enfant blond mendiant et repoussant, malade et chapardeur, est à la fois un avatar des exclus – qui cristallise toutes les tares motivant la mise au ban d'un individu par le corps social – et un alter ego du poète.

Ce personnage-palimpseste inventé par Quasimodo n'est pas sans faire penser aux longs plaidoyers de La Pira en faveur des « épileptiques,

29 « *Bimbo, prega per l'alba et la notte* », in « *La luce del sole* », *ibid.*, p. 1084.

30 Du latin *puer*, qui signifie « enfant ».

31 *Nouveau Testament*, traduction œcuménique de la Bible, traduit du grec, Société biblique française (éd.), Paris, les Éditions du Cerf, 2010.

estropiés, moribonds, mendiants et pauvres[32] », considérés par le prisme du principe divin énoncé dans le *Nouveau Testament* : « Ainsi les derniers seront premiers et les premiers seront derniers[33] ». L'enfant est donc l'incarnation de ceux que les hommes refusent de voir et d'entendre mais que Dieu préfère entre tous et Jésus appelle à lui en disant : « Laissez faire ces enfants, ne les empêchez pas de venir à moi, car le Royaume des cieux est à ceux qui sont comme eux[34] ». Ce renversement oxymorique, dont le *fanciullo* quasimodien se fait signe, est ainsi théorisé par La Pira :

> [...] ils constituent une "catégorie Théologique" [...] ; c'est eux seuls que Jésus élut dans son Royaume : [...] eux seuls eurent le Don du Paradis. Car leur vie fut et est imitation du Christ[35].

Dans le « *Bimbo povero* », Quasimodo reprend point par point ces thèmes de l'enfant vagabond invisible aux adultes, juvénile incarnation du fils de Dieu sur la terre.

> C'est toujours le même bambin vagabond
> qui se trouve sans personne pour lui prendre la main ;
> C'est toujours le même Dieu qui s'achemine en vain
> Sous le regard aveugle du monde environnant[36].

Entre les vers de l'un et les lettres de l'autre naissent donc une poétique et une rhétorique communes, centrées sur le symbole de l'enfant aux cheveux blancs. Le poème intitulé « *Il fanciullo canuto* » constitue une sorte de manifeste écrit *pour* La Pira, comme réponse et comme miroir. Cette parabole peut être lue comme la métaphore d'une conversion. En effet, la première fois que le narrateur cherche à voir au-delà de la crasse du *fanciullo*, il remarque son angoisse et « sa chair pierreuse [qui] avait la pâleur / de la cire fondue sur les

32 « [...] *epilettici, storpi, moribondi, mendicanti, poveri* ». Salvatore Quasimodo et Giorgio La Pira, *Carteggio*, *op. cit.*, p. 71.

33 *Nouveau Testament*, Mathieu, 20 : 16, *op. cit.*, p. 54.

34 *Ibid.*, Mathieu, 19 : 14, *op. cit.*, p. 53.

35 « [...] *essi erano una "categoria Teologica"* [...] *ed essi soli elesse Gesù nel suo Regno essi soli ebbero il Dono del Paradiso.* [...] *Perché la loro vita fu ed è imitazione di Cristo* ». Salvatore Quasimodo et Giorgio La Pira, *Carteggio*, *op. cit.*, p. 71.

36 « *È uno sempre il bimbo vagabondo / che non trova nessuno che prenda la sua mano ; / è sempre Dio che cammina invano / dinanzi agli occhi àtoni del mondo* ». Quasimodo, Salvatore, « *Il bimbo povero* », *Poesie e discorsi sulla poesia*, p. 1010.

candélabres[37] ». Ce jeune vieillard, *puer* par son âme et *senex* par son expérience, suscite chez le narrateur une irrationnelle fascination et « éveille en lui / l'âme d'un chien / qui a trouvé son maître[38] ». On observe à nouveau un renversement oxymorique. Le narrateur, que le *fanciullo* appelait « Monsieur » au début du poème, se compare désormais à un chien et partage la paille du mendiant « devenu doux ». Cette étrange et inconditionnelle amitié lui vaut bien des tourments, car pour avoir un soir tenté de secourir son ami qui s'était mutilé pour se punir de ses péchés, le narrateur couvert du sang d'autrui se retrouve à tort accusé et emprisonné. Mais dans l'humidité de sa cellule a lieu une seconde épiphanie, au cours de laquelle « un calme séraphique envahit son âme » tandis que « pleurent les hirondelles[39] ». Quand il sort du cachot, c'est pour découvrir que le *fanciullo canuto*, debout devant l'entrée, l'a attendu tous les jours.

La Pira vit ce poème comme une véritable révélation, mise en mots symbolique et cryptée de ses propres pensées par son ami, à qui il écrit : « [...] ton *Fanciullo Canuto* est mystère de parole, révélation de l'indicible[40] ». À partir du moment où il prend connaissance de ce poème, La Pira reprend et développe le motif du *fanciullo canuto* pour en faire la métaphore d'une condition existentielle et l'expression d'un idéal de vie. Symbole d'une symbiose entre mendicité et mysticisme, l'enfant aux cheveux blancs devient sous sa plume le pôle principal des « trois valeurs capitales » que sont « la mendicité suprême et purifiée, la croyance en Dieu et la Restauration du Fanciullo dans le déclin candide de l'être[41] ». Dans ses lettres et dans les poèmes de Quasimodo, le *fanciullo* décrit à la fois ce qu'ils sont et ce vers quoi ils doivent tendre. Chacun puise, pour exprimer cet idéal, dans les images et les mots de l'autre : les métaphores du chien et du mendiant, employées par le poète pour décrire le rapport de subordination du narrateur du « *Fanciullo canuto* » à l'enfant, sont réemployées par La Pira comme rappel de leur condition :

37 *Cf.* « [...] *la sua carne pietrosa, era del pallore / della cera squagliata sui doppieri* ». Quasimodo, Salvatore, « *Il fanciullo canuto* », *ibid.*, p. 1145.

38 « [...] *l'anima d'un cane / ch'avesse trovato il suo padrone* ». *Ibid.*, p. 1146.

39 « [...] *piansero le rondini / e una calma serafica / discese nell'anima* ». *Ibid.*, p. 1148.

40 « [...] *e mistero di parola, rivelazione di indicibile è il tuo* Fanciullo Canuto ». Salvatore Quasimodo et Giorgio La Pira, *Carteggio*, *op. cit.*, p. 60.

41 *Cf.* « [...] *la mendicità suprema e purificata, la credenza in Dio, e la Restaurazione del Fanciullo nel tramonto canuto dell'essere* ». *Ibid.*

> Nous, nous sommes comme des chiens errants[42].
>
> [...] Et je te prie d'être pieu et enfant : quand tu auras faim et que tu chercheras des immondices derrière les portes des maisons comme les chiens silencieux, la providence sera toujours là, qui courbe ton âme vers la terre pour l'élever jusqu'aux cieux[43].
>
> [...] j'ai frappé à tant de portes, comme un pauvre mendiant, pour avoir le pain du savoir [...] j'ai trop été vagabond[44].

Comme en témoignent ces échanges, La Pira se fait l'exégète d'un *itinerarium mentis*[45] dont Quasimodo est le chantre, encouragé, voire adulé par son ami. Dans cette quête commune, totalisante et absolue d'une éthique et d'une poétique de vie, chacun écrit pour soi autant que pour l'autre, se nourrit des mots de son ami et lui donne en retour l'élan nécessaire pour se dépasser, dans l'art comme dans la foi. Cette tendance à l'absolu pousse non seulement La Pira à faire du *fanciullo canuto* de Quasimodo la métaphore d'une condition existentielle et un idéal vers lequel tendre, mais aussi à ériger son ami en héraut et héros de ceux dont l'enfant est le symbole. Il élabore en effet une théorie selon laquelle, *parce que* Quasimodo est ontologiquement *fanciullo*, il est aussi le mieux placé pour parler de « la plèbe » (concept qui désigne l'enfant et tous ses avatars) et le plus à même, « par son verbe – heureux rossignol qui lui permet d'ouvrir les mystiques demeures de l'âme – d'enclore de notables parts de mystère[46] ».

42 « *Noi siamo come cani randagi* ». *Ibid.*, p. 66.

43 « *E io ti prego di essere pio e fanciullo : quando avrai fame e* dietro le porte delle case *ci sarà immondizia da ricercare, come i cani silenziosi, sarà sempre la provvidenza che piega l'anima verso terra per sollevarla fino ai cieli* ». *Ibid.*, p. 70.

44 « [...] *Ho bussato a molte porte, come un povero mendicante, per avere pane di sapere* », « [...] *sono stato troppo vagabondo* ». *Ibid.*, p. 58.

45 On peut traduire par « itinéraire de l'esprit vers Dieu », ou « itinéraire de l'âme vers Dieu », expression venant du texte *Itinerarium mentis ad Deum* de saint Bonaventure, composé en 1259 après une extase mystique lors d'une promenade sur le mont Alverne.

46 « *Col tuo verso – felice grimaldello che ti permette di aprire le mistiche case dell'anima– racchiudere brani notevoli di mistero* ». Salvatore Quasimodo et Giorgio La Pira, *Carteggio*, *op. cit.*, p. 82.

LE POÈTE, *PUER AETERNUS*

L'idéalisation de Quasimodo par La Pira se fonde sur le concept de « l'enfant intérieur » proposé par Giovanni Pascoli en 1897 dans le *Fanciullino*. Dans ce célèbre recueil, celui-ci développe l'idée selon laquelle si chaque homme abrite en puissance l'enfant qu'il a été, seul le poète possède la faculté de donner vie et voix à son *fanciullino interiore*, capable de percevoir des choses inaccessibles aux adultes. Grâce à cette double nature, composée du *puer* qui accède à l'invisible et du *senex* qui met en mots et en images cet au-delà du réel, le poète se fait *vates*, porteur et interprète d'une vérité cachée et absolue. La Pira voit en Quasimodo l'incarnation de ce poète-prophète, enfant éternel à la sagesse ancestrale. Il n'a de cesse de lui rappeler le privilège que leur don confère aux poètes (« Totò, il est même vrai que seuls les poètes ont le don d'apporter la lumière dans les profondeurs de l'Être[47] ») et de chercher à le convaincre de la puissance vaticinante de ses mots :

> [...] parfois, dans tes plus grands accents, comme dans les élévations dantesques et dans les terribles descentes-élections de Dostoïevski, j'ai trouvé cette quiétude unificatrice et divine d'où l'être humain tire sa substance, dans sa signification la plus intime et la plus insaisissable[48].

Avec une inébranlable dévotion, La Pira compare les textes de Quasimodo à des prières, voit son don littéraire comme le signe d'une élection divine et considère sa parole « puissante comme celle d'un saint » capable de révéler des vérités enfouies au plus profond de l'être et « [d']entraîner les âmes en purification et immortalité[49] ». On retrouve dans le poème « *In tono minore* », très probablement sous l'influence de La Pira, cette image du poète comme trait d'union entre deux mondes, intermédiaire entre cimes et abîme, interprète des signes visibles de l'invisible. Une définition dense et lapidaire en est proposée :

---

47 « *Totò, è pure vero, che solo ai poeti sia lecito portare luce nei profondi dell'Essere* ». *Ibid.*, p. 57.

48 « *A volte, nei tuoi più grandi accenti come nelle elevazioni dantesche e nelle terribili discese-elezioni di Dostojevskij io ho trovato quella quiete unificatrice e divina onde si sostanzia l'essere umano nel suo significato più intimo e inafferrabile* ». *Ibid.*

49 « [...] *quella sommità di valore verso cui tu trai le anime in purificazione e immortalità* ». *Ibid.*, p. 59.

> Poète : arc-en-ciel suspendu entre deux cimes
> pont de cristal, légère, si légère
> à travers le détroit des songes et des rimes,
> de l'abîme aux bourgeons des neiges[50].

Parce que cette double appartenance lui donne la possibilité de poser un regard authentique et juste sur le monde, de voir les choses du point de vue de Dieu et non de celui des hommes, Quasimodo possède le « Don suprême », que La Pira définit comme la capacité de comprendre les gens de l'abîme aussi bien que les anges et de se faire « voix de la plèbe[51] ».

Fanciullo éternel – et pour cela incarnation et héraut des exclus, les nobles du royaume des cieux – le poète *est* plèbe et parle la langue de la plèbe, « parfaite » et « séraphique[52] ». La lettre dans laquelle le philosophe commente les vers du « *Bimbo povero* » s'ouvre sur une description passionnée du poète, et le donne à voir comme l'Orphée des égarés :

> Présentons à nos amis le divin chantre des pauvres gens. Salvatore Quasimodo, notre frère d'humilité et de prière, est l'œil de notre âme, qui scrute les profondeurs des ruelles dans les bas-fonds du monde, qui scrute le cœur des chiens errants pour mettre en lumière les hauteurs suprêmes de cet esprit vagabond, solitaire, sans demeure ni misères, sans aucun lien, mûri par les souffrances et la libération [...] Tu pénètres les racines de la vie, les refais, les rends purifiées et aptes à entendre ton chant de *fanciullo canuto*[53].

Et c'est par ce chant d'enfant aux cheveux blancs qu'il révèle les mystères enclos dans les bas-fonds, paillettes d'or mélangées à la boue. Ébloui par la capacité du poète à déceler le divin dans les choses les plus humbles et à en restituer le message, La Pira n'a de cesse de pousser son ami à

---

50 « *Poeta : arcobaleno sospeso tra due cime / come ponte di cristallo lieve lieve / per il valico dei sogni e delle rime / dall'abisso ai germogli della neve* ». Quasimodo, Salvatore, *Poesie e discorsi sulla poesia*, *op. cit.*, p. 1178.

51 Salvatore Quasimodo et Giorgio La Pira, *Carteggio*, *op. cit.*, p. 54.

52 *Ibid.*

53 « *Presentiamo agli amici il divino cantore della povera gente. Salvatore Quasimodo, nostro fratello di umiltà e di preghiera, è l'occhio dell'anima nostra che scruta nei profondi dei vicoli, nei bassifondi del mondo, nel cuore dei cani randagi per trarre a luce le supreme altezze di questo spirito vagabondo, solitario, senza casa e senza miserie, senza vincolo alcuno, maturato di soffrimento e di liberazione. [...] tu penetri le radici della vita, le rifai, le rendi purificate ed atte ad intendere il tuo canto di fanciullo canuto* ». *Ibid.*, p. 40.

transmettre le *linguaggio canuto dei fanciulli*, ce « don sublime de savoir parler au cœur de l'homme[54] ».

La correspondance de Quasimodo et La Pira révèle un dialogue exalté, oscillant entre théologie, philosophie et poésie. Sa lecture met en évidence la progressive et fascinante construction d'une poétique commune emprunte de mysticisme, qui se cristallise – entre autres mais surtout – dans le symbole du *fanciullo canuto*, vagabond des étoiles et messager de l'invisible. Sous la plume de La Pira, la difficulté qu'éprouve Quasimodo à être au monde n'est pas un fardeau, mais au contraire le privilège de celui qui voit les choses avec des yeux d'enfant et en restitue les mystères avec ses mots de *voyant*. Grâce à la foi inébranlable et exaltée de son ami, qui entraîne le poète dans un parcours mystique déterminant l'ensemble de son œuvre, Quasimodo accepte et embrasse cette condition de *fanciullo vagabondo* et confie : « Je le sais, ce que je ferai dans le monde bordera l'abîme et frôlera la fange, avoisinera le soleil et aura le froid des étoiles[55] ».

Héloïse MOSCHETTO
Université Aix-Marseille

54 « [...] *il dono sublime di saper parlare al cuore dell'uomo* ». *Ibid.*, p. 54.

55 « *Io lo so, ciò che farò nel mondo, limiterà gli abissi e rasenterà il fango, sarà vicino al sole e avrà il freddo delle stelle* ». *Ibid.*, p. 128.

L'« EXPÉRIENCE INTÉRIEURE » DE GEORGES BATAILLE, ENTRE MYSTIQUE ET ÉCRITURE

Toute l'ambiguïté du signifiant « mystique » se donne dès l'*incipit* de *L'Expérience intérieure*[1] de Georges Bataille, publiée en 1943 par Gallimard – premier livre qu'il fait paraître chez un éditeur de premier plan, alors âgé de près de quarante ans[2]. Le moment de crise personnelle que Bataille traverse peu après la mort de sa compagne Colette Peignot et l'échec d'*Acéphale*[3] est surdéterminé par le contexte historique de l'Occupation. À cette époque Bataille, qui s'était converti jeune homme au catholicisme et avait envisagé la prêtrise, a depuis longtemps acquis la réputation d'un débauché[4]. Pour autant, son rapport au christianisme, en dépit de ses déclarations d'athéisme, est complexe ; l'est plus encore son rapport à la mystique.

Pour prendre la mesure de l'enjeu, il nous faut relire l'*incipit* célèbre de *L'Expérience intérieure* :

> J'entends par *expérience intérieure* ce que d'habitude on nomme *expérience mystique* : les états d'extase, de ravissement, au moins d'émotion méditée. Mais je songe moins à l'expérience *confessionnelle*, à laquelle on a dû se tenir jusqu'ici, qu'à une expérience nue, libre d'attaches, même d'origine, à quelque confession que ce soit. C'est pourquoi je n'aime pas le mot mystique.

---

1 Le texte a été réédité et revu en 1954. Nous le citerons dans les *Œuvres complètes* (désormais *OC*) V, Paris, Gallimard, 1973. Il faut avoir à l'esprit que toutes les parties de *L'Expérience intérieure* n'ont pas le même statut subjectif pour Bataille, comme il le précise dans l'« Avant-propos », p. 9-10 : « *Les seules parties de ce livre écrites nécessairement – répond à mesure à ma vie – sont la seconde, le* Supplice, *et la dernière. J'écrivis les autres avec le louable souci de composer un livre.* »

2 Bataille est déjà fort d'une expérience d'animateur de plusieurs revues qui ont marqué l'histoire intellectuelle de l'entre-deux-guerres, notamment la revue *Documents*.

3 *Acéphale* désigne à la fois une revue et une société secrète fondée par Bataille. Les deux entités ne se confondent pas.

4 On se reportera à la biographie de référence de Surya, Michel, *Georges Bataille, la mort à l'œuvre*, 1992, Paris, Gallimard, « Tel », 2012.

Le terme « mystique » est rejeté, du fait de ses connotations religieuses, même si l'expérience intérieure est présentée sous les traits d'une expérience mystique. C'est précisément cet antagonisme entre l'usage de l'adjectif comme par défaut et sa récusation qui fait l'originalité de cette position abondamment commentée, son risque théorique et son pouvoir de séduction. Ce pourquoi elle s'est à la fois exposée à la sévérité du jugement critique – de la part de chrétiens et de non chrétiens[5] – et elle a pu susciter une réception très favorable, notamment par les nouvelles avant-gardes des années 1960, qui ont contribué à cette « levée des interdits[6] » à la faveur de laquelle, d'un auteur marginal et confiné, selon l'expression, à l'« enfer de la bibliothèque », Bataille est devenu une référence majeure de l'histoire intellectuelle du XXe siècle[7]. Dans cette histoire intellectuelle, Bataille occupe en effet une position stratégique ; pour partie antérieure à la polarisation sartrienne de l'après-guerre, sa production suscite une réception dont le plus vif enjambe ces années de domination de la figure de Sartre. Et peut-être doit-on à l'effort de Bataille de pouvoir aujourd'hui parler, non sans ambiguïtés toujours, d'une mystique dégagée de tout cadre confessionnel[8] – ce qui soulève des difficultés épistémologiques importantes, inhérentes au rapport complexe du poststructuralisme à la notion d'expérience[9]. Le traitement du signifiant « mystique » pose en ce sens, chez Bataille, un double problème, illustrant le destin d'un

5 Michel Surya expose cette réception difficile, dans sa biographie de Bataille (*op. cit.*, p. 380-388) des surréalistes « mineurs » restés en France – on sait que Bataille et Breton étaient en conflit et que certaines pages du *Second manifeste du surréalisme* avaient à l'endroit de Bataille des mots très durs –, du penseur chrétien Gabriel Marcel, et surtout de Sartre avec qui les relations s'amélioreront néanmoins.

6 Ronse, Henri, « L'Apprenti sorcier », *L'Arc*, n° 44, *Bataille*, 1971, p. 1.

7 Pour une synthèse de la réception de Bataille en France, de l'après-guerre à nos jours, voir les premières pages de l'ouvrage de Marmande, Francis, *Le Pur Bonheur, Georges Bataille*, Paris, Nouvelles Éditions Lignes, 2011.

8 Sans doute Bataille n'est pas le seul écrivain français, dans l'entre-deux-guerres, à essayer de détacher une expérience mystique d'un cadre confessionnel ; on pense au fameux « sentiment océanique » de Romain Rolland et son dialogue avec Freud. Voir à ce sujet l'ouvrage de Hulin, Michel, *La Mystique sauvage. Aux antipodes de l'esprit* (1993), Paris, PUF, coll. « Quadrige », 2014. Sur le rapport de Bataille à Rolland, voir Surya, Michel, *Georges Bataille, la mort à l'œuvre* (1992), Paris, Gallimard, « Tel », 2012, p. 401. Mais ce qui est en jeu dans l'expérience intérieure comme expérience-limite est bien différent.

9 Ils portent sur les rapports de détermination entre, d'une part, les catégories discursives relevant d'un contexte historique donné et, d'autre part, une expérience subjective qui revendiquerait une certaine autonomie, enjeu ambivalent dans la réception dite poststructuraliste de Bataille. Voir à ce sujet Jay, Martin, « Limites de l'expérience-limite : Bataille et Foucault », p. 35-60, in (dir.) Hollier, Denis, *Bataille après tout* (actes du colloque

certain rapport à la mystique dans le champ littéraire et intellectuel de l'après-guerre. Un problème philosophique, d'une part, ayant trait à la conception et à la conceptualisation d'une mystique athéologique. Un problème poétologique, d'autre part, interrogeant la compatibilité de l'écriture avec l'effort de figuration de ce qui semble échapper au langage. Puisque le langage ne saurait être entièrement adéquat à cette « expérience-limite[10] », ces deux questions ne peuvent en réalité être séparées. Comme le souligne Catherine Millot qui s'est intéressée de près, dans *La Vocation de l'écrivain*, au rapport entre mystique et écriture :

> L'hypothèse selon laquelle la vocation de l'écrivain répondrait à l'exigence de symboliser un certain type d'expérience subjective que l'on pourrait qualifier de mystique (à y adjoindre l'épithète laïque) m'avait, au départ, orientée du côté des poètes [...] Il s'avère après-coup que, loin d'être originaires, elles furent bien plutôt, pour chacun, l'effet d'un certain rapport au langage, déterminé par la pratique poétique elle-même[11].

Qu'en est-il alors de Bataille ? Nous nous proposons d'explorer l'hypothèse suivante : si l'écriture de Bataille semble vouloir rendre compte d'une « expérience intérieure », antérieure au langage et d'inspiration mystique, elle se soutient d'un déplacement de l'expérience mystique dans la pratique même de l'écriture. Réciproquement, une telle lecture ne fait sens qu'en tant qu'elle fait fond sur le bouleversement de la conception même de l'écriture, dans les années 1960 et 1970, à laquelle la réception des œuvres et écrits de Bataille a significativement contribué. La mystique s'appuierait sur la médiation de l'écriture puisque le jeu sur la limite, constitutif de l'expérience intérieure à l'horizon de la « mort de Dieu », s'effectue dans un certain rapport au langage que l'apport structuraliste aura permis, par après, de mettre en relief. Autrement dit, il y a ici un inévitable effet de boucle[12]

---

qui s'est tenu les 27 et 28 novembre 1993 à Orléans), Paris, Belin, coll. « L'extrême contemporain », 1995.

10 Voir Blanchot, Maurice, *L'Entretien infini*, Paris, Gallimard, 1969. Le syntagme est le titre d'un chapitre qui commence à la page 300, dont la première section est consacrée à Bataille, repris de NRF, n° 118, octobre 1962 (la seconde partie de l'essai est ajoutée).

11 *La Vocation de l'écrivain*, Paris, Gallimard, coll. « L'infini », 1991. p. 8. Catherine Millot ajoute : « De se soumettre à l'empire des mots, le poète est conduit au cœur de la structure, là où se révèle le non-sens qui habite toute signification », où l'on reconnaît l'inspiration lacanienne de son approche.

12 Effet de boucle qu'on décèle notamment, dans le champ universitaire américain, à la tentation rétrospective problématique parce qu'anachronique de faire de Bataille un préstructuraliste.

inhérent à l'importance de Bataille dans le champ littéraire et intellectuel : celui-ci aurait contribué à modifier les conditions d'intelligibilité de sa propre démarche d'écriture. Pour déplier ces enjeux, nous évoquerons plusieurs jalons décisifs de la réception bataillienne.

EXPÉRIENCE INTÉRIEURE, EXPÉRIENCE MYSTIQUE, EXPÉRIENCE HÉGÉLIENNE

Au premier abord, il semble que Bataille cherche à dégager un substrat expérientiel apparenté à la mystique, mais qui soit exempt de toute emprise confessionnelle[13], sans pour autant se réduire à l'expérience de la conscience au sens hégélien du terme. Pour Hegel, en effet, l'expérience (*Erfahrung*) est « ce mouvement dialectique que la conscience exerce en elle-même, aussi bien à même son savoir qu'à même son objet, *dans la mesure où le nouvel objet vrai* en surgit pour elle. [...][14] ». Or pour Bataille, il est hors de question de réduire l'expérience intérieure à l'emprise rationnelle de la seule dialectique. Rappelons quelques éléments bien connus des lecteurs de Bataille.

L'Expérience intérieure appartient à ce que Bataille, en référence à saint Thomas d'Aquin, a nommé *Somme athéologique*[15]. Ce néologisme, par son préfixe, marque à la fois le refus du théologique et peut-être aussi son manque, rejouant ainsi l'ambiguïté du rapport de Bataille à « la théologie » homophonique de « l'athéologie[16] ». La dernière partie de l'ouvrage s'intitule « La nouvelle théologie mystique » que Bataille présente comme « héritière d'une théologie mystique fabuleuse, mais

13 Pour approfondir le rapport de Bataille au christianisme, on se reportera à Buvik, Per, *Identité des contraires. Sur Georges Bataille et le christianisme*, Paris, Éditions du Sandre, 2010. L'auteur distingue nettement le catholicisme médiéval avec dont Bataille se sent proche de la rationalisation moderne à laquelle Bataille s'oppose.

14 Hegel, *Phénoménologie de l'esprit*, « Introduction », trad. Lefebvre, Jean-Pierre, Aubier, « Bibliothèque philosophique », 1991, p. 88.

15 Selon un projet formulé dans une lettre à Raymond Queneau, en 1950. *Cf.* Bataille, Georges, *OC* VI, Paris, Gallimard, 1973, p. 360.

16 Voir notamment Lacoste, Sarah, « Une mystique singulière du mal », in Ernst, Gilles et Louette, Jean-François (dir.), Nantes, Defaut, Cécile, *Georges Bataille, cinquante ans après*, 2013, p. 43-44.

mutilée d'un Dieu et faisant table rase[17] » (p. 21). Certes Bataille affirme utiliser, pour viser à l'expérience intérieure, « une méthode où les chrétiens excellèrent » (p. 15), une méthode dont les résultats furent toutefois, nuance-t-il, bornés par le dogme, une « méthode de dramatisation » en partie inspirée des *Exercices spirituels* de saint Ignace de Loyola (voir p. 138-139). Mais Bataille a également recours à d'autres expédients, comme la contemplation déchirante d'images de suppliciés[18]. Il se sent en affinité avec la mystique chrétienne et la théologie négative ; il cite favorablement cette constellation composée des noms de Denys l'Aréopagite, de Maître Eckhart, d'Angèle de Foligno et de Jean de la Croix (p. 16-17, p. 24), comme ici : « selon saint Jean de la Croix, nous devons imiter en Dieu (Jésus) la déchéance, l'agonie, le moment de "non-savoir" du "*lamma sabachtani*[19]" » (p. 61) – « pourquoi m'as-tu abandonné ? », s'écrie Jésus crucifié – moment pathétique d'« horreur sacré » (p. 86) auquel il se montre particulièrement sensible. Toutefois, Bataille entend marquer l'originalité de sa position : l'inconnu, dans l'expérience intérieure, doit être sans partage et la « nuit obscure[20] » ne peut ouvrir à aucun « salut », tenu pour le plus odieux de tous les « faux-fuyants » (p. 24). La « dramatisation », c'est-à-dire ce qui permet d'atteindre à l'intensité extatique, doit elle-même se détacher de tout cadre confessionnel qui la codifierait. L'extase mystique ne déboucherait donc sur aucun contenu cognitif réconfortant, si ce n'est l'idée que « la vérité de l'homme » est « une supplication sans réponse » (p. 25), tandis que la subordination de l'extase mystique à la recherche du salut en limite la portée. L'« angoisse » est donc sans recours, bien qu'elle soit irréductiblement mêlée de désinvolture, de rire, de joie, de « délice », et doit être éprouvée et traversée comme telle : « Au lieux d'aller à la profondeur de son angoisse, l'anxieux babille, se dégrade et fuit » (p. 47).

Mais Bataille parle également de « philosophie sacrée », en opposition à la « philosophie profane » (p. 96), à savoir la métaphysique hégélienne. Le « non-savoir » se démarque ainsi du « savoir absolu » qui clôt *Phénoménologie de*

17 Les pages indiquées entre parenthèses font toutes références à *L'Expérience intérieure*, dans l'édition des *Œuvres Complètes*, V, Paris, Gallimard, 1973.

18 Surya, Michel, *Georges Bataille, la mort à l'œuvre*, *op. cit.* p. 116 ; voir *Les Larmes d'Éros* (1961), *OC* X, Paris, Gallimard, 1987.

19 *Ps* 22 : 2, *Mr* 15 : 34, *Mt* 27 : 46.

20 Sur les usages stylistiques associés à la « nuit obscure », voir Lacoste, Sarah, « Une mystique singulière du mal », *op. cit.*, p. 51-57.

l'esprit hégélienne[21]. Nous l'avons dit, la phénoménologie hégélienne accorde un rôle important au concept d'« expérience » auquel un sens conceptuel précis est assigné, en subordonnant cette expérience au gain dialectique de la conscience, à la faveur du moment du négatif. Bataille, pour sa part, propose la définition suivante : « L'expérience [à entendre l'expérience intérieure] est la mise en question (à l'épreuve), dans la fièvre et l'angoisse, de ce qu'un homme sait du fait d'être ». Celle-ci fait alors écho à une autre définition bien connue de l'expérience intérieure comme « voyage au bout du possible » (p. 19). C'est à ce « bout » ou à cet « extrême », rejoint par l'érotisme, le rire, l'extase, que mène cette dernière ayant partie liée avec le mal[22]. Aucun dépassement dialectique ne semble alors être possible, puisque l'expérience intérieure est remise en cause de tout sens possible.

Cette double exclusive, désignant le lieu instable de l'expérience intérieure, ouvre à un malentendu que la lecture faite par Sartre dès 1943, « Un nouveau mystique[23] », manifeste fortement. Tributaire de ses présupposés philosophiques et esthétiques, Sartre ne peut reconnaître le déplacement du signifiant « mystique » opéré par Bataille. C'est rétrospectivement par contraste, par la manière radicale dont les lectures de Foucault, Derrida et d'autres se démarqueront de celle de Sartre, que les partis pris de cette première réception sartrienne de Bataille sailleront.

« UN NOUVEAU MYSTIQUE » ?

Il nous faut nous arrêter un moment sur cette lecture sartrienne, pour mesurer le hiatus important, non seulement entre deux thèses, mais entre deux régimes de pensée, quand même Sartre et Bataille se

21 C'est la question cruciale de la « négativité sans emploi » qui se profile ici. Voir la « Lettre à X, chargé d'un cours sur Hegel », en appendice au *Coupable*, *OC* V, p. 369 ou bien Bataille, Georges, *Choix de lettres, 1917-1962*, p. 131 à 136, où la lettre est reproduite intégralement alors qu'elle l'était partiellement dans les *Œuvres Complètes*. Les commentaires des rapports de Bataille à Hegel sont trop nombreux pour pouvoir être ici cités.

22 Voir de Bataille, Georges, *La Littérature et le Mal*, Paris, Gallimard, « Blanche », 1957. Bataille y écrit dans l'« avant-propos » : « La littérature n'est pas innocente, et, coupable, elle devait à la fin s'avouer telle. »

23 Sartre, Jean-Paul, « Un nouveau mystique » (*Cahiers du Sud*, octobre-décembre 1943, n° 260, 261 et 262), *Critiques littéraires (Situations, I)* (1947), Paris, Gallimard, « Folio essais », 1993.

réclament tous deux d'un athéisme ; pour l'un et l'autre toutefois, il ne revêt pas du tout le même statut[24]. L'un est compatible avec une mystique athéologique, l'autre – celui de Sartre – ne peut que récuser tout mysticisme.

À la fin de *L'Expérience intérieure* (p. 176), Bataille cite le fameux aphorisme nietzschéen du *Gai savoir* : « N'avez-vous pas entendu parler de ce fou qui allumait une lanterne en plein midi[25] [...] », annonçant le meurtre de Dieu, et en propose le commentaire suivant : « L'athée est satisfait d'un monde achevé sans Dieu, ce sacrificateur est, au contraire, dans l'angoisse devant un monde inachevé, inachevable, à jamais inintelligible, qui le détruit, le déchire [...] ». Le « non-savoir » vaut déchirement. Autrement dit, « la limite de l'homme n'est pas Dieu, n'est pas le possible, mais l'impossible, c'est l'absence de Dieu[26]. » Ou encore : « l'impossible est le fond de l'être[27] ». Sartre est bien conscient de la différence entre son athéisme et l'athéologie bataillienne : « Dieu est mort, mais l'homme n'est pas, pour autant, devenu athée[28] », écrit-il dans sa recension. Son propre athéisme, juge-t-il donc, est plus conséquent que celui de Bataille qui affirme : « J'ai du divin une expérience si folle qu'on rira de moi si j'en parle » (p. 45). Bataille est-il pour autant le « nouveau mystique » que désigne ironiquement Sartre ? ce « chrétien honteux[29] » ?

Entre autres motifs critiques, Sartre récuse la contestation par Bataille de la notion de « projet », qui joue un rôle central dans l'existentialisme : « Mais nous *sommes* projet, en dépit de notre auteur[30] » Le projet n'est pas, pour Sartre, une modalité comme une autre de la volition, mais

---

24 Bataille, Georges, « Dossier du "Pur bonheur" », *OC* XII, p. 529 : « je m'inscris expressément dans le courant de pensée foncièrement athée ».

25 Nietzsche, Friedrich, *Le Gai Savoir*, § 125, « L'insensé ».

26 *OC* VI, p. 312.

27 *OC* III, p. 41. Voir également Foucault, Michel, *Dits et écrits*, t. I, p. 253, « Préface à la transgression » (*Critique*, n° 195-196 : Hommage à Bataille, août-septembre 1963) p. 751-769, le passage décisif qui se conclut par : « En ce sens, l'expérience intérieure est tout entière expérience de *l'impossible* (l'impossible étant ce dont on fait l'expérience et ce qui la constitue). »

28 Sartre, Jean-Paul, « Un nouveau mystique », *op. cit.*, p. 142.

29 *Ibid.*, p. 166.

30 *Ibid.*, p. 174. Voir *L'Être et le néant*, (1943), Paris, Gallimard, coll. « Tel », 1976, p. 74 : « J'émerge seul et dans l'angoisse en face du projet unique et premier qui constitue mon être, toutes les barrières, tous les garde-fous s'écroulent, néantisés par la conscience de ma liberté : je n'ai ni ne puis avoir recours à aucune valeur contre le fait que c'est moi qui maintiens à l'être les valeurs. » Autrement dit, bien qu'il y ait angoisse comme dans

désigne le mode fondamental du rapport au monde de la conscience. Pour Bataille, l'expérience intérieure est le contraire de l'action comme de la discursivité qui sont toutes deux liées à la catégorie ontologique du « projet » : « [...] la nature de l'expérience [intérieure] est, sauf dérision, de ne pouvoir exister comme projet » (p. 59), « l'expérience est le contraire du projet » (p. 69). On ne peut envisager, ici, d'opposition plus ferme. Tandis que le projet reste du côté de la morale, Bataille lui préfère l'idée de « sacrifice » : « Le plan de la morale est le plan du *projet*. Le contraire du projet est le sacrifice » (p. 158). « Le sacrifice est immoral, la poésie est immorale » (p. 158), écrit encore Bataille. En revanche, Bataille reconnaît la valeur de « l'esprit de décision » (p. 18), fortement teinté de l'influence revendiquée de Nietzsche peu avant la citation suivante (p. 38) : *« Toute la morale du rire, du risque, de l'exaltation des vertus et des forces est* esprit de décision ». La décision, par conséquent, en dépit de la proximité sémantique apparente, « est l'inverse du projet (elle veut qu'on décide sur-le-champ, tout en jeu : la suite importe en second lieu) » (p. 39).

Cette relation entre les termes est en réalité plus dialectique, Bataille distinguant la « morale vulgaire[31] » et la morale prise en un sens plus exigeant, qui ne conditionne pas la « mise en jeu » de soi au bien à venir. Car le projet est report de l'être, tandis que « l'expérience intérieure est l'être sans délai » (p. 60). Sartre, lui, fait du projet en sa dimension originaire la condition de possibilité de toute donation de signification ; il est donc préalable à toute structuration axiologique. Autrement dit, pour Sartre, la décision au sens de Bataille est déjà projet, que ce dernier le veuille ou non. Dans la « Discussion sur le péché », Sartre reproche à Bataille son inconséquence puisqu'il établirait des valeurs qu'il récuserait par la suite[32]. Bataille sait bien que « sortir par un projet du domaine

---

l'expérience intérieure, le projet ne peut pas ne pas poser une « valeur ». Tout dépend alors de ce qu'il faut entendre par ce terme.

31 Voir également « Discussion sur le péché », *op. cit.*, p. 319. Cette « discussion » s'est tenue en mars 1944 chez Marcel Moré, réunissant de nombreux intellectuels chrétiens ou non de l'époque : Arthur Adamov, Maurice Blanchot, Pierre Burgelin, Simone de Beauvoir, Albert Camus, Jean Daniélou, Dominique Dubarle, Maurice de Gandillac, Jean Hyppolite, Pierre Klossowski, Michel Leiris, Jacques Madaule, Gabriel Marcel, Louis Massignon, Maurice Merleau-Ponty, Jean Paulhan, Pierre Prévost, Jean-Paul Sartre. Sur celle-ci, voir Surya, Michel, *Sainteté de Bataille*, Paris, Éditions de l'éclat, coll. « Philosophie imaginaire », 2012, le chapitre « Éloge du péché », p. 128-153. Le texte, introduit par la conférence faite alors par Bataille, a été réédité par les Éditions Lignes en 2010.

32 *Ibid.*, p. 343-344.

du projet » (p. 60) ne va pas de soi, c'est pourquoi il concède à Sartre : « Je n'ai parlé que d'une position insoutenable[33] ». Mais cette position est inévitable, puisque la « dépense[34] » dont participe l'expérience intérieure exige de ne pouvoir être capitalisée dans un gain de sens.

En définitive, Sartre refuse à Bataille que cette « nuit du non-savoir » puisse valoir pour autre chose qu'une expérience subjective, si elle n'est pas adossée à la théologie chrétienne. Conceptuellement, ce ne serait qu'une universalité vide. Le philosophe actualise ainsi la critique que Hegel adressait à Schelling[35] : ce ne serait qu'un « néant hypostasié ». En quoi consiste, selon Sartre, le truquage qu'opère Bataille pour se défendre contre son « supplice » ? Il « substantifie son ignorance », il en fait non pas rien, mais « l'au-delà du savoir ». Cet argument est justement pointé dans la « Réponse à Jean-Paul Sartre[36] » qui se trouve dans l'« appendice » au *Sur Nietzsche, Volonté de chance*, qui est d'abord paru chez Gallimard en 1945. Mais si Bataille loue une certaine clairvoyance sartrienne, il la reconnaît conditionnelle à un point d'arrêt que, justement, l'expérience intérieure ne connaît pas, étant radicalement dynamique : « la critique, elle, n'est pas *prise* dans le mouvement[37] ». Le dialogue plus ou moins conflictuel entre Bataille et Sartre se prolongera autour du *Baudelaire* de Sartre, puis de son *Saint Genet, comédien et martyr*, et en 1952, à propos de *L'homme révolté* de Camus[38]. Ce que marque en creux

33 *Cf. ibid.*, p. 345, puisque Bataille affirme : « J'ai parlé d'une morale du sommet [l'extase] que j'ai opposée à une morale du déclin [la conservation de soi en vue du bien] et j'ai fini par constater simplement ceci : qu'à partir du moment où je parlais de morale du sommet en réalité je parlais au nom de la morale du déclin », puisque la notion même de morale suppose un point de vue étranger à la perte inhérente à l'expérience intérieure.

34 *Ibid.*, p. 347 et 351. *Cf.* « La notion de dépense » (1933), repris in *OC*, I. C'est toute la question complexe de « l'économie généralisée » que cette notion appelle, que développe *La Part maudite* (1949).

35 *Cf.* Hegel, « Préface » à *La Phénoménologie de l'esprit*, t. I, Paris, Aubier, trad. Hyppolite, Jean, 1978, p. 16 : « Poser, en opposition à la connaissance distincte et accomplie, ou cherchant et exigeant son propre accomplissement, ce savoir unique que dans l'absolu tout est égal, – ou donner son Absolu pour la nuit dans laquelle, comme on a coutume de dire, toutes les vaches sont noires, – c'est là l'ingénuité du vide dans la connaissance ». Cette critique est mentionnée par Sartre dans sa recension (*op. cit.*, p. 171), à propos de Bataille ; elle est elle-même thématisée par Bataille dans sa « Réponse à Jean-Paul Sartre » (*op. cit.*, p. 198), et dans « Méthode de méditation », passage cité par Derrida dans « De l'économie restreinte à l'économie généralisée » que nous allons commenter. Dense et décisif intertexte, donc.

36 Bataille, Georges, *OC*, VI, p. 196.

37 Voir « Réponse à Jean-Paul Sartre », *op. cit.*, p. 199.

38 Cette relation se prolonge notamment par une « Réponse à Jean-Paul Sartre (Défense de *L'Expérience intérieure*) » (*OC* VI, p. 195-202) et par la « Discussion sur le péché » (*OC* VI,

« Un nouveau mystique » par la sorte d'incompréhension dont Sartre fait preuve, c'est le déplacement du signifiant « mystique » qui se trouve en jeu. Le partage sartrien de l'époque entre forme et contenu ne pouvait rendre justice à un tel déplacement, puisque la position d'une valeur par le projet est solidaire de l'assomption d'une « signification ». La mise en cause du « cheval de beurre » de *L'Expérience intérieure* par Sartre, dans *Qu'est-ce que la littérature ?* illustre bien ce malentendu[39]. Étrangère aux exigences de clarté de la « prose », la « poésie » selon Bataille ne relève pas non plus de ce que Sartre thématise sous ce nom, dans les articles rassemblés dans *Qu'est-ce que la littérature ?*. Autrement dit la « poésie » au sens bataillien ne s'oppose pas à la « prose » en tant que cette poésie serait attention à la seule matérialité sensible du langage. Elle relève pour Bataille d'un tout autre enjeu.

« AU-DELÀ DE L'OPPOSITION DU *MYSTIQUE* ET DU *RATIONNEL* »

Après sa mort en 1962, Bataille devient une référence majeure pour une certaine avant-garde littéraire et intellectuelle, en particulier Sollers et le groupe Tel Quel, ainsi que pour Foucault[40]. Auparavant, le dialogue entre Blanchot et Bataille avait commencé à l'époque de

p. 315) qui s'est tenue chez Marcel More le 5 mars 1944. Sur cette « discussion », voir notamment Michel Surya, *Sainteté de Bataille*, Éditions de l'éclat, coll. « Philosophie imaginaire », p. 128-153. Sur la relation entre Sartre et Bataille, abondamment commentée, voir notamment le numéro de la revue *Lignes* consacré à celle-ci, 2000/1 (n° 1), *Sartre – Bataille*.

39 Publié en plusieurs livraisons, à partir de 1947, dans *Les Temps modernes*, l'essai est retouché pour constituer en 1948 le volume *Situations II* chez Gallimard, réédité dans la collection « Folio essais » en 2008. Sartre déplore l'usage d'expressions telles que « cheval de beurre » qui brouillent le sens au lieu de le clarifier : « Si nous voulons restituer aux mots leurs vertus il faut mener une double opération : d'une part un nettoyage analytique qui les débarrasse de leurs sens adventices, d'autre part un élargissement synthétique qui les adapte à la situation historique. » (p. 282 ; voir également p. 18). Ce mouvement qui vise à la clarté s'oppose à celui que prône Bataille pour la poésie, qui est d'aller du connu vers l'inconnu : « Mais au contraire la poésie mène du connu à l'inconnu. Elle peut ce que ne peuvent le garçon [de ferme] ou la fille [de ferme qui l'un et l'autre font un usage utilitaire des mots "beurre" et "cheval"], introduire un cheval de beurre », écrit-il dans *L'Expérience intérieure* (p. 157), pour distinguer cet usage utilitaire des mots de l'usage poétique qui « place devant l'inconnaissable ».

40 Pour ce dernier, Klossowski et Blanchot sont également des références majeures.

l'élaboration de ce qui deviendra *L'Expérience intérieure*[41], au point que *L'Expérience intérieure* en porte à plusieurs reprises la marque, que « le nœud même de "l'expérience intérieure" est attribué à une phrase prononcée par Blanchot : [...] "l'expérience est elle-même l'autorité (mais l'autorité s'expie)[42]" ». Dans la perspective de Bataille et de Blanchot, l'expérience n'est plus le chemin de la connaissance, mais la fin elle-même qui est l'épreuve de l'« extrême du possible », syntagme qui, nous l'avons vu, revient fréquemment sous la plume de Bataille, de même que celui, aussi fréquent si ce n'est plus encore, de « non-savoir » qui s'y trouve conjoint[43]. Bataille et Blanchot sont ainsi en « consonance », pour emprunter ce terme à Dominique Rabaté[44]. En plus de répéter les références à la conversation avec Blanchot tout juste évoquée, Bataille cite un long passage de *Thomas l'Obscur* (p. 119-120), si bien que Sartre a pu dire que *L'Expérience intérieure* était une sorte de commentaire de *Thomas l'Obscur.* Or, ces lectures des années 1960 que nous allons évoquer entendent, chacune à leur manière, se démarquer fortement de la réception sartrienne pour faire droit à ce qui, entre Bataille et Blanchot, s'élabore ici.

Foucault dira le caractère déterminant pour lui de sa lecture de la recension sartrienne et sa forte réticence à son égard[45]. En comment

41 Les deux hommes s'étant rencontrés au début de la guerre. Voir Bident, Christophe, *Maurice Blanchot, partenaire invisible*, Seyssel, Champ Vallon, coll. « Les classiques de Champ Vallon », 1998, p. 167-180.

42 *Ibid.*, p. 176-177 ; voir *L'Expérience intérieure, op. cit.*, p. 19-20 (le nom de Maurice Blanchot se trouve en note de bas de page), la citation est tirée de la page 67 ; voir également p. 24, 67, 120. Dominique Rabaté conteste qu'on puisse assigner à l'un plutôt qu'à l'autre l'autorité elle-même (voir infra).

43 Sartre note, dans « Un nouveau mystique » (*op. cit.*, p. 167) que « ces expressions sont communes à Wahl traduisant Jaspers et à M. Bataille », de même que « déchirure » et « monde de la nuit ».

44 Voir Rabaté, Dominique, « L'expérience littéraire : Proust, Blanchot, Bataille », in Coquio, Catherine et Salado, Régis (dirs.), *Fiction et connaissance, essais sur le savoir à l'œuvre et l'œuvre de fiction*, Paris, L'Harmattan, coll. « Littérature », 1998, p. 311-312. Dominique Rabaté pointe, en se démarquant de l'interrogation de Michel Surya, l'impossibilité de départager les influences; c'est pourquoi il privilégie le terme de « consonance » pour marquer l'effet de la rencontre entre Bataille et Blanchot : « Le nom propre est bien donné [celui de Blanchot, dans *L'Expérience intérieure*] mais le "principe" [terme utilisé par Bataille pour qualifier ceci que l'expérience est l'autorité et qu'elle s'expie] est sans doute, pour l'un comme l'autre, celui même de l'amitié anonyme. »

45 Foucault, *Dits et Écrits (1954-1988)*, t. I, Paris, Gallimard, « Quarto », 2001, p. 22 : « Ce qui m'a fait basculer, c'est la lecture d'un article que Sartre avait écrit sur Bataille avant la guerre, que j'ai lu après la guerre, qui était un tel monument d'incompréhension,

L'Expérience intérieure dans sa « Préface à la transgression », il veut être attentif au déplacement du sens possible de la « mystique » : la mort de Dieu n'ôte pas seulement la possibilité du salut à l'expérience intérieure, mais en réaménage radicalement la topologie. Il y a dans le monde où la mort de Dieu a ôté au sacré ses contenus déterminés, une place laissée vide ; la « transgression », selon Foucault, serait ce qui la désigne : Foucault parle ainsi de « pureté vide de la transgression[46] ». Bataille aide Foucault à penser l'articulation intime entre la sexualité dans son rapport au langage et cette mort de Dieu, l'excès découvrant dans une même expérience les deux termes : sexualité comme expérience de la limite et mort de Dieu[47] ; ce pourquoi Foucault replace le discours bataillien à cet horizon nietzschéen, dans cet « espace constant de notre expérience », où se voit substitué à « la limite de l'Illimité » le « règne illimité de la Limite ». Cette substitution est décisive, puisqu'elle fait de « *l'impossible* » le constituant de l'expérience, et la « transgression » l'opérateur qui en révèle la « Limite », comme nous pouvons le lire dans le passage suivant :

> La mort de Dieu, en ôtant à notre existence la limite de l'Illimité, la reconduit à une expérience où rien ne peut plus annoncer l'extériorité de l'être, à une expérience par conséquent *intérieure* et *souveraine*. Mais une telle expérience, en laquelle éclate la mort de Dieu, découvre comme son secret et sa lumière, sa propre finitude, le règne illimité de la Limite, le vide de ce franchissement où elle défaille et fait défaut. En ce sens, l'expérience intérieure est tout entière expérience de *l'impossible* (l'impossible étant ce dont on fait l'expérience et ce qui la constitue)[48]

Limite et transgression se soutiennent l'une l'autre, offrant à l'expérience une topologie paradoxale, car le franchissement s'annule comme tel en son geste incessamment renouvelé ; de cette topologie, seul insiste l'acte d'affirmation d'un nouvel espace chaque fois ouvert dans le vertige. La transgression peut alors être dite « l'envers solaire de la dénégation satanique[49] ». Tandis que la dialectique reste tributaire de coordonnées

---

d'injustice et d'arrogance, de hargne et d'agressivité que j'ai été irréductiblement depuis ce moment-là pour Bataille et contre Sartre. » (Passage non publié des entretiens de 1978 avec Trombadori, D., repris dans *Dits et écrits (1976-1988)*, t. II, *op. cit.*, p. 281).

46 Foucault, Michel, *Dits et écrits*, t. I, *op. cit.*, p. 262, reprise de « Préface à la transgression », *op. cit.*, p. 751-769.

47 *Ibid.*, p. 264.

48 *Ibid.*, p. 253.

49 *Ibid.*, p. 267.

philosophiques où le primat est accordé au couple de la « totalité » et de la « contradiction », la mort de Dieu accompagne le déplacement foucaldien d'une acception possible de la mystique.

Derrida, tout en partageant avec Foucault des réserves importantes à l'égard du texte de Sartre « Un nouveau mystique », adopte quelques années plus tard une autre stratégie. Lui conteste plus directement que Bataille soit un mystique : « Bataille n'est surtout pas un nouveau mystique[50] », affirme-t-il dans *L'Arc, Georges Bataille*, du moins au sens où Sartre l'entend. C'est à l'hégélianisme de l'écrivain qu'il s'intéresse :

> [...] une complicité sans réserve accompagne le discours hégélien, le « prend au sérieux » jusqu'en son terme, sans objection de forme philosophique, cependant qu'un certain éclat de rire l'excède et en détruit le sens, signale en tout cas la pointe « d'expérience » qui le disloque *lui-même.* (p. 400)

Derrida se concentre sur la lecture bataillienne de la dialectique du maître et du serviteur[51], pour établir une distinction entre « maîtrise » et « souveraineté[52] ». Le critère est le suivant : seule « la maîtrise a un sens » (p. 374). Mais cette maîtrise elle-même, en définitive, se révèle risible, « le rire seul excède la dialectique et le dialecticien : il n'éclate que depuis le renoncement absolu au sens [...] » (p. 376). C'est donc le rire qui « fait briller » la différence entre maîtrise et souveraineté. Affronter l'hégélianisme est un des enjeux, hautement problématique, du moment philosophique des années 1960. Pour jouer son rôle d'effraction hors du système hégélien, le rire ne doit pas être une simple négativité qui serait, dans ce cas, réintégrée dans une synthèse d'ordre supérieur : en corrigeant ici Sartre, Derrida dit du rire qu'il n'est pas le « négatif » (p. 377). Tout au long de son essai, Derrida développe une critique sévère de la lecture

50 Derrida, Jacques, « De l'économie restreinte à l'économie générale, un hégélianisme sans réserve », *L'Arc, Georges Bataille*, 32, mai 1967, repris dans *L'Écriture et la Différence* (1967), Paris, Seuil, coll. « Points Essais », 1979, (p. 369-408), p. 371. Dans cette section, nous présentons les numéros de page des citations de l'article de Derrida dans le corps de texte.

51 Point central du fameux séminaire que donne Kojève sur *La Phénoménologie de l'esprit* entre 1933 et 1939, à l'École pratique des hautes études à Paris de 1933 à 1939, auquel assiste Georges Bataille, entre autres intellectuelles de renom (Raymond Aron, Roger Caillois, Michel Leiris, Henry Corbin, Maurice Merleau-Ponty, Jacques Lacan, Jean Hyppolite, Éric Weil).

52 Distinction difficile, dont Jean-Luc Nancy interroge la possibilité même dont *La Communauté désœuvrée*, Paris, Bourgeois, 1986, p. 62-63.

sartrienne de Bataille, prenant presque à chaque occasion le contrepied ; c'est que la lecture de Sartre serait encore philosophique, tandis que celle revendiquée par Derrida tenterait d'articuler le philosophique avec ce qui, dans la notion même de la « souveraineté » bataillienne, le destitue. Le discours philosophique reposerait sur une « archie rassurante » (p. 394), c'est-à-dire un principe premier et un ordre des raisons qui récuserait toute dignité rationnelle à la contingence. C'est tout l'enjeu, ici, de la conservation réalisée par le système hégélien, qui de la mort fait du sens : « que rien ne soit définitivement perdu par la mort » (p. 377). En revanche, « le comique absolu, c'est l'angoisse devant la dépense à fonds perdus, devant le sacrifice absolu de sens : sans retour et sans réserve ».

Cependant, telle est la subtilité de la lecture derridienne, « en *doublant* la maîtrise, la souveraineté n'*échappe* pas à la dialectique » (p. 382). La « synthèse » n'est pas annulée, corrige Derrida, mais la souveraineté « l'inscrit et la fait fonctionner dans le sacrifice du sens » (p. 383). Au-delà du système hégélien ou en deçà, il n'y pas l'universalité vide que Sartre récuse, mais une « tâche impossible » qu'indique la « tache aveugle » pointée par Bataille et mettant en péril toute discursivité : celle de « trouver une parole qui garde le silence », de « dire dans la langue – de la servilité – ce qui n'est pas servile ». D'où la définition derridienne du poétique : « Le poétique ou l'extatique est ce qui *dans tout discours* peut s'ouvrir à la perte absolue de son sens, au (sans) fond de sacré, de non-sens, de non-savoir ou de jeu, à la perte de connaissance dont il se réveille par un coup de dés » (p. 383). Mais il n'y pas de réalisation effective de ce non-sens dans le langage, seulement un « commentaire » de celui-ci, car le discours est toujours « la perte même de la souveraineté ». Selon Derrida, la « communication » bataillienne ne reconduit pas, en effet, la plénitude d'une présence, elle accuse au contraire une « différence absolue » qui n'est pas la « contradiction » hégélienne, motrice de la dialectique. L'instant ne se donne pas selon cette modalité de la pure présence à soi que Derrida récuse dans *La Voix et le phénomène*, il est irréductiblement « *furtif* », ce qui passe : « Le furtif serait donc la vertu dépossédante qui creuse toujours la parole dans le dérobement de soi[53] », avait écrit Derrida dans « La parole soufflée », son texte sur Artaud.

53 Derrida, Jacques, « La parole soufflée », *Tel Quel* 20 (hiver 1965) repris dans *L'Écriture et la Différence*, *op. cit.*, p. 264.

Pour cette raison, il faut chercher à mettre en place dans le langage un « rapport absolument *unique* : d'un langage à un silence souverain qui *ne tolère aucun rapport* [...] » (p. 387). Cet espace – difficile à appréhender – ouvert entre maîtrise et souveraineté, Derrida le nomme justement « *écriture* ». Celle-ci s'inscrit dans une « économie générale », qui excède le champ de « l'économie restreinte », liée au régime du sens de la phénoménologie. Il y a une double contrainte qui doit être maintenue : « réinscrire chaque notion dans la loi de son glissement et la rapporter à l'opération souveraine », sans restituer « un *système du sens* » (p. 401). Et c'est ici que Derrida, pour ne pas entendre la « transgression » en un sens hégélien, lit Bataille contre Bataille, contre le recours à l'*Aufhebung*, c'est-à-dire à l'opération de suppression-conservation qui est le moteur de la dialectique hégélienne : « Bataille ne peut donc utiliser que la forme *vide* de l'*Aufhebung*, de manière *analogique*, pour désigner, *ce qui ne s'était jamais fait*, le rapport transgressif qui lie le monde du sens au monde du non-sens » (p. 406). En d'autres termes, la conceptualité de Bataille ne serait pas tout à fait adéquate à son effort d'excéder le système hégélien, mais Bataille aurait eu le mérite de montrer une voie étroite, sur le fil, qui fasse droit au fait que le système ne reconnaît pas le non-sens absolu, son propre défaut de justification.

En définitive, s'il faut entendre la mystique comme une forme d'irrationalisme voire de théologie négative[54], selon Derrida, Bataille n'est pas un « nouveau mystique ». Et Derrida lui-même n'a cessé de mettre en garde contre toute tentative d'économiser les médiations conceptuelles. Son athéologie est un « mysticisme conscient », comme l'écrit Bataille dans une note d'un texte ultérieur, « Hegel, la mort et le sacrifice[55] », publié en 1955. Il ne saurait y avoir, pour Derrida, d'expérience – fût-elle mystique – qui soit pure présence, c'est-à-dire exempte d'une différence qui ruine ses prétentions fondationnelles. Derrida entérine donc ce déplacement du sens du terme « mystique » : « Ce qui, pour ébranler la sécurité du savoir discursif, *s'indique* comme mystique, renvoie au-delà de

54 Derrida, bien plus tardivement, aura thématisé la « théologie négative » dans *Sauf le nom*, Paris, Galilée, 1993. Sur cette question, voir notamment l'article de Nault, François, « Déconstruction et apophatisme : à propos d'une dénégation de Jacques Derrida », *Laval théologique et philosophique*, 55 (3), p. 349-411.

55 *Cf. Deucalion*, n° 5 (p. 21-43) ; *OC* XII, p. 333.

l'opposition du *mystique* et du *rationnel*[56] » (p. 399). Derrida, à sa manière, nous aide alors à considérer dans toute sa nouveauté l'acception du signifiant « mystique », en lien avec « l'écriture majeure[57] ».

MYSTIQUE ET POÉSIE

Comme cela a été très fréquemment noté, le rapport de Bataille à la poésie est profondément ambiguë[58]. C'est pourquoi la poésie est tantôt valorisée tantôt dévalorisée. Elle peut assumer la portée subversive de l'expérience intérieure, du côté de la « dépense », du « sacrifice » et du « cri ». Mais elle peut être rejetée au motif de son usage trompeur car idéalisant du langage, du côté de l'œuvre comme manifestation de ce « projet » que Bataille rejette, associée à la foi chrétienne de sa jeunesse que Bataille n'aura de cesse de combattre par la suite. Cette ambiguïté a, de plus, été déterminée par la relation elle-même complexe et ambivalente de Bataille avec le surréalisme. Dans l'après-guerre, il semble toutefois que Bataille renonce à un certain « terrorisme » au sens paulhanien de misologie[59], bien que son ouvrage « La haine de la poésie », publié en 1947 et réédité sous le titre *L'Impossible*, continue de témoigner de l'ambivalence de sa position[60]. Dans cette perspective diachronique, *L'Expérience intérieure* joue un rôle pivot.

La poésie est la part du langage qui échappe partiellement à la catégorie du « projet » dévalorisée par Bataille, en tant que « perversion poétique » (p. 35). Cependant, au service de l'abolition des mots, elle « est malgré tout la part restreinte – liée au domaine des mots » (p. 41). Ou encore : « Qu'une expression quelconque en témoigne : l'extrême en

---

56 *Cf.* également la note où Derrida cite le passage où Bataille évoque ce mysticisme « conscient de soi » (*ibid.*, p. 333).

57 Pour les liens entre « écriture majeure » et poésie, *cf.* Santi, Sylvain, *Georges Bataille. À l'extrémité fuyante de la poésie*, Amsterdam – New York, Rodopi, coll. « Faux titre », 2007, p. 222-226.

58 Pour approfondir cette question, on consultera l'étude de Sylvain Santi qui insiste sur l'anti-idéalisme de la revue *Documents*, dirigée contre le surréalisme. Voir également l'essai de Risset, Jacqueline, « Haine de la poésie », in *Georges Bataille après tout, op. cit.*

59 *Cf. Les Fleurs de Tarbes ou la terreur dans les lettres* (1941), Paris, Gallimard, coll. « Folio », 1990.

60 Santi, Sylvain, *op. cit.*, p. 35 et p. 105-106.

est distinct. Il n'est jamais littérature. Si la poésie l'exprime, il en est distinct : au point de n'être pas poétique, car si la poésie l'a pour objet, elle ne l'atteint pas » (p. 64). La poésie serait, en ce sens, au service de l'extrême et non l'inverse : l'expérience intérieure se situe au-delà de la parole et ne peut être qu'évoquée par elle (p. 105)[61]. Au vu de telles limites, en quoi la poésie se distingue-t-elle alors des autres usages discursifs ? La poésie est un usage des mots qui rapporte le connu à l'inconnu, à l'inverse de la philosophie et de la science : « L'art crée un monde à l'image de l'homme du projet, réfléchissant cette image dans toutes ses formes. Toutefois l'art est moins l'harmonie que le passage (ou le retour) de l'harmonie à la dissonance (dans son histoire et dans chaque œuvre) » (p. 70). Telle est la grande thèse bataillienne : la poésie est « sacrifice de mots » (p. 156), ce qui arrache les mots à la servilité de leur rapport d'utilité entre les hommes. Or le sacrifice, nous l'avons vu, est le contraire du projet. Mais la poésie ne peut assumer jusqu'au bout le sacrifice, précise Bataille; elle ne peut donc atteindre à la véritable perte de soi hors langage. D'où, dans ce passage souvent cité, portant sur la problématique de l'image poétique, la qualification de la poésie comme « presque en entier » « déchue » :

> Même un poète maudit s'acharne à posséder le monde mouvant d'images qu'il exprime et par lequel il enrichit l'héritage des hommes. / L'image poétique, si elle mène du connu à l'inconnu, s'attache cependant au connu qui lui donne corps, et bien qu'elle le déchire et déchire la vie dans ce déchirement, se maintient à lui. D'où il s'ensuit que la poésie est presque en entier poésie déchue, jouissance d'images il est vrai retirées du domaine servile (poétiques comme nobles, solennelles) mais refusées à la ruine intérieure qu'est l'accès à l'inconnu. Même les images profondément ruinées sont domaine de possession. (p. 170)

La section consacrée à Proust, « Digression sur la poésie et Marcel Proust », exacerbe ainsi l'ambivalence suivante[62] : selon qu'on insiste sur

61 Une telle assertion doit être bien comprise, comme le montre ce passage, cité par Sylvain Santi, *op. cit.*, p. 42 : « Je propose d'élaborer un ensemble de données scolastiques concernant l'expérience intérieure. Je crois qu'une expérience intérieure est possible que si elle peut être communiquée et qu'elle ne pourrait être communiquée en dernier ressort sans atteindre l'objectivité de la scolastique » (*OC*, VI, p. 283).

62 Pour un analyse de l'ambivalence du rapport entre réminiscence comme image mentale et langage chez Bataille, de concert avec notre problématique, voir Santi, Sylvain, *op. cit.*, p. 111-113.

le « sacrifice des mots » ou sur le *résidu poétique*, c'est l'inflexion donnée à l'interprétation de la poétique bataillienne qui change. Les années 1970, dans le sillage de Tel Quel, ont largement insisté sur la dimension « terroriste » de sa conception de la poésie. Plusieurs travaux plus récents, sans remettre en cause cet héritage, entendent porter davantage d'attention à l'effectivité poétique de cette ambivalence.

La réception actuelle de Bataille semble aujourd'hui partagée entre les continuateurs de la ligne tel quelienne, et les tenants d'une analyse plus strictement poéticienne de l'œuvre de Bataille. C'est dans cette veine que s'inscrit l'universitaire Elisabeth Arnould-Bloomfield qui défend la thèse suivante : Bataille n'aurait « pas désœuvré la poésie de la même manière dans les mythes de l'hétérologie [au début de son œuvre] et dans les drames de *L'expérience intérieure*[63] ». Il y aurait une rupture en 1939, suivi d'un renoncement de Bataille « à toute expérience terroriste et à toute écriture *originale* pour revenir à la littérature[64] », expérience qui coïnciderait biographiquement avec la mort de l'amante Laure – Colette Peignot : « La difficile agonie de Laure met Bataille face à l'aporie d'une mort strictement inappropriable. Elle remet en question la méthode de la communication suppliciante centrale à la méditation de l'expérience. À travers la mort de Laure, c'est donc la simplicité de la communion sacrificielle qui est mise en cause, mais aussi et du même coup, le rapport terroriste de Bataille au langage et à la poésie[65]. » Dans cette perspective, la dernière partie virgilienne, « *Manibus date lilia plenis*[66] », se situerait du côté d'un orphisme d'inspiration plus blanchotienne[67], qui assumerait le retour de la poésie. Le « baiser à la rose », à la fin de *L'Expérience intérieure* n'est pas interprétable sans le contexte que lui ôte Bataille, exposé dans les notes accompagnant *Le Coupable*, relatives à l'agonie de Laure. Cette fleur se donnerait comme

63 C'est la thèse d'Elisabeth Arnould-Bloomfield dans *Georges Bataille, la terreur et les lettres*, Villeneuve d'Ascq, Presses Universitaires du Septentrion, 2009, p. 17.

64 *Ibid.*, p. 19.

65 *Ibid.*, p. 20.

66 « Donnez des fleurs à pleines mains ! » (Virgile, *Énéide*, liv. VI, v. 883). *Cf. ibid.*, p. 184-187.

67 La phrase qui résume peut-être le mieux la thèse de l'auteure est celle-ci : « Le conte orphique est donc la mise en abyme de l'expérience du non-sens dans son rapport au langage. Son cliché montre qu'il n'y a pas et qu'il n'y aura jamais – sauf dans le futur sans avenir d'une impossible prophétie – d'autre expérience intérieure que celle de la fiction littéraire. » (p. 187). Mais c'est un « blanchotisme » qui n'est pas tout à fait fidèle, il nous semble, à la négativité extrême de l'essence de la littérature selon Blanchot.

le pendant de la « tache aveugle » de l'entendement, comme le « trope même de l'indéchiffrable[68] ». Si la mystique insiste, ce n'est plus celle de l'appropriation sacrificielle de la mort, et si la poésie s'affirme, c'est qu'elle n'est plus seulement « sacrifice » des mots : elle devient extase de la limite de la figuralité.

Tout se passe donc comme s'il y avait eu – notamment après l'échec relatif de l'expérience communautaire d'Acéphale et son désir de fondation religieuse – assomption par Bataille de l'intrigue inextricable de l'expérience mystique avec le langage, expérience qui n'est jamais *seulement* à l'origine du geste d'écriture, mais qui en est toujours *aussi et surtout* traversée. La « tache aveugle », au lieu d'être simplement celle de l'entendement dans une perspective philosophique, s'en trouve déplacée au cœur même de l'expérience du langage qui est celle du scripteur. Mais cette convaincante lecture de Bataille, qui insiste sur la réponse proprement poétique de Bataille aux apories théoriques de l'expérience intérieure, assume le fait que c'est aussi indirectement à Bataille qu'on doit la possibilité du déplacement qui, pour les héritiers des nouvelles avant-gardes des années 1960 et 1970, fait du langage le lieu même de cette assomption para-mystique de l'indécidabilité. C'est cette articulation comme rétrospective de la réception de Bataille qui nous paraît importante.

Les deux tendances interprétatives de l'œuvre de Bataille et plus particulièrement de son rapport à la mystique nous semblent désigner ce double déplacement du *mystique* et du *poétique* que nous avions évoqué en introduction, et qu'il faut tenir *ensemble* pour ne pas affaiblir la position de Bataille et ne pas rabattre un terme sur l'autre[69]. Certes, accepter le jeu de la poésie, de l'écriture, ce n'est pas renier « l'expérience intérieure »,

---

68 *Ibid.*, p. 146.

69 Plusieurs études ont insisté sur les moyens littéraires, poétiques et rhétoriques, pour désigner indirectement cet « impossible » qui occupe Bataille. On se reportera notamment à l'article de Cusset, Catherine, « Technique de l'impossible » in *Bataille après tout*, *op. cit.*, : « Qu'est-ce que l'impossible ? L'on pourrait croire que Bataille désigne, par ce concept, un état antérieur au langage, une forme d'angoisse ou d'absolu extralinguistique que les récits se donneraient pour but de révéler. Mais ce n'est pas un état que représentent les romans de Bataille. La description des différentes techniques narratives que l'on retrouve dans presque tous les récits de Bataille permet de définir l'impossible comme un glissement » (p. 188). Mais à se tenir sur le strict plan poéticien, ne risque-t-on pas d'évacuer la question de la mystique comme telle, c'est-à-dire celle d'une expérience en son bord extra-langagier ?

mais prendre conscience qu'elle est *toujours déjà* tramée de langage, qu'elle est par le langage *perte* et *chance*[70]. Michel de Certeau avait déjà noté, à propos de la pratique d'écriture qui a pris *nom* de mystique au XVIe : « L'Autre qui organise le texte [mystique] n'est pas un hors-texte. Ce n'est pas l'objet (imaginaire) qu'on distinguerait du mouvement par lequel ça (*Es*) se trace[71]. » En effet, poursuivait l'auteur, ce serait « postuler derrière les documents un n'importe quoi, indicible malléable à toutes fins, "nuit où toutes les vaches sont noires[72]" ». En faisant ici implicitement référence à la préface de la *Phénoménologie de l'esprit* pour se démarquer de la cible de la réprobation hégélienne, Certeau marquait le passage d'une critique philosophique de l'expérience mystique à sa prise en charge discursive. Il nous semble que s'est opérée, à partir des années 1960, dans le champ de la pensée de la littérature, une rencontre énigmatique du structuralisme et d'une inflexion de la réception française de Heidegger et de Nietzsche à laquelle Bataille a fortement contribué – avec Blanchot et Klossowski, selon des modalités propres – par l'intermédiaire de ce qu'on a appelé les « pensées de la différence ». C'est une telle rencontre qui explique l'ambivalence du rapport du « poststructuralisme » à la notion d'« expérience », à la fois décriée comme conceptuellement naïve et valorisée comme pierre de touche d'un nouveau rapport entre pensée et langage, en l'espèce de « l'expérience-limite ». Ce déplacement est tel que le signifiant « mystique » s'en trouve disqualifié, s'il ne renvoie plus qu'au signifié contradictoire de quelque absolu au-delà du sens. Dès lors que l'Autre du divin n'assure plus la bonne adéquation du signifiant et

70 Peut-être faudrait-il ici distinguer une lecture d'inspiration lacanienne, insistant sur la « lettre » en son lien avec le « littoral » entre savoir et jouissance, de la lecture derridienne ici évoquée, mettant en jeu ce qui serait bientôt *écrit* « différance », mais cela nous porterait trop loin. Pour la conception lacanienne, voir « Lituraterre », *Littérature*, n° 3, octobre 1971, p. 3-10. C'est dans *Encore (Le Séminaire XX)* (1973), Paris, Le Seuil (1975), coll. « Essais », 1999, que Lacan aborde le plus frontalement la question de la mystique. Sur la « traversée de la position phallique » de Bataille, voir Kristeva, Julia, « Bataille, l'expérience et la pratique » in Sollers Philippe (s. dir.), *Bataille* (acte du fameux colloque de Cerisy-la-Salle qui s'est tenu du 29 juin au 9 juillet 1972), Paris, U.G.E., coll. « 10/18 », p. 267-301 et Sichère, Bernard, « L'écriture souveraine de Georges Bataille », texte repris au début de *Pour Bataille. Être, chance, souveraineté*, Paris, Gallimard, coll. « L'infini », 1990.

71 *La Fable mystique, I, XVIe-XVIIe siècle* (1982), Paris, Gallimard, coll. « Tel », 2013, p. 27. Selon l'auteur, « mystique » désigne au XVIIe siècle davantage un ensemble de tours de langage que l'expérience personnelle elle-même (dite « spirituelle » ou « contemplative »), discours adapté à l'unité d'une science éphémère que marque la substantivation de l'adjectif (voir en particulier la partie « Une topique », p. 130).

72 *Ibid.*, p. 27-28.

du signifié, du moi et du monde, dès lors que le temps est « sorti de ses gonds », c'est une expérience des conditions conjointes de possibilité *et* d'impossibilité du sens dont, avec la mystique, il est devenu question. Autrement dit, il ne faut plus entendre l'expérience ici comme *Erlebnis* platement immédiate, ni comme *Erfahrung* médiatisée par le concept, mais comme épreuve d'une différence à soi irréductible à même le langage. Mystique et écriture – si l'on veut bien accepter un tel déplacement sémantique – s'en trouvent irréductiblement intriquées. Il semble que Bataille ait éprouvé au plus intime une telle bascule, avant que la génération suivante, en partie grâce à lui, se dote d'outils conceptuels renouvelés pour en faire progresser l'intelligibilité.

Alexis WEINBERG
Université Paris Diderot

JACQUES DERRIDA ET L'ÉCRITURE EN RÉSISTANCE AU MYSTIQUE

Saint Jean Chrysostome, Denis l'Aréopagite, Maître Eckart, Saint Augustin, Gershom Sholem, Angélus Silésius[1] – cette liste d'auteurs étudiés par Jacques Derrida dans certaines de ses œuvres atteste des liens étroits tissés par sa pensée avec la question de la mystique. Ces liens concernent, dans un premier temps, la notion de théologie négative, que le philosophe envisage dans la perspective d'une *dénégation*[2]. Cette notion, en effet, a été attribuée à son œuvre de manière critique, polémique, ironique[3] :

> On m'a très tôt accusé, plutôt que félicité, de ressasser, dans un paysage qu'on croit bien connaître, les procédures de la théologie négative. Ces procédures, on voudrait alors y voir une simple rhétorique, voire une rhétorique de l'échec, pis, du renoncement au savoir, à la détermination conceptuelle, à l'analyse : pour ceux qui n'ont rien à dire ou ne veulent rien savoir, il est toujours facile de mimer la technique de la théologie négative[4].

Ainsi, Derrida entreprend de séparer son travail de la théologie négative, en y relevant une « surenchère ontologique de l'hyper-essentialité[5] », ou construction, quelque part, d'un être positif dans et par le travail de la théologie négative, absente de la déconstruction, en la travaillant, la

1 *Cf.* Derrida, Jacques, *L'Écriture et la Différence*, Paris, Seuil, 1967 ; *Sauf le nom*, Paris, Galilée, 1993 ; *Psyché*, Paris, Galilée, 1987 ; *Les Yeux de la langue : l'abîme et le volcan*, Paris, Galilée, 2012.

2 C'est d'ailleurs le sous-titre de la partie de *Psyché* qui va nous intéresser plus particulièrement : « Comment ne pas parler. Dénégations », in *Psyché*, *op. cit.*, p. 535-595.

3 Merci à Grégory Jouanneau-Damance de m'avoir rendu attentif à des articles relatifs au débat entre Jacques Derrida et Jean-Luc Marion – « Déconstruction et apophatisme : à propos d'une dénégation de Jacques Derrida », Laval, Revue théologique et philosophique, vol. 55, 1993/3, p. 393-411, ainsi que Feneuil, Anthony, « Mystique, dogme et critique » in Mazzocco, M., Trémolières, F., Waterlot, G. (dirs.), *L'Université face à la mystique : Un siècle de controverses ?*, Rennes, PUR, 2018, p. 67-75.

4 Derrida, Jacques, *Psyché*, *op. cit.*, p. 536.

5 *Ibid.*, p. 541.

déplaçant vers d'autres notions (adresse, prière, *khôra*), en l'interrogeant dans sa pertinence même[6] : « À chaque instant, je me demande si cette œuvre de Silesius relève bien de la théologie négative. Dispose-t-on de critères sûrs pour décider de l'appartenance, virtuelle ou actuelle, d'un discours à la théologie négative ? ».

Mais, au-delà de cette « dénégation », le corpus mystique est lu par Derrida comme portant le témoignage d'une expérience des limites de la nomination, d'une écriture à l'œuvre avec l'irrépétable, dans la confrontation du langage à l'impossible, autant de thématiques fondamentalement liées aux préoccupations du philosophe[7]. C'est en ce sens que Derrida construit d'ailleurs la notion de mystique, d'une manière étrangère au religieux, dans *Force de Loi* :

> Le discours rencontre là sa limite : en lui-même, dans son pouvoir performatif même. C'est ce que je propose d'appeler ici, en déplaçant un peu et en généralisant la structure, le *mystique*. Il y a là un silence muré dans la structure violente de l'acte fondateur. Muré, emmuré parce que ce silence n'est pas extérieur au langage. Voilà en quel sens je serais tenté d'interpréter, au-delà du simple commentaire, ce que Montaigne et Pascal appellent le *fondement mystique de l'autorité*. On pourra toujours retourner sur – ou contre – ce que je fais ou dis ici, cela même que je dis qui se fait à l'intérieur de toute institution. Je tirerais donc l'usage du mot « mystique » dans un sens que je me risque à dire plutôt wittgensteinien[8].

Le philosophe opère donc un détour par Montaigne, Pascal, Wittgenstein pour approcher le terme de *mystique*, ou, du moins, en donner une définition : « le discours rencontre sa limite, en lui-même, dans son pouvoir performatif même ». L'élément *mystique*, qui se rencontre dans l'expression « fondement mystique de l'autorité », serait le moment d'excès et de pauvreté, au cours duquel le discours fait l'expérience de sa propre saturation, en son sein propre, moment d'exposition et de retrait, de vide et de plénitude. Une telle approche explique la référence à Wittgenstein, à sa conception du terme de mystique dans le *Tractacus logico-philosophicus* : « Il y a assurément de l'inexprimable.

---

6 Derrida, Jacques, *Sauf le nom*, *op. cit.*, p. 27.

7 « Rien ne vit sans mourir. Dieu lui-même, s'il veut vivre pour toi, doit mourir : "Comment penses-tu, sans mort, hériter de sa vie ? (Silesius A.)" A-t-on jamais rien écrit de plus profond sur l'héritage ? ». *Ibid.*, p. 107.

8 Derrida, Jacques, *Force de loi*, p. 32.

Celui-ci se *montre*, il est l'élément mystique[9] ». De l'inexprimable qui se montre : quelque *unaussprechliches*[10] – inexprimable – qui est langue, qui se propose comme langue, et qui demande à être exprimé, posant le *double bind*[11] – double impératif contradictoire – de l'appel impossible à une extraction et à une totalité. Pour Derrida, l'expérience mystique se présente, à ce titre, comme fondamentalement et étymologiquement aporétique : passage où il n'y a pas de passage.

> Ils (ces problèmes) sont infinis, si on peut dire, en eux-mêmes, parce qu'ils exigent l'expérience même de l'aporie qui n'est pas sans rapport avec ce que nous appelions à l'instant le mystique.
>
> À dire qu'ils exigent même l'expérience de l'aporie, on peut entendre deux choses déjà assez compliquées.
>
> 1. Une expérience est une traversée, comme son nom l'indique, elle passe au travers et voyage vers une destination pour laquelle elle trouve le passage. L'expérience trouve le passage, elle est possible. Or en ce sens, il ne peut y avoir d'expérience pleine de l'aporie, à savoir de ce qui ne laisse pas le passage. *Aporia*, c'est un non-chemin[12].

Ainsi, l'élément mystique est, dans *Force de Loi*, une expérience en soi, semblable aux exigences de la théologie négative : « Va où tu ne peux, vois où tu ne vois pas : Écoute où rien ne bruit ni ne résonne, ainsi es-tu là où Dieu parle[13] ». Expérience lacunaire, incomplète, d'une totalité qui est, par cette association de la langue et de la loi, retour à l'élément sans cesse antérieur, à l'*in-fans* (celui qui, étymologiquement, selon Agamben, ne possède pas la parole). L'expérience mystique est donc une plongée dans l'origine de la langue, ou dans la langue comme origine, dans l'existence *larvaire*[14] précédant la première mue :

> En concevant l'enfance comme dimension originelle de l'humain, on rend peut-être moins difficile à saisir l'essence de l'expérience mystique chez les anciens, à laquelle les spécialistes ont donné des explications divergentes. Car s'il est assuré, en dernière analyse, qu'elle consistait comme *pathema*

9 Wittgenstein, Ludwig, *Tractacus Logico-Philosophicus*, Paris, Gallimard, 1961, p. 106.

10 Derrida insiste sur le terme allemand. Voir Derrida, Jacques, *Psyché*, *op. cit.*, p. 544.

11 Derrida utilise souvent ce terme, issu notamment du travail de Grégory Bateson : double contrainte, impératif contradictoire simultané.

12 Derrida, Jacques, *Force de loi*, *op. cit.*, p. 37.

13 Silesius A., cité par Derrida in *Sauf le nom*, *op. cit.*, p. 33.

14 Sur les rapports entre enfance et larve, voir Agamben, Giorgio, *Enfance et Histoire*, Paris, Payot, 2000.

> en une anticipation de la mort (Plutarque nous dit que mourir, *teleutân*, et être initié, *teleisthai*, sont la même chose), on n'a pas suffisamment expliqué jusqu'ici un élément que toutes les sources s'accordent à qualifier d'essentiel : le silence, dont dérive le nom même du « mystère » (la racine *mu désignant le mugissement d'une bouche fermée)[15].

Plus encore, cette expérience est celle qui doit fonder toute décision, tout acte, pour s'accomplir comme authentique, même celle de la pratique philosophique propre à Jacques Derrida :

> Mais je crois qu'il n'y a pas de justice sans cette expérience, tout impossible qu'elle est, de l'aporie[16].
>
> C'est là un moment de suspens, ce temps de l'*epokhe*, sans lequel en effet il n'y a pas de déconstruction possible[17].

C'est ainsi qu'au-delà de la pratique philosophique de Jacques Derrida, et en son sein même, dans l'écriture qui la construit, nous souhaiterions nous porter vers la place qu'occupe une telle expérience au sein de son œuvre, expérience qui a été soigneusement évitée, mais en même temps indiquée, de manière marginale :

> Trois temps ou trois lieux en tout cas pour éviter de parler d'une question que je serai incapable de traiter, pour la dénier en quelque sorte, ou pour en parler sans en parler, sur un mode négatif : quoi de la théologie négative et de ses fantômes dans une tradition de pensée qui ne serait ni grecque, ni chrétienne ? Autrement dit quoi des pensées juive et arabe à cet égard ? Par exemple, et dans tout ce que je dirai, un certain vide, le lieu d'un désert intérieur laissera peut-être cette question résonner. Les trois paradigmes que je devrai trop vite situer (or un paradigme est souvent un modèle de construction) entoureront un espace de résonance dont il ne sera jamais rien dit, presque rien[18].

Enfouies au cœur de l'imposant volume de *Psyché*, ces phrases doivent nous conduire vers un au-delà d'un discours de Jacques Derrida sur le mystique, vers la possibilité d'un versant mystique de son œuvre – versant, œuvres, évités, tus, mais que son écriture ne cesse de cerner, d'indiquer, de protéger. Expérience qui en serait le centre errant, « espace de résonance », désigné par les parois levées pour sa protection.

---

15 *Ibid.*, p. 82.

16 Derrida, Jacques, *Force de loi*, *op. cit.*, p. 38.

17 *Ibid.*, p. 46.

18 Derrida, Jacques, *Psyché*, *op. cit.*, p. 563.

L'ÉCRITURE COMME EXPÉRIENCE MYSTIQUE

C'est que chaque fois que j'écris quelque chose dont j'ai le sentiment que ça fraye un nouvel espace, que j'avance là où je ne m'étais pas avancé, et ce qui très souvent implique des gestes qui peuvent sembler agressifs à l'égard d'autres penseurs ou de collègues – Je ne suis pas polémiqueur, mais il est vrai que les gestes de type déconstructifs ont souvent l'apparence de gestes qui vont déstabiliser ou inquiéter ou angoisser les autres, ou blesser même quelquefois.

Alors chaque fois que j'ai fait ce geste-là, il y a eu des moments de peur – pas au moment où j'écrivais – quand j'écris, quand j'écris il y a une espèce de nécessité, ou, je ne sais pas comment dire, de force plus forte que moi, qui fait que ce que je dois écrire, je l'écris, quelles que soient les conséquences, je n'ai jamais renoncé à écrire quoi que ce soit parce quelque conséquence me faisait peur.

Rien ne m'intimide quand j'écris, je dis ce que je pense qui doit être dit. Cela dit, quand je n'écris pas, quand je ne suis pas en train d'écrire, et à un moment très particulier qui est le moment où je m'endors, à ce moment-là dans un demi sommeil tout d'un coup, je suis effrayé par ce que je suis en train de faire, et je me dis mais tu es fou, tu es fou, d'écrire ça[19].

C'est ainsi souvent dans les marges de son œuvre – marges qui sont encore à déchiffrer, à déterrer, à exposer en tant que telles – que Derrida évoque quelque chose de cet espace de résonance dont il n'a « presque rien » dit. L'entretien transcrit témoigne de l'intensité particulière qu'avait le moment de l'écriture pour Jacques Derrida, où « quelque force plus forte que [lui] » prend le dessus, le traverse. Un geste, d'arrière en avant, accompagne d'ailleurs cette phrase. L'écriture, l'acte d'écrire, est l'expérience, renversante, de l'antériorité de la langue – « le langage a commencé sans nous, en avant de nous[20] » – de sa totalité.

Il s'agira presque constamment, dans ce livre, d'interroger la relevance de la limite. Et donc de relancer en tous sens la lecture de l'*Aufhebung* hégelienne, éventuellement au-delà de ce que Hegel, en l'inscrivant, s'est entendu dire ou a entendu vouloir dire, au-delà de ce qui s'est inscrit sur la paroi interne de son oreille. Cela implique la paroi dans une structure délicate, différenciée, dont les orifices peuvent toujours rester introuvables, l'entrée et l'issue à peine

19 Transcription d'un entretien filmé intitulé *Fear of Writing*. Le caractère de l'entretien explique le style particulier de ce texte, transcrit tel quel.

20 Derrida, Jacques, *Psyché*, *op. cit.*, p. 561.

> praticables ; et que le texte – celui de Hegel par exemple – fonctionne comme une machine d'écriture dans laquelle un certain nombre de proposition typées et systématiquement enchaînées (on doit pouvoir les reconnaître et les isoler) représentent l' « intention consciente » de l'auteur comme lecteur de son « propre » texte, au sens où l'on parle aujourd'hui de lecteur mécanique[21].

L'idée de l'écrivain lecteur mécanique de son propre texte rejoint celle aussi de l'inconscient comme « machine à écrire[22] » : la crise induite par l'écriture laisse le corps éveillé – ici, paradoxalement, dans un demi-sommeil – face au fait d'avoir été écrit par un tout autre. Suivant cette idée, écrire, c'est être écrit. C'est en ce sens qu'au-delà d'une antériorité de la langue, il existe une antériorité de l'écriture, *archi-écriture*[23].

Le fait de se trouver écrit par le tout autre, au sortir de la crise – tout autre de la langue, d'un ordre étranger au religieux chez Derrida – rejoint, de ce fait, tant les injonctions d'Angélus Silesius[24], que certains récits d'expériences mystiques, comme celui, exemplairement, d'Angèle de Foligno : « tout à coup Dieu écrivit de sa main le *Pater* dans mon cœur avec une telle accentuation de sa bonté et de mon indignité, que la parole me manque pour en dire un seul mot[25] ». Angèle se fait ainsi lectrice du texte laissé sur elle, en elle, par l'expérience mystique, texte que d'ailleurs elle renonce à écrire. Se met ainsi en place un dispositif triangulaire, avec l'intervention d'un tiers, le frère Arnaud, qui reporte en scribe ce qu'Angèle a retenu en tant que crible[26]. La situation dans laquelle s'écrit l'expérience mystique d'Angèle de Foligno clarifie,

21 Voir Derrida, Jacques, *Marges de la philosophie*, « Tympan », II, Paris, Minuit.

22 Derrida, Jacques, « Freud et la scène de l'écriture », in *L'Écriture et la Différence*, *op. cit.*, p. 296.

23 Sur ce point, voir Ramond, Charles, *Derrida, une philosophie de l'écriture*, Paris, Ellipses, 2018, p. 27 *sq.*

24 « Ami, en voilà assez. Si tu veux lire au-delà, / Va, et deviens toi-même l'écrit et toi même l'essence ». Silesius A., cité par Derrida in *Sauf le nom*, *op. cit.*, p. 28.

25 *Le Livre des Visions et Instructions de la bienheureuse Angèle de* Foligno, Paris, Tralin, 1910, p. 57.

26 « Angèle dictait, et j'écrivais ; mais elle parlait malgré elle. Au milieu de ses révélations, elle s'interrompait pour me dire : "Tout ce que je viens d'articuler n'est rien ! tout cela n'a pas de sens ! Je ne peux pas parler". Quelquefois, dans les instants les plus sublimes, quand la parole lui manquait, vaincue par la hauteur des choses, comparant ce qu'elle disait avec ce qu'elle aurait voulu dire, elle s'arrêtait et me criait : "Je blasphème ! frère, je blasphème ! Notre pauvre langage humain, disait-elle, ne convient guère que dans les occasions où il s'agit des corps et des idées ; au-delà, il n'en peut plus. S'il s'agit des choses divines et de leurs influences, la parole meurt absolument". Quelquefois elle se servait de paroles qui m'étaient absolument inconnues et étrangères : c'était immense, c'était puissant, c'était éblouissant ; c'était mille fois plus admirable que tout ce que j'ai

exemplarise, spatialise le dédoublement de l'instance écrivante, construit et expérimenté par Jacques Derrida dans l'expérience de l'écriture, où l'écrivain est à la fois le scribe et le crible : *scribble*[27].

Un terme revient d'ailleurs souvent dans l'œuvre de Derrida, terme étonnant en ce qu'il apparaît comme non conceptualisé, disons non travaillé en ce sens, pour accompagner cette expérience mystique, donc du *scribble* : celui de « folie ». Les injonctions de *Fear of writing* – « Tu es fou, tu es fou » – rejoignent autant l'analyse de la théologie négative – plus particulièrement Denys[28] – que l'expérience mystique elle-même comme expérience de l'archi-écriture.

> Mais vois-tu, ce n'est pas très original, et je le répèterai encore plus tard, j'ai toujours soupçonné la loi, comme la langue, d'être folle, en tout cas l'unique lieu et la première condition de la folie[29].

Celui qui écrit doit donc résister à la folie de la langue, résister au fait d'être sailli par la langue[30], afin d'en retenir quelque trace. L'association derridienne loi, langue, mystique, débouche sur un vertige, auquel nous confronte de manière permanente sa propre écriture philosophique. Écriture inséparable de ses analyses qui cherchent dans une voie parallèle au discours théorique une rencontre avec cette folie de la langue, avec la langue comme loi, comme fondement. En *frayant* dans l'inconnu, Derrida rappelle à quel point l'écriture peut se faire expérience mystique, ou du moins y tendre – et d'en ramener une trace, cendre :

écrit. Elle ne pouvait rien formuler. J'entrevoyais quelque chose d'inouï ; mais, ne sachant pas quoi, je restais là sans écrire ». *Ibid.*, p. 15.

27 Selon le titre d'un texte de Derrida : « Scribble (pouvoir/écrire) », Préface à *Essai sur les hiéroglyphes des Égyptiens* de Warburton, William, Paris, Aubier, 1977.

28 « Nous devrons suivre ce fil pour nous demander ce que peut être un événement, ce qui a lieu ou *takes place* dans cette atopique de Dieu. Je dis atopique en jouant à peine : *atopos* est l'insensé, l'absurde, l'extravagant, le fou. Denys parle souvent de la folie de Dieu ». Derrida, Jacques, *Psyché, op. cit.*, p. 558.

29 Derrida, Jacques, *Le monolinguisme de l'autre*, Paris, Galilée, p. 25.

30 Concernant cette saillie, on pense bien sûr à l'expérience de Sainte Thérèse d'Avila : « C'est alors qu'il plut au Seigneur de m'accorder parfois cette vision : je voyais près de moi un ange [...] dans ses mains un long dard en or dont la pointe de fer portait, je crois, un peu de feu. Parfois, il me semblait qu'il me l'enfonçait dans le cœur plusieurs fois et qu'il m'atteignait aux entrailles. Lorsqu'il le retirait, on eût dit qu'il me les arrachait, me laissant tout embrasée d'un grand amour de Dieu. La douleur était si vive, qu'elle me faisait pousser ces plaintes dont j'ai parlé, et la douceur qu'elle me procure est si extrême, qu'on ne saurait désirer qu'elle cesse et l'âme ne peut se contenter de rien moins que de Dieu ». Sainte Thérèse d'Avila, *Le livre de la vie*, Paris, Gigord, 1937, p. 202.

> Cet événement toujours présupposé, cet avoir-eu lieu singulier, c'est aussi pour toute lecture, toute interprétation, toute poétique, toute critique littéraire ce qu'on appelle couramment l'œuvre : au moins le déjà-là d'une phrase, la trace d'une phrase dont la singularité devrait rester irréductible et la référence indispensable dans un idiome donné. Une trace a eu lieu. Même si l'idiomaticité doit nécessairement se perdre ou se laisser contaminer par la répétition qui lui confère un code et une intelligibilité, même si elle n'arrive qu'à s'effacer, si elle n'advient qu'en s'effaçant, l'effacement aura eu lieu, fût-il de cendre. Il y a là cendre[31].

« NOSTALGÉRIE »

> Dans le lieu de retraite où vous m'avez invité, dans cette ville de l'exil familial où votre mère ne finit pas de mourir, au bord de la Méditerranée, je n'ai pu emporter avec moi, pour ces deux semaines, que des extraits du *Cherubinischer Wandersmann*, d'Angélus Silesius et les manuscrits de ce volume-ci[32].

Cet extrait de *Sauf le nom* montre comment la thématique mystique se lie dans l'œuvre de Derrida, de manière marginale et souterraine, à la question autobiographique, dans le sens le plus intime qui soit. Ce texte, consacré principalement à la figure d'Angélus Silesius, laisse apparaître par deux fois la maladie de la mère de l'écrivain, thème que traitera plus particulièrement le texte *Circonfession*, lui-même se tressant autour d'une lecture des *Confessions* de Saint Augustin.

Cet événement textuel, où le discours philosophique ouvre une porte sur l'autobiographie, est représentatif de la manière dont, chez Jacques Derrida, le discours sur le mystique, sur la théologie négative, s'accompagne dans ses marges d'un discours apophatique sur l'autobiographie, sur l'impossibilité d'un discours autobiographique qu'il signerait.

> Malgré ce silence, en vérité à cause de lui, on me permettra peut-être de relire cette conférence comme le discours le plus « autobiographique » que j'aie jamais risqué. On mettra à ce mot tous les guillemets qu'on pourra. Il faut entourer de précautions l'hypothèse d'une présentation de soi passant par un discours sur la théologie négative des autres. Mais si je devais un jour me

---

31 Derrida, Jacques, « Comment ne pas parler », *Psyché*, *op. cit.*, page 561.

32 Derrida, Jacques, *Sauf le nom*, *op. cit.*, p. 27 et 113-114.

> raconter, rien dans ce récit ne commencerait à parler de la chose même si je ne butais sur ce fait : je n'ai encore jamais pu, faute de capacité, de compétence ou d'auto-autorisation, parler de ce que ma naissance, comme on dit, aurait dû me donner de plus proche : le Juif, l'Arabe[33].

C'est, par conséquent, quelque chose comme la nostalgie qui va permettre de lier, de rendre nécessaire, ce lien entre mystique et autobiographie :

> J'ai parfois des pulsions nostalgiques à en tomber à la renverse et à en perdre connaissance[34].

Cette phrase, qui témoigne d'un vocabulaire directement mystique, entre en résonance avec l'analyse de Michel de Certeau[35], qui fait de la nostalgie un élément central de l'expérience mystique :

> L'Un n'est plus là. « Ils l'ont enlevé », disent tant de chants mystiques qui inaugurent par le récit de sa perte l'histoire de ses retours ailleurs et autrement, sur des modes qui sont l'effet plutôt que la réfutation de son absence. À n'être plus le vivant, ce « mort » ne laisse pourtant pas de repos à la cité qui se constitue sans lui. Il hante nos lieux. Une théologie du fantôme serait sans doute capable d'analyser comment il resurgit sur une autre scène que celle d'où il a disparu. [...] En fait, ces auteurs anciens introduisent dans notre actualité le langage d'une « nostalgie » relative à cet autre pays[36].

Ce qui rassemble et oriente cette nostalgie, et qui associe plus que jamais le territoire mystique à cette enfance (*in-fans*), est sans doute quelque chose comme le territoire de l'Algérie : territoire des cultures juives, arabes, dont il ne peut réellement parler, de la première mue, de l'origine irrépétable. Territoire, mouvement de la nostalgie auquel est donné, dans *Le monolinguisme de l'autre*, le nom de *nostalgérie*[37]. C'est en ce sens que Derrida peut se penser comme un *survivant*[38], tant dans

---

33 Derrida, Jacques, « Comment ne pas parler », *Psyché*, *op. cit.*, note n° 1, p. 562.

34 Lettre inédite à Pierre Foucher, in Peeters, Benoît, *Derrida*, Paris, Flammarion, 2010, p. 275.

35 On peut noter que Jacques Derrida était un lecteur de Michel de Certeau, auquel il a consacré un article dans un recueil collectif publié deux ans après la mort de l'écrivain : Derrida, Jacques, « Nombre de oui », in Giard, Luce, (dir.), *Michel de Certeau*, Paris, Cahiers pour un temps, Centre Georges Pompidou, 1987.

36 Certeau, Michel de, *La Fable mystique, 1*. Paris, Gallimard, 1982, p. 9.

37 Derrida, Jacques, *Le Monolinguisme de l'autre*, Paris, Galilée, 1996, p. 86.

38 « Je me suis toujours intéressé à cette thématique de la survie, dont le sens ne s'ajoute pas au vivre et au mourir. Elle est originaire : la vie est survie. Survivre au sens courant

l'idée de la première des morts multiples évoquées par Rainer Maria Rilke, que comme celui ayant perdu, quitté un territoire, qui s'impose désormais comme cadavre, comme mue : l'Algérie. Comme un survivant et comme un marrane[39] :

> Personne ne saura à partir de quel secret j'écris et que je le dise n'y change rien[40].

La *nostalgérie* fait donc signe vers le secret qui oriente toute l'œuvre de Derrida, et vers une pratique baroque et pauvre de l'écriture : à l'expérience mystique, qui est celle des yeux révulsés de la nostalgie, répond une écriture seconde, aveugle, frayant l'espace ouvert dans la nuit éclatante des yeux révulsés. De fait, de même que Pascal gardait dans la nuit de sa doublure le texte de son *Mémorial*, Derrida semble avoir construit un texte cherchant à garder le secret comme secret[41], ou, à produire, à sécréter le secret.

---

veut dire continuer à vivre, mais aussi vivre après la mort. À propos de la traduction, Benjamin souligne la distinction entre *überleben*, d'une part, survivre à la mort, comme un livre peut survivre à la mort de l'auteur, ou un enfant à la mort de ses parents, et d'autre part, *fortleben, living on*, continuer à vivre. Tous les concepts qui m'ont aidé à travailler, notamment celui de la trace ou du spectral, étaient liés au "survivre" comme dimension structurale et rigoureusement originaire. Elle ne dérive ni du vivre ni du mourir. ». Derrida, Jacques, *Apprendre à vivre enfin*, Paris, Galilée, 2005, p. 26.

39 Voir à ce sujet le documentaire *D'ailleurs, Derrida*, de Fathy, Safaa, Paris, Montparnasse, 2000, 91mn.

40 Derrida, cité par Peeters, in *Derrida*. Mais on peut aussi rapprocher cette phrase de l'exclamation récurrente d'Angèle de Foligno : « Les dons de Dieu étaient enfermés en elle par un sceau redoutable, et quand j'approchais, quand j'allais demander, elle répondait : "Mon secret est à moi". Que de fois j'ai entendu cette parole ! ». Foligno, Angèle de, *op. cit.*, p. 27.

41 « Comment faire pour que le secret reste secret ? Comment le faire savoir, pour que le secret du secret – comme tel – ne reste pas secret ». Derrida, Jacques, *Psyché*, *op. cit.*, p. 557.

EXPÉRIENCE MYSTIQUE
Une résistance *à l'œuvre*

> Ce dont on ne peut parler, il faut le taire[42].
>
> Je rappelle ces mots souvent cités du *Tractacus*, par exemple : « 6-522, – Il y a assurément de l'inexprimable (*es gibt allerdings Unaussprechliches*). Celui-ci se montre, il est l'élément mystique ». et « 7. – Ce dont on ne peut parler, il faut le taire ».
>
> C'est la nature de ce « il faut » qui importera ici : il inscrit l'injonction du silence dans l'ordre ou la promesse d'un « il faut parler », « il faut – ne pas éviter de parler » – ou plutôt « il faut qu'il y ait de la trace ». Non, « il faut qu'il y ait eu de la trace », phrase qu'on doit simultanément tourner vers un passé et vers un futur encore imprésentables : il faut bien (maintenant) qu'il y ait eu de la trace (dans un passé immémorial et c'est à cause de cette amnésie qu'il faut le « il faut » de la trace) ; mais aussi il faut (dès maintenant), il faudra, le « il faut » vaut toujours aussi pour l'avenir que dans le futur il y ait eu de la trace[43].

La référence à Wittgenstein, au cœur de la notion de mystique développée dans *Force de Loi*, s'enrichit de l'ultime proposition du *Tractacus*, et nous aide à penser la conception du secret, la nécessité du silence, à l'œuvre chez Jacques Derrida : « comment ne pas parler » devient quelque chose comme une production active, performative du *taire*. C'est d'ailleurs ce qu'éclaire le titre anglais du texte de *Psyché* consacré à la théologie négative, titre qui lui est d'ailleurs venu en anglais :

> *How to avoid speaking ?* c'est donc à la fois ou successivement : comment faut-il ne pas parler ? Comment faut-il parler ? (voici) comment il faut ne pas parler, etc. Le « comment » abrite toujours un « pourquoi » et le « il faut » a la double valeur de « *should* » ou de « *ought* » et de « *must* ».
>
> J'ai donc improvisé ce titre au téléphone. En me le laissant dicter depuis je ne sais quel ordre inconscient, dans une situation d'urgence absolue, j'ai donc aussi traduit mon désir de différer encore. Ce comportement de fuite se reproduit à l'occasion de chaque conférence : comment éviter de parler, et d'abord d'engager son propos en donnant un titre avant même d'écrire son texte[44] ?

---

42 Wittgenstein, Ludwig, *Tractacus Logico-Philosophicus*, *op. cit.*, p. 106.

43 Derrida, Jacques, *Psyché*, *op. cit.*, p. 544.

44 *Ibid.*, p. 548.

To avoid speaking : éviter, mais aussi évider : *a-void*. Éviter la parole, ou produire sans fin le silence au cœur du discours. Creuser le discours, pour saisir au plus proche l'élément mystique de la langue, l'éprouver, et revenir. Dire, et taire. À la fois dans une sorte de décollement du texte à lui-même et de dédoublement du dire, par lequel le discours détourne son attention sur le fonctionnement propre de la langue.

To avoid speaking. Expression qui nous entraîne enfin sur les traces du livre que Jacques Derrida n'a jamais écrit :

> J'ai accumulé pendant des décennies du matériau des textes en vue de ce grand livre sur la circoncision donc j'ai su dès le départ que je ne l'écrirai pas, en tout cas que je ne pourrai pas en mesurer un texte satisfaisant[45].

Ce livre jamais écrit, Derrida en a cependant à la fois indiqué la direction, et construit quelque chose comme l'enveloppe protectrice, disons le cénotaphe, en organisant notamment de son vivant la gestion de ses archives. Plus particulièrement, ce livre non écrit se tait, interdit à la publication, dans une série de carnets laissés à l'IMEC, à Caen. Ce qui prend à mesure de leur lecture le nom de *Livre d'Élie*, livre consacré à l'irrépétable de la circoncision, impose un nouveau rapport à la lecture et à la réception d'une œuvre. Ce livre met ainsi, plus que jamais en valeur l'idée de l'acte de création comme acte de résistance[46] : résistance à la possibilité du discours autobiographique, du discours mystique. Et production de cette résistance dans un texte[47] secret, dans lequel son écriture se laisse plus que jamais gagner par le tout autre, par la folie du *scribble*, dont voici un extrait inédit :

> Allofellation si parfaite qu'elle revienne à de l'autofellation, la bouche parlante suçante, buvante, chantante, mordante prenant en elle et le disant mon amour plongeant au fond ses vagues. Le poisson, le navire, l'embarcation légère et dure qui revient toujours respirer à la surface de sa jouissance sort des lèvres de la mer et fonce à nouveau, on la croit noyée et voici que les vagues se brisent de nouveau sur le mat, s'étalent sur le pont, l'écume de la barre y glisse et le nez de l'animal pique encore au fond de l'eau, elle le prend dans ses mains, dans sa bouche, dans ses cheveux, le circoncis en pleurant d'amour, le prend en elle, le capitaine reste impassible dans le naufrage, il l'attend, ne le croit

45 *D'ailleurs Derrida*, *op. cit.*

46 Voir à ce sujet Agamben, Giorgio, *Il fuoco e il racconto*, Roma, Nottetempo, 2014, p. 46.

47 Derrida analyse longuement la rature, des mots « Dieu » et « Être », chez Jean-Luc Marion et Martin Heidegger. Derrida, Jacques, *Psyché*, *op. cit.*, p. 588-589.

> pas, n'y croit pas, le miroir en face le refoule et le protège, il (voit croit ?) la mer elle veut seulement le circoncire pour le fouler (?) etcaetera et cétacé, assez, assez. Moby Dick my spermnihcke de Jérusalem[48]

Texte qui laisse se déployer plus que jamais un travail poétique, lyrique, de l'écriture de Derrida, dans lequel les thématiques de la circoncision, du *metsitsa* – succion post-cironcision du pénis de l'enfant par le Mohel – de la mer, de la mère, se mêlent en un tissu proche de l'*irréel sensible*[49] de Rimbaud ou de Paul Celan, par lequel « nous nous trouvons désormais dans un monde qui n'existe réellement que dans la langue » et qui culmine dans une pratique dans lequel il semble *céder l'initiative aux mots*[50]. Texte qui révèle à quel point la vie et l'œuvre de Derrida ont dû résister à un *spectre*, à un fondement ou une vérité mystique qu'il s'agissait, absolument, de *taire*.

> J'ai besoin d'une mystique[51]

Par cette phrase, extraite des carnets inédits de l'IMEC, on peut sentir les rapports de proximité et de résistance engagés par Jacques Derrida avec la notion de mystique. Le mystique, rejoignant l'absolu non trahi de

48 *Carnets*, IMEC.

49 « Le procédé consistant à mesurer à la réalité le contenu des images rimbaldiennes ne peut cependant avoir d'intérêt qu'heuristique. Dès que nous poussons plus loin notre analyse, nous devons admettre que nous ne pouvons plus nous contenter des concepts d' "irréel" et de "réel". Un autre concept nous apportera, semble-t-il, une aide plus grande, celui de l' "irréel sensible". [...] Des fleurs de chair qui éclosent des forêts d'étoiles, des pastorales en sabot qui grondent dans les jardins, la saleté des villes, noire et rouge comme un miroir lorsque dans une autre pièce s'arrondit la lumière de la lampe : tels sont en effet les éléments du réel concret mais élevés jusqu'au rang de la surréalité par les contradictions, les omissions, les glissements de sens, les associations sémantiques inattendues. C'est par là même que l'œuvre en gestation ne renvoie pas le regard du lecteur à la réalité, mais à l'acte qui, lui-même, suscite ce regard. Ce mouvement est celui qui dicte la dictature de l'imaginaire. Cette idée qui désigne la force de frappe de la poésie rimbaldienne rend désormais inutile notre intention de comparer les textes au réel, ce que nous dictait notre seul souci heuristique. Nous nous trouvons désormais dans un monde qui n'existe réellement que dans la langue ». Friedrich, Hugo, *Structures de la poésie moderne*, Paris, Denoël, 1976, p. 111.

50 Mallarmé, Stéphane, *Crise de vers*. Ce texte mériterait un travail propre, notamment par le lien que cette initiative laissée aux mots ouvre avec la pratique kabbalistique de la *temurah*, qui consiste en un échange combinatoire des lettres à vocation herméneutique. Ce qui ouvrirait sur une étude plus particulière du travail de Derrida en rapport à la mystique juive, aux pratiques de la kabbale.

51 *Carnets*, IMEC.

la langue, est finalement la cible secrète de son œuvre si l'on considère cette intention, extraite encore des Carnets de l'IMEC : « Un langage sans code – le vieux rêve, le seul qui m'intéresse[52] ». Du *Il y a là cendre* de l'expérience mystique de l'écriture, doit toujours jaillir un *Feu la cendre*[53] – l'expérience mystique non seulement accompagne toute écriture, mais elle peut être aussi une conséquence extrême de l'écriture, son terme secret, sans cesse précédant. Au-delà de l'impossibilité du discours mystique, du discours autobiographique, Derrida maintient de manière souterraine l'ambition de « planter un coin[54] » dans la langue pure, dans la langue folle. Et, dès lors, de produire sans renoncer un discours qui ne trahisse jamais les promesses de la langue : taire le secret, taire l'écriture, c'est écrire en ayant fait le cheminement de l'aporie. C'est placer un discours silencieux sous l'ordre pur de l'adresse[55], c'est opérer une logique sacrificielle de l'écriture, qui plante l'étrave du style[56] dans l'élément mystique de la langue, qui s'y plonge pour brûler un de ses pôles, pour offrir à ce qui est lui, mais un peu plus loin, le spectacle de sa consumation : *fort-da*.

> La théologie négative, nous l'avons assez dit, n'est-ce pas aussi la formalisation la plus économique ? La plus grande puissance du possible ? une réserve de langage presque inépuisable en si peu de mots ? Littérature intarissablement elliptique, taciturne, cryptique, obstinément en retrait de toute littérature, pourtant, inaccessible là même où elle paraît se rendre, exaspération d'une jalousie que la passion emporte au-delà d'elle-même, on la croirait faite pour le désert ou pour l'exil. Elle tient le désir en haleine, et disant toujours trop ou trop peu, elle vous laisse chaque fois sans vous quitter jamais[57].

Dans cette œuvre marquée par la *steresis*, la résistance à l'élément mystique, la résistance au discours autobiographique, ont ainsi sans doute valeur de création, et conduisent, comme chez Wittgenstein, à l'émerveillement pur face à l'existence du langage. Dès lors, l'écriture de Jacques Derrida, les procédés d'exposition et de retrait du *Livre*

52 *Ibid.*

53 Du titre d'un ouvrage de Jacques Derrida : *Feu la cendre*, Paris, Des Femmes, 1986.

54 Rilke, Rainer Maria, *Les Élégies de Duino*, traduction Gaspar, Lorand et Guerne, Armel, Paris, Seuil, 2006.

55 Notion, comme celle du *fort-da* freudien, développée dans *La Carte postale*, Paris, Flammarion, 1985.

56 Voir à ce sujet Derrida, Jacques, *Éperons, les styles de Nietzsche*, Paris, Flammarion, 1978.

57 Derrida, Jacques, *Sauf le nom*, *op. cit.*, p. 114.

d'Élie inaugurent une littérature dont la marginalité semble relayer celle des grands mystiques. Parenté, désirée par Derrida, que le rejet, les résistances, les accusations d'*hérésie* qui accompagnent aujourd'hui encore son travail, éclairent et renforcent. Traditions liées par un but à l'humilité infinie :

> Manifestation secrète, donc, si quelque chose de tel est possible[58].

Guillaume SURIN
Université Aix-Marseille

58 Derrida, Jacques, *Psyché*, *op. cit.*, p. 581.

QUATRIÈME PARTIE

VOIX MYSTIQUES ORIENTALES

L'ŒUVRE POÉTIQUE DE SALAH STÉTIÉ

STATIONS MYSTIQUES DANS L'ŒUVRE DE SALAH STÉTIÉ

Parlant de la plus haute race d'obsédés par l'absolu, Stétié affirme :

> Ce que veulent ceux-ci, de toute la force de leur âme [...] c'est [...] remonter le cours du fleuve jusqu'à la source et dans cette source qu'est l'eau lustrale de Dieu, se baigner, s'y purifier, jusqu'à même se dissoudre[1].

Le but de toute voie mystique est la rencontre avec le divin et même l'union avec lui. Le mystique doit passer par des étapes intermédiaires, lui permettant de devenir apte à celle-ci. Pour Stétié, comme pour tous les mystiques, trois étapes caractérisent le voyage pour arriver à l'illumination. Le poète les nomme métaphoriquement : « se baigner, se purifier, se dissoudre ». Le voyage, pour lui, ressemble à celui d'un navigateur qui se doit de remonter un fleuve, pour arriver à la source. Voyage à rebours que rythme la poésie, dont l'affaire est de déchiffrer les signes et les traces divins dans le monde. « La poésie rythme les étapes et les "stations" du chemin invisible[2] », dit-il. Ce n'est pas par hasard que Stétié emploie des termes comme « stations » et « étapes » : il sait bien que ces mêmes termes sont employés par les mystiques lorsqu'ils parlent de leurs expériences et que la sienne est également mystique.

Dans cet article nous allons étudier le croisement de ces deux expériences, poétique et mystique. Tout d'abord, le poète *novice* se prosterne dans son silence, son exil, obéissant à un maître intérieur pour se purifier et vivre l'ascèse de l'âme. Puis, on le voit *progressant*, qui se dépouille dans une fragmentation poétique, pour dépasser le sensible grâce à une opération de dilatement et de resserrement. Enfin, après avoir réussi à traverser les deux premières étapes, il s'extasie dans un *logos intérieur* réalisé grâce à l'absence-présence et la sortie de l'exil, l'illumination et l'éveil

1 Stétié, Salah, *Le Merveilleux contre le mystère, in Rémanences*, 3, septembre 1994, p. 29.

2 *Idem.*

du cœur, et enfin par l'annihilation et la pérennisation. Avant d'étudier plus avant les stations mystiques dans l'œuvre de Stétié, notons qu'il n'existe pas de séparation rigoureuse entre chacune d'entre elles et que ces trois étapes s'interpénètrent selon l'intensité du moment poétique.

LE POÈTE NOVICE

L'amant de tout soleil, le broussailleux
Erre dans la nuit des rivières murmurées
Sous des étoiles de fraîcheur dans la brûlure
De ce pays d'eau froide, d'arbres filles
Si verdoyantes, dans l'esprit écorchées vives
Que cela leur plus simple fleur les blesse et tue[3]

Animé par l'amour de la lumière, « le broussailleux erre dans la nuit », dans un monde de virginité première, formée de « rivières, étoiles, fleurs, arbres ». Telle est l'image parfaite d'un novice, marquée par « la retraite dans la brousse[4] » : « errer » sans jamais trouver de direction possible, ou du moins frayable. Renoncement à ce monde, tâtonnement, perdition, souffrance et mort même, pour que pousse enfin cette « simple fleur » symbolisant « l'atteinte d'un état spirituel ». Ce renoncement au monde et cette errance sont rendus manifestes, dans l'œuvre de Stétié, à travers la solitude et l'exil, la méditation et la recherche intérieure, et le silence. Il transparaît dans ce bain de l'âme, condition première du retour à la source.

LA SOLITUDE ET L'EXIL

« Professionnellement je suis un exilé puisque mon métier de diplomate est un métier d'exil », affirme Salah Stétié dans *La Parole et la Preuve*[5]. Or l'exil, dimension diplomatique, est aussi « une dimension fondamentale de la poésie[6] ». Par conséquent l'exil, pour le poète, ne se résume pas,

3 Stétié, Salah, *L'Autre Côté brûlé du très pur*, Paris, Gallimard, 1992, p. 53.
4 Eliade, Mircea, *Le Sacré et le Profane*, Paris, Gallimard, 1979, p. 160.
5 Stétié, Salah, *La Parole et la Preuve*, Paris, M.E.E.T., p. 53.
6 *Idem.*

comme pour les mystiques religieux, au seul déplacement physique. Si, pour ces derniers, quitter le monde et ses plaisirs, « s'exiler dans une solitude loin des gens[7] », sont la caractéristique essentielle d'un novice qui a choisi de vivre au plus haut point l'équilibre intérieur, « s'exiler pour voir Dieu[8] » est, chez Stétié, une attitude intime. S'exiler, pour lui, c'est retourner aux permanences humaines et aux latences originelles, chemins et sentiers d'une âme qui a la nostalgie du spirituel.

Ambassadeur en Occident, Stétié a vécu l'exil dans son sens littéral et dans son sens intérieur. Cet exil lui a permis d'éveiller ce qui est le plus humain en lui et de cohabiter avec la douleur et la séparation de la terre-mère. Il évoque « l'exil occidental de Suhrawardi », cristallisant en quelque sorte son expérience personnelle. En perpétuelle oscillation entre l'Orient et l'Occident, dans un exil se situant entre le lever et le coucher du soleil, la nostalgie de *Saba*, de son pays natal, réagit en lui, l'appelant au retour : « peut-être l'exil n'est-il au niveau profond, que la vocation, assumée par le poète, de cette terre, la sienne, le Liban, qui est le seul entre deux mondes, lieux de départ à la fois et point de nostalgie[9] ». Cette nostalgie du pays natal est un aspect concret de la nostalgie de la mère, de la source de l'origine. Solitude et exil alimentent le désir ardent du retour. Solitude, froid à vaincre, chaleur inaccessible :

> Et quelle neige ? Ici dans la maison
> Il n'y a plus que l'idée de la neige
> Et l'homme aussi avec son ombre seule
> Et le grand fleuve dans sa chambre : il le voit
> Briller très loin comme une lampe de théâtre[10]

Non seulement dévastatrice mais aussi régénératrice, « la neige » se déchaîne dans les grandes manifestations de la création, nous permettant de toucher au point magique de tous les réseaux de signification, qui s'enchevêtrent dans l'espace du poème. Elle est le « fleuve », source et eau qui en dérivent, souffle de vie et sève nourricière, lesquels ne s'éveillent de leur hibernation que sous la bienveillance de la « lampe »,

---

7 Glouch, Moustafa, *At-Tassawwuf fi al-mizan, al-Qahira, dar nahdat Misr*, Beyrouth, Dar al-muttahida, p. 350.

8 Nasr, Sayed Houssayn, *Al-Soufia bayn al-ams wa-l-yawm*, Beyrouth, Dar al-muttahida, 1975, p. 93.

9 Joubert, Jean-Louis, *Les Littératures francophones depuis 1945*, Paris, Bordas, 1986, p. 246.

10 Stétié, Salah, *Fièvre et Guérison de l'icône*, Paris, Unesco, 1998, p. 27.

lumière et chaleur génératrices, elles aussi, de vie, c'est-à-dire de mouvement – excellente manifestation de toute proximité spirituelle. L'on passe ainsi aux latences naturelles, aux éléments les plus originels, au soleil, à l'arbre, à l'eau, à l'herbe, à la rosée, à la rose, aux nuages et à la terre, leur mère. Ces éléments primitifs, paramètres de son poème, s'articulent les uns aux autres dans le but de saisir l'être :

> Puis sur l'arc et l'herbe
> L'étoile en rêverie terrible, l'eau
> Qui flambe avec la rosée des jardins
> De boue façonnée en jarre leurs roses vides
> Comme poupée de notre nuit mortelle
> Attendant archaïquement le non-né[11]

Univers imaginaire constituant ou plutôt reconstituant le réel dans l'espace d'une rêverie et d'une sensibilité que seul l'exil peut éveiller en l'homme. Ces permanences que la vie conserve, comme levure de renaissance, forment le parcours du dévoilement du sens « non-né », une cosmicisation mystique rendant à l'homme ce qu'il a de divin :

> La terre était l'enfant de nos viscères
> Où déjà des fleurs se formaient préparant
> Notre silence vide le plus intime
> Sous le ciel dur invisiblement défait
> Par la mêlée des grues et des nuages[12]

Stétié est le reformulateur d'une création ancrée dans le plus profond de notre inconscient ; explorateur de l'obscurité, il va à l'origine des origines. La terre, par le « silence vide le plus intime », devient, pour lui, le contenu et non le contenant. Le poète jouit d'une expansibilité lui permettant de se résorber jusqu'à arriver à l'origine de l'univers et même de le contenir. Le ciel, cette voûte-miroir, « dans lequel l'homme voit son propre visage et se regarde, se reconnaît ou s'identifie à un dieu qui lui ressemble[13] », se défait ; « les nuages et les grues » qui l'encombrent ne sont que paix et calme pour l'intimité du poète. Couronné alors de majesté divine dans l'enceinte de son « silence vide », il saisit le non-saisi,

11 *Id.*, *L'Autre Côté brûlé du très pur*, *op. cit.*, p. 8.
12 *Id.*, *Fiançailles de la fraîcheur*, Paris, Imprimerie Nationale, 2003, p. 119.
13 Colin, Didier, *Dictionnaire des symboles, des mythes et des légendes*, Paris, Hachette, 2000, p. 138.

dans une méditation favorisant le surgissement d'un monde vulnérable et puissant, dont se tisse et où se tisse notre existence.

SILENCE ET RELATION AVEC LE MONDE

Parler du silence chez Stétié c'est parler de la méditation, c'est parler de l'écoute et de la parole en même temps. C'est parler du silence de l'écoute, du retrait en soi derrière les voiles des formes, loin des images et des événements fugitifs. Du silence de l'ouverture de l'âme à la lumière, à la plénitude, à la parole initiale qui a engendré toutes les autres paroles au fil du temps. « Parole et silence sont indissociables dans le cas de la poésie[14] », déclare le poète dans l'*Archer aveugle*. Le silence, expression de la parole, le non-dit est plus fort, chez Stétié, que le dit même :

> C'est fini, j'ai restitué les mots
> Aux maîtres vénérés de la parole[15]

Ces vers ne nous rappellent-ils pas le silence de la Vierge lors de la naissance de Jésus[16] ? Le silence de Zacharie lors de la grossesse de sa vieille femme[17] ? N'est-il pas aussi le silence des soufis lors de l'illumination où les mots s'avèrent impuissants à rapporter la vision ? Le silence est ainsi le sein où se réveille « Dieu, qui est simple[18] » et qui dort en nous. « Le silence pourchasse en sa profondeur le silence et [...] lui-même à sa lisière est porteur de braise spirituelle[19] », laquelle ne scintille que dans le cœur de celui qui sait se taire :

> Orage du silence
> Eclairant en tour et détour les nuages
> Oliveraie :
>
> Par l'herbe :
>
> La lampe de l'unicité de l'herbe
>
> Voilà

14 Stétié, Salah, « Mesures du silence », in *L'Archer aveugle*, Paris, Fata Morgana, 1985, p. 239.

15 *Id.*, « Chemins toutes ces traces », in *Fiançailles de la fraîcheur*, *op. cit.*, p. 81.

16 *Le Coran*, Sourate XIX, verset 26. Toutes les citations sont empruntées à la traduction de Denise Masson, Paris, Gallimard, coll. « Bibliothèque de la Pléiade », 1967.

17 *Ibid.*, Sourate XIX, verset 10.

18 Stétié, Salah, « Art poétique », in *Fiançailles de la fraîcheur*, *op. cit.*, p. 81.

19 *Id.*, *Archer aveugle*, *op. cit.*, p. 238.

Sous la saisie

L'impur et le voilé[20]

Le silence anime ces vers, on peut le bien saisir dans le blanc de la page. Ce blanc, vide silencieux, n'est pas incapacité de parler, ni refus de dire, ni injonction à se taire. Il est celui de l'écoute désintéressée de l'Autre, laquelle caractérise toute la poésie mystique, il est ce lieu où scintillent la rivière de lumière, le lac de rosée intérieure, la simplicité active, la présence effervescente et muette. Ce silence est celui où Dieu est, où « la lampe de l'unicité » s'allume.

Ce blanc, qui marque la plupart des poèmes de Stétié, est pareil au silence qui entrecoupe la musique d'un saisissement s'emparant de nous sans nous déconcerter. Il conserve sa puissance inexprimable en mots, une sorte d'effroi mystique éveillant dans l'âme à la fois le sentiment du divin, et celui de notre insignifiance, de notre néant, de notre effacement, de notre mort, par suite de notre résurrection dans celui dont l'être humain pressent la grandeur. Ce blanc, ce silence, ce non-dit, est apte à rendre un écho que les mots mêmes ne peuvent rendre. Il semble plus à même d'exprimer le spirituel, le sacré comme si le moment le plus révélateur était celui qui précédait ou suivait la révélation. Pour Stétié, « le silence est à l'âme ce que la nudité est au corps : un éblouissement[21] ». Chemin de retour, chemin spirituel, expression de la source, le silence serait la langue unique de l'âme, à l'origine de toute création. En un mot, « le silence de la plénitude préside la naissance du poème », qui, à son tour, provoque le silence et c'est là sa majesté.

Chercheur d'unité, « faiseur d'unité[22] », « le poète écoute dans un profond silence l'esprit de Dieu qui souffle à cette voix de la sagesse qui est adressée à tout homme[23] », a écrit Paul Claudel. Et Stétié d'affirmer : « les poètes croisent les mystiques [...] les mystiques sont des hommes du silence qui désirent aboutir à ce qu'on appelle la contemplation, les poètes sont des hommes de paroles, mais d'une parole réservée, d'une parole préservée. Silence réservé au sein de la parole préservée, telle est l'ambition de la poésie[24] ». Une poésie qui naît dans la solitude et l'exil.

20 *Id.*, *Inversion de l'arbre et du silence*, Paris, Gallimard, 1980, p. 21.

21 *Id.*, « Mesures du silence », in *Archer aveugle*, *op. cit.*, p. 237.

22 *Id.*, *La Parole et la Preuve*, *op. cit.*, p. 57.

23 Stétié, Salah, cité in Briolet, Daniel, *Lire la poésie française du* XX*e s.*, Paris, Dunod, 1975, p. 20.

24 *Id.*, *La Parole et la Preuve*, *op. cit.*, p. 108.

MÉDITATION ET MAÎTRE INTÉRIEUR

La méditation est la pierre angulaire de la quête de la source et de toute quête poétique : « il faut le dire et le redire avec force entre recherche spirituelle et recherche poétique, les connexions sont aussi nombreuses qu'évidentes, si même elles demeurent invisibles[25] ». Le poète et le mystique, tous deux, vivent cet état de grande finitude dans leurs cavernes de méditation, où l'enivrement spirituel fascine aussi bien le mystique que le poète. La méditation qui encombre l'exil et la solitude du soufi est souvent guidée par un maître qu'on appelle le *Cheikh*. Celui-ci apprend au novice certains exercices spirituels afin de s'approfondir dans l'expérience mystique et de s'illuminer par une contemplation révélatrice. Cependant, pour certains, tels les *Oaysis*[26], le maître ou le *Murchid* visible n'existent pas. Le poète, lui aussi, pourrait être un *Oaysi*, il est l'homme de l'éveil qui a réussi à vaincre *Hypnos* et *Thanatos*, les frères jumeaux gardant le sommeil. Il possède, en lui, le maître qui le réveille de son sommeil. Aux yeux de Salah Stétié, « poète et méditant sont deux métiers, deux fonctions assumées parallèlement[27] ». Aussi se présente-t-il comme le méditant mystique par excellence – le titre de son livre *Carnets du méditant* en est un parfait exemple, pour ne citer que lui.

À la lecture de ces « carnets », on se trouve plongé dans l'ambiance du *Mathnawi* de Djalâl Eddine Roûmi. Poésie, parabole, et pensée se fondent, pour faire surgir ce qui n'est ni au poète ni aux autres, des fulgurations habitant tous les esprits. On le voit, d'ailleurs, dans chacun de ses recueils, vivre une sorte d'état second ; son œil observe tout étant fermé et son oreille écoute la dictée de la vision intérieure :

> Debout entre les yeux et les prunelles
> Sont les limpides morts
> Ils regardent la rose spirituelle[28]

Les réalités ultimes ne peuvent être saisies que par une absence aux apparences ; « la rose spirituelle » est dedans. « Je ferme les yeux quand

25 *Id.*, *Rimbaud, le huitième dormant*, Paris, Fata Morgana, 1993, p. 74.

26 « *Oaysis* », relatif à « *Oays* », des mystiques qui n'ont pas de maître.

27 Nouss, Alexis, « Une lettre de trop » in *Littéralement*, Paris, Cahiers Salah Stétié, 19-20, p. 76.

28 Stétié, Salah, *L'Autre Côté brûlé du très pur*, *op. cit.*, p. 35.

je te regarde[29] », dit al-Junayd. L'ascèse extérieure favorise l'ascèse intérieure, dont la contemplation est l'aspect le plus sincère, dont l'effet est de calmer, d'apaiser les pensées, et ce jusqu'à l'ataraxie :

> Ô brûlante
> Entre avères et le revers est le passage
> Est le mauvais passage, le convulsif
> Vers les secrets, la détérioration, la main sans ongles[30]

Stétié tient ici la pénétration, la détérioration comme les moyens d'une réconciliation de l'homme avec lui-même, d'une harmonisation des contradictions qui lui sont inhérentes. La tâche du poète serait alors d'illuminer l'opacité du monde, de lui rendre sa transparence et sa stabilité, de déceler ses « secrets » afin de sentir cette unité d'ensemble dont « la perfection [...] exige des perspectives, des profondeurs, des transparences, des appels[31] ». Telle est la mission dont est conscient le novice au début du chemin. Le monde est pluridimensionnel, cependant l'homme est capable de le découvrir par son unique dimension : « la dimension de l'homme est profondeur[32] ». Il a, dans sa quête de la source, à faire un double voyage ou un emboîtement de voyages. Pénétrer au cœur de la réalité c'est pénétrer au-dedans de soi-même. La réalité est intérieure, profonde, « la direction de la quête est double : vers les profondeurs du sensible et vers les replis souterrains du moi[33] ». Le visible porte l'invisible, le figuré est le réceptacle de l'infiguré. Aider à « accoucher l'homme véritable que chacun porte au plus profond de soi-même[34] » est ainsi l'objectif de ce maître intérieur.

La vérité n'est donc jamais à l'extérieur, elle est dans le cœur, il faut toujours traverser l'écorce et aller au centre. « Détourne-toi des apparences, cherche l'ésotérique pour connaître[35] », affirme Ibn Arabi. Et Stétié de répondre en retour :

29 Hujwiri, *Somme spirituelle, soufisme et connaissance*, traduit du persan, présenté et annoté pas Djmaschid Mostazari, Paris, Islam Sindbad, 1988, p. 380.

30 Stétié, Salah, *Brise et attestation du réel*, Cognac, Georges Monti, 2003, p. 29.

31 Corbin, Henry, *L'Imagination créatrice dans le soufisme d'ibn 'Arabi*, Paris, Aubier, 1993, p. 6.

32 Stétié, Salah, *Archer aveugle*, *op. cit.*, p. 209.

33 Darwiche Jabbour, Zahida, « Le Mysticisme de Salah Stétié », in Leuwers, Daniel et Van Rogger Andreucci, Christine (dirs.), *Salah Stétié*, Pau, Presses Universitaires de Pau, 1997, p. 238.

34 Eliade, Mircea, *Le Sacré et le Profane*, *op. cit.*, p. 170.

35 Ibn 'Arabi, *Tarjamân al-achwâq*, Beyrouth, dar Sader, 1966, p. 10.

Cela est saisi par le feu
Presque à la taille
Et laisse un fruit limpide aimé du cœur[36]

Le mot et le poème, chez Stétié, éveillent en nous le fond le plus profond, le néant, le vide silencieux. Exil, solitude, silence et méditation forment la matrice permettant au novice de se baigner, pour pouvoir progresser en montant l'escalier profond de la spiritualité.

LE POÈTE PROGRESSANT

Après s'être baigné dans « l'eau lustrale de Dieu[37] », Stétié se purifie pour devenir le progressant accédant à la lumière, à la beauté, au sacré. Nombreuses sont les manifestations de la purification dans son œuvre. Elles s'interpénètrent, favorisant la libération du poète des contraintes du monde quotidien.

LE DÉPOUILLEMENT ET LA FRAGMENTATION POÉTIQUES

Dans un entretien avec Jean-Marie Le Sidaner, Stétié affirme qu'il a « un immense goût pour le fragment », où il trouve, continue-t-il, « une apesanteur ontologique[38] ». La quête du sacré exige la pauvreté, la fragilité, le dépouillement. Toutefois, se dépouiller de ses désirs et plaisirs, des belles apparences du monde quotidien n'est pas facile. Outre la solitude, l'exil, le silence, menant à l'ascétisme et à la purification, il y a l'endurance de la destruction, du feu, de la nudité, du jeûne, de l'expatriement, de l'immersion dans l'eau, et d'autres exigences. Le novice se doit de dépasser des épreuves et des examens constituant le canevas initiatique. Il est invité à faire revivre son passé, à affronter de nouveau un traumatisme qu'il a lui-même choisi, un anéantissement de soi, une destruction totale de la matière :

Destruction de la poupée destruction de l'ange

36 Stétié, Salah, « Visage en trois », in *Fiançailles de la fraîcheur*, *op. cit.*, p. 28.
37 *Id.*, « Le Merveilleux contre le Mystère », in *Rémanences*, *op. cit.*, p. 29.
38 *Id.*, *La Parole et la Preuve*, *op. cit.*, p. 40.

Destruction de leur maison, de leur chambre
Afin de sauver l'eau dans la maison
[...]
Afin de sauver l'eau portée.
Afin que la maison soit dure.
Afin que l'arbre vert soit l'arbitre de la mort[39]

Destruction de la maison afin qu'elle soit « dure » ; dureté et force dans la destruction, puissance dans le rien, vie dans la mort. Mort à cette vie afin de « sauver l'eau », d'y sombrer, d'être submergé, purifié par elle pour renaître ailleurs. Passant par le purgatoire de la mort, le progressant réussit à vaincre en lui « la plus sombre des passions[40] », il vit cette transformation entre l'être de départ et l'être d'arrivée, transformation intérieure aboutissant à une réalisation plus ou moins complète de soi.

Le dépouillement est un arrachement au monde, un travail d'abolition dont le rendement est la noblesse, la sublimité de l'homme en quête de l'unité. « Je sens que l'abolition de mon être est le plus noble don à me faire / Et ma survie tel que je suis est le pire des torts[41] », écrit al-Hallâj. Quant à Stétié : « je veux dire que, y aurait-il un salut, il est, il ne saurait être que par la destruction, au-delà d'elle ». Le mystique ne détruit son corps que pour en tirer un supplément de puissance, « pour qu'il s'ouvre au vrai savoir, il lui faut se disloquer, franchir ses bornes, passer par les orgies de l'anéantissement ». Lequel est condition essentielle de l'échange mutuel entre homme et divinité :

Mon travail consiste à essayer d'écarter de moi, d'abolir, d'effacer tout ce qui est de l'ordre de l'apprentissage, de l'acquis pour revenir à une constellation première des choses dans leurs rapports entre elles et dans leurs rapports au langage[42].

Dépouillement, déchirement, destruction, mort même. Le poète, aussi bien que le poème qu'il génère souffrent pour progresser dans le chemin de l'illumination, tous deux se cramponnent au rien pour tout posséder.

39 *Id.*, *Inversion de l'arbre et du silence*, *op. cit.*, p. 64.
40 *Id.*, *Mallarmé sauf azur*, Paris, Fata Morgana, 1999, p. 70.
41 Al-Hallaj, *Diwan al-Hallaj*, traduction par Louis Massignon, Paris, *Journal Asiatique*, janvier 1931, p. 34-35.
42 Stétié, Salah, « Dans les mains du ravisseur, il y a toujours de l'imprenable », entretien avec Marie Ginet, in *Rémanences*, *op. cit.*, p. 11.

L'ALCHIMIE POÉTIQUE ET LE DHIKR SOUFI

Le *dhikr* soufi est généralement accompagné d'une pratique physique qu'on appelle danse, la danse mystique. *Dhikr* et danse sont présents à deux niveaux dans la poésie de Stétié – dans la structure thématique et dans la structure typographique des poèmes, qui renvoient non seulement à la répétition verbale du *dhikr* mais également à sa technique, faite de poses et d'exercices respiratoires.

Au niveau de la structure thématique, l'œuvre entière de Stétié est construite autour d'un thème essentiel, la quête de l'absolu. Les textes se répètent alors les uns les autres, ne se différencient guère, le même écho retentit dans leur ciel avec un approfondissement de plus en plus flagrant et enivrant, annulant le matériel et faisant triompher l'âme qui s'épanouit dans une extase illuminatrice, annihilante. L'on voit par exemple « le feu, l'eau, l'herbe, le ciel, le nuage » et d'autres éléments qu'il appelle « permanences naturelles », tout au long de son œuvre, exactement comme la formule que répète le mystique dans le *dhikr* :

> Le rappel obsédant de ces permanences me paraît un des devoirs majeurs de la poésie : rappeler à l'homme qu'il ne saurait être réduit à ce qu'on dit de lui, lui rappeler qu'il dispose de toutes sortes de médiations qui lui permettent de rejoindre le lieu de la vérité réelle et magique[43].

Le mot que le poète répète n'est plus important pour lui, ce mot perd son sens explicite, il devient un signe ésotérique, riche en connaissances implicites et cachées. Il devient visible mais illisible, doté d'un signifié que seul le poète en initiation comprend. À cet instant, grâce à la tension entre visible et lisible, le vocabulaire et les images se convertissent à un nouveau phare.

Stétié est un poète mystique, inventant ses techniques et sa voie propre. Si le rappel (*dhikr*) est manifeste par l'incessante mise en question des permanences, il l'est, de plus, au niveau de la structure typographique des poèmes dont chacun compose un cercle de rappel :

> Insecte de prière Joliesses :
> reprises dans le souffle

43 *Id.*, *Fils de la parole*, Entretiens avec Gwendoline Jarczyk, Paris, Albin Michel, 2004, p. 35.

En imbrûlé brûlure

Linge ô _______
Linge :
Séduisant le terrible[44]

La typographie du poème est toute en sinuosités et courbes, en creusements, en inspirations et expirations qui s'agencent selon une technique identique à celle du *dhikr* ; souffle et gestes physiques s'harmonisent selon un cercle que trace la poitrine en allant vers le bas puis vers le haut, du côté droit au côté gauche, dont le centre est le cœur. Dans la répétition, le rappel ou le *dhikr*, il y a une sorte de progression de l'empire du mentionné sur le cœur qui s'illumine pour contenir le monde entier. Microcosme et macrocosme s'identifient dans une réalité vraie, première, absolue, occasionnant le retour à un état vierge, grâce à cet emboîtement du monde dans l'homme, de l'homme dans son cœur puis au dilatement du cœur pour contenir le tout. Une opération de *Bast* et de *Qabd* soufis.

LE RESSERREMENT ET LE DILATEMENT SOUFIS OU LA PHILOSOPHIE DES CONTRAIRES

Le resserrement ou le « *qabd* » a un aspect ténébreux et le dilatement ou le « *bast*[45] » a un aspect lumineux. Ils s'opposent, l'un renvoie à l'autre en le niant, et l'on vit ainsi de perpétuelles affirmations et négations :

Non poésie de terre criant
Poésie de non-poésie, criant
Que terre soit le précieux deuil[46]

« Non-poésie… criant poésie de non-poésie », accord et réconciliation de l'affirmatif et du négatif, « le non vire imaginairement au oui[47] ». Plus de conflit. Stétié, grâce à ce processus d'euphémisation et de redoublement fondé sur la double négation[48], atteint ce point de l'esprit où « la vie et la mort, le réel et l'imaginaire, le passé et le futur, le communicable et

44 *Id.*, *Fiançailles de la fraîcheur*, *op. cit.*, p. 46.

45 Le *Bast* et le *Qabd* soufis sont des états spirituels éprouvés par le mystique, ils désignent la progression du disciple vers un état où il se rapproche toujours de lui-même et prend ainsi conscience de la réalité spirituelle dans laquelle il se trouve dans l'état présent.

46 Stétié, Salah, *Fragments : Poème*, Paris, Gallimard, 1973, p. 52.

47 Richard, Jean-Pierre, *Onze études sur la poésie moderne et contemporaine*, Paris, Le Seuil, p. 8.

48 *Cf.* Durand, G., *op. cit.*, p. 308.

l'incommunicable cessent d'être perçus contradictoirement[49] ». Il vit l'état où ce point cesse d'avoir un sens, constructeur ou destructeur et où la construction et la destruction cessent d'être armées l'une contre l'autre. Elles s'entendent, menant le poète à cette harmonie à laquelle il accède.

Stétié est amateur de resserrement et de dilatement. Ce processus anime son œuvre, lui donne vie, et ce à plusieurs niveaux. Tout d'abord au niveau de l'homme même, Stétié remarque qu'il est fils des contraires, que le moment qui l'a engendré n'est pas temporel ; il s'agit d'un moment qui échappe au saisissement, un moment d'éclair, fruit d'un long conflit – cet amour entre la nuit et le jour, image par laquelle l'école shadhilite[50] illustre l'opposition entre *bast* et *qabd*[51] :

> Nous sommes tous fils de l'Orient, c'est dire que nous sommes tous des enfants du matin du très petit matin en attente de ce qui fut appelé une fois le lever du jour. Nous sommes fils de cet instant peut-être où l'on parvient, dans quelque précrépuscule, dit le Coran, à distinguer le fil blanc d'un fil noir[52].

Au moment où le blanc et le noir, la nuit et le jour, l'obscurité et la clarté cessent d'être deux, ils ne deviennent ni blanc ni noir, ni nuit ni jour, quelque chose de difficile à identifier mais qui résulte de l'enivrement des deux, de leur éthérisation. Ensuite, au niveau de l'écriture, la prose et la poésie paraissent incarner ce processus de dilatement et de resserrement. La prose, pour Stétié, est aussi éloquente que le poème lui-même, elle inspire le lecteur parce qu'elle mentionne clairement les instants et les lieux d'illumination. Écrire en prose lui a permis de saisir l'anarchie de la vie et du monde jusque dans leurs racines. Et si, dans ses recueils poétiques, le vers ou même le poème paraît comme un fragment, la prose, dans ses essais, prend l'immensité, la profondeur et l'ascension du vers. Déchiré entre l'élargissement de lui-même aux dimensions d'un univers en miroir et la singularité de son écriture, Stétié vit le décloisonnement et le pratique. Chez lui, les frontières séparant la prose et la poésie sont d'une transparence permettant de passer, sans cesse, de l'une à l'autre.

Cette opposition corrélative se manifeste surtout dans les titres de ses recueils dont l'amplification imaginale évoque cette confrontation,

---

49 Breton, André, *Manifestes du surréalisme*, Paris, Gallimard, 1979, p. 77.

50 Fondée par le cheikh Abou-l-Hassan al-Chadhili au XIIIe siècle.

51 Anawati et Gardet, *La Mystique musulmane*, Paris, Vrin, 1976, p. 90.

52 Stétié, Salah, *Le Nibbio*, Paris, José Corti, 1997, p. 12.

universelle illusion entre l'obscurité et la lumière – *Archer aveugle*, *La Mort abeille*, *Raisons et déraisons de la poésie*, *L'Être poupée*, *Obscure lampe de cela*… :

> Mes titres que le lecteur doit déchiffrer en liaison avec le poème qu'ils accompagnent, vous remarquerez qu'ils maintiennent ouvert, vivant et vibrant, l'arc de l'ambivalence, celui de l'ambiguïté et qu'en eux souvent, c'est la chose et son contraire qui s'expriment simultanément[53].

Oxymoriques sont ses titres. Crépusculaires, ils s'installent dans ces régions vagues que partagent la clarté et l'obscurité, la vie et la mort, le plaisir et la souffrance, l'âme et le corps… Libération de tous les engagements, de toutes les contraintes, dépassement du sensible.

LE *LOGOS* INTÉRIEUR OU L'EXTASE RÉALISÉE

Après avoir morcelé tous les liens temporels, dépassé le sensible par la rupture et la cassure de la barque fragile qu'il est, le poète est maintenant prêt à voir s'illuminer son cœur, à ressaisir le caché. L'absence devient alors présence, le cœur s'éveille par l'illumination à une vérité enfouie en son sein, le poète s'unifie avec l'invisible, la réalité universelle se découvre à lui, il devient « le locuteur d'un interlocuteur invisible[54] ».

L'ABSENCE-PRÉSENCE ET LA SORTIE DE L'EXIL (OU LE VIDE INTÉRIEUR)

Dans sa cellule, au sein du silence, le progressant fait un immense effort pour réaliser en lui le vide et l'absence qui vont lui permettre d'être plus présent, de progresser et d'approcher ces moments d'illumination où l'on se fond avec l'absolu, avec l'essence. Cependant le vide que chante le poète est loin d'être le vide des formes, il est la vraie existence dans la non-existence aux sens, il est la présence dans l'absence, il est le vide de l'intuition qui frémit en soi et qu'on ne peut pas identifier, ni lui donner forme, car toute chose qui prend forme cesse d'exister :

---

53 *Id.*, *Sauf erreur*, entretien avec David Rynal et Frank Smith, Paris, PUF, 1999, p. 235.
54 *Id.*, *L'Ouvraison*, Paris, José Corti, 1993, p. 173.

Le visage est absent
Le corps est absent dans des replis d'absence
Laissant à qui l'aimera l'absence[55]

Présence et absence clignotent, font appel l'une à l'autre, ou plutôt l'une s'emboîte dans l'autre. L'absence n'est jamais négative, elle est ce voile transparent, ce miroir qui reflète l'image de l'Aimé. Dans la *Qaçida* arabe, ce sont les ruines, les cendres, le vide qui font resurgir l'image de l'amante. Stétié en parle longuement dans *Hermès défenestré*, et le dit à son tour :

Toute lumière
Arrachée à de précieuses cendres
Cherchant ceci : Lampe d'acanthe
Posée, antique voix[56]

L'amante absente, partie, qui prend ici la figure de « la lumière », renaît des vestiges que rassemble l'imagination du poète, de l'amant, puis en « arrache » le visible déjà existant. Et l'amante devient omniprésente, divine en quelque sorte.

Vide, chemin spirituel, « la poésie [...] est chemin vers le vide », qui serait ainsi le spirituel, « nature d'aucune nature ». Tout quêteur de sens doit avoir l'absence et le vide comme navire pour son voyage. Le vide permet ainsi de rejoindre le divin. Il a le maître mot dans toute création. Serait-il Dieu qui nous échappe ?

Sa nostalgie est de montrer du doigt
Le trône du pollen et le dieu vide[57]

Silence et jeûne, réduction de la parole au simple signe du doigt. « Montrer » devient l'expression la plus expressive de ce qui habite le cœur, c'est la foi dans son sens idéal, c'est Dieu qui n'a pas de figuration. Dans ces vers de Stétié, ne voyons-nous pas l'image de la vierge Marie lors de la naissance de Jésus ? « Marie leur fit signe d'interroger l'enfant[58] ». Ce grand vide, ce silence, forment un état d'esseulement réalisé après ce détachement du monde des apparences. Emporté par

55 *Id.*, *Fragments : Poème*, *op. cit.*, p. 19.
56 *Id.*, *Inversion de l'arbre et du silence*, *op. cit.*, p. 69.
57 *Id.*, *L'Eau froide gardée*, Paris, Gallimard, 1973, p. 24.
58 *Le Coran*, Sourate XIX, 29.

le vide, le poète fouille les secrets de l'âme, animé par la présence de l'infini en lui, il s'identifie à lui, il se fond même en lui :

> Herbeusement dans l'extinction de l'herbe
> L'enfant de ce silence en elle
> À cause
> [...]
> Et terre à blé de terre
> L'enfant intérieur la déshabille
> Arrachant sa lumière au blé[59]

« Extinction, silence, enfant intérieur, lumière », tout se dirige vers un paroxysme intime, où la lumière prend asile. Stétié cherche le divin, il le trouve au fond de lui-même, dans son cœur.

L'ILLUMINATION ET L'ÉVEIL DU CŒUR

L'illumination dérive du mot « lumière », elle est « une grâce spéciale que Dieu donne à l'âme d'un homme et qui procure connaissance et amour surnaturels », lesquels, une fois réalisés, remplissent de lumière le cœur de l'initié. Parler, donc, de l'illumination, c'est parler de l'éveil du cœur :

> Je lui dis : mon cœur ma transparente
> Viens avec moi là-bas où l'olivier
> Conserve avec pureté l'instant éternel de ma mort[60]

« L'instant éternel de ma mort », c'est l'instant où le cœur s'ouvre à la lumière divine et devient le miroir qui la reflète, où l'homme s'illumine de l'intérieur, lorsque tous les voiles se dévoilent devant l'apparition de la vérité résidant dans le cœur. « Le cœur est [...] un miroir prêt à éclairer la vérité de la vérité dans toutes les affaires[61] », selon la formule d'Al Ghazali. Salah Stétié déclare, pour sa part :

> Le cœur s'en va, très seul, dans sa chemise
> Abîmé parce qu'il a vu[62]

---

59 Stétié, Salah, *Inversion de l'arbre et du silence*, *op. cit.*, p. 97.
60 Stétié, Salah, *Fiançailles de la fraîcheur*, *op. cit.*, p. 81.
61 Al-Ghazali, *Ihia' 'Ouloum eddine*, t. III, Beyrouth, dar katiba, 1992, p. 23.
62 Stétié, Salah, « Deux Poèmes seuls », in *Fiançailles de la fraîcheur*, *op. cit.*, p. 78.

C'est toujours le cœur qui voit, il voit Dieu qui l'habite. Voir avec les yeux, c'est se détourner de la réalité. C'est le cœur qui comprend le plus la langue de la lumière intérieure. Il est ainsi, de par sa fonction, ésotérique. Le cœur est donc un lieu de richesse et d'illumination, un lieu où la distance entre obscurité et lumière est nulle :

> Je me trouve ici – ici où est-ce ? – Soudain illuminé de l'intérieur – l'intérieur de quoi ? de qui ? – à chaque idée venue s'épanouir à la surface comme éclatement spontané d'un nénuphar mental (mais, surface de quoi ?)[63]...

L'illumination est cette fusion totale avec le tout. La soudaineté avec laquelle celle-ci emplit l'intériorité du poète, « soudain illuminé de l'intérieur », atteste d'une expérience mystique, d'une expérience de communion unitive avec le tout perçu en tant que divin. Expérience qu'on trouve seulement chez les mystiques touchés par la grâce de la vision divine : « mais Dieu n'étant (une idée !) qu'un surplus de lumière, plutôt que cette aurore intouchable [...][64] ». Transparence traversée de transparence, irisation dans l'absence, lumière débordant et de l'homme et du monde, « lumière sur lumière[65] », l'absorption mystique ouvre au poète, à deux battants, la porte de la connaissance, de l'illumination, rendant nulle la distance entre l'homme et le divin. Et si les frontières entre le mortel et l'immortel sont poreuses, si des glissements s'opèrent entre les deux, il apparaît que chez Stétié, ces frontières sont ouvertes et que le retour de l'humain au divin s'est réalisé à plusieurs reprises. Prédestiné à cet élan comme tout homme, le poète est donc parvenu à la plénitude, grâce à cette mort à la vie profane et cette renaissance à la vie supérieure.

ANNIHILATION ET PÉRENNISATION OU L'EXTASE RÉALISÉE

« Je dormais à l'ombre d'Héléna[66] qui dormait à mon ombre[67] » : il s'agit d'annihilation et de pérennisation de l'un dans l'autre, du poète et de la bien-aimée. Difficulté, même impossibilité, de distinguer l'un de l'autre. Le poète est annihilé à lui-même et pérennisé dans l'être aimé. Extase réalisée par la fusion dans l'autre.

63 *Id.*, *Lecture d'une femme*, Paris, Fata Morgana, 1987, p. 21-22.
64 *Ibid.*
65 *Le Coran*, Sourate XXIV, 35.
66 Héléna est la femme du poète-narrateur dans *Lecture d'une femme*.
67 Stétié, Salah, *Lecture d'une femme*, *op. cit.*, p. 61.

Mais qu'est-ce que l'extase ?

> L'extase, – état limité de la sensation, accomplissement *par la ruine de la conscience* –, en sont susceptibles ceux-là seuls qui s'aventurant hors d'eux-mêmes, substituent à l'illusion quelconque qui fondait leur vie une autre, suprême, où tout est résolu, où tout est dépassé[68].

Lorsque Stétié dit : « pendant que se produisait cela, j'étais, moi, parti et resté (comprenne qui pourra)[69] », il décrit précisément cet état d'annihilation-pérennisation. L'univers, « comme si l'espace s'est retiré de partout avec ses forêts en désordre[70] », se rétrécit, jusqu'à devenir un point, un cristal de taille nette et exquise au milieu duquel brûle une flamme, celle de l'illumination. Le poète, en un seul pas, a franchi toutes les étapes précautionneuses et suspicieuses comme si la révélation ésotérique de la vérité de l'univers avait été faite en une seule perception, instantanée, de tous les temps et de tous les espaces. « Pour l'instant, je ne respire pas ; j'émerge[71] » : le poète s'est établi dans « la totalité éternelle[72] ». Une délivrance de la vie profane, une très lucide expérience de communion avec le divin, vision extatique le dépouillant du complexe des multiples, lui permet d'atteindre le primordial. Victoire sur l'argile humaine, retour à l'état premier, unité à laquelle l'archer accède grâce à la prolifération des tentatives :

> Comme arc – puis comme arc.
> Arc immobile :
> éclat[73].

L'archer, quoique aveugle[74], a son arc et sa flèche, il tire même dans l'obscurité, et avec la progression dans le voyage, le sujet et l'objet deviennent semblables, le contenant et le contenu s'identifient. De par leur transparence, il est impossible de les distinguer l'un de l'autre. Le voyage s'ouvre à l'éclat. Les deux points, débutant le vers de Stétié, éliminent les yeux physiques du poète, ils les remplacent. La matière

68 Cioran, E. M., *La tentation d'exister*, Paris, Gallimard, 2004, p. 162.
69 Stétié, Salah, *Lecture d'une femme*, *op. cit.*, p. 14.
70 *Ibid.*
71 *Ibid.*
72 *Ibid.*, p. 47.
73 *Id.*, *Inversion de l'arbre et du silence*, *op. cit.*, p. 26.
74 *Ibid.* « *Archer aveugle* » est le titre d'un essai de Stétié.

s'annule complètement, le poète voit par son œil intérieur qui est de la nature même de « l'éclat » spirituel et divin. Il voit la lumière à la fin de cet arc, qui relie la terre au ciel.

Démarche poétique et démarche mystique sont semblables : « le mystique ne veut pas d'œuvre d'art, ce qu'il veut, c'est sa réalisation personnelle même et surtout si cette réalisation est en quelque sorte son annihilation et son annulation[75] ». L'artiste ou l'écrivain exprime, dans ces vers, ce que ressent le mystique pendant son expérience. Le poète encore, malgré les tentatives de décrire l'illumination qui le submerge, est impuissant à tout dire. Il s'approche, emploie des métaphores, évoque la lampe, l'étoile, la lumière, mais tout cela reste imprécis. La seule précision qu'il parvient à donner, c'est l'éblouissement, cette forte lumière qui aveugle et empêche toute précision :

> Et nous voici devant l'éblouissement
> Éblouis par l'éblouissement
> C'est peut-être la fin et c'est la fin[76]

Un tel poème célèbre l'absence de tout élément se rattachant au monde d'ici-bas. Il s'agit là d'un état vécu dépassant le matériel, habitant le cœur de la lumière. « C'est la fin », assure Stétié, une fin vague, perdition au sein de la totalité absolue. Ne sachant où il est, le poète s'interroge :

> Où sommes-nous diurnes, ma divine
> Plus simple que le simple fruit
> ...
> Où sommes-nous, où sommes-nous[77]

On semble entendre ici le vers de Ibn al-Mo'taz : « C'était un état que je ne me rappelle plus / suppose que c'était du bien et ne me demande plus la nouvelle[78] ». La lumière ne vient donc pas d'une parole révélée, mais d'une expérience vécue dans le plus profond du moi, où l'étincelle divine se tient bercée. Stétié est un poète qui a tous les dons d'un homme mystique, son itinéraire poético-mystique est mystérieux, énigmatique,

75 *Cf.* Bonhomme, Béatrice, *Salah Stétié en miroir*, Amsterdam, Rodopi, 2000, p. 72.
76 Stétié, Salah, *L'Autre Côté brûlé du très pur*, *op. cit.*, p. 78.
77 *Ibid.*, p. 29.
78 Ibn al-Mo'taz, cité in Al-Gazzali, *Al-Monqidh min al dhalal wa-l- moussil ila dhi-l- 'izzati wa-l- jalal*, Beyrouth, Dar al-andalos, 1967, p. 108.

bâti sur la destruction plutôt que sur la construction. Le vide, le rien, la nudité forment son dessein.

Le mysticisme, chez Stétié, est une illumination intérieure et non une conversion en un Autre comme dans les mystiques abrahamiques. C'est plutôt un mysticisme proche de celui de Ibn Arabi, de Djalâl Eddin Roûmi, de celui du bouddhisme. Son dieu n'est pas celui dont parlent les religions. « Je ne suis pas un homme de foi, je ne suis pas un croyant, je veux dire : un croyant institutionnel[79] », déclare-t-il dans *L'Autre Coté brûlé du très pur.* Sa foi est une recherche infatigable du sens, une foi critique fondée sur l'interrogation, la quête, le travail. Elle est ainsi un acte créateur, un éveil qui pousse en avant, c'est-à-dire à retourner à l'origine, traversant les dimensions de l'étroitesse pour s'ouvrir à des mondes inconnus. Son dieu est l'âme, le souffle qui anime tout ce qui existe et dont le chemin est l'homme même, un chemin qui va de l'humain au spirituel et non l'inverse.

Ghada El Samrout
Université Libanaise

79 Stétié, Salah, *Fils de la parole*, *op. cit.*, p. 18.

SYMBOLISME ET MYSTICISME DANS LA PENSÉE DE SALAH STÉTIÉ

Étude sur le *Firdaws* ou les jardins de l'Islam

Issu d'une société fortement marquée par l'emprise du sacré, inspiré par la littérature soufie et les poèmes de ses mystiques, Salah Stétié, né à Beyrouth en 1929, se lance dans une quête spirituelle, à la recherche de la lumière divine, de cette passion charnelle qui provoque une espèce d'euphorie et une sorte de rupture avec le monde d'ici-bas. Passeur entre le monde oriental et le monde occidental, Salah Stétié partage son œuvre entre essais et poésies, au sein desquels la mystique musulmane occupe une place prépondérante. Dans un certain nombre de textes – *Le vin mystique*, *Un suspens de cristal*, *Une lecture du Coran*, *L'Islam et les images* –, il s'efforce, ainsi, d'interpréter les principes et valeurs du soufisme. Il établit, pour ce faire, des correspondances symboliques entre le monde matériel et le monde spirituel, afin d'ôter le voile qui le recouvre et avec pour ambition d'accéder à une réalité supérieure. L'écriture de Salah Stétié, héritière de la lignée spirituelle soufie, nourrie par la fécondité de l'imagination créatrice de ses maîtres, travaillée et stimulée par les cultures orientale et occidentale, ne peut donc se concevoir et se lire sans prendre en considération la pensée mystique de l'écrivain. Il s'agit d'une écriture tissant des liens entre le sens et l'essence des choses, entre l'ici-bas et l'au-delà, entre l'enfer et le jardin, à la fois dans l'imaginaire arabo-musulman et dans celui des autres religions. Salah Stétié, dans ses textes, donne forme aux idées, joint l'intelligible aux substances, les féconde et entrelace poésie et symboles.

La prégnance du soufisme est particulièrement nette dans « *Firdaws* », consacré au thème du jardin en Islam. Souvent elliptique et ce jusqu'à l'hermétisme, cet essai est, en effet, émaillé par des images conjuguant le personnel et l'universel, la littérature et la spiritualité, la réflexion et l'extase. Nous chercherons, ici, à montrer comment Salah Stétié s'approprie l'espace du jardin, pour en faire, tout en dialoguant avec la tradition, le lieu d'une expérience poétique et mystique.

UN MYSTICISME LITTÉRAIRE

La singularité de l'essai de Salah Stétié réside dans l'originalité de sa pensée mystique, et plus précisément, dans sa conception toute personnelle du soufisme. Parmi les définitions les plus frappantes qu'en donnent les maîtres soufis, citons le verset coranique « *En vérité nous sommes à Dieu et à Lui nous retournons* », évoquant le phénomène du retour à l'essence, à la seule et unique vérité qui n'est autre que Dieu. Selon le critique Martin Lings, les soufis répètent ce verset continuellement dans leurs prières ou dans leurs méditations, plongés dans un état de dévouement total, qui les conduit à se lier à Dieu et à contempler en eux son reflet :

> Les soufis estiment que le soufisme tout entier est résumé dans ce verset ; ils le chantent souvent lors de leurs réunions et parfois le répètent un certain nombre de fois sur le rosaire ; et en fait, bien que chaque croyant soit nécessairement « à Dieu » à un degré ou à un autre, on peut dire que le mystique est « à Dieu » d'une manière qui n'est pas celle du reste de la communauté, car mysticisme veut dire consécration totale[1].

Pour Lings, le soufi est donc la figure emblématique du mysticisme en Islam, un mystique dont la relation à Dieu est remarquablement différente de celle des simples croyants. Il définit, en ce sens, le soufisme comme étant « la voie la plus directe pour approcher Dieu[2] ».

Toutefois, Stétié propose une lecture singulière du soufisme et invente un soufisme qui lui est propre, un soufisme de l'amour, de l'amour des mots, du verbe, de la force de la création littéraire, un amour abstrait, sans forme, que lui seul sait décrire, dans ses textes en prose comme dans ses poèmes. Aussi affirme-t-il :

---

1 Lings, Martin, *Qu'est-ce que le soufisme ?*, Paris, Le Seuil, 1977, p, 32.
2 *Ibid.*

> [...] ces admirables interprètes mystiques, les soufis, enfants du froc et de la bure et de la laine brute le *suf*, fils de la transparence le *saafa* et frère de la *sophia* grecque, sise bien en deçà du brûlant feu qui en eux brûle et sait, pour leur bonheur et pour l'honneur de leur poésie, l'une des plus décisives qui soit, les consumer, consumer le raisonnable en eux dans l'incendie d'amour provoqué par un Dieu, dont seul, enfin de compte, subsistera la Face[3].

Le poète met ici en relation trois étymologies du terme *sûfî.* La première, dérivée du mot arabe *sûf*, la laine, se réfère *au dépouillement vestimentaire.* La deuxième du mot arabe *sâfa*, qui désigne la pureté. La troisième, enfin, du mot grec *sophia*, la sagesse. Ces trois étymologies réunies suggèrent, effectivement, « le désir du dépouillement, de l'ascèse[4] ». Il est alors évident que, pour Stétié, le principal objectif du soufisme est de trouver, par la pureté originelle et la lumière que dégage la Vérité Divine, la paix intérieure, à savoir « l'ascèse », ne prenant corps que dans le verbe des poètes soufis, cet astrolabe qui résout toutes les énigmes et révèle tous les mystères. En effet, dans le soufisme, l'être tend à retourner à son essence, à sa source, à Dieu, qui est la seule vérité dans un royaume où tout est mirage et illusion. Un tel royaume n'est autre que le cœur des *fidèles serviteurs*, des mystiques aveuglés par l'amour et éclairés par la divinité, comme le montre ce verset coranique où Dieu déclare, par la bouche du Prophète : « Ma terre et mon ciel ne Me contiennent pas, mais Je suis contenu dans le cœur de mon fidèle serviteur[5] ».

Dans les écrits de Salah Stétié, la démarche mystique et la démarche poétique vont de pair et entretiennent un rapport comparable avec l'indicible, un rapport fondé sur le recours aux symboles transmutés. L'écriture du poète suit un flux d'inspiration mystique, use de la polysémie de la langue et de sa richesse sémantique, afin de faire briller de mille sens les termes qu'il insère dans le corps de ses textes, ce qui justifie le recours incessant à certains thèmes, en particulier ceux de la lampe à huile et de la lumière. Aussi Salah Stétié ne cesse-t-il de se référer aux versets coraniques qui les évoquent et justifie l'omniprésence de cette symbolique en déclarant :

---

3 Stétié, Salah, *Lumière sur lumière ou l'Islam Créateur*, Paris, Les Cahiers de l'Égaré, 1992, p. 82.

4 *Cf.* Gellini, Denise, « Mysticisme et poésie dans l'œuvre de Salah Stétié », in *Salah Stétié le fidèle*, Les Cahiers Bleus, Troyes : Centre culturel Thibault IV de Champagne, 18, 2004, p. 62.

5 Ibn 'Arabi, cité par De Vitray-Meyrovitch, Eva, in *Anthologie du Soufisme*, Paris, Albin Michel, 1978, p. 312.

> Je suis fils de l'Orient, un fils de la lumière. La lumière est le lieu du sens, le lieu de la désignation, de la nomination [...] « Dieu est la lumière des cieux et de la terre », dit de son côté, le *Coran*. Et pourtant que ce Dieu est obscur, inapte à toute saisie que nous pourrions vouloir entreprendre [...]. Entre cette lumière énoncée, annoncée et la ténèbre tombée de l'Être une fois pour toutes, entre cette distance incommensurable et cette proximité murmurante du sang, la lampe, et l'huile qui la nourrit, me sont apparues depuis toujours comme présences humblement médiatrices[6].

Notons également que l'image de la lampe, étroitement associée avec la symbolique de la lumière, rappelle métaphoriquement, pour Stétié, les liens qui unissent la parole et la langue, portant en elle le secret de la révélation, de la claire vision, et qui illumine les esprits :

> Lampe et parole, éclairant, donnant à voir. L'une comme l'autre révèlent sans que le mode même de leur révélation puisse en quoi que ce soit, épuiser une fois pour toutes ce qui est à voir, à dire. La lampe, l'antique lampe à l'huile d'où procède le génie oriental de la parole, n'illumine en effet que pour rendre au visible sa part d'ombre[7].

Il s'agit, à ce titre, d'un mysticisme symbolique, littéraire, d'un soufisme philosophique, ou d'une philosophie soufie, marquée par l'idéal d'une ouverture sur l'autre, se démarquant de la rigidité dogmatique de l'Islam, se libérant de toutes restrictions imposées par l'espace et le temps. « Toute religion est fondée, puissamment, sur une interprétation du monde dont les symboles sont les clés ouvrantes[8] », affirme Salah Stétié dans l'avant-propos de son recueil d'essais intitulé *Le vin mystique et autres lieux spirituels de l'Islam*. Le livre réunit huit textes, publiés entre 1966 et 1998 dans d'autres recueils, et dont l'étude de la symbolique coranique constitue le socle commun. Dans le premier essai, le « vin mystique », Salah Stétié expose les différentes significations du vin, symbole ambivalent et paradoxal. Suivent « Méditations », « L'Islam et les nuages », « Le désir et la mer », « Un suspens de cristal », qui évoque la mythique reine de Saba, puis « L'image, les images », « *Firdaws* ou les jardins » et enfin « Une lecture du Coran ». Dans chacun de ces

---

6 Stétié, Salah, *Entretien avec Béatrice Bonhomme*, Revue NU(e), 3, avril 1996, p. 17-18, cité in Bonhomme, Béatrice, *Salah Stétié en miroir*, Amsterdam, Rodopi, 2000, p. 41.

7 Stétié, Salah, *Le Nibbio*, Éditions José Corti, Paris, 1993, p. 39.

8 Stétié, Salah, *Le Vin mystique et autres lieux spirituels de l'Islam*, Paris, Albin Michel, 2002, p. 7.

textes, Salah Stétié a recours à ce langage allusif et codé par l'emploi métaphorique de termes appartenant au soufisme. Le poète évoque en particulier, dans *Firdaws*, l'image du voile, symbole des murs qui entourent les jardins, qui les enveloppe d'ambiguïté, afin de les préserver du regard des curieux, pour que leur beauté ne soit révélée qu'aux serviteurs fidèles du Seigneur :

> Les hauts murs, pierre, brique, ou torchis, seront le plus souvent mal bâtis et bien peu faits pour séduire le non-initié, avec les tessons qui les surmontent et qui agressivement, les arment contre toute tentation d'escalade ; ou bien, s'il s'agit d'un jardin surélevé, on le verra se défendre encore mieux par telle haie méchamment hérissée de figues de barbarie. Le propos manifeste de cette hostilité est de décourager l'indiscrétion sous toutes ses formes[9].

Dans cette même vision, il compare le voile qui couvre les jardins au voile de la femme en Islam, qui se voile pour couvrir sa beauté et la garder pour son seul époux, car elle est son « jardin » :

> Après tout, la femme est également jardin pour l'homme : cela, la poésie de tous les temps et de tous les pays, l'a mille fois dit[10].

On soulignera que cette métaphore du voile est étroitement associée à une deuxième image récurrente dans les textes de Salah Stétié, qui n'est autre que celle du miroir. Pour lui, le jardin, le paradis ou le *Firdaws* est le reflet de la beauté du Créateur, et les âmes qui s'y trouvent ne sont que le reflet du Créateur sur ses créatures. Il est le lieu où se révèle à l'intérieur de l'âme la forme de l'invisible. En tant que médiation entre l'extérieur et l'intérieur, il est, au sens mystique, porteur de connaissances initiatiques, de la connaissance de soi. Pour Eva de Vitray-Meyrovitch[11], il est le symbole même du symbolisme, un révélateur de sens et d'essence. Telle est la vision soufie de Djalâl Eddine el-Roumî qui inspire profondément Stétié.

Toutes ces images donnent lieu à une toute autre approche du jardin, qui finit par désigner « le repos promis par le Coran », cité dans le verset 76 de la sourate « Le Tout Miséricorde » : « Ils seront accoudés sur des coussins verts et des tapis épais et jolis ». Pour Stétié, ce

9 Stétié, Salah, *Lumière sur lumière ou l'Islam Créateur*, *op. cit.*, p. 98.
10 Stétié, Salah, *Le Vin mystique et autres lieux spirituels de l'Islam*, *op. cit.*, p. 86.
11 *Cf.* De Vitray-Meyrovitch, Eva, *Rûmi et le soufisme*, Paris, Le Seuil, 1977.

verset témoigne de la disparition des intérêts qui poussent l'homme à déployer d'incontestables efforts pour admirer son Seigneur. Il associe le repos à cet état de volupté et de relâchement des âmes libérées des corps périssables du Monde d'ici-bas, de toutes les imperfections qui font que l'homme est homme. Pour Stétié, ce n'est qu'au Paradis que l'abandon et le consentement qui définissent l'Islam prennent forme. Par conséquent, le jardin de Stétié ne se limite pas à une promesse, une fascination ou une tentation, mais constitue aussi l'échelle qui élève l'Être et le purifie. Il est le symbole de l'infinitude divine et du repos éternel que le Coran décrit, un avant-goût du bonheur absolu et de l'éternité. Le Paradis d'Islam est donc le lieu de l'abandon de l'âme qui se confie à son Créateur. Le nom même de *jardin*, en arabe, signifie littéralement « s'abandonner à Dieu ». Au cœur de ce dernier, l'homme cesse désormais d'exister dans sa forme terrestre, se libère de son imposture et dépasse le contingent :

> Enfin le repos promis, par le Coran, « sur des coussins », je l'interprète comme la volupté de l'abandon de tout ce qui de l'homme d'hier et d'ici-bas, fut membres bandés sous la peine et l'effort, maintenant que l'effort a perdu sa raison d'être et que, dans l'accomplissement advenu, l'âme peut se relâcher enfin et s'ouvrir à ce consentement qui a donné son nom à l'Islam dont on sait qu'il signifie « abandon en Dieu ». Où s'abandonner ne serait-il plus complet et plus justifié, plus débarrassé des scories du dessein individuel, que dans le lieu sans lieu d'Allah[12].

UNION MYSTIQUE ET ARABESQUE FLORALE

Sensible aux traités et aux poèmes des maîtres soufis, Stétié conserve, par le biais de son écriture, le crédo religieux de ces mystiques, présente, dans ses textes, le fondement de leurs croyances et incarne l'expression idéologique de leurs *tariqat*, leurs voies. Par exemple, Ibn Arabi, un des plus grands maîtres soufis, considère que les trois religions abrahamiques partagent les mêmes fondements, en particulier l'amour d'un seul Seigneur, et se réfère souvent au verset coranique qui conditionne

12 Stétié, Salah, *Lumière sur lumière ou l'Islam Créateur*, *op. cit.*, p. 100.

la bonne foi par la croyance en tous les livres d'Allah et en tous ses messagers :

> Ô les croyants ! Soyez fermes en votre foi en Allah, en Son messager, au Livre qu'Il a fait descendre sur Son messager, et au Livre qu'Il a fait descendre avant. Quiconque ne croit pas en Allah, en Ses anges, en Ses Livres, en Ses messagers et au Jour dernier, s'égare, loin dans l'égarement[13].

Ibn Arabi et Salah Stétié considèrent, à ce titre, que la quête mystique n'est pas exclusive à la seule tradition musulmane. Pour eux, quiconque recherche l'amour divin est un soufi. Suivant cette logique, Ibn Arabi déclare, dans l'un de ses commentaires :

> Je crois en ce que croit le juif et le chrétien de ce qui est vrai dans leur livre. Allâh (exalté soit-Il) a dit : « …et aussi les croyants : Tous ont cru en Allâh, en Ses anges, en Ses livres et Ses messagers. En disant : "Nous ne faisons aucune distinction entre ses messagers[14]" », mon livre affirme qu'il contient les leurs, ma religion les leurs, leur religion et leur livre sont donc ainsi inclus dans mon Livre et dans ma religion[15].

Salah Stétié reprend cette idée à maintes reprises dans son essai, en évoquant les représentations judéo-chrétiennes du jardin et leur proximité avec la conception du jardin de l'Islam. Citons des formules comme « l'homme, dans le jardin d'Éden, est porteur de mal : ainsi en a décidé la Bible[16] » ou encore « un jardin que tout sémite renferme en son âme et dont il promène éternellement l'ombre portée sur la stérilité du monde[17] » et enfin « je veux parler de l'autre Rose splendide qui est au cœur même du Christianisme[18] ».

Outre les deux religions abrahamiques, Stétié établit une affinité entre la spiritualité de l'Islam soufi et celle des autres traditions. Il crée des passerelles entre différentes cultures et civilisations, dont l'Asie, terre de Roumî, son « compagnon de toujours », comme il l'appelle. Ce

13 Sourate « Les Femmes : Annissa », verset 136, in Berque, Jacques, *Le Coran : essai de traduction*, Paris, Albin Michel, 2002, p. 582.

14 Sourate « La Vache », verset 285, in Berque, Jacques, *Le Coran : essai de traduction*, *op. cit.*, p. 68.

15 Ibn 'Arabi, cité par Stétié, Salah in *Le Vin mystique et autres lieux spirituels de l'Islam*, *op. cit.*, p. 120.

16 Stétié, Salah, *Lumière sur lumière ou l'Islam Créateur*, *op. cit.*, 1992, p. 83.

17 *Ibid.*, p. 87.

18 *Ibid.*, p. 107.

poète est, en effet, le fondateur de la *présentation florale du jardin*, avec son fameux vers :

> La rose est un jardin secret où se cache des arbres
> Cent roses sont pareilles, elle est unique[19].

L'essai de Salah Stétié sur le Jardin de l'Islam peut être lu, par conséquent, comme une « arabesque florale », à travers laquelle il s'efforce de peindre de sa « plume » un bouquet composé de ses fleurs préférées, cueillies de ces « milles jardins de ce monde-ci[20] ». À ses yeux, la Rose est, à l'inverse de la fleur de paroles de Stéphane Mallarmé, « la maîtresse fleur, la reine absolue de tout jardin, la présente en tout bouquet[21] ». Cette dernière est omniprésente dans l'essai, inséparable du nom de Djalâl-Eddine el-Roumî, pour qui elle est le symbole de l'âme du soufi perçant le secret de l'immortalité, de la résurrection et de la « Lumière de la Réalité totale ».

Il est donc clair que Stétié et Roumî ont en partage la même représentation symbolique du Jardin de l'Islam et considèrent tous deux que le Paradis du croyant réside dans son cœur, éclairé par la Lumière divine qui irrigue de passion la Rose, à savoir l'âme unie à Allah :

> Je veux parler de l'autre Rose splendide [...] Si continuellement évoquée par Djelal-Eddine el-Roumî, la rose d'Islam est, quant à elle, dans la miniature persane ou turque, au-delà du profane, au-delà du plaisant, fût-il le plus exquis, au-delà de « la roseraie (d'un) visage », l'émanation même de l'âme et son adorable symbole –, rose de la Réalité totale enfin accomplie[22].

Par ailleurs, le fonctionnement des signes, employés dans cet essai imagé, ne relève pas uniquement de la force de l'imagination créatrice du poète, mais également de la force de sa création verbale. Salah Stétié traduit dans une belle langue ésotérique, porteuse de valeurs testimoniales, une voix de sagesse venue du fond des âges, une vérité profonde qui demande de percevoir, par-delà l'énoncé de surface, d'autres sens cachés. L'une des images les plus remarquables, sur laquelle se clôt l'essai, est celle du « sablier de l'Être », qui, en un seul contenant, unit le temps et le

---

19 *Ibid.*, p. 107.
20 *Ibid.*, p. 105.
21 *Ibid.*, p. 107.
22 *Ibid.*

contretemps, la mort et la vie. « Du mort, Il fait sortir le vivant », lit-on dans le Coran. « Tout est à jamais dans tout », ajoute Stétié :

> Pourquoi la mort, justement, ne serait-elle pas, de la vie, la plus proche et la plus affectueuse des sœurs ? Tout est à jamais dans tout : telle est la loi du sablier de l'Être qu'à chaque instant l'on peut le retourner.

Selon cette logique, Stétié dénombre, dans son essai, deux images incarnant le contre-jardin : le désert et le cimetière. Le poète y évoque le célèbre épisode coranique de la manœuvre d'Iblis, à savoir Satan, pour faire sortir l'homme du jardin. Le désert apparaît, ce faisant, comme le lieu de l'exil, le symbole de la chute de l'homme dans le temps, antithèse du jardin qu'il considère comme un espace premier, auquel appartient l'homme et vers lequel il finira par se retourner :

> Iblis exclu de l'éternité suscite, par frauduleuse manœuvre, l'exil de l'homme et sa chute dans le temps. Si, dans l'éternité, la notion d'espace a un sens, il apparaît donc que l'espace premier est jardin et que le temps, dans cette perspective, est un anti-espace –, qu'il est autrement dit l'épreuve, déjà d'un contre-jardin[23].

Comme le souligne Béatrice Bonhomme, dans *Mémoire et chemins vers le monde* :

> Le désert des désolations terrestres est ainsi le maître qui conduit à soi, désert qui rend à l'intimité, désert d'action de grâce dont l'ermite connait le secret[24].

C'est au sein de ce contre-jardin qu'est le désert, que le croyant nourrit dialectiquement, face aux épreuves, à l'absence, son désir de retour à l'origine. Il en va du même du cimetière, puisque de la terre fut créé l'homme, à la terre il retourne, et de la terre il ressurgira. Pour Stétié, l'existence de l'homme dans le cimetière, n'est qu'un passage, elle est éphémère, précaire et instable, contrairement au jardin promis, qui est la terre de la vérité, de la stabilité et de l'infini espéré et désiré :

> Je me dis enfin que notre dernier rendez-vous, notre ultime port avant la résurrection promise des corps, est également un jardin, ce cimetière, contre-jardin lui aussi, où un jour sera enfouie la semence que nous serons, autre sperme, en vue d'une germination[25].

---

23 *Ibid.*, p. 88.
24 Bonhomme, Béatrice, *Mémoire et chemins vers le monde*, Paris, Melis, 2008, p. 95.
25 Stétié, Salah, *Lumière sur lumière ou l'Islam Créateur*, *op. cit.*, 1992, p. 87.

JARDINS TERRESTRES, JARDINS CÉLESTES

Salah Stétié, comme tous les mystiques soufis qui l'accompagnent, aspire à l'éternel repos, à l'apaisement de l'âme et à tout ce que peut offrir le Jardin de l'Islam. Ainsi en rêve-t-il, en énumérant les différentes appellations attribuées dans le Coran au Paradis :

> Comment ne pas rappeler, pour en rêver et en rêver encore les noms de mille et un jardins – et d'abord, de ceux qui, d'une sourate à l'autre du Coran sont attribués au Paradis : « Jardin de la retraite », « Jardin de l'Éternité », « Jardin des Délices », « Demeure du Salut », « Demeure de la retraite », « Demeure du Séjour Paisible », « Jardin d'Éden », ou plus simplement : « Le Jardin[26] ».

Salah Stétié parle des huit Jardins de l'Islam et de leurs noms respectifs, alors que Ibn 'Arabi donne plus de précision sur leurs spécificités :

> Le jardin le plus élevé est celui d''Adn (d'Éden) ou de la félicité qui en constitue l'aspect central. C'est en lui que se trouve le *Kathîb*, l'Amoncellement, là où les êtres humains seront rassemblés pour la vision de Dieu le Réel (*ru'yat al-Haqq*). C'est le plus sublime des jardins et il est comparable, en excellence, à la demeure du roi. Huit enceintes le circonscrivent et entre deux d'entre elles se place un jardin. Celui qui vient immédiatement après le jardin de la félicité est celui de *Firdaws* qui se trouve au centre et le plus excellent d'entre eux. Viennent ensuite le jardin de la perpétuité (*jannat al-khuld*), le jardin du bien-être (*jannat al-na'îm*), celui de la retraite hospitalière (*jannat al-ma'wâ*), puis la demeure de l'immunité (*dâr al-salâm*) et enfin, la demeure de l'immutabilité (*dâr al-muqâma*)[27].

À la croisée de différents imaginaires et de différentes traditions, Salah Stétié évoque, pour sa part, les plus beaux des jardins terrestres, merveilles des civilisations, afin de servir de pierre d'angle à sa rêverie sur les jardins célestes et à sa quête spirituelle et poétique du jardin idéal :

> Je dis vos noms, ô jardins de Sarnestan, de Taq-el-Boustan, de Bishapur, de Firuzbad – qui abrita les amours de Shirin et de Khosrow – de Qusyr Amrah, de Qasr al-Hayr ; je dis vos noms, jardins de Murcie, Généralife de

26 *Ibid.*, p. 105.

27 Muhy-Ed-Dine, Ibn 'Arabi, *De la mort à la résurrection : Chapitres 61 à 65 des Ouvertures Spirituelle Mekkoises*, traduit par Maurice Gloton, Paris, Albouraq, p. 208.

> Grenade, Haïr al-Zaffâlî de Cordoue ; je dis vos noms éclatants, merveilleux enclos sassanides de Samarcande : « Jardin de l'Image du Monde », « Jardin du Repos du Cœur » [...] « Jardin de la Gloire du Monde » ; et vous aussi, jardins moghols du côté de Kaboul et d'Agra : Shalamar, « Demeure de l'Amour », Bagh Nishat, « Jardin de la Joie », Chasma Shahi, « Source Royale », Pari Mahal, « Palais des Fées », Bagh-e-Vafâ, « Jardin de la fidélité », Mahatab Bagh, « Jardin du Clair de Lune », Hayat Bakhsk Bagh, « Jardin de la vie[28] ».

Il recense, ensuite, les arbres et les plantes qui s'y trouvent, et qui semblent, à ses yeux, être la végétation même du jardin de l'Éden – « chaque grenade devra être consommée grain à grain, rubis après rubis, sans qu'aucun d'eux ne se perde car, unique, l'un de ces grains est originaire du Paradis[29] ». Il chante le charme de leurs fruits et de leurs fleurs, au moyen de longues énumérations, aux qualités évocatoires :

> La tulipe, dont le nom d'origine turque, *tulbend*, signifie la fleur au turban, l'anémone, l'iris pourpre, le narcisse, la pivoine et la violette, l'hémérocalle et le pavot, le lotus sacré de l'Égypte et de l'Inde, le jasmin et le lis noctiflore, et le laurier-rose de partout[30].

Pour Salah Stétié, ces jardins terrestres, ces *jardins premiers*, comme il les nomme, représenteraient le reflet de la « beauté de Dieu », un reflet laissant entrevoir l'originalité et la perfection de la Création :

> Comme la terre sait parfois témoigner, par sa propre irradiation de beauté, de la beauté de Dieu, et ce par la volonté de Dieu, ainsi la pauvre argile touchée par la grâce de l'inspiration créatrice se mettra à rayonner par la beauté sur elle posée, et elle deviendra – elle qui n'est finalement que poussière – *âyat* et preuve.

Salah Stétié propose donc, dans *Firdaws*, une approche synthétique et syncrétique du jardin. Il souligne, en ce sens, que le jardin de l'Islam est le fruit d'imaginaires fertiles et hétéroclites, en lien avec la vaste étendue géographique de l'Empire Ottoman, de l'Arabie à la Mésopotamie, en passant par l'Assyrie et la Terre de Chanaan. Le jardin serait l'hybride de diverses spiritualités et mythologies, ce qui explique sa richesse symbolique inégalable. Plus encore, Stétié note que les représentations des

---

28 Stétié, Salah, *Lumière sur lumière ou l'Islam Créateur*, *op. cit.*, 1992, p. 105-106.
29 *Ibid.*, p. 106.
30 *Ibid.*, p. 106-107.

jardins par l'art islamique se nourrissent des traditions préislamiques, dont elles sont directement issues :

> C'était déjà le rêve étrangement lapidaire et stylisant des civilisations persanes et byzantine dont l'islamique procède, du moins en certains de ses préceptes formels[31].

Salah Stétié met ainsi en lumière tout un réseau de signes, de symboles et de références que les jardins partagent. Aussi ces derniers deviennent-ils, à ses yeux, le lieu d'une expérience esthétique, poétique et spirituelle universelle, dépassant le cadre formellement institué des cultures et des religions. L'esprit humain, en effet, a besoin du palpable et du concret afin de trouver des réponses à ses questionnements ; d'où le fréquent recours à la figuration par les moyens de l'art, qui donne forme au jardin céleste, et rend visible l'invisible et l'incommensurable. Le jardin, tableau de beauté et art divin, excite et provoque la curiosité humaine qui crée des approximations selon les descriptions fournies par les textes sacrés, les mythes et l'imaginaire collectif. Le jardin figuré, ou le jardin terrestre, constitue un lien entre deux mondes, l'ici-bas et l'au-delà, un passage vers la perfection d'un espace rêvé et désiré, vers l'éternité, la continuité et la perdurabilité. Pour Stétié, il est « le symbole du Cosmos[32] », celui qui résume l'existence Divine et le retour évident et incessant à la source de la Création :

> On est en droit d'affirmer, du jardin islamique, qu'il est de nature algébrique : autrement dit que, par la médiation de quelques signes, il inventorie et « chiffre » le cosmos, le marquant, comme globalité centrée *sur* et *par* Dieu[33].

Il permet, de plus, le dévoilement de l'Être sur cette *terre miroir*, qui reflète l'image intérieure de l'homme, une image cachée, celle de l'âme enfermée dans le corps périssable et libérée par la lumière divine du jardin de sa précarité :

> Le dévoilement dont il s'agit ici est, selon le processus de retour involutif sur soi, celui de l'Être dans la réalité manifestée, de l'Être sans figure absentant par sa seule apparition dans le miroir du cœur toute autre figure soudaine rendue caduque et vaine[34].

31 *Ibid.*, p. 110.
32 Bonhomme, Béatrice, *Salah Stétié en miroir*, *op. cit.*, 2000, p. 29.
33 Stétié, Salah, *Lumière sur lumière ou l'Islam Créateur*, *op. cit.*, 1992, p. 101.
34 *Ibid.*, p. 113-114.

Le jardin en Islam, tel qu'il est présenté par Salah Stétié, est le lieu du déracinement, la terre perdue, tant cherchée et désirée, une image floue du rêve arraché et éternellement poursuivi, le trait d'union entre « l'innocence et la perte de l'innocence[35] » :

> Ainsi donc est le jardin de l'Islam. Il va de l'extérieur à l'intérieur et de l'intérieur à plus intérieur encore. Du chatoiement, il fait dévoilement et de mille visibles un invisible[36].

Les jardins, qu'ils soient terrestres ou célestes, possèdent donc trois caractéristiques essentielles. Ils sont toujours entourés d'un halo de mystère et se présentent comme des formes sans formes, des univers énigmatiques, laissant à l'imagination le soin et la lourde responsabilité d'étancher la soif de connaissance et de révélation. Le jardin est également un médiateur entre réalité et songe, entre humain et divin, entre les traditions et les civilisations. Enfin, par son pouvoir à rendre sensible l'invisible, il est tout à la fois une source de crainte et d'assurance, une explication rationnelle aux pensées irrationnelles qu'il suscite, entremêlant l'obscurité et la lumière, le début et la fin. Pour l'ensemble de ces raisons, le jardin apparaît comme un espace mystique, comme l'espace où se déploie l'expérience mystique, que nous définirons en tant que relation privilégiée, immédiate et intuitive au divin. À la fois symbole et reflet de la présence du Dieu caché au cœur des réalités sensibles, le jardin invite à la contemplation, à l'extase et surtout à l'écriture poétique, célébrant la libération de l'âme et la purification des essences.

Cet essai sur les jardins et leur philosophie, est ainsi un voyage nocturne, un *Mi'raj*[37] dans les cieux de la création verbale de Salah Stétié et des maîtres qui l'inspirent. Un voyage au cours duquel le poète partage avec nous sa vision métaphorique et personnelle des jardins, en

35 *Ibid.*, p. 88.

36 *Ibid.*, p. 127.

37 Le voyage nocturne, ou le *mi'raj* en arabe, tel que défini par Malek Chebel dans son *Dictionnaire des symboles musulmans* est une légende hagiographique, rapportée par le Coran, selon laquelle le Prophète aurait effectué sur un cheval fabuleux, appelé *al-Bouraq* ou *Bouraque* (dans les autres religions « unicorne »), une ascension (*mi'raj*) au septième ciel en l'an 615, le 27 du mois de *radjab*. Il serait parti de La Mecque, où se trouve la Mosquée sacrée, fit une étape à Jérusalem, lieu de la Mosquée extrême (première étape du voyage nocturne appelée par Le Coran *al-Isra*) et rejoint le Ciel après, pour que l'Ange Gabriel lui fasse découvrir une partie du monde de l'au-delà.

tant qu'image contradictoire propre à l'Islam soufi. *Firdaws*, à la croisée de l'Orient et de l'Occident, né d'une pratique singulière de l'exégèse spirituelle, doit être lu comme une rêverie survolant les mille jardins terrestres, s'élevant vers les mille autres jardins célestes, une description détaillée des deux mondes, une récitation de la parole initiatique, afin de transmettre le savoir divin à l'entièreté du monde. C'est ainsi que Salah Stétié, par l'alchimie poétique, donne forme à l'invisible, une forme qui n'est pas forcément tangible, une lumière portée sur l'universel et insondable mystère de l'être.

Asma Rhouati
Université Batna 2

CINQUIÈME PARTIE

AU SEUIL DES DISCIPLINES (I)

L'ÉCRITURE MYSTIQUE, ENTRE LITTÉRATURE, PHILOSOPHIE ET PSYCHOLOGIE

MYSTIQUE ET INTROSPECTION PSYCHOLOGIQUE DANS LES ŒUVRES DE MARCEL PROUST ET DE SIMONE WEIL

La définition classique du mysticisme dans le *Vocabulaire* de Lalande est une « croyance à la possibilité d'une union intime et directe de l'esprit humain au principe fondamental de l'être, union constituant à la fois un mode d'existence et un mode de connaissance étrangers et supérieurs à l'existence et à la connaissance normales[1] ». Le terme de mysticisme dérive du grec *muein* « être silencieux » ou « fermer les yeux[2] ». Mais la mystique représente un paradoxe : elle se rapporte à un mystère tout en revendiquant la connaissance, et parle du secret pour dire qu'elle seule peut le dévoiler[3]. Le mystique se place en état de réceptivité attentive, d'ouverture et d'attention intense. C'est par cette humilité de l'attention que l'on se met sur le chemin au bout duquel se trouve l'état d'enfance exigé par l'Évangile, qui permet d'accéder au divin. L'Évangile de saint Matthieu l'exprime clairement :

> En vérité, je vous le dis, si vous ne retournez pas à l'état des enfants, vous ne pourrez entrer dans le royaume des cieux[4].

Le mysticisme exprime l'essence de la religion et la fin la plus haute que l'homme puisse espérer. Il montre qu'au delà de la réalité sensible et même intelligible, il y a un accès à une vérité fondamentale[5].

Or, si la mystique chez Simone Weil est évidente, elle l'est moins chez Proust, qui ne parle jamais de Dieu. Ces deux auteurs occidentaux de la

---

1 Lalande, André, *Vocabulaire technique et critique de la philosophie*, Paris, PUF, 1968, p. 662.

2 Veto, Miklos, « Mystique et décréation » in Gutbrod, G., Janiaud, J. et Sepsi, E. (dirs.), *Simone Weil : philosophie, mystique, esthétique. Actes du colloque international du centenaire de Simone Weil, 21 et 22 janvier 2010*, Paris, Archives Karéline, 2012, p. 143.

3 *Ibid.*

4 Matt. 18. 3.

5 Kempfner, Gaston, *La philosophie mystique de Simone Weil*, Saint Laurent du Var, Éditions Nataraj, 1996, p. 16.

première moitié du XXe siècle vivent des expériences mystiques parareligieuses qui sont facilitées par un certain affaiblissement de l'emprise exercée par la religion instituée. L'expression mystique prend la forme d'un langage indépendant et l'on découvre une expérience plus directe avec le divin. L'expérience mystique ne se déroule pas dans les endroits consacrés comme les temples, les mosquées ou les églises[6]. Pourtant, avant le XXe siècle, les expériences mystiques n'ont pas lieu séparément de leur contexte socio-historique et religieux. Elles révèlent une relation nécessaire entre l'éducation des mystiques et leur expérience. Autrement dit, les mystiques chrétiens sont formés par la doctrine judéo-chrétienne. Ainsi, le mystique chrétien n'expérimente pas une réalité non identifiée, à laquelle il donne ensuite le nom de Dieu, mais il s'est au moins partiellement imaginé l'expérience chrétienne de Dieu. L'expérience mystique va donc être appréhendée selon certains paramètres culturels. Les mystiques font l'expérience personnelle de ce que leurs coreligionnaires connaissent simplement culturellement. De plus, le fait de rapporter par écrit une telle expérience devient le noyau de la littérature mystique[7].

Afin de présenter et d'analyser la mystique littéraire de Marcel Proust et Simone Weil, je voudrais tout d'abord présenter une notion clé de la pensée de René Girard – notion qui m'a permis de mieux appréhender la mystique des deux auteurs. Il s'agit de la « médiation intime » ou *innermost mediation* en anglais, et qui exprime l'aboutissement d'un cheminement spirituel. L'un des plus importants concepts de la pensée de René Girard est le mimétisme, ou le désir triangulaire : le sujet désire l'objet car un médiateur lui-même le désire[8]. Le désir n'est donc pas spontané mais toujours imité. Ce désir imitatif girardien est presque toujours porteur de violence. La *mimesis* serait donc un élément intrinsèquement mauvais, même s'il est inhérent à la nature humaine. Dans son ouvrage *Des choses cachées depuis la fondation du monde*, Girard souligne que la seule façon de sortir du désir mimétique est de suivre l'exemple du Christ[9]. Mais si la *mimesis* est intrinsèque à la nature humaine, comment y échapper ?

---

6 Katz, Steven, *Comparative Mysticism : an Anthology of Original Sources*, New York, Oxford University Press, 2013, p. 4.

7 *Ibid.* p. 20.

8 Girard, René, *Mensonge romantique et vérité romanesque*, Paris, Grasset, 1961, p. 16.

9 Girard, René, *Des choses cachées depuis la fondation du monde*, Paris, Grasset, 1978, p. 165-202.

Girard explique que la théorie mimétique est une sorte de blessure narcissique, car elle montre que nos désirs ne sont pas aussi libres, spontanés, qu'on le pense. Selon Girard, si l'humanité comprenait l'échec du désir, celle-ci serait plus sage et plus apaisée. L'accomplissement de soi par le désir est impossible. Mais il est extrêmement difficile de triompher de ses propres préjugés, de ses propres obsessions. Plutôt que d'y renoncer, il faudrait pouvoir remplir le désir mimétique, le transformer, le convertir. Girard soutient que le désir mimétique même lorsqu'il est mauvais, est intrinsèquement bon puisque, loin d'être simplement imitatif au sens strict du terme, c'est une « ouverture hors de soi ». C'est donc aussi une ouverture aux autres. Il convient donc de distinguer imitation négative et imitation positive. Le désir mimétique est à double tranchant dans la mesure où il est source de violence et de rivalité – c'est l'imitation négative –, mais aussi d'héroïsme et de dévotion – c'est l'imitation positive. Ce désir mimétique est un *pharmakos*, à la fois cause et remède d'une crise. Mentionnons, par exemple, le désir de l'enfant qui imite ses parents. C'est un phénomène mimétique, mais qui est bon. Le désir mimétique est aussi un désir de Dieu.

Afin d'échapper à la violence mimétique une fois pour toute, une conversion est nécessaire. La notion de conversion est une notion centrale chez les chrétiens et son expérience est certainement une des plus intenses qu'un croyant puisse expérimenter. Cependant, comme Girard le mentionne dans son essai *Sur la Conversion romanesque*, le terme même de conversion pose problème[10]. Il est utilisé pour la première fois au sens chrétien dans la *Cité de Dieu* de Saint Augustin. Cependant, le sens originel du mot conversion ne correspond pas au sens qu'on lui donne aujourd'hui, ou au sens qu'Augustin lui donne. Le latin *conversio* signifie « faire un tour complet ». Cela implique une révolution complète qui retourne à son point de départ. La conversion chrétienne, au contraire, ne revient jamais à son point de départ mais comporte une trajectoire linéaire. Selon Girard, la conversion chrétienne connote un changement effectif qui nous permet de sortir du cercle. La conversion, à ses yeux, est d'abord une prise de conscience : chaque être humain peut potentiellement

10 Cet essai n'est pas publié. Il est conservé à la Bibliothèque Nationale de France, dans l'enveloppe « Écrits tardifs, 2002-2009 ». Il porte le titre suivant : « Sur la Conversion Romanesque » et est daté de 2007. Le passage auquel nous nous référons se trouve au f° 2 r°.

devenir persécuteur[11]. Nos sociétés reconnaissent l'existence de victimes et de boucs émissaires, mais personne ne se sent jamais impliqué dans un processus de persécution. Prendre conscience de notre propre responsabilité et notre propre implication dans la violence afin de sortir de ce cercle de la violence, c'est en cela que réside la vraie conversion.

Girard, dans son livre *Achever Clausewitz*, a introduit une nouvelle forme de médiation, qui s'ajoute à ce qu'il a appelé la « médiation interne » et la « médiation externe[12] ». Dans les médiations internes et externes, le sujet regarde toujours le modèle depuis une certaine distance. Dans le cas de la médiation interne le sujet est très proche du modèle : physiquement, historiquement ou géographiquement. Il s'agit par exemple d'un homme qui envie son frère ou son ami. Dans la médiation externe, le sujet est au contraire assez éloigné du modèle. Pensons par exemple à l'imitation du chevalier Amadis de Gaule par Don Quichotte[13]. Pour Girard, le risque de conflit est moins grand dans la médiation externe que dans la médiation interne, mais le risque de violence mimétique est toujours présent. En revanche, la troisième voie que René Girard appelle la « médiation intime » ou *innermost mediation*, exclut la violence mimétique car chacun regarde les autres « de l'intérieur du mimétisme[14] ». C'est l'imitation d'un modèle invisible ou d'un modèle qui s'est lui-même supprimé comme obstacle. Cette imitation paradoxale évite le piège de l'imitation. Il s'agit de réussir une médiation basée sur l'identification à l'autre. C'est une notion qui est enseignée dans les *Évangiles*, pour une égalité harmonieuse entre les hommes : aimer ses ennemis, prier pour ses persécuteurs ou tendre l'autre joue. L'autre, même dans la misère ou la colère, est un autre être humain se trouvant dans le besoin, envers lequel nous devons montrer de la compassion. C'est en fait la seule façon de dépasser l'imitation négative. Dans l'imitation négative, le disciple tient tant à ressembler au maître qu'il devient un « double » malsain : le modèle semble être fait d'une autre essence que le modèle, tant ce dernier est fascinant. Or, si le sujet imitant partage une identité commune avec le modèle, le désir de s'engager dans la mimesis négative disparaît. Si les relations

11 Girard, René, *Celui par qui le scandale arrive*, Paris, Desclée de Brouwer, 2001, p. 100.
12 Girard, René, *Achever Clausewitz*, Paris, Flammarion, 2011, p. 235-236.
13 Girard, René, *Mensonge romantique et vérité romanesque*, Paris, Grasset, 1961, p. 17.
14 Girard, René, *Achever Clausewitz*, Paris, Flammarion, 2011, p. 235-236.

avec les autres étaient pensées de l'intérieur de nous mêmes – et non d'une distance plus ou moins importante –, nous découvririons davantage d'altérité et moins de rivalité. Avec la médiation intime, qui est véritablement une imitation christique, « l'espace » créateur de violence entre sujet et modèle n'existe plus.

C'est une forme de médiation intime qui est décrite avec éclat par Proust à la fin de la *Recherche*. En effet, la médiation intime permet la construction d'une identité commune avec l'autre. Or, comme nous allons l'évoquer, l'expérience mystique de Proust lui permet de ne plus seulement être *je* mais tous les autres *je*. Cette identité commune qui naît grâce à cette *innermost mediation* permet de dépasser les différences et d'embrasser l'humanité dans son universalité. Or, la mystique est bien cela : l'accès à une connaissance supérieure qui permet de dépasser le seul *je* pour accéder à tous les autres *je*.

LA MYSTIQUE DE MARCEL PROUST

Michel Hulin emploie le terme de « mystique sauvage », qu'il distingue de la mystique religieuse. Il y aurait d'un côté une forme brute, non historique de la mystique, exprimant des possibilités caractéristiques de l'esprit humain où qu'il soit, et de l'autre une mystique ancrée dans une réalité socio-historique[15]. Ce qui est sauvage est, par définition, ce qui n'est pas cultivé. Il s'agirait donc d'expériences mystiques survenues naturellement, à l'improviste. Hulin évoque les traits caractéristiques de la mystique sauvage : la soudaineté de l'expérience, une disproportion entre son intensité et l'apparente banalité du signal qui la déclenche et la mystérieuse félicité qui suit[16]. Une des caractéristiques de l'expérience mystique spontanée est qu'il y a une « déchirure dans la trame ordinaire des jours[17] ». Les causes de cette expérience n'apparaissent pas de prime abord, même si la solitude favorise l'éclosion de cet état. Le terme de « félicité » utilisé par Proust à maintes reprises est intéressant car

15 Hulin, Michel, *La mystique sauvage aux antipodes de l'esprit*, Paris, Quadrige, 1993, p. 19-20.
16 *Ibid.*
17 Hulin, Michel, *La mystique sauvage aux antipodes de l'esprit*, Paris, Quadrige, 1993, p. 59.

il manifeste l'inadéquation du langage humain à proprement définir l'expérience mystique : cette félicité est sans objet, elle est improbable. D'ou vient cette félicité ? Si elle est si particulière, c'est qu'elle est véritablement un plaisir spirituel. La félicité proustienne tient à la fois du passé et du présent, elle « confère au rêve l'idée d'existence et à la réalité le halo du rêve[18] ».

Proust n'utilise que très peu le mot « mystique » dans la *Recherche* et ne lui donne pas de signification précise[19]. Lui-même ne se présente jamais comme un mystique. Cependant, Proust partage, avec le mystique, le don d'une conscience hors du commun et la perception d'une réalité autre. À un moment, le *je* qu'il est à ses propres yeux et aux yeux des autres, la réalité ordinaire, se superposent avec une réalité extraordinaire et inconnue[20]. La caractéristique du mystique, pour Mommaers, se trouve sur le plan de la conscience touchée par une présence mystérieuse[21]. Chez Proust, cette prise de conscience exceptionnelle se fait par le biais d'impressions. Si Proust ne parle pas d'être touché par dieu, il évoque la félicité qui l'inonde lors ces impressions et de ces réminiscences et c'est dans cette félicité et ce changement intérieur spontané qu'il arrive à connaître de façon expérimentale.

Proust mit des années avant d'écrire son chef-d'œuvre, passant la plupart de son temps dans les salons parisiens mondains. À la fin de la *Recherche*, le narrateur est malade et déprimé. Sa « conversion spirituelle » se produit à un moment insignifiant : alors qu'il marche dans la cour de l'hôtel des Guermantes, une sorte de révélation, d'illumination spirituelle, le frappe. Cette action banale – marcher dans cette cour, sur un pavé disjoint – provoque une félicité qu'il parvient mal à expliquer :

> [A]u moment où, me remettant d'aplomb, je posai mon pied sur un pavé qui était un peu moins élevé que le précédent, tout mon découragement s'évanouit devant la même félicité qu'à diverses époques de ma vie m'avaient donné la vue d'arbres que j'avais cru reconnaître dans une promenade en voiture autour de Balbec, la vue des clochers de Martinville, la saveur d'une

18 Pommier, Jean, *La mystique de Marcel Proust*, Paris, Droz, 1939, p. 12.

19 Voir la description des aubépines dans *Du côté de chez Swann* : « C'était la nature elle-même qui avait rendu cette décoration digne de ce qui était à la fois une réjouissance populaire et une solennité mystique ». Proust, Marcel, *À la recherche du temps perdu*, t. I, Paris, Gallimard, 1989, p. 111.

20 Mommaers, Pierre, *Marcel Proust, esthétique et mystique*, Paris, Le Cerf, 2010, p. 71.

21 *Ibid.* p. 72.

> madeleine trempée dans une infusion, tant d'autres sensations dont j'ai parlé et que les dernières œuvres de Vinteuil m'avaient paru synthétiser. Comme au moment où je goûtais la madeleine, toute inquiétude sur l'avenir, tout doute intellectuel étaient dissipés[22].

Ces souvenirs surgissent sans aucun effort de mémoire de la part du narrateur, au moment où il s'y attendait le moins, à un moment de désespoir. Le temps et l'espace se démultiplient et le narrateur expérimente une sorte d'hallucination. Il ressent un bonheur qu'il parvient mal à expliquer. Comme la madeleine lui avait rappelé Combray au début de la *Recherche*, il reconnaît Venise et les dalles inégales du baptistère de Saint-Marc[23]. Cependant, il précise que cette fois, il ne veut pas ignorer la raison de cette joie.

Se succèdent ensuite deux autres chocs. Proust entre dans l'hôtel et pour ne pas troubler un morceau de musique, il s'arrête dans un petit salon-bibliothèque près du buffet. Un domestique, tentant de faire le moins de bruit possible, cogne néanmoins une cuiller contre une assiette. De nouveau, une sensation ravit le narrateur : c'est une odeur de fumée dans un cadre forestier. En effet, la veille, comme il rentrait de Paris, son train s'était arrêté en pleine campagne. Il avait alors observé des arbres éclairés par le soleil, avait débouché une canette de bière et entendu le marteau d'un ouvrier sur une roue. Presque tout de suite après cette deuxième vision, une troisième surgit : un domestique lui apporte un choix de petits fours et un verre d'orangeade, avec une serviette. À peine s'est-il essuyé la bouche qu'il croit reconnaître Balbec et son air salin : la serviette avait le même empesé que celle dont il s'était servi lors de son premier séjour au Grand Hôtel[24].

Comme le souligne Pierre Mommaers dans son étude sur l'esthétique proustienne, dans ces expériences, chacun des sens entre en compte : après les sensations gustatives, c'est à l'ouïe et au toucher d'éveiller la

22 Proust, Marcel, *À la recherche du temps perdu*, t. IV, Paris, Gallimard, 1989, p. 445.

23 « Et presque tout de suite je la reconnus, c'était Venise, dont mes efforts pour la décrire et les prétendus instantanés pris par ma mémoire ne m'avaient jamais rien dit et que la sensation que j'avais ressentie jadis sur deux dalles inégales du baptistère de Saint-Marc m'avait rendue avec toutes les autres sensations jointes ce jour-là à cette sensation-là, et qui étaient restées dans *l'attente*, à leur rang, d'où un brusque hasard les avait impérieusement fait sortir, dans la série des jours oubliés. » Proust, Marcel, *À la recherche du temps perdu*, t. IV, Paris, Gallimard, 1989, p. 446.

24 Proust, Marcel, *À la recherche du temps perd*, t. IV, Paris, Gallimard, 1989, p. 446-449.

conscience du narrateur[25]. Il accueille cette joie de manière passive : la félicité « l'envahit », la reconnaissance se produit dans une sorte d'étourdissement dont il n'arrive pas à se ressaisir tout de suite et qui est dû, dans le passage de la serviette, à une impression si forte qu'il reste comme hébété par ces visions. Dans le passage de la madeleine au début de la *Recherche*, la réflexion est omniprésente, mais pas dans ces passages-ci où les visions lui sont imposées et où il n'a pour ainsi dire pas le temps de les analyser, de les intellectualiser. Ces sensations sont éphémères, ce sont des sortes de fulgurances. Le narrateur se remet de ses émotions et analyse :

> *J'éprouvais* [...] dans le moment actuel et dans le moment éloigné le bruit de la cuiller sur l'assiette, l'inégalité des dalles, le goût de la madeleine [...]. [L]*'être qui goûtait alors en moi* cette impression la goûtait en ce qu'elle avait de commun dans un jour ancien et maintenant, dans ce qu'elle avait d'extra temporel [...]. [M]es inquiétudes au sujet de ma mort eussent cessé au moment où j'avais reconnu inconsciemment [c]e goût, puisqu'à ce moment-là, *l'être que j'avais été* était un être extra temporel [...]. Il ne vivait que de l'essence des choses et ne pouvait la saisir dans le présent, où l'imagination n'entrant pas en jeu, les sens étaient incapables de la lui fournir [...][26].

Dans ce passage, un glissement sémantique opère. On a ici affaire à deux *je* : un *je* invisible qui parle, doublé d'un « être » invisible dont on parle. Le narrateur vient de s'exprimer en disant « j'éprouvais » et se réfère plus loin à « l'être qui alors goûtait en moi ». On passe ainsi du *je* à l'être[27]. Cet « être en moi » goûte quelque chose qui transcende le temps. Cet être extra temporel ne vit que de l'essence des choses. Cet être-là comprend l'essence de toutes les choses : cet être-là, c'est donc l'expérience. C'est la somme de tous les souvenirs accumulés par le narrateur. Ce moi-là est indépendant du moi ordinaire comme le montrent de nombreuses occurrences dans le texte : « à ce moment-là », « l'être que j'avais été », « cet être-là n'était jamais venu à moi [...] qu'en dehors de l'action ». Cet être « extraordinaire », selon Pierre Mommaers[28], est considéré comme la cause profonde tant recherchée par le narrateur

25 Mommaers, Pierre, *Marcel Proust, esthétique et mystique*, Paris, Le Cerf, 2010, p. 45.

26 Proust, Marcel, *À la recherche du temps perdu*, Paris, Gallimard, 1989, t. IV, p. 449-450. (Nous soulignons).

27 Mommaers, Pierre, *Marcel Proust, Esthétique et Mystique*, Paris, Le Cerf, 2010, p. 48.

28 *Ibid.*, p. 50.

– car il dit bien : « *seul*, il avait le pouvoir de me faire retrouver les jours anciens. » L'expérience de la réminiscence implique la coïncidence des différents moi du narrateur dans l'être extra temporel et extraordinaire. Cette coïncidence permet de vivre un peu de temps à l'état pur.

Ainsi, le vrai *je* de l'auteur apparaît. Ces expériences sensorielles deviennent le point de départ de la conversion spirituelle. Un nouvel horizon apparaît, dans lequel l'autre n'est plus un obstacle. Une sorte de communion opère et le *je*, délivré de l'esclavage du désir, est à la fois singulier et universel, à la fois *je* et tous les autres *je*. Cette expérience est véritablement transcendantale, et c'est seulement après cet événement que le narrateur est capable d'écrire son œuvre. Il abandonne le tourbillon mondain dans lequel il évolue et se consacre entièrement à son livre. L'absence de désir présent permet de faire revivre les anciens désirs. L'expérience, qui donne accès au moi profond, donne au narrateur la conscience de sa permanence. Le souvenir, qui est aussi sensation, abolit le temps et ouvre une éternité qui est celle, spatiale, de l'œuvre comparée à une cathédrale[29].

Grâce à la conversion spirituelle, le narrateur surmonte son angoisse chronique et découvre le bon usage du temps. Le temps n'est plus désormais une objection mais un aiguillon qui le pique pour le faire avancer, le temps n'est plus angoisse de mort mais mouvement de vie[30]. À la fin de la *Recherche*, le narrateur entre enfin dans le temps des autres. La magnanimité et la sérénité sont conquises contre l'égoïsme de l'amour propre.

Selon Jacques Chabot, Proust se retrouve alors en compagnie de l'Autre qui n'abolit pas le *je*[31]. Il devient pur amour dans lequel le *je* existe au sein d'un infini qui l'englobe et ne l'exclut pas, car la mort qui ne fait plus peur devient l'infini[32]. La mort elle-même se fait grand miroir de l'esprit dans lequel tous les êtres se reflètent. Dans *Le Temps retrouvé*, le narrateur a retrouvé la foi en la création, il croit en ses facultés créatrices

---

29 Kristeva, Julia, *Le temps sensible : Proust et l'expérience littéraire*, Paris, Gallimard, 1994, p. 332.

30 « Enfin cette idée du temps avait un dernier prix pour moi, elle était un aiguillon, elle me disait qu'il était temps de commencer si je voulais atteindre ce que j'avais quelquefois senti au cours de ma vie, dans de brefs éclairs, du côté de Guermantes, dans mes promenades en voiture avec madame de Villeparisis et qui m'avait fait considérer la vie comme digne d'être vécue ». Proust, Marcel, *À la recherche du temps perdu, opus cit.*, p. 609.

31 Chabot, Jacques, *L'autre et le moi chez Proust*, Paris, Honoré Champion, 1999, p. 371-386.

32 *Ibid.*, p. 374.

car il croit au Temps créateur. Il est parvenu à un « je » collectif composé de toutes les expériences vécues qui émaillent le récit. Proust écrit :

> Et je compris que tous ces matériaux de l'œuvre littéraire, c'était ma vie passée ; et je compris qu'ils étaient venus à moi, dans les plaisirs frivoles, dans la paresse, dans la tendresse, dans la douleur, emmagasinés par moi sans que je devinasse plus leur destination, leur survivance même, que la graine mettant en réserve tous les aliments qui nourriront la plante [...] en ce temps où on ignore encore que l'embryon d'une plante se développe, lequel est pourtant le lieu de phénomènes chimiques et respiratoires secrets mais très actifs[33].

Sa vocation est donc en gestation tout au long de sa vie. À la fin de la *Recherche*, il ne dit plus simplement, moi c'est moi, mais moi c'est vous, ou vous c'est moi. Proust dit : « ils ne seraient pas, selon moi, mes lecteurs, mais les propres lecteurs d'eux-mêmes[34] ». Proust propose un univers psychique complexe, lieu de communion, lieu sacré, aux amateurs de lecture. Il montre la divine comédie de la vie : pas de la sienne mais celle de tous, de l'Être, de l'Absolu[35]. L'expérience proustienne est toujours double : il y a toujours deux espaces, deux temps, deux sensations qui se télescopent dans le désir du narrateur, ce que Kristeva appelle « condensation métaphorique originaire[36] ». Il y a une condensation originaire – comme la madeleine de Maman et la madeleine de tante Léonie – dans laquelle l'immédiat ne disparaît pas mais enfle démesurément. Proust a retrouvé le temps « de l'Autre ». Le narrateur est l'autre moi de Marcel Proust. Le *je* solitaire s'ouvre enfin à l'infini dans l'autre. Le moment où la joie entre dans le néant agit comme condition d'une nouvelle temporalité où le *je* est élargi. Être de carrefour, de tension et de contradiction, la sensation proustienne est simultanément imagination et ébranlement effectif des sens : l'imagination goûte dans le passé un bruit alors que simultanément les sens sont ébranlés par le même bruit ici présent[37]. Ainsi, le vrai moi s'éveille, mais affranchi de l'ordre du temps.

Cette expérience mystique de plénitude par le vide est aussi présente dans l'œuvre de Simone Weil. Elle est véritablement expérience mystique

33 Proust, Marcel, *opus cit.*, t. IV, p. 478.
34 *Ibid.*, p. 610.
35 Kristeva, Julia, *Le temps sensible : Proust et l'expérience littéraire*, Paris, Gallimard, 1994, p. 296.
36 *Ibid.*
37 *Ibid.* p. 349.

car elle permet d'avoir accès à son *je* ainsi qu'à tous les autres *je.* Cette notion paradoxale de vide-plénitude, présente chez Proust, est au cœur de la mystique weilienne dans ce qu'elle appelle la *décréation.*

L'ATTENTION WEILIENNE

Concentrons-nous à présent sur deux œuvres majeures de Simone Weil, *La Pesanteur et la Grâce* et *Attente de Dieu.* Figure du mysticisme chrétien moderne, Simone Weil, juive d'origine, ne s'est jamais fait baptisée. Dans son affrontement avec la réalité et les problèmes de son temps, la référence religieuse est chez elle pratiquement absente. C'est en se confrontant aux réalités terrestres, grâce à la radicalité de son engagement, qu'elle va se heurter à la religion[38]. Dans les années 1930, elle est professeur au Puy et milite pour le droit des ouvriers. Elle lutte tant pour cette cause qu'elle finit par travailler elle-même un an en usine. Cette expérience, à cause de sa santé fragile, sera extrêmement éprouvante et Weil se sent véritablement « crucifiée » par celle-ci. Elle rapporte :

> Étant en usine [...] le malheur des autres est entré dans ma chair et dans mon âme. [...] J'ai reçu pour toujours la marque de l'esclavage, comme la marque au fer rouge que les Romains mettaient au front de leurs esclaves les plus méprisés. Depuis, je me suis toujours regardée comme une esclave[39].

C'est dans ce contexte que Dieu va se révéler à Simone Weil. Car son expérience de la souffrance – ce qu'elle appelle l'esclavage en usine – va naturellement se traduire dans son expérience mystique. Pour elle, « le christianisme est par excellence la religion des esclaves[40] », dont elle-même fait partie. Pour Weil, Dieu ne peut être présent que par son absence. Elle prône une théologie de l'absence divine, de l'indifférence divine, du non-être divin. L'exigence d'anéantissement rencontrée dans la mystique qu'on pourrait appeler négative, est chez elle poussée jusqu'à

38 Canciani, Domenico, *L'Intelligence et l'Amour*, Paris, Beauchesne, 2000, p. 14.
39 Weil, Simone, *Attente de Dieu*, Paris, Albin Michel, 2016, p. 36.
40 *Ibid.*, p. 75.

l'extrême. Car la mystique de Simone Weil est proche de la voie apophatique ou de la voie négative. La théologie négative – ou apophatique – met en évidence l'inadéquation de nos représentations et de nos énoncés par rapport au mystère de Dieu[41]. Le mot grec *apophasis* signifie à la fois « déclaration » et « négation[42] ». L'homme ne peut enfermer Dieu dans son système de représentation. Dans l'Ancien Testament, Dieu se tient caché et l'homme ne peut qu'approcher sa présence[43]. La théologie mystique qui s'accomplit par la voie négative se niant elle-même culmine dans une forme de silence du discours théorique ou philosophique, compensé par les Écritures dans lesquelles Dieu se dit et se révèle. Mais ce silence n'est pas une privation de connaissance. L'image la plus proche de cet état est la représentation de Moïse entrant dans l'obscurité au-delà du mont Sinaï, état qui paraît relever de la connaissance et de l'expérience affective sans que l'on puisse bien la décrire. Il s'agit de purifier les images et les concepts de Dieu. Maître Eckart dit « le plus élevé et le plus extrême à quoi l'homme puisse renoncer, c'est de renoncer à Dieu pour Dieu » car c'est la seule façon d'accéder à l'être pur que Dieu est en lui-même[44]. Il s'agit de renoncer non pas à Dieu dans son être pur mais à Dieu « reçu ou acquis ». Ce dépouillement de la notion de Dieu est central chez Simone Weil.

Pour accéder à cette purification de la notion de Dieu, Weil prône l'attention. L'attention dont parle Weil est très proche de la médiation intime girardienne, mais surtout, elle est proche de la conversion spirituelle que vit Proust :

> L'attention consiste à suspendre sa pensée, à la laisser disponible, vide et pénétrable à l'objet, à maintenir en soi-même à proximité de la pensée, mais à un niveau inférieur et sans contact avec elle, les diverses connaissances acquises qu'on est forcé d'utiliser. La pensée doit être, à toutes les pensées particulières et déjà formées, comme un homme sur une montagne qui, regardant devant lui, aperçoit sous lui, mais sans les regarder, beaucoup de forêts et de plaines. Et surtout la pensée doit être vide, en attente, ne rien chercher, mais *être prête à recevoir dans sa vérité nue l'objet qui va y pénétrer*[45].

41 Wackenheim, Charles, « Actualité de la théologie négative », in *Revue des sciences religieuses*, 1985, p. 147-161.

42 *Ibid.*

43 Lorsque Moise exprime le désir de contempler Dieu, Dieu lui réplique « Tu ne peux pas voir ma face, car l'homme ne saurait me voir et vivre ». (*Ex.* 33. 20)

44 Maitre Eckart, *Sermons* 1-30, trad. par Ancelet-Hustache, J, Paris, Le Seuil, 1977, p. 306.

45 Weil, Simone, *Attente de Dieu*, Paris, Albin Michel, 2016, p. 102. (Nous soulignons).

Ce qu'analyse Simone Weil est proche du choc décrit par Proust à la fin de la *Recherche* lorsqu'il se trouve dans la cour des Guermantes. Son esprit, détaché, est prêt à recevoir la grâce. Passé et présent se mêlent et tous ses souvenirs viennent à lui indistinctement. Sa pensée est à la fois vide et pleine. L'attention weilienne permet d'accéder à l'être extra temporel proustien.

L'évocation du moment où a lieu l'expérience est toujours, ou presque, subite, involontaire. Il y a bien un caractère passif dans la connaissance expérimentale : « je n'avais pas été chercher les deux pavés inégaux de la cour où j'avais buté », dit Proust dans *Le Temps retrouvé*[46]. La mémoire volontaire, au contraire, étend un voile d'abstraction qui a le pouvoir d'anesthésier certains moments du passé. Proust donne comme exemple la souffrance de Swann et de la jalousie qu'il éprouve envers Odette. Cette souffrance ne se révèle jamais vraiment car il l'enfouit habilement, jusqu'à ce qu'il écoute la musique de Vinteuil et sa « petite phrase ». Alors, tous les souvenirs du temps où Odette l'aimait resurgissent malgré lui des profondeurs de son être[47].

Il y a ici cette même idée de passivité : les biens les plus précieux ne doivent pas être recherchés mais attendus. Dans *Attente de Dieu*, Simone Weil lie cette notion d'attention au succès dans les études[48]. Toute bonne pédagogie doit apporter un grand soin à cette faculté d'attention qui détourne de soi et permet de s'ouvrir à l'altérité. Il faut s'exercer à ce qui, pour l'esprit, est le contraire même de l'effort besogneux. La patience et l'attente sont au cœur de l'attention. Weil rappelle que l'attention véritable n'est pas nécessairement immédiate, bien au contraire. Il faut échouer plusieurs fois, faire de nombreux essais avant que les efforts finissent par aboutir. Même si les efforts n'aboutissent pas dans l'immédiat, ils finiront par porter leurs fruits, car chaque fois que l'on fait vraiment attention, on détruit du mal en soi[49]. L'effort d'attention est en soi un petit fragment de vérité et c'est la répétition de cet effort qui constitue la véritable attention[50]. Pour Weil, les dons les plus précieux ne sont pas obtenus lorsqu'on les cherche activement, mais lorsqu'on a la patience

46 Proust, Marcel, *À la recherche du temps perdu*, t. IV, Paris, Gallimard, 1989, p. 446.

47 *Ibid.* p. 339, 340.

48 Weil, Simone, *Attente de Dieu*, Paris, Albin Michel, 2016, p. 95-106.

49 *Ibid.* p. 102.

50 *Ibid.* p. 103. Weil soutient que « jamais, en aucun cas, aucun effort d'attention véritable n'est perdu. Toujours il est pleinement efficace spirituellement », *ibid.*, p. 96.

de les attendre. Les biens qu'on trouve de ses propres forces, ce sont des biens imaginaires, des faux biens. Dans ce cas, c'est l'imagination qui nous impose ses illusions.

L'attention, c'est donc aussi un apprentissage. Cette attention continue, est pour Weil, très proche de la contemplation religieuse. Les exercices scolaires développent l'attention nécessaire à la prière car celle-ci permet une conception directe de Dieu. À l'inverse, Weil lie le manque d'attention avec le péché et le mal. En effet, l'attention nous force à rester humble. Elle prend l'exemple d'un exercice d'école qui n'a pas été réussi. Pleinement réaliser et accepter son échec demande des efforts et une certaine humilité. La réaction la plus commune serait de cacher l'exercice qu'on a échoué et de ne plus y penser. Se mettre face à son propre échec et se mettre face à son propre péché correspond, pour Weil, au même processus d'humilité. Dans les deux cas, nous devons fixer notre regard, notre attention, sur notre âme, et réaliser les tâches de cette âme[51]. C'est en cela que résident les bases de l'attention. Cette introspection indispensable devient stérile si l'on détourne son attention des choses que l'on ne veut pas voir. L'attention est donc au cœur de la conception de Dieu, de la compréhension de Dieu. C'est par l'attention que l'on peut véritablement percevoir Dieu, puisque Dieu est au cœur de l'homme.

Cela ne veut pas dire que Dieu n'existe pas, bien au contraire. Weil est sûre que Dieu existe puisqu'elle sait que son amour n'est pas un leurre. Ainsi, nous n'aimons pas Dieu parce qu'il existe, mais notre amour est la preuve de la substance et l'existence de Dieu.

> Je suis tout à fait sûre qu'il y a un Dieu en ce sens que je suis tout à fait sûre que mon amour n'est pas illusoire. Je suis tout à fait sûre qu'il n'y a pas de Dieu, en ce sens que je suis tout à fait sûre que rien de réel ne ressemble à ce que je peux concevoir quand je prononce ce nom puisque je ne peux pas concevoir Dieu. Mais cela, que je ne puis pas concevoir, n'est pas une illusion[52].

C'est en cela que Weil parle d'athéisme comme purification. Cette conception d'un Dieu à la fois existant et non existant doit purifier notre compréhension de Dieu. En effet, pour Weil, la religion, puisqu'elle est source de consolation, empêche la foi véritable, et c'est pourquoi

---

51 *Ibid.* p. 99.

52 Weil, Simone, *La Pesanteur et la Grâce*, Paris, Plon, 1991, p. 157.

elle considère l'athéisme comme une forme de purification. Il ne faut pas se consoler avec des idées et des notions surnaturelles, mais faire face à l'affliction, au véritable malheur, car lui seul contient les germes de l'amour divin. L'âme qui consent à aimer dans le vide, sait que ce monde, dans la mesure où il est complétement vide de Dieu, est Dieu lui-même. Cette endurance de l'amour au sein d'une affliction profonde est indispensable pour conduire à l'attention qui conduit à la connaissance de Dieu. Ce qu'il faut parvenir à faire, c'est désirer « rien », désirer le vide. Le mot « vide » apparaît d'ailleurs très souvent dans les cahiers de Weil[53]. Ce vide suprême se révèle alors comme ce qu'il y a de plus réel et de plus fondamental. Puisque le vide n'est rien ni quelque chose, il se trouve être plus que toute chose. Car l'homme doit *apprendre* à s'extirper du *je* et des désirs. Dans un état de véritable attention, le *je* disparaît, le *je* se doit d'être passif. L'attention s'éloigne des désirs et des souhaits du moi : « La joie parfaite exclut le sentiment même de joie, car dans l'âme emplie par l'objet, nul coin n'est disponible pour dire je[54] ».

La véritable attention passe par l'oubli de soi et par l'humilité. L'attention agit comme un contrepoids aux désirs égocentriques. En d'autres mots, l'attention peut être le remède au moi grandiloquent et délétère. La seule offrande possible est le *je*, puisque c'est la seule chose que nous possédons vraiment. Ainsi, la destruction du *je* est le seul acte vraiment libre. Il faut donner le *je* à Dieu : « Nous ne possédons rien au monde – car le hasard peut tout nous ôter – sinon le pouvoir de dire je. C'est cela qu'il faut donner à Dieu, c'est à dire détruire. Il n'y a absolument aucun autre acte libre qui soit permis, sinon la destruction du je[55] ». C'est le principe de décréation : il faut se déprendre de soi, plus encore mourir à soi-même, renoncer librement – la décréation est suspendue au libre consentement de l'homme – à l'être qu'il nous a donné. Dieu seul peut aimer Dieu. Il faut donc se retirer de soi-même, comme Dieu du créé, pour qu'il n'y ait plus que Dieu. Il faut renoncer à être quelque chose, car « le péché en moi dit je[56] ». Il faut mourir à soi, se vider de sa fausse divinité, se nier soi-même, renoncer à être en

53 « L'extinction du désir (bouddhisme) – ou le détachement – ou l'*amor fati* – ou le désir du Bien absolu – c'est toujours la même chose : vider le désir de tout contenu, la finalité de tout contenu ». *Ibid.* p. 48.

54 *Ibid.* p. 68.

55 *Ibid.* p. 62.

56 *Ibid.*, p. 67.

imagination le centre du monde. Il faut être capable de détachement, briser tous les fils qui nous relient illusoirement à la réalité du monde. Ce détachement n'est pas sans lutte intérieure ; il y a aussi plusieurs *je* qui s'affrontent comme dans l'œuvre de Proust. Dans *La pesanteur et la Grâce*, Simone Weil écrit :

> Le vide est la plénitude suprême mais l'homme n'a pas le droit de le savoir. La preuve est que le Christ lui-même l'a ignoré complètement à un moment. Une partie de moi doit le savoir, mais les autres non, car si elles le savaient à leurs basses manières, il n'y aurait plus de vide[57].

Il faut vider l'existence au profit d'une rencontre avec le corps du Père qui est le corps de l'Autre. C'est dans l'expérience vécue de l'amour de Dieu que s'accomplit la mystique weilienne. C'est grâce à cette expérience personnelle qu'elle peut dire, comme Jean, « ce que nous avons vu et entendu, nous vous l'annonçons[58] ». C'est l'attention qui importe :

> J'ai une espèce de certitude intérieure croissante qu'il se trouve en moi un dépôt d'or pur qui est à transmettre. [...] Pour le recevoir, il faudrait un effort, et un effort, c'est tellement fatiguant ! [...] Quand on m'écoute ou me lit, on conclut que c'est très intéressant et on passe à autre chose. On ne s'est pas fatigué. Qu'attendre d'autre ? Je suis persuadée que les chrétiens les plus fervents parmi eux ne concentrent pas beaucoup davantage de leur attention quand ils prient ou lisent l'Évangile[59].

Pour Weil, Dieu est l'attention sans distraction. L'attention importe pour la vie mystique et joue un rôle essentiel dans la mesure où elle contribue à construire, ou plutôt à déconstruire, notre être[60]. Cette attention, cet effort que Weil appelle de ses vœux n'est guère chose facile, car le *je* est enraciné dans notre chair. Sa suppression ne peut représenter qu'une opération douloureuse.

Qu'est-ce-que l'expérience mystique telle qu'elle est vécue par Marcel Proust et Simone Weil ? La définition du terme mystique de Lalande

57 Weil, Simone, *La Pesanteur et la Grâce*, Paris, Plon, 1991, p. 59.

58 Jean. 1. 3.

59 Weil, Simone, *Écrits de Londres*, Paris, Gallimard, 1957, p. 250-251. Weil met en parallèle son propre message avec celui de l'Évangile.

60 Veto, Miklos, « Mystique et décréation » in *Simone Weil : philosophie, mystique, esthétique. Actes du colloque International du centenaire de Simone Weil, 21 et 22 janvier 2010*, *op. cit.*, p. 152.

parle d'une union de l'esprit humain à Être, qui permet de surpasser l'existence et la connaissance ordinaires. Cette compréhension de la mystique se vérifie chez nos deux auteurs, qui accèdent à une forme de connaissance supérieure. L'expérience mystique peut-être appelée « Instant » : il s'agit d'une rupture de la continuité du temps empirique grâce à un fragment d'absolu. C'est l'amour qui permet l'expérience mystique, l'amour ressenti par les deux auteurs pour eux-mêmes et pour les autres êtres humains. Mais cet amour universel n'est possible que grâce à l'attention permanente et sans relâche des auteurs. Sans cet élan intérieur, qui est à la fois la croix et la libération de Proust et de Weil, l'expérience mystique de l'amour universel serait impossible. L'expérience mystique est donc moins soudaine qu'elle n'y paraît. Cette expérience, c'est l'effraction de l'éternel dans le temporel. C'est un cheminement inverse à celui effectué par le sujet pour se constituer. Il y a un retour en arrière qui remet en question l'élaboration du *je.* Proust et Weil accèderaient à leur *en deçà* – la somme de tous leurs souvenirs, de toutes leurs tentatives pour parvenir à la vérité – mais aussi à leur *au-delà*, car il y a plusieurs *je* qui s'affrontent chez les deux auteurs : le *je* exilé ici-bas et le *je* universel dont ils sont séparés mais qui constituent l'image éternelle d'eux-mêmes, avec laquelle il faudra s'unir. Car le *je* s'élabore par et grâce à une entité qui lui est allogène, à savoir l'autre et l'ensemble des ingrédients qui le constituent[61]. Donc, une partie du « je » comme autre existe.

Pour l'être du *je*, le réel, c'est l'autre. Le *je*, c'est le désir de l'autre. Mais cela ne peut embrasser de manière stricte l'ensemble des dynamiques du *je*, nous l'avons vu. Il existe dans l'être une volonté de désaliénation, qui ne peut s'exprimer que par l'intermédiaire d'un *je* : c'est donc bien l'égo qui ici, travaille à son repentir. Le *je* est donc un paradoxe : il est simultanément le lieu et le produit d'une radicale aliénation et l'outil par lequel il peut initier le mouvement émancipateur[62]. C'est pour cela que la médiation intime dont parle Girard prend ici tout son sens : le *je* ne doit plus être source de conflit et d'aliénation mais bien d'universalité. Nous en avons un parfait exemple chez Proust, lorsqu'il aborde la question de l'amitié du narrateur avec Saint Loup : cette amitié empêche le

61 Willequet, Pierre, *L'Ego face au divin : naissance du moi et expériences mystiques*, Genève, Slatkine, 2010, p. 55.

62 *Ibid.* p. 57.

narrateur de pleinement se réaliser car en communiquant avec l'ami on permet qu'intervienne « cet autre que soi-même qui vit en nous ». En effet, notre moi, même s'il contient une multiplicité de facettes, diffère complètement du moi des autres et est donc incommunicable :

> Quand nous causons avec un autre, cela nous empêche de nous avouer que ce n'est plus nous qui parlons, que nous nous modelons alors à la ressemblance des étrangers et non d'un moi qui diffère d'eux[63].

Il y a ici une réelle différence avec la découverte d'universalité que fait le narrateur à la fin de la *Recherche*. Nous sommes témoins du même type de découverte chez Weil où le réel devient le lieu de la réconciliation entre le « je » et tous les autres « je ». Le mystique est bien le messager de l'universalité car il n'est plus seulement lui même mais tous les autres hommes.

Julia Sei
Université Paris Diderot

63 Proust, Marcel, *À la recherche du temps perdu*, t. II, Paris, Gallimard, 1988, p. 261.

ÉTATS MYSTIQUES ET SCIENCES PSYCHOTHÉRAPEUTIQUES

Walter Burkert[1] écrivait que l'état mystique est une « procédure », une série d'actes culturels et de rituels sacrés qui permettent l'initiation, c'est-à-dire le passage d'un état « laïque » à une dimension en contact avec le divin. Le terme *mystikós* (μυστικός) dérive de *mýstēs* (μύστης), qui a le sens d'« initié », est lié au *mystḗrion* (μυστήριον), « rituel d'initiation ». Ainsi, il ne s'agit pas d'un événement ineffable ni d'une expérience unique et non reproductible, au contraire, on peut le considérer comme un « protocole reproductible » et donc bien plus proche qu'on le pense de l'âge technique moderne.

C'est pour cette raison qu'il est intéressant d'analyser les parallèles et les différences entre les « expériences mystiques » et les procédures de la psychothérapie moderne, une discipline elle aussi caractérisée par des techniques reproductibles, bien qu'elle soit apparemment liée à l'art indéfinissable de l'intuition. Toutefois, au centre de la notion *d'expérience mystique* on trouve aussi l'idée d'une disposition spirituelle personnelle et incommunicable qui défie les capacités descriptives du langage. Dans ce cas, la psychologie, fondement de la psychothérapie, ne semble particulièrement pas adaptée à appréhender de tels états de conscience : elle adhère au paradigme scientifique et empirique, et risque ainsi de réduire l'expérience mystique à ses aspects phénoménologiques, voire pathologiques.

Après avoir pris acte des analogies et des différences entre expériences mystiques et pratiques psychothérapeutiques, cette étude souhaite approfondir ces pratiques dans le sens d'une analyse pour ainsi dire structurelle visant à éclairer quelques-uns de leurs processus mentaux,

1 Burkert, Walter, *Antike Mysterien, Funktionen und Gehalt*, Munich, Verlag C. H. Beck, 1987, trad. italienne par Maria Rosaria Falivene, *Antichi culti misterici*, Roma-Bari, Laterza, 1989, trad. française par Alain-Philippe Segonds, *Les cultes à mystères dans l'Antiquité*, Paris, Les Belles Lettres, 2003.

dits aussi processus d'« autoévaluation métacognitive[2] ». Ces processus provoqueraient des états de conscience altérés permettant au sujet d'avoir accès à une connaissance qui dépasse la perception sensorielle.

On ne prendra pas en considération le modèle de William James[3], qui constitue une approche phénoménologique et descriptive qu'on évoque ici uniquement en guise d'introduction. James décrit, dans ses études, de cas d'états de conscience propres à l'activité mystique : il s'agit à son avis d'un état à la fois affectif et cognitif, un état d'émerveillement, d'exaltation et d'activité intellectuelle. L'état mystique permet à l'individu d'entrer en contact avec un absolu, de prendre conscience d'un sentiment d'unité. Le risque de cette approche est de se focaliser, de manière réductionniste, sur les dimensions pour ainsi dire expérientielles et pragmatiques de l'état mystique : selon James, l'expérience mystique ne peut être qu'une voie personnelle de percevoir la réalité, un état de l'âme. En quelques mots, James a une vision fonctionnaliste de l'expérience mystique : il suffit que *ça marche*, c'est-à-dire que cela provoque un état de bien-être psychologique. Et si ça marche, alors c'est – à sa manière – *vrai*. On remarquera la portée de ce mot, *vrai*, qui renvoie chez James à une vision utilitariste et fonctionnaliste des processus mentaux.

Pour cette raison, l'approche de James, bien que très instructive, demeurera en dehors de notre réflexion. D'autres orientations théoriques ont produit des analyses plus fines qui vont bien au-delà de l'observation des effets positifs des états mystiques pour le bien-être personnel. Elles ont été capables d'interroger les processus mentaux qui, par l'expérience mystique, amènent la conscience à connaître d'autres états. Parmi ces approches, on examinera la psychanalyse, la psychothérapie cognitive et notamment la psychologie de la dissociation.

---

2 Flavell, John « *Metacognitive aspects of problem-solving* », in *The Nature of Intelligence*, éd. Lauren Resnick, Hillsdale, NJ, Erlbaum Assoc., 1976, p. 231-235.

3 James, William, *The Varieties of Religious Experience : a Study in Human Nature : being the Gifford Lectures on Natural Religion Delivered at Edinburgh in 1901-1902*, New York, Longmans, 1902 ; rééd. London, Routledge, 2002 ; trad. française par Frank Abauzit, *Les formes multiples de l'expérience religieuse. Essai de psychologie descriptive*, Chambéry, Éditions Exergue, 2001.

EXPÉRIENCES MYSTIQUES ET PSYCHANALYSE

Le premier courant d'études est celui qui appartient à la pensée psychanalytique et qui s'intéresse, dans un premier temps, à la composante pulsionnelle de l'expérience extatique collective, notamment à partir de *Totem et tabou*[4]. Ce courant explore, dans un deuxième temps, l'expérience mystique comme condition de connaissance intuitive et constructive[5].

L'approche de Freud est ouvertement critique. En 1927, Romain Rolland, dans une lettre adressée à Freud, forge la catégorie de « sentiment océanique[6] », un sentiment d'unité avec l'univers, décrit comme une onde qui devient consciente d'appartenir à un océan et de se désintégrer en lui[7]. Freud, en adoptant une approche critique, considérait que ce sentiment peut être identifié avec celui éprouvé par le *moi* primitif de l'enfant, qui ne possède aucune conscience de soi en tant qu'individu et qui ne se reconnaît lui-même que dans sa relation avec la mère et le reste du monde. Puisque Freud étudiait ces expériences à travers le prisme psychanalytique, il ne contemplait pas l'existence d'une source transcendante à l'origine de l'expérience mystique. Au contraire, il identifiait l'expérience mystique avec les expériences néonatales : le sentiment d'être *un* avec l'univers puiserait ses racines dans le sentiment d'unité dont l'enfant fait l'expérience lorsqu'il se nourrit au sein de la mère. L'expérience mystique relèverait ainsi d'une « activation », dans l'inconscient, de ce sentiment d'unité originaire.

---

4 Freud, Sigmund, *Totem and taboo*, Boston, Beacon Press, 1913 ; trad. française par Marielène Weber, *Totem et Tabou*, in *Œuvres complètes de Freud / Psychanalyse*, vol. XI, Paris, PUF, 1998, p. 189-387.

5 Jung, Carl Gustav, *Erinnerungen, Träume, Gedanken*, Zurich et Düsseldorf, Walter Verlag, 1961 ; rééd. *Ma vie. Souvenirs, rêves et pensées*, trad. française par Roland Cahen et Yves Le Lay, Paris, Gallimard, 1967.

6 *Cf.* « Le fait simple et direct de la sensation de l'éternel (qui peut très bien n'être pas éternel, mais simplement sans bornes perceptibles, et comme océanique) ». Rolland, Romain, « Lettre à Sigmund Freud, 5 décembre 1927 », in *Un beau visage à tous sens. Choix de lettres de Romain Rolland (1866-1944)*, Paris, Albin Michel, 1967, p. 266.

7 Freud, Sigmund, *Das Unbehagen in der Kultur*, Vienne, Internationaler Psychoanalytischer Verlag, 1930, p. 249-251 ; 1961, p. 388 ; rééd. *Le malaise dans la culture*, in *Œuvres complètes*, trad. française par J. Altounian, A. Balseinte, A. Bourguignon, E. Carstanjen, B. Colomb, P. Cotet, J.-G. Delarbre, D. Hartmann, R. Lainé, A. Rauzy, J. Stute-Cadiot, E. Wolff., éd. Jean Laplanche, vol. XVIII, Paris, PUF, 1994.

Après Freud, Michael Eigen a cherché dans les concepts psychanalytiques une trace de l'expérience mystique ou du sentiment de fusion avec le divin[8]. Il faut préciser que Eigen – tout en conservant une approche laïque et pragmatique – s'est explicitement donné pour objectif d'explorer les états mystiques comme des états *autres* de la conscience, sans les reléguer dans le domaine de la bizarrerie ou de la pathologie. Dans la définition de *vrai self* de Winnicott[9], par exemple, Eigen voit un « lieu » de communion avec le divin. Par la notion de « O », qui signifie « la chose en-soi » inconsciente[10], Bion entendait la capacité de saisir la pulsion inconsciente d'un état mental (selon une terminologie freudienne) cachée derrière les explications défensives conscientes. Dans la jouissance de Lacan, Eigen voit la joie sacrée de vivre[11]. Le fil rouge qui parcourt le livre de Eigen est donc l'expérience de Dieu, un dieu considéré non nécessairement comme un Être au-dehors de soi, mais comme un être présent dans nos vies individuelles et collectives, dans les joies et dans les souffrances du quotidien. C'est pour cette raison qu'Eigen considère que la psychothérapie, tout en ayant une valeur unique et distincte vis-à-vis des diverses pratiques de méditation, peut aussi viser les mêmes objectifs. La rencontre thérapeutique permettrait, non seulement au patient mais aussi au thérapeute, d'expérimenter des états mystiques.

L'approche de Jung[12] en revanche n'est pas pragmatique comme celle de James et elle ne présente pas non plus les limites du « sécularisme incrédule » de Freud. En effet, Jung croit en la possibilité d'une expérience de connaissance mystique qui soit *vraie* dans le sens d'« empiriquement surnaturelle » et qui donne accès à des connaissances inatteignables

8 Eigen, Michael, *The Psychoanalytic Mystic*, London, Free Association Books, 1998.

9 Winnicott, Donald Woods, « *Ego Distortion in Terms of True and False Self* » in *The Maturational Process and the Facilitating Environment : Studies in the Theory of Emotional Development*, New York. International UP Inc., 1960, p. 140-152 ; rééd. « Distorsion du moi en fonction du vrai et du faux self », in *Processus de maturation chez l'enfant*, trad fr. par Jeannine Kalmanovitch, Paris, Payot, 1989, p. 125-126 ; Winnicott, Donald Woods, *Collected Papers : Through Paediatrics to Psychoanalysis*, London, Tavistock, 1958 ; rééd. *De la pédiatrie à la psychanalyse*, trad. fr. par Jeannine Kalmanovitch, Paris, Payot, 1989, p. 125-126.

10 Bion, Wilfred Ruprecht, *Elements of Psychoanalysis*, London, William Heinemann. 1963 ; rééd. *Éléments de la psychanalyse*, trad. française par E. L. Herbert, Paris, PUF, 1979.

11 Braunstein, Nestor, *La Jouissance. Un concept lacanien*, Paris, Érès, 1992 ; Jadin, Jean-Marie, Ritter, Marcel, *La jouissance au fil de l'enseignement de Lacan*, Toulouse, Érès, 2009 ; Lacan, Jacques, *Le Séminaire*, Livre XX, Paris, Seuil, 1975, p. 11.

12 Jung, Carl Gustav, *Erinnerungen, Träume, Gedanken*, *op. cit.*, *passim.*

dans une condition non-mystique. En d'autres termes, selon Jung, il est possible d'entrer en contact avec des réalités surnaturelles grâce à des états de consciences nommés « mystiques ». Durant sa vie, il a ouvertement admis lui-même avoir vécu des expériences paranormales qu'il a considérées comme *vraies* et non comme des délires psychotiques, tout en revendiquant une connaissance secrète, une gnose spécifique qui ne peut être acquise par le biais de méthodes courantes de la cognition ou par d'autres états de conscience altérés et dissociés. La connaissance mystique serait donc une connaissance spécifique et unique. Par exemple, en narrant ses expériences oniriques, ses visions et ses hallucinations, Jung attribuait à ses rêves la qualité d'expériences cognitives. D'après lui, elles étaient à la fois intuitives et mystiques, et lui permettaient d'identifier les interactions entre ses deux « soi » – comme dans un processus d'intégration entre le conscient et l'inconscient.

Le travail psychothérapeutique qu'il mena sur lui-même et sur ses patients le persuada du fait que la vie avait un but spirituel au-delà des objectifs matériels. Notre tâche principale – croyait-il – est de découvrir et de réaliser notre potentiel profond et inné. En se fondant sur l'étude du christianisme, de l'hindouisme, du bouddhisme, du gnosticisme, du taoïsme et d'autres traditions, Jung croyait que le chemin de cette transformation – qu'il appelait « individuation » – se retrouve au sein du noyau spirituel de toutes les religions. La vie serait un voyage mystique ayant comme but la rencontre avec soi-même et en même temps la rencontre avec le Divin. À la différence de la vision objectiviste de Freud, la théorie de Jung l'amena à croire que l'expérience mystique était essentielle pour notre bien-être, puisqu'il concevait la vie humaine individuelle comme se situant dans un *continumm* avec l'univers dans son ensemble.

EXPÉRIENCES MYSTIQUES, PSYCHOLOGIE COGNITIVE ET PSYCHOPATHOLOGIE DE LA DISSOCIATION

Si la psychanalyse – avec Eigen et Jung – explore les états mystiques, le modèle cognitivo-comportamental, quant à lui, a analysé des états de souffrance mentale qui *ressemblent* aux états mystiques. Quelques auteurs font le lien entre la souffrance émotionnelle et un déficit dans l'élaboration mentale des informations – déficit provoqué par des expériences traumatisantes. Ces expériences consistent en des épisodes de menace envers la sécurité d'un individu ou envers celle d'autrui, à travers une forme de violence directe ou indirecte. Ce deuxième cas concerne, par exemple, ce qu'on appelle le *misattunement* (manque d'affection et de communication), ou des traumatismes intra-familiaux auxquelles l'enfant est exposé lors qu'il vit dans une famille violente ou négligente[13].

Quel est le lien entre ces expériences traumatisantes et les états mystiques ? On le retrouve dans le concept de dissociation, qui est un état de conscience partageant beaucoup de caractéristiques avec l'expérience mystique. En effet, une fois que le dysfonctionnement cognitif a été associé au traumatisme, au niveau du symptôme il tend à assumer la connotation extrême de dissociation, qu'on définit comme un état de conscience altéré dans lequel la *fonction intégrative* de la conscience s'avère être fortement compromise.

En entrant dans les détails du symptôme, on commence à entrevoir une analogie entre l'état dissociatif et l'état mystique. On distingue ainsi deux différents types de symptômes dissociatifs : les phénomènes de détachement (*detachment*) et de cloisonnement (*compartimentalization*). Les premiers correspondent aux expériences de détachement de soi comme de la réalité : ils consistent en une expérience d'étrangèreté ou dans le sentiment d'être un observateur extérieur de ses propres procès mentaux, de son propre corps (*out of body experiences*) ainsi que de ses propres émotions (*emotional numbing*)[14]. Il s'agit d'états qui sont activés par des émotions impétueuses provoquées par des expériences menaçantes et extrêmes. Les phénomènes de cloisonnement, eux, émergent de la division et désorganisation de fonctions qui sont normalement intégrées dans la conscience : mémoire, identité, image corporelle, contrôle des émotions et des mouvements volontaires. Ces fonctions peuvent être compromises jusqu'à l'altération de l'*unité* de l'identité.

Les symptômes du cloisonnement dissociatif sont les conséquences d'un développement traumatique. La dissociation est ainsi inévitablement

---

13 Liotti, Gianni, Farina, Benedetto, *Sviluppi Traumatici. Eziopatogenesi, Clinica e Terapia della Dimensione Dissociativa*. Milan, Cortina Editore, 2011.

14 Brown, Richard James, « *Different types of "dissociation" have different psychological mechanisms* » in *Journal of Trauma and Dissociation*, 2006, vol. 7, n° 4, p. 7-28.

associée au traumatisme qui provoque des états de *freezing*, c'est-à-dire d'immobilité d'abord tonique puis catapleptique, qui est à la base des symptômes dissociatifs (le détachement de l'expérience de soi et du monde extérieur). Ce détachement semble impliquer une suspension des *fonctions réflexives* de l'esprit ainsi qu'un ralentissement de l'auto-conscience. On entendra ici par *auto-conscience* le concept phénoménologique qui renvoie à la conscience de *soi* comme étant un sujet individuel distinct des autres, ainsi qu'à la construction des signifiés[15].

Un aspect stimulant de ce modèle théorique est qu'il catégorise les états dissociatifs dans des « styles » déterminés qui sont à la fois relationnels et interpersonnels. Ce faisant, le traumatisme ne dépend plus seulement d'un épisode violent mais il est expliqué comme prenant part à une relation complexe, prolongée dans le temps et apte à expliquer l'expérience traumatisante. Parmi ces systèmes relationnels, le meilleur candidat pour déterminer les expériences traumatisantes est ce qu'on appelle le « besoin de pouvoir[16] », c'est-à-dire un système qui pousse les individus à entretenir des relations de domination et/ou de soumission vis-à-vis d'autrui[17]. Seul, ce besoin ne peut pourtant pas déterminer le traumatisme, qui doit s'expliquer par une combinaison de facteurs concernant le besoin de pouvoir, les attentions, les soins, les aides reçus par le patient. Cette combinaison particulière de menace et de proximité, de haine et d'amour, caractérise la condition de la relation traumatisante. Dans ce type de relation, la figure de l'aidant (un parent ou même un ami intime) peut aussi devenir une figure menaçante qui entre en compétition avec l'enfant comme s'il était un individu du même âge. D'abord, la figure de l'aidant attribue à l'enfant des intentions malveillantes et critiques, par la suite il/elle réagit avec de la colère comme s'il s'agissait de l'un de ses pairs, en entretenant ainsi avec l'enfant un

15 Liotti, Gianni, Farina, Benedetto, *Sviluppi Traumatici. Eziopatogenesi, Clinica e Terapia della Dimensione Dissociativa*, *op. cit.*

16 L'expression « *need of power* » renvoie à la théorie psychologique des besoins, dont l'initiateur est Abraham Maslow (1954). On propose ici la traduction de Lauren Nicolaieff pour l'édition française de 2008 : « besoin de pouvoirs ». Voir Maslow, Abraham, *Motivation and Personality*, New York, Harpers & Brothers, 1954 ; rééd. *Devenir le meilleur de soi-même : besoins fondamentaux, motivation et personnalité*, trad. française par Laurence Nicolaieff, Paris, Librairie Eyrolles, 2008.

17 McClelland, Davide Clarence, *The Achieving Society*, Cambridge, The Free Press, 1961 ; Foudriat, Michel, *La théorie des besoins de McClelland. Sociologie des organisations*, Paris, Pearson France, 2011, p. 130-132.

rapport de jalousie, d'envie, de haine. Tout cela pourrait sembler bien loin d'un état mystique, s'il n'était question de cette condition psychique particulière qui suit l'expérience traumatisante : la dissociation. Dans les deux cas – dissociation et expérience mystique – on assiste à une altération de l'état de conscience : qui est recherché et désiré dans l'état mystique, mais qui est subi et douloureux dans l'état dissociatif.

Entre dissociation et traumatisme, on remarque ainsi une ressemblance qui n'est pas simplement descriptive mais qui concerne l'objet avec lequel l'individu entre en relation dans les deux états. On rappellera que, dans la dissociation traumatisante, la relation concerne une figure d'aidant qui est à la fois menaçante et proche, voire affectueuse. À travers l'expérience mystique, on assiste à une tentative de contact avec le divin. Et c'est justement à ce stade que les deux expériences se rapprochent. Comme pour la dissociation, dans l'expérience mystique le divin se manifeste comme amour et assistance profonde, mais participe aussi d'un bouleversement, voire constitue une violence extrême. Comment ne pas évoquer ici, dans la tradition judéo-chrétienne occidentale, la recommandation de Dieu à Moïse de ne le contempler que par derrière, sous peine de mort, ou l'attaque nocturne de Moïse par la divinité sanguinaire, ou encore la lutte de Jacob avec l'ange ? Dans la mystique orientale, la nature ambiguë (féroce et féconde) de Shiva répond à un schéma analogue. Shiva est un dieu violent, terrible et sordide, il joue à la fois le rôle du créateur et celui du destructeur du monde ; il est représenté avec un aspect terrifiant, il a les cheveux sales, porte un collier garni de têtes de mort, il a les yeux rouges, son corps est couvert de cendre et de serpents, il est toujours accompagné par des chiens hurlants et par des hordes de morts. Il a un troisième œil grâce auquel il peut détruire tout ce qu'il regarde. Mais Shiva est aussi représenté come *Nataraja*, le « roi de la danse ». Sa danse, dite *tandava*, symbolise un processus cosmique : à travers le rythme, il détruit et crée le monde simultanément. Shiva est aussi le dieu des ascètes, il est vénéré comme la figure tutélaire du *yoga* et comme ayant été le premier *yogi*. L'iconographie traditionnelle le représente à moitié nu, assis en position de méditation. Il est donc un médiateur du divin et peut-être, en tant que tel, est très proche d'un *mystique* au sens occidental. Shiva est enfin le dieu de la fécondité et de la génération, il est donc la divinité de la vie elle-même : son phallus, *linga*, possède une incroyable force vitale.

Peut-être est-il aussi, selon une courageuse analogie avec le christianisme occidental, un dieu de l'Amour[18].

Est-il possible que l'état mystique puisse provoquer une communion avec une figure supérieure, le Divin, qu'il soit en même temps rassurant, vivifiant et menaçant ? Est-il possible que le mystique, se sentant aimé et haï par la divinité, perçoive cette expérience extrême comme une sorte de communion avec un principe métaphysique, qu'il saisisse le sens d'une justification transcendantale de son existence ? Ne pourrait-on pas admettre que cette ambivalence est fondatrice dans tout rapport entre les êtres humains et des notions comme l'Absolu ou le Divin ? On dirait que les états mystiques sont caractérisés par l'intuition que la nature de notre existence est une expérience d'amour et de violence. Il s'agit de comprendre que dans l'expérience de connexion avec le Divin, le mystique perçoit la coexistence de deux facteurs : la menace de destruction de l'individu et l'amour qui s'exprime par la fusion avec le principe Divin. Le contact avec le principe métaphysique n'est donc pas seulement un sublime acte d'amour, mais aussi le moment suprême lors duquel l'individu fait l'expérience de la dissolution violente de sa personnalité.

Dans la tradition occidentale, on remarque une forte analogie de l'état mystique avec le *sparagmòs*, un rituel particulièrement violent qui faisait partie des mystères dionysiaques[19]. Il consiste dans la pratique de déchiqueter à mains nues une victime, un animal sauvage ou domestique (voire bien plus rarement un être humain), dans le but de se nourrir de sa viande (ou chair) crue. Il s'agissait à la fois d'un sacrifice en l'honneur de Dionysos et d'une manière de célébrer la puissance de la divinité de la Terre : en s'enivrant du sang de la victime, l'initié aux mystères dionysiaques s'appropriait l'esprit primordiale de la Terre-Mère. Le *sparagmòs* et, en général, tous les rituels bacchiques permettant de faire l'expérience de la transe dionysiaque, provoquaient un état mystique de dépossession dans un but initiatique. Dans ce cas, la condition mystique est un état d'altération de la conscience et de communion avec le Divin qui se révèle à travers le traumatisme de la violence. Or, l'état

18 Doniger O' Flaherty, *Wendy, Siva – The Erotic Ascetic*, Oxford University Press, 1981, p. 35.

19 Lincoln, Bruce, *Death, War, and Sacrifice : Studies in Ideology and Practice*, Chicago, University of Chicago Press, 1991, p. 186.

altéré de conscience qui s'active lors d'événements traumatisants est précisément l'état dissociatif de la conscience, comme le font remarquer Farina et Liotti[20].

Dans ce cas, la dissociation est un terme utilisé pour décrire la déconnexion entre certains processus psychiques et l'ensemble du système psychologique de l'individu. La dissociation provoque une absence de connexion dans la pensée, dans la mémoire et dans la perception de l'identité. Les états dissociatifs peuvent se manifester aussi dans la vie quotidienne : les exemples les plus classiques sont le fait d'oublier d'être en train de conduire un véhicule, ou encore le fait de lire le passage d'un texte sans pour autant faire attention à ce qui est écrit. Ces expériences démontrent la capacité de l'individu de se laisser emporter par l'imagination et d'être capable par la suite de reprendre le contrôle de ses propres fonctions mentales. Il s'agit encore une fois de ces états, décrits par Brown[21], relevant d'une *étrangèreté* par rapport aux processus mentaux ou du corps (*out of body experiences*) et par rapport aux émotions (*emotional numbing*).

La convergence de ces trois facteurs (traumatisme violent, mysticisme dionysiaque et dissociation) a une racine dans la pensée psychologique et plus particulièrement dans le modèle psychologique de la dissociation élaboré à l'origine par Pierre Janet[22]. Janet a été le premier à démontrer que la dissociation est la stratégie de défense la plus commune et la plus efficace contre les expériences traumatisantes. Cette défense se manifeste comme un détachement mental qui, dans le cas de la violence traumatisante, peut devenir particulièrement puissant et profond, beaucoup plus puissant et profond que celui obtenu graduellement par les exercices de méditation. Dans le cas où la violence traumatisante n'est pas subie mais recherchée à travers des rituels, la dissociation peut devenir une expérience mystique programmée. Il existe donc une analogie entre l'état mystique et l'état dissociatif, ce dernier étant considéré comme détachement de la

20 Liotti, Gianni, Farina, Benedetto, *Sviluppi Traumatici. Eziopatogenesi, Clinica e Terapia della Dimensione Dissociativa*, *op. cit.*

21 Brown, Richard James, « *Different types of "dissociation" have different psychological mechanisms* », *op. cit.*

22 Janet, Pierre, *L'Automatisme psychologique : essai de psychologie expérimentale sur les formes inférieures de l'activité humaine*, Paris, Félix Alcan 1889, rééd. Charleston, Nabu Press, 2010 ; Janet, Pierre, *L'évolution psychologique de la personnalité*, Paris, Chahine, 1929 ; rééd. Paris, Société Pierre Janet, 1984.

réalité quotidienne. Dans la dissociation dionysiaque, le détachement est provoqué par une condition d'exaltation furieuse qui permet à l'initié d'entrer en contact avec les « espaces mentaux » habituellement évités dans le quotidien et qui sont plus proches de notre nature animale et primordiale. Il s'agit donc d'un état mystique, pour ainsi dire, par le contact avec des divinités chtoniennes[23] et non pas célestes.

Ce parallèle nous permet d'émettre l'hypothèse d'un fonctionnement cognitif analogue entre les états mystiques, les états traumatisants et la dissociation. Bien évidemment, ce n'est pas un modèle théorique applicable à tous les états mystiques, mais seulement à ceux dont l'initiation est sanguinaire et violente : dionysiaque en Occident et shivaïste en Inde.

ATMOSPHÈRES MYSTIQUES CHEZ MARCEL PROUST ET THOMAS MANN

Les études de Pierre Janet sur la dissociation sont notre tremplin vers la littérature. La pensée de Janet, en effet, partage non seulement des analogies avec certaines intuitions de Marcel Proust[24], mais elle a aussi directement influencé l'élaboration de l'un des concepts fondateurs de la *Recherche* : les intermittences du cœur[25]. Le modèle de la dissociation de Pierre Janet ne se focalisait pas sur les impulsions inconscientes – telles qu'elles ont été traitées, par exemple, par Freud – mais sur la désintégration lucide de la conscience. Le même processus concerne aussi le narrateur de la *Recherche*. Par ce qu'on peut appeler un état d'hyperconscience analytique ou un état de métacognition[26] de l'esprit qui s'autoanalyse, le narrateur parcourt le flou de conscience qui l'amène à goûter la madeleine et à se souvenir soudainement de la

23 Les divinités chtoniennes renvoient aux cultes liés à la terre, comme par exemple le culte de la Grande Mère Hécate qui provoque chez les initiés une transe émotionnelle incontrôlée plutôt qu'un état extatique conscient.

24 Bizub, Edward, « Proust précurseur : La madeleine entre psychanalyse et neurosciences » in *Marcel Proust Aujourd'hui*, nº 11, 2016, p. 111-124.

25 Pérez-Rincon, Hector, « Les sources janétiennes de l'œuvre de Proust » in *Annales Médico-psychologiques, Revue psychiatrique*, vol. 166, nº 3, 2008, p. 222-224.

26 Flavell, John, « *Metacognitive aspects of problem-solving* » in *The Nature of Intelligence*, éd. Lauren Resnick, *op. cit.*

tante Léonie qui lui offrait ce gâteau pendant les visites dominicales. Relisons le passage :

> Et dès que j'eus reconnu le goût du morceau de madeleine trempé dans le tilleul que me donnait ma tante (quoique je ne susse pas encore et dusse remettre à bien plus tard de découvrir pourquoi ce souvenir me rendait si heureux), aussitôt la vieille maison grise sur la rue, où était sa chambre, vint comme un décor de théâtre s'appliquer au petit pavillon, donnant sur le jardin, qu'on avait construit pour mes parents sur ses derrières (ce pan tronqué que seul j'avais revu jusque là) ; et avec la maison, la ville, depuis le matin jusqu'au soir et par tous les temps, la Place où on m'envoyait avant déjeuner, les rues où j'allais faire des courses, les chemins qu'on prenait si le temps était beau[27].

D'un point de vue psychologique, on remarquera la capacité du personnage d'analyser le processus de la mémoire, lorsqu'il est saisi par le souvenir de son passé à Combray : d'abord un souvenir uniquement gustatif, olfactif et tactile, par la suite une mémoire organisée par une représentation mentale supérieure. Bien évidemment, au moins dans ce cas, il ne s'agit pas d'un état de dissociation traumatisante et dionysiaque. Il s'agit plutôt d'un état mélancolique élégiaque. Seulement, dans d'autres passages de la *Recherche*, chez Swann mourant ou chez le Baron de Charlus, on peut identifier des états de dissociation traumatisante, bien que la violence proustienne reste toujours couverte par une couche d'allusion discrète. De ce point de vue, on peut définir l'ensemble de la *Recherche* de Proust[28] comme une œuvre qui relève de la « mysticité », en ce que l'auteur maîtrise un état dissociatif, non pas dans la désintégration de la pathologie, mais dans un état lucide : il est maître de soi et son œuvre.

Cependant, toute influence psychanalytique sur Proust a été substantiellement niée, comme le remarque Simon Kemp, qui a parlé d'un Proust « post-analytique[29] ». Proust considère qu'il existe des discontinuités dans l'esprit humain, mais non pas des divisions radicales comme celles décrites par Freud. Les divers *soi* de l'esprit peuvent être étrangers et *inconscients* les uns envers les autres, sans pour autant empêcher à l'esprit de s'ouvrir à l'introspection qui permet à la conscience d'accéder à une « connaissance

---

27 Proust, Marcel, *À la recherche du temps perdu*, éd. Jean-Yves Tadié, Paris, Gallimard, coll. « Bibliothèque de la Pléiade », 1987-1989, p. 37.

28 Proust, Marcel, *À la recherche du temps perdu*, *op. cit.*, p. 37.

29 Kemp, Simon, « *Postpsychoanalytic Proust* » in *Modern Language Quarterly*, vol. 75, n° 1, 2014, p. 77-101.

métacognitive[30] » de ses propres états mentaux. Il n'existe aucun triangle œdipien chez Proust et les relations familiales ne jouent pas un rôle majeur dans la construction du *soi* adulte. Selon Kemp, entre autres, on retrouve chez Proust les échos de la philosophie française de Bergson ainsi que de la psychologie de Janet : comme pour Bergson, la temporalité est un élément essentiel pour la compréhension de la conscience, mais la conscience temporelle proustienne est spatialisée et cloisonnée comme chez Janet.

Pour trouver un référent littéraire du traumatisme dissociatif, on peut prendre un auteur allemand plus désireux de montrer les aspects dionysiaques de la psyché : Thomas Mann, et notamment la célèbre scène du rêve de Hans Castorp dans la *Montagne magique*[31]. Chez Mann, la dissociation de la conscience est présentée plus clairement que chez Proust : bloqué par un violent orage dans la montagne, le personnage Hans Castorp se perd dans la neige et les bois. Une fois la tempête calmée, il se réfugie derrière un chalet fermé à l'abri du vent. Sous l'emprise de la fatigue, il s'endort. Un sommeil profond le saisit et il rêve. Son rêve est intense, comme s'il était réel : un état particulier de dissociation. Le rêve se déroule sur une île de la Grèce antique dans une atmosphère idyllique. Autour de lui, des jeunes femmes et des jeunes hommes parlent, jouent et s'aiment. Castorp se promène sur cette île merveilleuse et se dirige vers un temple lointain. À l'intérieur du temple, il y a des femmes. Elles sont vieilles, ridées, avec des seins plissés et pendants, ce sont d'horribles sorcières en train de dévorer le cadavre d'un enfant, s'en disputant les morceaux. Castorp se rend compte avec horreur que derrière toute promesse d'harmonie, derrière tout idylle, se cache un acte d'une violence terrible. Dans cette vision dissociée, Castorp se retrouve dans un paysage grec classique qui cache un terrible secret anthropophagique : le plaisir, l'harmonie comme la violence et le divin sont représentés dans un même *continuum*, ce sont les différents aspects d'une même expérience. Mais pour bien comprendre cette analogie littéraire, la psychologie ne suffit peut-être pas et nous devons recourir à une conjecture empruntée à l'anthropologie, ce que nous allons tenter de faire dans une dernière partie.

30 Flavell, John, « *Metacognitive aspects of problem-solving* », in *The Nature of Intelligence*, éd. Lauren Resnick, *op. cit.*

31 Mann, Thomas, *Der Zauberberg*, Berlin, Fisher Verlag, 1924, rééd. *La Montagne magique*, trad. française par Philippe Lançon, Paris Fayard, 2016.

UN REGARD VERS L'ANTHROPOLOGIE

L'idée à la base de cet essai consiste en l'hypothèse selon laquelle l'expérience mystique donne accès à un type de connaissance intuitif que la littérature peut raconter et la psychologie décrire. Nous nous sommes concentré sur l'analyse d'un état mystique particulier, celui de la transe dionysiaque, tout en établissant des analogies entre les états dissociatifs de la conscience décrit par Janet, par Freud et par le modèle cognitivo-comportamental[32], d'une part, et des exemples littéraires d'après Proust et Mann, de l'autre. Afin de mieux comprendre la nature de cette connaissance intuitive, on propose ici, en guise de conclusion et pour présenter d'autres perspectives de recherche, un autre modèle – cette fois-ci anthropologique et non psychologique – dans lequel on retrouve une expérience mystique violente qui se résout en une communion mystique. Il s'agit de la théorie du bouc émissaire élaborée par René Girard qu'on souhaite compléter avec les interprétations et les études de Giuseppe Fornari.

Girard décrit des épisodes de violence collective semblables à ceux décrits par Freud dans *Totem et tabou* et par Thomas Mann dans la scène du rêve de Hans Castorp, dans laquelle un groupe dépasse les incompréhensions réciproques et atteint un état de communion mystique. Selon Girard, il est possible d'atteindre cette communion mystique en concentrant toute la violence du groupe sur une seule victime, le bouc émissaire. Il s'agit d'une communion violente, par laquelle ne groupe de personnes parvient à exorciser le mal latent et la *violence indifférenciée* par le sacrifice d'une seule victime. À travers cette violence collective, le groupe atteint un état dissociatif de conscience qui peut être représenté en littérature comme dans l'exemple de Thomas Mann ou des *Baccantes* d'Euripide. Il s'agit probablement d'une vision plutôt pessimiste des dynamiques inconscientes, semblable à celle, également pessimiste, qu'on retrouve dans *Totem et tabous* de Freud. Chez Fornari[33], ce modèle tend

32 Liotti, Gianni, Farina, Benedetto, *Sviluppi Traumatici. Eziopatogenesi, Clinica e Terapia della Dimensione Dissociativa*, *op. cit.*

33 Fornari, Giuseppe, « L'arbre de la faute. La révélation biblique de la violence », in *Politiques de Caïn. En dialogue avec René Girard*, éd. Domenica Mazzù, Paris, Desclée de Brouwer,

plutôt à une vision positive, vers un système dans lequel l'expérience traumatisante, tout en gardant un caractère violent et atroce, est aussi un moyen de développer et d'étendre les capacités cognitives d'un individu ou d'un groupe. C'est le cas de Proust, qui dépasse la violence traumatisante par une « mysticité du quotidien » qui s'adresse aux souvenirs du passé et aux « intermittences du cœur ». Le dépassement est pourtant partiel dans la *Recherche*. Le destin violent est aussi présent dans cette œuvre : il suffit de rappeler le sort du Baron Charlus ou celui de Swann.

L'état mystique est une expérience d'altération de l'état de conscience par laquelle l'individu connaît sa nature la plus profonde. Cette nature « obscure » fait surgir des dispositions psychologiques et relationnelles, vis-à-vis des autres et du monde extérieur, qui sont à la fois des *relations* d'amour et de menace, de vie et de mort. Sont mystiques aussi, probablement, les atmosphères de toutes ces œuvres qui ont décrit cette condition de l'esprit humain et qui nous donnent ainsi une occasion précieuse d'étendre les limites des études psychothérapeutiques.

Giovanni Maria RUGGIERO
Sigmund Freud University, Milan

Trad. fr. par Riccardo RAIMONDO

2004, p. 237-270 ; Fornari, Giuseppe, *Da Dioniso a Cristo. Conoscenza e sacrificio nel mondo greco e nella civiltà occidentale*, Bologna, Marietti, 2006.

SIXIÈME PARTIE

AU SEUIL DES DISCIPLINES (II)

MYSTIQUE ET ARTS PLASTIQUES

SUBLIME ET NUMINEUX CONCILIÉS

La *Rothko Chapel* de Houston

Intimes et atemporelles, les peintures abstraites de Mark Rothko peuvent être envisagées comme autant d'expressions des émotions humaines fondamentales. Son œuvre engage le spectateur dans une aventure intérieure, exigeant une contemplation prolongée et une ouverture au spirituel. Rothko avait d'ailleurs affirmé, dans un entretien de 1956 avec Selden Rodman : « les personnes qui pleurent devant mes tableaux font la même expérience religieuse que celle que j'ai eue lorsque je les ai peints[1] ». De nombreux critiques, dont Dore Ashton, David Anfam ou Annie Cohen-Solal ont alors souligné les liens étroits qu'entretiennent les toiles de Rothko avec la transcendance et la religiosité. Expériences mystérieuses et déstabilisatrices, il serait possible, pour en rendre compte, de faire appel à la notion de sublime ou encore à celle de « numineux ». C'est sans nul doute Robert Rosenblum qui est allé le plus loin dans cette considération dans sa *Peinture moderne et tradition romantique du Nord* et dans l'article « *The Abstract Sublime*[2] », où la sublimité de l'œuvre de Rothko et d'autres peintres expressionnistes abstraits est liée au sentiment du « numineux », tel qu'il se trouve décrit par Rudolf Otto dans son livre *Le Sacré*, publié en 1917. Nous nous efforcerons ici de souligner la complémentarité de ces deux notions et les liens qui les unissent à l'expérience mystique, définie comme un état de conscience exaltée, d'union avec Dieu ou l'Absolu, par laquelle le sujet est profondément transformé lorsqu'une vérité, occulte, se dévoile. Nous nous appuierons, pour ce faire, sur l'étude de l'une des œuvres les plus ambitieuses de l'artiste, la *Chapel* de Houston, articulant le religieux et le séculaire,

---

1 Rothko, Mark, « *Notes from a conversation with Selden Rodman, 1956* » in *Écrits sur l'art 1934-1969*, Paris, Flammarion, 2016, p. 190.

2 *Cf.* Rosenblum, Robert, *Peinture moderne et tradition romantique du nord*, Oxford, Oxford University Press, 1975 et « *The Abstract Sublime* », *Art News* 59, 10, février 1961, p. 38-41.

le spirituel et le sensible, le visible et l'invisible et formulant une nouvelle conception du sacré, au-delà des dogmes et des confessions institutionnalisées.

LA *ROTHKO CHAPEL*
Un horizon spirituel longtemps recherché

Inaugurée en 1971, après la mort de Rothko, la *Chapel* constitue l'un des points culminants de sa carrière artistique. Ce fut la première et unique opportunité offerte à Rothko pour mener un projet qu'il désirait réaliser depuis longtemps : créer un lieu, en déployant ses œuvres dans un espace concret, architecturalement conçu pour qu'il puisse les accueillir de la manière la plus adéquate possible. Lorsqu'en 1964, Dominique de Ménil demande à Rothko de réaliser des peintures pour une chapelle à Houston, l'artiste accepte et se montre en parfaite adéquation avec cette idée, à laquelle il avait lui-même pensé, de son côté. « Il serait opportun », affirme-t-il dans un entretien, « que l'on puisse installer des petits endroits par tout le pays, comme une petite chapelle où le voyageur ou l'errant pourrait venir une heure pour méditer avec une seule peinture accrochée dans une petite salle, par lui même[3] ». Rothko avait, en outre, décrit à Phyllis Lambert son espace idéal d'exposition « comme une espèce de lieu lointain, une "destination", hors de la ville[4] », et James Breslin, dans la monographie qu'il consacre au peintre, ajoute :

3 Breslin, James E. B., *Mark Rothko. A Biography.* Chicago, The University of Chicago Press, 1993, p. 375-376. Pendant la conversation que Rothko avait eu avec Dominique de Ménil dans son studio de Bowery, quand elle lui avait proposé la commande en 1964, Rothko avait mentionné l'émotion ressentie en visitant l'église Santa Maria Asunta de Torcello. En 1961, déjà, Duncan Phillips se référait à la *Rothko Room* comme une « chapelle », tandis que le critique Peter Selz rappelle, la même année, que Rothko appelait les salles de son exposition rétrospective du MOMA des « chapelles », et ses œuvres des « retables médiévaux ». Un an plus tard, quand on lui suggéra de construire un musée pour abriter les *Harvard Murals* l'artiste refusa, préférant l'édification d'une chapelle. Et cette affinité avec les espaces religieux remonte aux voyages de l'artiste en Europe, durant lesquels il fut marqué par ses visites des temples grecs de Paestum et de la chapelle de Lelant. Voir sur ce point Barnes, Susan J., *The Rothko Chapel. An Act of Faith*, Houston, The Rothko Chapel, 1996, p. 43-44.

4 Breslin, James E. B., *Mark Rothko*, *op. cit.*, p. 375-376.

> Une chapelle comme celle de Houston offrait une ambiance dans laquelle les œuvres silencieuses et élevées de Rothko pouvaient recevoir le regard approprié (contemplation silencieuse) et la reconnaissance adéquate (comme des objets sacrés), sans migrer entre les mains de plusieurs collectionneurs, pour finir dans un foyer institutionnel : un musée[5].

Reste que la *Chapel* était originellement pensée comme un véritable lieu de prière, consacré à la religion chrétienne. Les De Ménil s'étaient inspirés des projets menés par le père dominicain Marie-Alain Couturier, cherchant à susciter une régénération du culte catholique par l'entremise de l'art moderne[6]. Art et religion étaient voués à s'unir dans une révolution spirituelle en tout point comparable à celle que Rothko avait initiée dans son œuvre. Rothko, qui n'était pas chrétien, accepta le projet, avec l'idée de suggérer un sens spirituel plus large, dépassant les cadres de la seule religion catholique. Ce dernier finit donc par évoluer en une chapelle œcuménique, aconfessionnelle, plus en syntonie avec les aspirations spiritualistes de l'artiste. Grâce aux De Ménil, le peintre pu concrétiser son désir créatif sur le continent américain, et s'inscrire dans la tradition des grands maîtres européens qu'il avait tant admirés. Il s'agit, sans aucun doute, de son œuvre la plus ambitieuse, ayant su unir, au XXe siècle, art et religion de l'une des manières les plus explicites qu'il soit, comme le souligne le critique Sheldon Nodelman[7].

Lorsque nous entrons dans la *Rothko Chapel*, nous nous trouvons au centre d'un cercle, dessiné par les huit murs de la salle octogonale, qui nous entourent de toute part. Les grandes œuvres de Rothko, emplissant tout l'espace, comblent notre vision et la symétrie de chacun des côtés de l'octogone invite le regard à se perdre dans la réitération constante et labyrinthique des mêmes éléments, avec uniquement de subtiles variations. Rothko mêle, ce faisant, l'espace architectonique et l'espace pictural, créant de plus, avec ses œuvres, d'autres effets d'échos et de concordances internes. Selon Sheldon Nodelman, l'installation des quatorze panneaux, disposés en huit groupes, avec cinq œuvres individuelles

5 *Ibid.*, p. 464.

6 Le mouvement *Art sacré* de Marie-Alain Couturier fut marqué par la participation de Braque, Chagall et Bonnard à la décoration de l'église d'Assy, de Fernand Léger à celle d'Audincourt, de Matisse à l'église du Rosaire, à Vence, ou encore de Le Corbusier à l'église de Ronchamp.

7 *Cf.* Nodelman, Sheldon, *The Rothko Chapel paintings. Origins, Structure, Meaning*, Austin, University of Texas Press, 1997.

et trois triptyques, est fondée sur un schéma d'oppositions : les œuvres ne peuvent fonctionner qu'en relation, en résonance les unes avec les autres, malgré leurs singularités respectives. Rothko s'efforce alors de reformuler, de radicaliser les principes déjà à l'œuvre dans ses toiles précédentes. À l'aide de moyens plastiques réduits, il cherche à communiquer le plus directement possible une vision subjective du monde, et ce jusqu'à toucher à l'universel de toutes les destinées humaines. Il invente, pour ce faire, un langage implicite, simplement lié aux variantes d'une plasticité bien disciplinée, ascétique, précise, où l'énergie est contenue. Les tensions et les contrastes, que l'on pourrait considérer comme irréconciliables, sont alors équilibrés par le jeu de symétries et des rapports de proportions, inspirant au spectateur des émotions contradictoires.

Les grandes peintures, paraissent à première vue d'un noir absolu, et nous plongent dans une obscurité si enveloppante qu'elle nie presque toute vision[8]. Les panneaux sombres, uniformes, auxquels nous faisons face, nous sollicitent cependant à leur façon. Avec leur apparente passivité, ils cherchent le regard, demandent à être regardés. Même s'il n'y a « rien » en eux. Même si notre regard se révèle incapable de reconnaître ce qu'il voit. Rapidement, le silence de l'endroit, qui est spontanément respecté par le visiteur, devient palpable et invite au recueillement. Là, au centre de l'unique salle, nous nous sentons perdus. Nous sommes perdus face à des œuvres noires, immenses, quasiment vides, et pourtant nous sommes devant « la plus présente des absences[9] ». Une telle expérience est donc profondément déstabilisatrice, et pourrait être qualifiée d'expérience sublime, puisque le sublime fait de nous ses captifs, nous domine, s'impose et impose avec lui une menace, un danger. Éloigné de la faveur avec laquelle le beau se présente, le sublime fait preuve d'une puissance et d'une violence sans comparaison. À travers leur grandeur, leur dépouillement, leurs tonalités sombres et leur manque de beauté plaisante, les toiles de la *Chapel* nous confrontent aux risques d'une telle expérience, tels qu'ils ont pu être décrits par Baldine Saint Girons[10]. Je

8 Les quatorze panneaux, où le noir est prédominant, prolongent la période des *Dark Paintings*, qui avait débuté en 1957.

9 Rothko, Cristopher, *Mark Rothko. From the Inside out*, New Haven, Yale University Press, 2015, p. 125.

10 *Cf.* Saint Girons, Baldine, *Fiat lux. Une philosophie du sublime.* Paris : Quai voltaire, 1993 et Cañadas Salvador, Helena, *Visions de l'âme. Du sublime et du « numineux » dans l'œuvre de Mark Rothko*, thèse de doctorat, Université Paris Nanterre, 2017.

ne vois pas, je ne me retrouve plus, je n'ai pas d'idées, d'images ou de données sensorielles convenables. Ce qui est donné est trop grand pour être saisissable et trop obscur pour pouvoir être directement regardé.

LE TERRIBLE ET FASCINANT MYSTÈRE DU SUBLIME ET DU NUMINEUX

Traditionnellement, la véhémence est l'un des principes essentiels du sublime, et ce dès son acception antique. Selon Pseudo-Longin, le sublime, force irrésistible à l'œuvre dans le discours, ne vise ni à persuader, ni à convaincre, mais bel et bien à vaincre, en abolissant toute résistance possible. Il en va de même chez Burke qui, dans la première partie de la *Recherche philosophique sur l'origine de nos idées du sublime et du beau*, affirme que « tout ce qui est propre à susciter d'une manière quelconque les idées de douleur et de danger, c'est-à-dire tout ce qui est d'une certaine manière terrible, tout ce qui traite d'objets terribles ou agit de façon analogue à la terreur, est source du sublime[11] ». Aussi la violence du sublime se confond-elle avec le terrible, enlevant à l'esprit tout son pouvoir d'agir et de raisonner. Cette notion est alors intimement liée à l'idée même de privation, et Burke cite la vacuité, l'obscurité, la solitude et le silence. Ce qui est terrible, en fait, c'est que l'on se trouve sans repères. Comme le mentionne Kant, le sublime est issu d'une démesure, d'un échec de nos facultés pour lui attribuer un concept, d'une mise en défaut de l'imagination, nous renvoyant constamment à notre propre défaillance.

Rudolf Otto semble très proche de cette conception du sublime lorsqu'il forge, pour décrire l'élément irrationnel du sentiment religieux, la notion de « numineux ». Ce néologisme, moins équivoque que le terme « sacré », est présenté comme une « puissance souveraine ». Le numineux saisit et émeut l'âme humaine, en tant que *mysterium tremendum*, c'est-à-dire un mystère pouvant mener à des sentiments tels que la peur, la frayeur et même la terreur. L'association du numineux

11 Burke, Edmund, *Recherche philosophique sur l'origine de nos idées du sublime et du beau*, Paris : Librairie philosophique J. Vrin, 1990, p. 29.

au « *tremens* » l'identifie par conséquent au *pavor sacer* et à l'effroi mystique. Le numineux pourrait, en ce sens, être rapporté à la présence négative et inquiétante du *deus absconditus*, toujours caché. Il est proche également du Dieu de la Pentecôte qui, dans *l'Ancien Testament*, est terrifiant et fait montre d'une colère sans mesure. Pour Otto, le caractère terrible du numineux est alors lié d'une part à la *majestas*, une force prépondérante qui nous fait sentir notre propre anéantissement, et de l'autre, une énergie qui serait susceptible de nous écraser. Or, ces deux dimensions de l'expérience numineuse sont sensiblement les mêmes que Kant décrit lorsqu'il traite du sublime mathématique et du sublime dynamique dans sa *Critique de la faculté de juger*. Le premier réside dans une grandeur incommensurable et absolue, « par rapport auquel tout le reste semble petit », et le deuxième dans une puissance supérieure, à laquelle nous n'avons pas de forces à opposer[12]. À ce titre, il serait tout à fait possible d'établir une relation d'analogie entre le *mysterium tremendum* du numineux et la dimension terrifiante du sublime.

Le sublime, tout comme le numineux, se présentent tous deux comme des expériences mystérieuses, énigmatiques. Le premier résiste à toute tentative de délimitation, de définition : il peut uniquement être rapporté à une présence essentiellement insaisissable, au sentiment d'un dessaisissement, ou encore, pour reprendre une formule de Baldine Saint Girons, à celui d'un « dessaisissement insaisissable[13] ». Partagé entre avènement et évanescence, il est régi par une logique du fuyant, ne cessant d'apparaître et de disparaître en sa propre dissolution. Le sublime nous confronte à l'inconnu, à l'incommensurable, et ne laisse aucune certitude derrière lui, sauf un sujet déstabilisé, dépassé, affecté. Le numineux est, pour sa part, traversé par la même insaisissabilité, étant donné la grandeur démesurée, la force imparable et la magnificence du divin. Essentiellement ineffable, comme le souligne Rudolf Otto, il fait référence à l'*arrêton*. En-deçà du langage et du *logos*, il est présenté comme un mystère non-rationnel, et renvoie au sentiment subjectif d'une présence objective transcendante. Avec le numineux, Otto fait

12 *Cf.* Kant, Emmanuel, « Analytique du sublime », *Critique de la faculté de juger*, in *Œuvres philosophiques complètes*, II, Paris, Gallimard, « La Pléiade », 1985, p. 1009-1118.

13 Anticipée par Georges Bataille, cette notion du « dessaisissement » est élaborée par Pierre Kaufmann dans son livre *L'expérience émotionnelle*, puis reprise par Baldine Saint Girons. L'expérience sublime impliquerait, selon elle, d'être soumis tout à la fois à un « dessaisissement saisissant » et un « saisissement dessaisissant ».

donc retour à la racine mystique des religions du livre. Le numineux, à ses yeux, est un incommunicable, un « inexprimable » qui se donne toujours de manière indirecte. L'auteur du *Sacré* insiste, par conséquent, sur la dimension éminemment suggestive du numineux, communicable aux sens par le biais de l'obscurité, du vide et du silence. Ces éléments sont également au cœur des expériences sublime ou mystiques, comme la *theologia negativa*, qui s'avère éclairante pour comprendre l'œuvre de Rothko. Tout comme le sublime, le numineux exige, en effet, de s'approcher d'une réalité nouménale, que Kant décrit en tant qu'objet « existant en dehors du moi », radicalement autre et dont on ne peut que pressentir, intuitivement la présence. Rothko se définissait comme un matérialiste : ses œuvres étaient « ici », elles étaient « faites des choses[14] ». Il rejetait, en ce sens, l'idée que ses peintures fussent désincarnées, et mettait l'accent sur la dimension sensible de son œuvre, qui ne devait jamais être annulée, dépassée, puisqu'elle constitue le principal chemin d'accès à la transcendance.

On soulignera, cependant, que ni l'expérience dans la *Chapel* ni celle du sublime ou du numineux ne peuvent se limiter au seul terrible. Selon Kant, le sublime repose, en effet, sur une dialectique fondamentale : après un premier moment de choc qui paralyse, de surprise que Longin nomme l'*ekplexis*, succède un second moment où se produit un débordement de ces mêmes forces vitales qui se trouvaient jusque-là suspendues. Elles ressurgissent revivifiées, porteuses d'un rapport au monde inédit, révélé, quoique parfaitement étranger à la rationalité et la compréhension logique. Le terrible est donc toujours intimement lié à une satisfaction conjointe, que Burke nomme le « *delight* », et le sublime témoigne de la conversion de ces émotions antithétiques en valeur esthétique. Il articule, de ce fait, le perceptif et l'affectif, et désoriente tout en fascinant à la fois. Or cette dualité est également à l'œuvre dans le numineux, que Rudolf Otto décrit comme un *mysterium fascinans*. Ce dernier attire tout autant qu'il terrifie, et la terreur mystique se mue parfois en sentiment d'admiration, de solennité et même d'amour. En tant que « manifestation du sacré » ou « hiérophanie », pour reprendre une formule de Mircea Eliade, il entremêle la béatitude de la révélation à l'émotion

14 Au début des années 1950, Rothko avait, en effet, affirmé qu'il était un « matérialiste » et que ses « peintures étaient faites des choses », Rothko, Mark, « *Notes from an interview by William Seitz*, March 25, 1953 » in *Écrits sur l'art 1934-1969*, *op. cit.*, p. 145.

douloureuse de la perte de soi, et la fascination du numineux forme toujours avec l'élément répulsif du *tremendum* une paradoxale harmonie de contrastes[15]. L'expérience du numineux est, en définitive, l'expérience des états extrêmes, comme nous pouvons le lire dans *Le Sacré* :

> Ici le saisissement ne nous déconcerte plus, mais il conserve sa puissance indicible, par laquelle il s'empare de nous. Il reste effroi mystique et provoque dans la conscience, comme réaction, le « sentiment de l'état de créature » que nous avons décrit, le sentiment de notre néant, de notre effacement devant l'objet dont nous avons pressenti, dans la « terreur », le caractère terrifiant et la grandeur[16].

L'expérience du numineux aurait donc pour socle le sentiment d'une rupture profonde, que l'on éprouve en la présence du « tout autre » ou du « radicalement autre », pour reprendre les mots de Rudolf Otto. Il s'agit d'une expérience complexe, qu'il est tout à fait possible de comparer à celle qu'éprouve le mystique en extase. Le même processus actif est demandé, le même travail à faire, reposant sur une transformation du sujet qui subit des épreuves pour parvenir à une connaissance d'un autre ordre. À partir d'une rencontre avec le sensible, débute un cheminement intérieur, intime, une exploration psychologique de soi-même et du monde, permettant de s'approcher, de manière éphémère et fugace des vérités les plus fondamentales. Le sublime, tout comme le numineux, nous arrachent ainsi au quotidien, à l'ordre habituel des choses. En parfaite harmonie avec les pensées de Burke, Kant et Rudolf Otto, Rothko semble considérer que la douleur est plus efficiente que le plaisir, pour toucher aux passions les plus intenses. Dès lors, son œuvre se doit d'être tragique et poignante, afin de nous changer, de nous transcender et de laisser en nous une trace indélébile[17]. Avec sa *Chapel*, l'artiste fait retour au sens étymologique du sublime : cette notion demande à abolir toute distance, toute frontière entre le sujet et l'objet, le spectacle et le spectateur, et ce dans le but de nous élever à un état de conscience supérieure. Les œuvres qui s'y trouvent réunies conjuguent quiétude et tragédie et dépassent très largement les seuls effets produits

---

15 Otto, Rudolf, *Le Sacré. L'élément non rationnel dans l'idée du divin et sa relation avec le rationnel*, Paris, Éditions Payot, 1969, p. 57.

16 *Ibid.*, p. 34.

17 *Cf.* Novak, Barbara et O'Doherty, Brian, « *Rothko's Dark Paintings : Tragedy and Void* », in Weiss, Jeffrey (éd.), *Mark Rothko*, New Haven, Yale University Press, 1998.

par les formes « belles ». Rothko se montre alors assez proche, ici, de Barnett Newman et de son article « *Sublime is now* », demandant à ce que l'art soit libéré de la tyrannie visuelle et formelle du beau. Ce n'est qu'à ce prix que l'œuvre peut devenir un moyen d'accès à l'absolu et communiquer le « *subject matter* », prenant la forme, chez Rothko, d'un « *human drama* », seul thème réellement digne d'être abordé par l'art expressionniste abstrait.

VERS UNE RELIGION SÉCULARISÉE
Sublime et numineux conciliés

Nous nous sommes, jusqu'ici, efforcés de souligner les affinités du sublime et du numineux. Selon Rudolf Otto, il s'agirait d'expériences analogues, partageant une même logique et de mêmes effets. Elles ne doivent, toutefois, pas être confondues, puisqu'elles agissent sur des plans différents. L'expérience sublime, n'a été, en ce sens, que rarement associée à la religiosité, et peut-être la *Chapel* de Rothko constituerait-elle l'une des toutes premières œuvres d'art à concilier ces deux notions.

Dans son ouvrage intitulé *Peinture moderne et tradition romantique du Nord*, Robert Rosenblum dessine une ligne de continuité qui va de l'Europe protestante jusqu'à l'expressionnisme abstrait américain. Il soutient qu'aurait eu lieu un double déplacement iconologique du sacré vers le profane et du profane vers le sacré, aboutissant à ce qu'Amador Vega nomme la « crise des moyens traditionnels de représentation dans la Modernité[18] ». Le religieux aurait, en ce sens, progressivement abandonné ses traditionnels contextes de signification et ses langages seraient désormais incapables de découvrir la sacralité, enfouie au cœur du profane. Le critique Irving Sandler présente, à ce titre, les peintres du *colorfield* comme autant de « visionnaires ». L'objectif d'un artiste comme Rothko serait, à ses yeux

> de créer un art abstrait qui évoquât le sublime, la transcendance, la révélation. Dans le passé, la révélation a été le rôle de la religion organisée – qui comprend,

18 Vega, Amador, *Arte y santidad. Cuatro lecciones de estética apofática*, Pamplona, Cátedra Jorge Oteiza, 2005, p. 23.

> bien sûr, l'art religieux. À l'époque moderne, les dogmes, les rites, les symboles et les images religieuses ont perdu leur capacité à capter l'imagination des artistes. Cependant, le sentiment de désir pour un royaume transcendantal de l'être n'a pas été entamé, et certains artistes continuent de chercher des moyens pour exprimer les visions personnelles de leurs désirs infinis, dans l'espoir de remplacer les visions dépassées des religions organisées, et cela dans un univers que les défenseurs des idées existentialistes considéraient comme dépourvu de sens ultime[19].

Il apparaît, à l'aune de ce texte, que le sacré ne saurait se restreindre au seul fait religieux. En premier lieu, l'émotion du sacré est originelle, primordiale, et ne saurait être limitée à l'institutionnalisation ou l'officialisation des religions organisées. Rothko perçoit, de ce fait, la religiosité comme un phénomène universel, propre à l'humanité et à toute conscience humaine et cherche à exprimer l'absolu hors des traditions et des dogmes. En second lieu, le concept de sacré n'a jamais cessé de s'actualiser ; il est en constante transformation depuis la seconde moitié du XIXe siècle. À partir de Nietzsche et des philosophies de la mort de Dieu, sa manifestation a été déplacée vers d'autres territoires et contextes de signification : le sacré s'est peu à peu émancipé du religieux[20] et comme le note Mark C. Taylor[21], la Modernité a suivi un processus croissant de sécularisation. La *Chapel* rejoint alors les problématiques que soulève Mircea Eliade dans *Le Sacré et le Profane.* Pour lui, « la disparition des *religions* ne signifie en aucune façon la disparition de la *religiosité*[22] » et le traitement « radicalement profane du monde et de l'existence humaine » serait susceptible de constituer le socle d'un nouveau type d'expérience religieuse, reposant sur « une mystérieuse et paradoxale *coincidentia oppositorum*[23] ». Plus encore, il serait possible d'établir un parallèle entre la démarche de l'artiste et celle des mystiques, prônant l'expérience intime et personnelle, revendiquant une liberté totale de l'esprit et ne reconnaissant aucune médiation entre soi-même et la divinité.

---

19 Sandler, Irving, *El triunfo de la pintura norteamericana. Historia del expresionismo abstracto*, Madrid, Alianza, 1996, p. 178.

20 *Cf.* Eliade, Mircea, « *Permanencia de lo sagrado en el arte contemporáneo* » in *El vuelo mágico y otros escritos sobre simbolismo religioso.* Édité et traduit par Victoria Cirlot et Amador Vega, Madrid, Siruela, 1995.

21 *Cf.* Taylor, Mark C., *Después de Dios*, Madrid, Siruela, 2009.

22 Eliade, Mircea, *Lo Sagrado y lo Profano*, Barcelona : Paidós, 1998, p. 12.

23 *Ibid.*, p. 11-12.

Prolongeant leurs démarches, Rothko nous invite à éprouver, dans la *Chapel*, un sentiment de religiosité à la fois moderne et très ancien, à faire retour à une conception primitive de la religion, en tant qu'impulsion primordiale en quête de transcendance. Dans ce lieu, centre œcuménique, ouvert à tous – « *a sacred place open to all, every day* », la frontière entre l'esthétique et le religieux s'est diluée. *La Chapel* éveille en nous une sensibilité spirituelle intuitive et concrète, ce qu'il y a d'actif dans notre présence au monde et dans notre sentiment d'exister. Investie d'une capacité transformatrice, elle témoigne d'une volonté de réparation, le *Tikún Olam* hébraïque[24], au cœur de la mission que s'était fixée Rothko.

Au terme de ce parcours, il apparaît que la Chapel, actualisation du sacré grâce à une religiosité séculaire et moderne, se situe à la croisée des expériences sublime, numineuse et sans doute également mystique. Rothko touche alors à quelque chose d'essentiel et de fondamental, à une religion sans religion, sans nom et sans idole. Une religion fondée sur le plus pur sentiment intime, radicalement et essentiellement humain et qui nous humanise. Comme a pu l'affirmer Motherwell :

> Je pense que l'art est une technique pour exprimer des sentiments humains et exprimer des sentiments humains est s'humaniser soi-même et humaniser les autres. Je ne crois pas que l'art puisse faire autre chose qu'élever le sens de l'humanité. C'est ce qui constitue sa « pureté de cœur » ; sa nature morale ; il ne peut qu'humaniser[25].

Rothko a donc réussi, avec la *Chapel*, à créer un symbole de l'humanisme éternel[26] et démontre la nécessité de ré-éprouver une expérience spirituelle

24 « *Tikún Olam* » signifie littéralement, en hébreux, « la réparation du monde ».

25 Seitz, C. William, *Abstract Expressionist Painting in America*. Cambridge, Mass., Harvard University Press, 1983, p. 115.

26 « *The beauty of Rothko's painting is its evocation of the idea and the feeling that it is still possible for us to discover serenity in the midst of turbulence and that by accepting the contradictions of our transitional times and the complexity of our desires, it is possible to create an abstract form of poise. His achievement is that with the simplest artistic means he has made a symbol of contemporary experience that has the implication of a moment of peace while stating at the same time our worst forebodings* ». Crehan, Hubert, « *Rothko's Wall of Light. A Show of His New York at Chicago* », in Greene, Lima (éd.), *Mark Rothko : An Essential Reader*, p. 53.

rédemptrice et authentique[27]. Il invente, ce faisant, de nouvelles voies d'accès, immédiates, vers la divinité, en entremêlant l'esthétique et le spirituel. Ses toiles constituent ainsi le socle d'une expérience mystique revivifiée, une mystique séculaire, œcuménique et athéologique, où les traces du *Dieu caché* se révèlent par l'entremise d'un langage plastique, élémentaire et concret.

Helena Cañadas Salvador
Université Pompeu Fabra,
Université Paris Nanterre

27 « *Rothko's vision is a focus on the modern sensibility's need for its own authentic spiritual experience. And the image of his work is the symbiotic expression of this idea. Now it is virtually impossible to articulate in rational terms what this might be* ». *Ibid.*, p. 53.

SE DÉPOUILLER DU « VIEIL HOMME »

L'art informel à la croisée des traditions mystiques

L'idée qu'une partie des œuvres de la modernité est la conséquence de crises affectant l'homme, le langage et la foi s'est progressivement imposée comme une nouvelle topique de l'histoire de l'art et de la littérature. Pour s'en convaincre, il suffit de relire *Langage et Silence*, que George Steiner, rédige à Princeton en 1967. À ses yeux, les XIXe et XXe siècles sont marqués par une « décréance », qui conduit à l'étiolement du sens et au triomphe d'un vide métaphysique, où nulle transcendance n'est désormais possible. « Ce qui est en train de disparaître du monde occidental, c'est l'absolu », s'exclame d'ailleurs, à la même époque, André Malraux dans les *Voix du silence*, tandis qu'en 2008 l'exposition *Traces du Sacré* s'efforce de réunir les derniers vestiges du fait religieux, subsistants dans un monde « désenchanté ». Il serait alors possible de scander les grandes étapes du retrait des langages et du retrait de Dieu, depuis sa mort proclamée par Nietzsche dans *Ainsi Parlait Zarathoustra*, et ce jusqu'à la condition précaire et dérisoire de Vladimir et d'Estragon dans *En Attendant Godot*. Peu à peu se substituent, en art et en littérature, aux images de l'au-delà celles d'un néant inquiétant : le *Nada* de Goya, le *Discours du Christ Mort* extrait du *Siebenkäs* de Jean Paul, ou encore « Le Christ aux oliviers » de Gérard de Nerval, qui contemple, en lieu et place de « l'œil de Dieu », une « orbite / Vaste, noire et sans fond », « seuil de l'ancien chaos dont le néant est l'ombre[1] ». La vision primitive de « l'ancien chaos » que celui-ci évoque est particulièrement importante, en ce qu'elle associe l'absence du divin au triomphe de l'informe, présenté comme une anti-genèse et une décréation. Et l'informe, pensé comme destruction volontaire des structures et des langages, est justement au cœur de nombreuses poétiques des arts et des littératures du XXe siècle, qu'il s'agisse du nihilisme de

---

1 Nerval, Gérard de, « Le Christ aux oliviers », in *Les Chimères*, *Œuvres complètes*, édition publiée sous la direction de Jean Guillaume et de Claude Pichois, Paris, Gallimard, coll. « La Pléiade », 3 volumes, t. III, p. 649.

Dada, de la dislocation des liens logiques dans le théâtre de l'absurde, ou encore de l'effacement des motifs par les tenants de l'abstraction. Pour reprendre une formule de François Mauriac, tirée d'un article paru dans le *Figaro Littéraire* du 22 octobre 1964 : « Il n'y a plus de visages nulle part. Aucun cœur ne bat plus dans aucun livre[2] ». L'auteur de *Thérèse Desqueyroux* déplore, par conséquent, la tentation stérile, suicidaire, d'un art cultivant le rien pour le rien, et ajoutant son trouble aux troubles de l'histoire. Pour lui, la dissolution de la métaphysique dans le néant serait, en un mot, concomitante de la dissolution des figures et des formes : « un monde sans âme est aussi un monde sans figure », souligne-t-il dans un autre article, « parce qu'il est un monde sans destin[3] ».

L'enjeu sera, ici, de montrer qu'un autre regard sur l'informe est toutefois possible, où arts et littératures se nourriraient de l'effondrement de la sacralité, moins pour proclamer la néantisation de l'être, que pour revivifier la spiritualité. Nous nous intéresserons, plus particulièrement, à ce mouvement de l'art informel, apparu en France aux lendemains de la Seconde Guerre mondiale, et regroupant, entre autres peintres et poètes, Wols, Camille Bryen et Hans Arp. Sans doute, aucun courant n'est allé aussi loin que celui-ci dans son rejet de l'humano-centrisme et des dimensions signifiantes des langages. L'éloge de la sensation brute qu'il propose, loin de se limiter à n'être qu'une simple destruction des signes et des dogmes, viserait ainsi, avant tout, à promouvoir de nouvelles manières d'être au monde. Le parti pris de l'Informel rejoindrait, en ce sens, l'injonction de Saint Paul à « se dépouiller du vieil homme » : attestant d'une permanence d'une sensibilité mystique à l'époque contemporaine, il nous inviterait à découvrir d'autres modalités de participation à l'universel, hors du cadre normatif de nos perceptions limitées[4]. Plus encore, les pratiques matiéristes et sensuelles qui lui sont associées témoigneraient d'une conception nouvelle de l'énonciation mystique, engageant tout le corps, ses affects, ses humeurs et ses gestes, dans la recherche d'une aventure de l'être.

2 Mauriac, François, *Le Figaro Littéraire*, 22-28 octobre 1964.

3 Mauriac, François, *Le Figaro Littéraire*, 28 juillet 1962.

4 Nous définirons, ici, la mystique, à la suite de William James, comme une expérience *ineffable*, *transitoire*, *passive* et *noétique*, conduisant, de manière paradoxale, à une connaissance ne pouvant être transmise ou traduite. On se reportera sur ce point à James, William, *Varieties of Religious Experience*, London : Penguin, 1992 et à l'article de Nef, Frédéric, « La mystique a-t-elle une valeur philosophique ? William James et Bertrand Russel », in *ThéoRèmes*, 1, En ligne : OpenEdition, 2010.

L'ART INFORMEL, EN THÉORIE ET EN PRATIQUE

Comme le souligne le peintre Georges Mathieu, dans les témoignages qui composent son recueil *Au-delà du tachisme*, les premières abstractions dites « lyriques » apparaissent à Paris, à partir de l'immédiate après-guerre, dans un contexte de redécouverte, ou plutôt de découverte du mouvement non-figuratif abstrait des années vingt. L'exposition des huiles de Wols, en 1947, dans la galerie René Drouin, constitue alors, pour Mathieu, l'acte de naissance du mouvement informel, qu'il décrit dans un texte célèbre :

> Quarante toiles : quarante chefs-d'œuvre. Toutes plus foudroyantes, plus déchirantes, plus sanglantes les unes que les autres… Après Wols, tout est à refaire [...]. Mais devant mon pot au lait brisé, je n'éprouve aucune jalousie. Seulement, la joie profonde d'avoir découvert et pour mon propre compte… par le seul truchement de la vie organique de ma peinture et de la peinture, un mode d'expression, une langue. Or, cette langue inconnue, Wols et moi nous la parlons, et c'est pourquoi le moment est rare… Il s'agit là de quarante moments de la crucifixion d'un homme, qui était l'incarnation d'une pureté, d'une sensibilité, d'une sagesse qui font l'honneur non seulement de l'Occident mais de la Création[5].

« Foudroyantes », « déchirantes », « solitude », « joie profonde », « langue inconnue », « crucifixion » : les termes employés par Mathieu dans ce passage sont clairement emprunts d'une coloration religieuse et se montrent très proches des formules utilisées par Michel Tapié pour définir « l'art autre ». Ce dernier, éditeur du *Manifeste mystique* de Dali en 1951, fervent lecteur de Sainte Thérèse d'Avila, établit en effet, lui aussi, un lien étroit entre les récentes abstractions non-géométriques et l'expérience extatique. Entremêlant, dans ses écrits, des références à l'illumination, à la psychanalyse et aux mathématiques, Tapié demande à l'art contemporain de s'ouvrir à une spiritualité nouvelle, dans la droite ligne de l'ésotérisme des cercles néo-dadaïstes qu'il fréquentait pendant les années trente. Au sortir de la guerre, les théories esthétiques semblent donc devoir, à leur tour, être touchées par cette « vague mystique » qui s'était abattue, vingt ans

5 Mathieu, Georges, *Au-delà du tachisme*, Paris, René Julliard, 1963, p. 35.

auparavant, sur une partie de la philosophie et de la littérature française[6]. Ce sont, avant tout, les philosophes et les théologiens qui s'intéressent à la question[7], mais les milieux littéraires ne sont pas en reste, et la mystique occupe une place importante dans les écrits des intellectuels néo-spiritualistes français, en particulier Maurice Maeterlinck, Romain Rolland, puis Simone Weil, Jean Paulhan et Jean Grenier. Ces deux hommes, qui deviendront, dans les années cinquante, des fervents défenseurs du mouvement informel, sont les premiers soutiens de René Guénon, ayant fait paraître, entre 1919 et 1930, quatre ouvrages essentiels : une *Introduction générale à l'étude des doctrines hindoues*, suivie d'*Orient et Occident*, de *L'Homme et son devenir dans le Vêdânta*, et enfin des *États multiples de l'être.* Celui-ci y critique violement la modernité occidentale, opposée à un « esprit traditionnel » que l'on trouverait encore, inaltéré, en Inde et en Extrême-Orient. Spécialiste du soufisme, du taoïsme et de l'Advaïta védanta, il s'efforce, en ce sens, de découvrir au cœur des diverses religions une « Tradition primordiale », fondée sur une mystique universelle, intuitive, non-individuelle et atemporelle. Les thèses de Guénon, vivement critiquées par les néo-thomistes, sont alors applaudies et reprises par les milieux avant-gardistes : non seulement par André Breton et des surréalistes hétérodoxes comme Georges Bataille et Antonin Artaud, mais plus encore par les poètes du *Grand Jeu*[8] et des néo-dadaïstes tels Wols, Arp et Bryen, à l'origine, dix ans plus tard, des abstractions lyriques. Tapié, Daumal, Bataille, Weil, Artaud, Grenier, Paulhan, Bryen, Arp. Autour de l'essayiste s'agrège, par conséquent, toute une nébuleuse d'artistes, de philosophes et d'écrivains, férus de mystiques chrétiennes et orientales, qui échangent, se côtoient,

6 Voir sur ce point Sageret, Jules, *La Vague mystique*, Paris, Flammarion, 1920. On pourra, en outre, se référer au volume collectif *Modernisme, mystique, mysticisme*, dirigé par Losito, Giacomo et Talar, Charles, Paris : Champion, 2017.

7 Tandis que Jacques Maritain et Henri Bremond publient respectivement la *Primauté du spirituel* et *La Querelle du pur amour au temps de Louis XIII*, la thèse de Baruzi, Jean, *Saint-Jean de la Croix et le problème de l'existence mystique*, est soutenue en 1924, suivie cinq ans plus tard par celle d'Alexandre Koyré, consacrée à la philosophie de Jacob Boehme.

8 Contemporain du premier surréalisme, le groupe du *Grand Jeu* réunit, entre autres, les poètes René Daumal, Roger Gilbert-Lecomte, ainsi que le critique André Rolland de Renéville et le peintre Joseph Sima. Ces derniers envisagent, à la suite de Dada, l'art et la littérature comme un « casse-dogme », permettant de se libérer de tous les carcans et de toutes les formes. Ils se réclament, ce faisant, d'une mystique athéologique, et substituent à la notion de « Dieu » l'idée d'un absolu de la conscience, se saisissant elle-même sans l'entremise d'une quelconque individualité.

et cultivent, pendant toutes les années trente, le terreau syncrétique sur lequel fleurira, après-guerre, l'esthétique informelle.

Néanmoins, comme nous avons pu le souligner, les réactions du public et de la grande majorité des critiques sont, en 1947, tout autant conservatrices que négatives, et méconnaissent les racines spirituelles des toiles de Wols, de Mathieu et de Bryen. Pour Camille Bourniquel, du *Courrier de l'Étudiant*, « un peintre français ne saurait sacrifier le monde et l'homme », tandis que Pierre Darras s'exclame, non sans acrimonie :

> Toute une bande d'écrivains improvisés critiques, de politiciens mués en esthètes, de marchands aventureux, de pédérastes délirants, de snobs en mal d'intelligence, voire même d'ecclésiastiques dévoyés, ont embrassé la cause du non-figuratisme abstrait[9].

Les artistes informels sont donc d'emblée relégués dans une semi-marginalité. Regardés comme des bohèmes, provocateurs et nihilistes, héritiers des excès du dadaïsme ou encore des arts incohérents, on cite leurs œuvres jugées « vides » pour illustrer les conséquences de la mort de Dieu, proclamée au siècle précédent, et conduisant de manière inéluctable à ce « désenchantement du monde » que diagnostique, dès 1917, Max Weber dans *Le Savant et le Politique*[10]. Le critique le plus virulent est alors, sans surprise, François Mauriac, qui tient l'informe pour la plus haute injure qui puisse être faite au sacré :

> L'Art informel serait la vengeance de la vérité bafouée… Si Dieu s'est incarné, nous ne serons jamais quittes envers la face humaine. Chacun est unique et porte en germe un chef-d'œuvre absolu comme d'ailleurs une chaise, un soulier, tout ce qui est de l'homme, tout ce qui participe de l'homme. Si ce que nous croyons est vrai, l'art humain ne pourra jamais être pour nous le lieu de ce désastre que vous appelez art informel[11].

9 Darras, Pierre, cité par Mathieu, George, *ibid.*, p. 28.

10 Weber, Max, « La profession et la vocation de savant », in *Le Savant et le Politique*, Paris, La Découverte, 2003, trad. Colliot-Thélène, Catherine, p. 83 : « L'intellectualisation et la rationalisation croissantes ne signifient pas une connaissance générale toujours plus grande des conditions de vie dans lesquelles nous nous trouvons. Elles signifient quelque chose d'autre : le fait de savoir ou de croire que, si on le veut, on peut à tout moment l'apprendre ; qu'il n'y a donc en principe aucune puissance imprévisible et mystérieuse qui entre en jeu et que l'on peut en revanche maîtriser toute chose par le calcul. Cela signifie *le désenchantement du monde.* »

11 Mauriac, François, *Le Figaro Littéraire*, 28 juillet 1962.

Pour l'auteur du *Nœuds de vipères* la dimension figurative de l'art se doit d'être pensée comme une célébration du divin, qui se trouve incarné dans la diversité des réalités matérielles, dont notre environnement est peuplé. En un mot, à ses yeux, écrire ou peindre reviendrait à dévoiler le visage de Dieu qui se cache derrière le visage de l'homme. « Une grande œuvre romanesque », affirme-t-il, « reproduit aussi sûrement que le voile de Véronique ou le Suaire de Turin, cette face adorable qui est aussi celle du Père[12] ». Or, c'est justement cette conception iconique de l'image et de la *mimesis* que rejettent les tenants de l'art informel, en s'intéressant avant tout à la matérialité, à la sensibilité brute, irréfléchie du geste pictural.

S'il est difficile, comme l'ont montré Hubert Damisch et Jean Laude[13], de proposer une définition circonstanciée du mouvement informel, à cause de son apparente hétérogénéité théorique et de sa porosité avec d'autres courants contemporains – le matiérisme, le tachisme, ou encore l'art brut, il n'en possède pas moins une véritable cohérence sur le plan poétique. Un rapide panorama des œuvres emblématiques de Wols, de Mathieu et de Camille Bryen, qui tous trois se connaissaient intimement, permet ainsi de dégager les grandes caractéristiques d'un *style* de l'informel, fondé sur un effort commun d'arrachement aux langages. Les toiles de ces peintres partagent, en effet, le même souci de la non-intentionnalité, le même idéal d'une soumission inconditionnelle à l'instinct, ou encore à un automatisme non pas « psychique », comme a pu le caractériser André Breton, mais bel et bien organique, physiologique. Leurs pratiques picturales privilégient, ce faisant, les gestes brusques, rapides, les mouvements involontaires, qui disséminent à la surface du tableau des coulures, des giclures, des écritures griffées, venues raturer ou recouvrir des touches extrêmement pâteuses, parfois étalées à même le tube. Il s'établit, dans tous les cas, un rapport parfaitement sensuel à la matière peinture, aux pigments, que Wols, par exemple, travaillait avec tous les objets qu'il avait à sa portée, et parfois même avec ses doigts. Le peintre japonais Katsuo Shiraga, membre du groupe Gutaï, allait jusqu'à faire de ses toiles le lieu d'un véritable « corps à corps avec la

12 Mauriac, François, *D'autres et moi*, Paris, Grasset, 1966, p. 178.

13 Voir sur ce point Damisch, Hubert, « (Art) informel », in *Encyclopedia Universalis*, et Laude, Jean, « Problèmes de la peinture en Europe et aux États-Unis (1944-1951) » in *Arts et idéologies*, Saint-Étienne, PUST, 2018.

couleur » et se comparait à un *pinceau humain*, suivant en cela le conseil du calligraphe Inoue Yu-ichi : « Transformez votre corps et votre âme en pinceau… Non à tout ! Laissez tout tomber ! Peignez de toute votre force – n'importe quoi, n'importe comment[14] ! ». L'art informel, en échappant aux normes, aux codifications, aux cadres des syntaxes, se présente, par conséquent, comme une pratique éminemment lyrique, où la main de l'artiste, tel un sismographe, saisit sur le tableau les émotions profondes du corps, alors même qu'il s'oublie dans l'acte créateur. Aussi s'accomplit-il dans un état de transe, ou de méditation, revendiqué par un peintre automatiste comme Riopelle, qui déclare « abattre ses toiles d'une traite, dans un état voisin de l'extase[15] ».

Il serait donc possible, à l'aune de ces principes poétiques, de définir les pratiques informelles comme « l'explosion automatique de processus affectifs intenses, avec diminution du conscient clair[16] », pour reprendre une formule de Jean Bobon. De telles œuvres impliqueraient, en d'autres termes, de tuer l'homme en soi, c'est-à-dire de se départir de l'ordonnancement du réel que la conscience réalise à chacune de ses activités perceptives. Et il est remarquable de souligner que Wols, Bryen, ou encore Arp liaient l'acte créateur à celui de *fermer les paupières*. Comme le mentionne Gréty Wols, dans une lettre inédite, conservée à la bibliothèque Kandinsky :

> Wols… peignait de préférence la nuit à la lumière d'une ampoule de 25 Watt suspendue au plafond et dans les temps meilleurs il pouvait se procurer une bougie… ce qui le ravissait car de toutes les lumières, c'est la bougie qu'il préférait. Ses toiles il les faisait soit par terre, soit sur le lit – avec des mains, le plat de sa paume pour le fond, et des petits bouts de chiffons… Il travaillait excessivement vite, avec une sorte de frénésie… Il m'a toujours dit qu'il pensait très clairement à la toile qu'il voyait sur sa rétine (les yeux clos)…

De manière plus explicite encore, le poète et sculpteur Hans Arp, l'un des membres fondateurs, à Zurich, du mouvement Dada, affirme, dans un recueil de témoignages sur sa pratique et sa conception de l'art :

---

14 Yiuchi, Inoue, *Journal*, cité par Lachance-Provençal, François in *Shigara Kazuo, une esthétique du dépassement*, Mémoire de maîtrise, Montréal, Université du Québec, 2008.

15 Riopelle, Jean-Paul, cité par Schneider, Pierre in *L'Œil*, Paris, Artclair Éditions, juin 1956, p. 38.

16 Bobon, Jean, *Introduction historique à l'étude des néologismes et des glossolalies en psychopathologie*, Lièges, Vaillant-Carmanne, 1952.

> Il suffit de fermer les paupières, et le rythme intérieur passe dans la main avec le plus de pureté. Ce passage, ce flux est encore plus facile à contrôler, à guider dans une pièce obscure. Le grand artiste de l'âge de pierre savait conduire les mille voix qui chantaient en lui : il dessinait ainsi, le regard tourné vers l'intérieur. Ainsi le dessin perd toute opacité, ainsi les harmoniques, la pulsation, les retours, la métaphore de la mélodie intérieure se fondent dans le rythme d'un souffle profond[17].

Deux remarques s'imposent à la lecture de ce texte. En premier lieu, les œuvres informelles ne doivent pas être considérées pour elles-mêmes. Elles constituent plutôt la trace, ou l'empreinte d'une expérience qui les dépasse, et où l'artiste accède à un état de participation au monde, lui demandant d'outrepasser les frontières de son moi. En second lieu, cette injonction à « fermer les paupières » fait référence à l'étymologie première du mot « mystique », puisque *muô*, en grec, signifie « conserver les yeux clos ».

PERMANENCE DE LA MYSTIQUE

On comprend, dès lors, l'erreur d'appréciation qu'a pu commettre François Mauriac, et d'autres critiques avec lui, en établissant un lien de causalité entre les disparitions successives de Dieu, des hommes et des formes. Dans le cas de l'art informel, le refus des structures et des systèmes de pensée n'est en rien nihiliste. Il est plutôt à rapprocher de ce « négatif du négatif » qui, pour Michel Hulin, caractérise l'extase mystique[18]. On accèderait, en effet, à travers l'expérience de la désorganisation mentale et de l'anéantissement du moi, à un positif caché. Lorsque Wols déclare, dans ses *Aphorismes*, que « parmi tout ce qui se trouve sur terre, l'homme est le plus gênant[19] », lorsque Camille Bryen se propose de libérer l'homme de l'homme, par l'entremise de ses dessins, tous deux rejoignent donc, de manière exemplaire, la grande tentative des mystiques de se départir de soi pour atteindre une réalité

17 Hans Arp, Jean, « Il suffit de baisser les paupières… », in *Jours Effeuillés*, Paris, Gallimard, 1966, p. 436.

18 Hulin, Michel, *La Mystique sauvage*, Paris, PUF, 1993, p. 25.

19 Wols, *Aphorismes*, Paris, Flammarion, 2010, p. 20.

autre. Au IIIe siècle déjà, Grégoire de Nysse affirmait que l'homme était enfermé dans la prison de ses idées, dont il fallait faire sauter tous les murs, tandis qu'un millénaire plus tard, Nicolas de Cues s'exclamait : « J'erre, enchaîné dans le Palais de mes idées, mais j'arriverai un jour à le détruire[20] ». Plus encore, Camille Bryen, dans une conférence de 1950, fait explicitement sien l'idéal mystique du désapprentissage, pensé comme moyen de parvenir à un mode de connaissance et d'existence supérieur « à la connaissance et à l'existence normale[21] » :

> Il faut apprendre à désapprendre et commencer à penser en dépensant à dépenser la pensée réfléchie, cette vieille glace ébréchée et en commun, il ne s'agit pas seulement des hommes... J'avoue, j'ai fait Anschluss avec les mutations et les changements discontinus... J'ai agi seul et avec préméditation. Je suis un décadenassé[22].

Les pratiques informelles peuvent bien, par conséquent, être comparées à une forme d'ascèse, et les artistes appartenant à ce mouvement à ces mystiques qui « s'effacent pour laisser passer *autre chose*[23] ». Cette interprétation est d'ailleurs au cœur d'un entretien que Jean Paulhan, devenu l'un des principaux théoriciens et défenseurs de l'art abstrait, donne au magasine *Art*, en 1962. Celui-ci prend l'exact contrepied des positions de François Mauriac, et présente Wols, Bryen ou Mathieu comme les derniers représentants du « mysticisme pur dans un monde matérialiste » :

> La position des informels est assez proche, vis-à-vis de Dieu, de celle des stylites égyptiens, des premiers Chrétiens, de celle des gens qui, pour se débarrasser de leurs idées, montaient sur des colonnes et se nourrissaient avec de l'herbe. Cela peut paraître complètement absurde, comme les informels peuvent paraître tout à fait absurdes, mais s'ils le font, ce n'est pas du tout que Dieu soit mort pour eux, c'est que Dieu est tellement présent, pressant, obsédant, que tout ce qui peut nous séparer de Dieu, à leur sens, est un obstacle, une prison[24]...

Pour lui, les artistes informels sont *de facto* les tenants non seulement d'un art « autre », mais également d'une autre conception de la religiosité, et

20 Cues, Nicolas de, cité par Jean Paulhan in Paulhan, Jean / Parinaud, André, *Arts* n° 883, 10 octobre 1962.

21 Lalande, *Vocabulaire technique et critique de la philosophie*, v. I, Paris, Alcan, 1926.

22 Bryen, Camille, « Conférence à la Galerie Pierre », in *Désécritures*, Dijon, Les Presses du Réel, 2007, p. 335.

23 Paulhan, Jean / Parinaud, André, *Arts* n° 883, 10 octobre 1962.

24 *Ibid.*

préfèrent l'ignorance au savoir, le sentiment au rite, la liberté au dogme. Or, il est frappant de constater que Jean Paulhan n'est pas le seul à avancer une telle interprétation. Camille Bryen et Jacques Audiberti, dans leur colloque intitulé *L'Ouvre-Boîte*, se proclament les héritiers de tout ce qui constitue « l'humanité non classique », à savoir la mystique, l'alchimie et la sorcellerie, « les combinaisons décoratives des carrelages », les peintures rupestres, en un mot tout ce qui signale « la poussée de l'instinctif, du barbare, du fou, du rêve et de l'immonde dans l'économie grecque, latine, chrétienne, cartésienne et collégienne[25] »… Au détour d'un article publié en 1939, dans la revue *Fontaine*, Bryen présente d'ailleurs explicitement les « grands mystiques » comme les modèles de sa recherche poétique d'absolu, de « possession » et de « libération sans fin » :

> C'est la grande aventure, c'est sous ce signe qu'agit le mythe occidental, caractérisé par le besoin de mouvement, de possession et de libération sans fin. Il éclaire toutes les tentatives de ce sens. Les grands mystiques eux-mêmes furent en lutte avec leur confesseur : on ne sait plus, dans l'action théopathique, qui est le possédé, de Dieu ou de son amant. Les initiés les plus extraordinaires furent des aventuriers et des isolés. Le poète me semble, plus encore que tout autre, conquistador, aventurier menant à un destin de plus en plus important ces quelques matières grises, ces quelques chairs et os que la vie lui a confiés[26].

George Mathieu, pour sa part, catholique pratiquant, comme l'est également le peintre Simon Hantaï, se place directement dans les pas de Maître Eckhart, de saint Jean de la Croix, de sainte Thérèse d'Avila, et voit dans les tenant de l'abstraction lyrique les agents d'un renouvellement ontologique de l'Occident. Comme il l'annonce dans l'*Abstraction prophétique* :

> D'Héraclite à nous-mêmes – avec les trop brèves fulgurations d'un Maître Eckhart, de saint Jean de la Croix et de sainte Thérèse d'Avila – le dialogue de l'homme avec l'être, avec le feu de l'être, avait été interrompu. Aujourd'hui… l'Occident retourne à l'être, et l'être s'ouvre, de nouveau, à nous[27].

25 Bryen, Camille et Audiberti, Jacques, *L'Ouvre-Boîte, colloque abhumaniste*, Paris, Gallimard, 1952, p. 9 et 15.

26 Bryen, Camille, « Le risque poétique », in *Désécritures*, Dijon, Les Presses du Réel, 2007, p. 297.

27 Mathieu, George, « Réponse… », in *L'Abstraction prophétique*, Paris, René Julliard, 1964, p. 151.

Si des peintres comme Wols, comme Bryen, comme Mathieu ou comme Arp attestent bien d'une permanence de la mystique et des pratiques qui lui sont associées, dans la France des années cinquante, reste à savoir par quels moyens plastiques, par quels « parlers », ils traduisent dans leurs œuvres leurs expériences de dépossession et de déconditionnement. Nous avons déjà évoqué l'extrême sensualité, irréfléchie et lyrique, de la gestualité informelle. Il paraît, à présent, important de souligner que dans beaucoup de cas, cette gestualité conduit les artistes à proposer des taches, des maculas ou des signes calligraphiés sans signification, à l'instar des écritures de Mathieu et de Bryen, mais également de Simon Hantaï et de Pierre Degottex. Leurs toiles, pour reprendre la belle formule de Roland Barthes, paraissent ainsi traversées par un « désir de l'illisible », qui conduisent les signifiants, par un long processus de désécriture, à devenir indéchiffrables, opaques, et à révéler les ténèbres sensibles que chacun porte en soi. Ce brouillage scriptural est d'ailleurs au centre de la définition que donne Jean Paulhan de l'art informel :

> Il s'est produit avec les Informels, un renversement du sens courant de la Peinture. Ce renversement peut tenir en quelques mots : les peintres, jusqu'à nos jours, avaient des idées, et puis ils en faisaient des tableaux [...]. Mais c'est aujourd'hui tout le contraire qui arrive : comme si le peintre convenait d'accueillir les chocs, les pointes et les traits avec les couleurs toutes nues qui lui viennent, quitte à leur reconnaître plus tard quelque signification. Bref, les anciens peintres commençaient par le sens, et lui trouvaient des signes. Mais les nouveaux commencent par des signes, auxquels il ne reste plus qu'à trouver un sens[28].

Chez Camille Bryen, tout comme chez Georges Mathieu, les signes, à l'instar des « Voyelles » rimbaldiennes, sont saisis au moment de « leurs naissances latentes », et se révèlent riches d'infinies possibilités d'interprétation. Leurs œuvres, « ouvertes », invitent dès lors à une herméneutique, cherchant à percer les secrets soigneusement cachés de ces écritures sibyllines, qui se constituent en « langues secrètes » et en autant de défis pour le sens. Les « non-signes » et les « non-formes » de la peinture informelle, se muent dialectiquement, sous le regard du spectateur, en « non-non-signes » et « non-non-formes[29] », c'est-à-dire en

28 Paulhan, Jean, *L'Art Informel*, Paris, Galimard, 1962, p. 10.

29 Voir sur ce point Bryen, Camille, « L'Heure du Biniou », in *Désécritures*, Dijon, Les Presses du Réel, 2007, p. 354.

miroitements de formes et de sens qui apparaissent au cœur de l'accidentel, du transitoire et de l'informe. Ils évoquent, bien entendu, l'ésotérisme alchimique, les gamahés orientales, auxquelles Roger Caillois consacre en 1953 son *Écriture des pierres*, ou encore cette série « de quatorze mots fortuits », qu'un prêtre, enfermé dans une prison sans jour, finit, chez Borges, par déchiffrer sur « la peau vivante des jaguars[30] ». Camille Bryen cite, pour sa part, dans la conférence qu'il donne à la Galerie Pierre, un passage de *Moby Dick* consacré aux cicatrices intrigantes et « mystiques », qui zèbrent la peau des cachalots :

> Quand il est vivant, la surface du cachalot n'est pas la moindre des meilleures gravures italiennes, cette surface montre d'innombrables hachures croisées et recroisées, et de profondes tailles droites dans l'épaisseur. Mais ces tailles ne semblent pas être imprimées sur la surface, genre colle de poisson… elles semblent être vues à travers elles, comme si elles étaient gravées sur le corps même. Et ce n'est pas tout. Dans certains cas, à l'œil attentif des observateurs, ces tailles linéaires, comme de véritables gravures servent seulement de champ de fond à de nombreux autres dessins de vrais hiéroglyphes, ainsi que l'on nomme ces chiffres mystérieux visibles sur les murs des pyramides… Comme ces rochers mystérieux, la baleine a aussi ses marques mystiques indéchiffrables[31].

Il est alors frappant de constater que Camille Bryen admet tenir pour l'une des sources majeures de son travail plastique et poétique la *Lingua Ignota per simplicem hominem Hildegardem prolata*, élaborée au XIIe siècle par Sainte Hildegarde, et composée des vingt-trois « *litterae ignotae* » d'une langue glossolalique écrite et comprise par elle-seule. Lui-même fut d'ailleurs l'un des précurseurs, avec Dada, Artaud et Iliazd, d'une poésie de « mots inconnus », qui doit sans doute beaucoup à ce « parler angélique » auquel Michel de Certeau a consacré un chapitre entier de sa *Fable mystique*[32]. À ce titre, les taches, les écritures et les « marques mystiques » des œuvres informelles ont toute légitimité à être interprétées

30 Borges, Jorge Luis, « L'écriture de Dieu », in *L'Aleph*, Paris, Gallimard, 1967, trad. Caillois, Roger et Durand, René, p. 154 : « Je vis le dieu sans visage qui est derrière les dieux. Je vis des cheminements infinis qui formaient une seule béatitude et, comprenant tout, je parvins aussi à comprendre l'écriture du tigre ».

31 Melville, Hermann, *Moby Dick*, cité par Bryen, Camille in « Conférence à la Galerie Pierre », in *Désécritures*, Dijon, Les Presses du Réel, 2007, p. 348.

32 Certeau, Michel de, « L'opéra du dire : glossolalie », in *La Fable mystique*, II, Paris, Gallimard, 1982, p. 337 – 355.

comme des glossolalies peintes, comme les *analogon* plastiques de ces paroles prononcées par des individus ne s'appartenant plus, et qui révèlent, en-deçà ou au-delà du sujet réfléchi, une « Réelle présence[33] ». De tels signes, achéiropoïètes, c'est-à-dire qui ne sont pas tracés par une main humaine, témoigneraient de l'existence d'autres territoires et d'autres profondeurs, que cache l'opacité trompeuse des apparences. Ils permettraient, selon Henri Michaux, « d'être ouvert au monde autrement, créant, et développant, *une fonction différente* en l'homme, le désaliénant[34] ».

L'approche sémiotique, toutefois, ne suffit pas à rendre compte de la complexité des abstractions lyriques et des liens qu'elles entretiennent avec l'expérience mystique. La transgression des formes et des langages qu'elles impliquent demande, en effet, qu'on porte un regard neuf sur la matière de l'œuvre, sur ce « subjectile » évoqué par Antonin Artaud puis par Jacques Derrida, constituant désormais non plus un moyen mais bel et bien une fin en soi[35]. L'eau, l'huile, l'encre ou encore les pigments se présentent, dès lors, comme des « mediums malléables », pour reprendre la notion forgée par les psychanalystes Marion Milner et René Roussillon : des substances ductiles, indestructibles, disponibles et en perpétuelle métamorphose[36]. Aussi, en conservant vive l'empreinte d'un *sujet projectile* lancé contre le subjectile, ces dernières parviendraient à matérialiser une expérience extatique qu'aucun langage, qu'aucune représentation intelligible n'est capable de transcrire. L'art informel déjouerait, en ce sens, les apories de l'*énonciation* mystique, telles qu'elles sont dénoncées par Henri Michaux dans son poème « Absence » :

> Le mystique en transe n'écrit pas.
> Ravi on écrit pas.

33 Aussi Camille Bryen intitule-t-il un de ses poèmes glossolaliques « Langue d'oiseau », en référence à la « langue des oiseaux », universelle et adamique, langue d'avant Babel à l'origine de toutes les langues.

34 Michaux, Henri, *Par les traits*, in *Œuvres complètes*, Paris, Gallimard, « La Pléiade », 1998, p. 1285.

35 Voir Jouanneau-Damance, Grégory, « De l'art informel comme geste subjectile. Visions du monde et expériences de soi », in *Les Destins de l'expressionnisme abstrait*, Moscou, Presses de la Russian State University for the Humanities, 2018.

36 On se reportera, sur ce point, à Milner, Marion, *L'Inconscient et la Peinture*, Paris, PUF, 1976 et à Roussillon, René, « Un paradoxe de la représentation : le medium malléable et la pulsion d'emprise », in *Paradoxes et situations limites de la psychanalyse*, Paris, PUF, p. 130-146.

Si on écrit après,
C'est tout sauf ça[37].

De telles œuvres plastiques, comme autant d'*exercices de soi*, témoigneraient par conséquent de l'actualité du ravissement, au moment même où celui-ci advient, et scandent les étapes d'un arrachement simultané à la forme du moi et aux formes du monde. L'expérience mystique, selon Henri Michaux, se doit donc d'être pensée en tant que « geste-mouvement », pur « vacillement identificatoire », conquête d'une libération mise en jeu à chaque nouvelle aquarelle ou chaque nouveau dessin :

> La grosse tache naturellement baveuse je n'en voulais pas, la rejetais, la malmenais. À mon tour ! Les grands gestes que je faisais pour me débarrasser de sa malfaisance aidaient naturellement à exprimer de grands dégoûts, de grandes exaspérations. Ils étaient expressifs, il fallait faire vite… Me débattant avec la tache, il y avait des combats. Je retrouvais un monde que je connaissais, ici promptement réifié, les rages, les emportements […]. Pour moi, je désirais un geste-mouvement, je voulais des mouvements qui fussent représentatifs de mouvements, des mouvements pas seulement faits de rage et de lyrisme, d'espoirs d'en sortir[38].

On comprend, à l'aune de ce texte, les raisons qui conduisent Jean Paulhan à établir un lien entre les informels et les stylistes, vraisemblablement après avoir lu Jacques Lacarrière et ses *Hommes ivres de Dieu*[39]. Des peintres, à l'instar de Wols, de Bryen ou de Michaux, cherchent à faire retour au degré le plus bas d'une expérience qui s'éprouve à même le sensible, au sein de ce fragile espace oscillant entre forme et informe, entre la prison du monde réifié et l'angoisse du néant. De même que les anachorètes et les Pères du désert souhaitaient se départir de tout ce qui pouvait les éloigner de Dieu, ces artistes n'hésitent pas à sacrifier le sens, les mots et les images, pensés comme autant d'obstacles à la dissolution de soi au sein du monde. L'abstraction serait donc bel et bien une ascèse, et le lyrisme qui lui est associé témoignerait du caractère farouche, viscéral, de cette « expression-purgation », ayant pour but d'arracher la vieille écorce de l'homme. Cependant, un tel objectif ne va pas sans souffrances ni sans difficultés. Pour y parvenir, les premiers chrétiens brisaient,

37 Michaux, Henri, « Absence », cité par Fintz, Claude in *Henri Michaux « homme-bombe »*, Grenoble, Ellug, 2004, p. 19.

38 Michaux, Henri, *Signe et mouvement*, in *Œuvres complètes*, Paris, Gallimard, coll. « La Pléiade », II, 1998, p. 678.

39 Lacarrière, Jacques, *Les Hommes ivres de Dieu*, Paris, Le Seuil, 1975.

martyrisaient leurs corps, soumis aux privations et exposés aux intempéries. Il en est de même pour les peintres informels, s'adonnant dans leurs toiles à une lutte, à une véritable *martyrologie de la matière des formes*, qu'Antonin Artaud, dès le *Théâtre et son double*, nommait la « cruauté » : « cette volonté, cet appétit de vie aveugle, et capable de passer sur tout, visible dans chaque geste et dans chaque acte », souligne-t-il, « cette vie qui passe outre et s'exerce dans la torture et le piétinement de tout, ce sentiment implacable et pur, c'est cela qui est la cruauté[40] ». Et le poète d'ajouter, dans *Pour en finir avec le jugement de Dieu* : « la cruauté, c'est d'extirper par le sang et jusqu'au sang dieu… partout où on peut le rencontrer[41] ». L'expérience mystique, théorisée par les artistes informels, se présente, par conséquent, comme une expérience « du corps, par le corps avec le corps depuis le corps et jusqu'au corps[42] ». Selon Henri Michaux, fin connaisseur du soufisme et fondateur de la revue *Hermès*, elle ne peut s'exprimer, de plus, qu'avec des « mots de corps ». En 1936, dans une lettre adressée à Jean Paulhan, il affirme ainsi tenir Mansur al-Hallaj pour l'un de ses modèles, et rappelle que celui-ci fut crucifié en 922 par une « commission de grammairiens » pour avoir soutenu une thèse similaire[43]. Michaux, Wols, Bryen ou Artaud deviennent alors, peu à peu, les tenants d'une « mystique sauvage », une mystique vitaliste, athéologique, sensuelle, s'exprimant librement hors de toute posture dogmatique, de tout langage contraint, et dont la fin, comme les moyens, résident dans un ensauvagement de l'acte créateur.

DE LA « MYSTIQUE SAUVAGE »
À LA NOTION « D'ABHOMME »

Bien entendu, tous les artistes affiliés au mouvement de l'abstraction lyrique ne partagent pas une telle conception de la peinture et de la spiritualité. George Mathieu, en particulier, proche du néo-thomisme,

40 Artaud, Antonin, *Le Théâtre et son double*, in *Œuvres*, Paris, Gallimard, coll. « Quarto », 2004, p. 574.

41 Artaud, Antonin, *Pour en finir avec le jugement de dieu*, in *Œuvres*, *op. cit.*, p. 1653.

42 *Ibid.*, p. 1335.

43 Michaux, Henri, lettre inédite à Jean Paulhan, 1936, IMEC.

prend rapidement ses distances avec l'art informel, dont il juge les positions dangereuses, intenables, et fonde ce qu'il nomme « l'abstraction prophétique ». Celle-ci aurait pour fin de renouer avec « l'esprit traditionnel » de l'Occident et de revivifier son socle philosophique, religieux et civilisationnel. À l'inverse, les poètes et peintres informels proclament leur rejet profond et radical de toutes les traditions occidentales, dans le but, enfin, de se « libérer d'un monde hostile à la vie profonde ». En s'attaquant à la matrice des formes, en *forcenant* le subjectile, il s'agirait, ainsi, de déchirer la « cloison vitreuse » de l'être et de la métaphysique, tout comme Arp déchirait des papiers au milieu des années trente. Ce n'est qu'au prix de ce sacrifice liminaire qu'il serait alors possible de faire retour à un *arrière-fond*, universel et nourricier, à un monde d'avant la chute et d'avant l'homme, « fragile et remuant foyer auquel ne touchent pas les formes[44] ». En d'autres termes, les œuvres informelles attesteraient de ce « sentiment océanique », décrit par Romain Roland, par Jean Grenier et cité par Camille Bryen, dans un article publié en 1949 :

> Beaucoup d'hommes ont ressenti, comme moi, ce sentiment océanique dont Sigmund Freud fait assez platement le procès. L'univers nous semble souvent une manifestation absurde. Une impression d'exil se fait jour mouvementée de révolte. La stupeur nous frappe devant l'incohérence de la condition humaine reflétée par ce mécanisme que nous prenons soin de considérer comme parfait : la conscience [...].
>
> Les religions ont voulu stabiliser l'homme en dehors de cet état de conscience extrême [...]. Disons ici combien nous semble authentique et valable l'expérience vivante des mystiques et des saints quand ils parviennent à transgresser ces tabous. Le cosmos, accaparé par les religions, devient l'ennemi de l'homme[45].

Dans ce passage, Bryen fait l'éloge, une fois encore, de « l'expérience vivante des mystiques et des saints », à laquelle il confère une portée à la fois spirituelle et politique. Ces derniers deviennent alors les symboles d'une liberté totale, transgressant « l'enceinte infranchissable » édifiée par les dogmes, les religions, les sociétés et plus généralement par l'image que l'homme se fait de lui. Il convient, cependant, d'aller plus loin encore : la « mystique sauvage », que promeut le poète, demande à voir liquidées les notions même de « Dieu », d'au-delà, de « conscience »,

44 Artaud, Antonin, *Le Théâtre et son double*, *op. cit.*, p. 509.

45 Bryen, Camille, « Le signe de l'homme », in *Désécritures*, Dijon, Les Presses du Réel, p. 390.

ultimes remparts empêchant de s'unir avec le monde. Camille Bryen se montre, ici, très proche d'Etty Hillesum, qui déclarait dans son *Journal* :

> Il faut oublier des mots comme Dieu, la Mort, la Souffrance, l'Éternité. Il faut devenir aussi simple et aussi muet que le blé qui pousse ou la pluie qui tombe. Il faut se contenter d'être[46].

Une telle expérience serait donc moins théiste que moniste et moins transcendante qu'immanente[47]. Exigeant une passivité extrême, un abandon de tous les contrôles et de toutes les mises en forme ou en langue du monde, elle inviterait à faire retour aux sources et à laisser, pour reprendre une formule de Georges Gusdorf, « bourgeonner en soi un sens du réel venu des profondeurs de l'être[48] ». Ce que les artistes informels cherchent alors à saisir, à travers leurs toiles, c'est « l'irreprésentable du présent vivant », c'est-à-dire le flux de l'élan vital, l'éternelle germination qui outrepasse sans cesse ses propres cadres et remet en jeu ce que l'on croyait fixe. Comme le note Camille Bryen dans un texte intitulé « Le Style » :

> Et non seulement ces œuvres ne représenteront plus rien, « mais elles ne tendent plus à exprimer ». C'est leur seule existence qui affirme les nouvelles possibilités d'être. Ainsi en ressentant comme une sensation profonde et intuitive ces œuvres de notre époque, qui ne s'apercevrait qu'à travers les formes, les signes, les traces, les taches apparemment désordonnées, c'est le jaillissement rayonnant du réel imprévisible et toujours vivant[49].

Les artistes informels s'attachent, de ce fait, à peindre une « image interdite », celle du plus « lointain passé organique » de l'homme, « où les instincts circulaient sans réticence ». Pour Antonin Artaud, leurs œuvres parlent le « langage vrai » des « instincts refoulés depuis si longtemps[50] ». Elles contribuent à révéler « le hasard bestial de l'animalité inconsciente humaine[51] » et permettent de faire retour à cet état primordial où toutes les contradictions s'annulent. Non dans l'union de l'âme à Dieu, mais

46 Hillesum, Etty, *Une Vie bouleversée*, Paris, Le Seuil, 1995, p. 166.

47 On se reportera, sur ce point, à la distinction entre « mystique naturelle » et « mystique surnaturelle » établie par Gardet, Louis et Lacombe, Olivier, dans *L'expérience du Soi : étude de mystique comparée*, Paris, Desclée de Brouwer, 1981. Voir également Hulin, Michel, *La Mystique sauvage*, Paris, PUF, 1993, p. 295.

48 Gusdorf, Georges, *Le Romantisme*, II, Paris, Payot, 1984, p. 68.

49 Bryen, Camille, « Le Style », in *Désécritures*, Dijon, Les Presses du Réel, 2007, p. 346.

50 Artaud, Antonin, *Suppôts et supplications*, *op. cit.*, p. 1371.

51 Artaud, Antonin, *Pour en finir avec le jugement de dieu*, *op. cit.*, p. 1653.

dans celle du corps avec la vie qui le traverse, comme elle traverse le reste du vivant :

> L'homme, quand on ne le tient pas, est un animal érotique,
> Il a en lui un tremblement inspiré,
> Une espèce de pulsation
> Productrice de bêtes sans nombre qui sont la forme que les anciens peuples terrestres attribuaient universellement à dieu[52].

Les peintures informelles seraient donc tout autant mystiques qu'*instinctives* et consacreraient la pleine adhésion de l'être au mouvement aveugle de ce « tremblement inspiré », de cette « espèce de pulsation » qu'Artaud définit, dans un autre texte, comme « l'inconscient producteur de la vie[53] ».

De telles œuvres, situées sur le même plan que le reste des créations de la *natura naturans*, réaliseraient, par conséquent, l'idéal bergsonien d'un « mysticisme à l'état pur », dégagé « des visions, des allégories, des formules théologiques[54] » et susceptible de jouer le rôle d'un « auxiliaire puissant » de la philosophie. Il est frappant de constater, en effet, que l'art informel est étroitement associé à une critique virulente de l'humanisme dit « intégral », qui se généralise au sortir du second conflit mondial. Aussi Jean Dubuffet et Camille Bryen expriment-ils, en des termes parfaitement semblables, leur dégoût du « bain » de l'homme, à savoir le monde perçu, conçu, représenté par l'homme – « un grand bouillon continu qui a tout au long le même goût (goût de l'homme)[55] ». À la même époque, dans ses *Portes de la perception*, Aldous Huxley s'attache, pour sa part, à décrire le conflit inhérent à toute humanité, partagée entre les « catacombes » de l'univers purement humain et le « cosmos infini » du non-humain :

> L'histoire humaine est le dossier du conflit entre deux forces – d'une part, la sotte et criminelle présomption qui rend l'homme ignorant de son essence vitreuse ; de l'autre, la reconnaissance qu'à moins de vivre en conformité du vaste cosmos, il est lui-même entièrement mauvais, et son monde, un cauchemar. Dans ce conflit interminable, tantôt l'un des partis a le dessus, et tantôt l'autre. À l'époque présente [...] il nous a plu de croire [...] que notre

52 *Ibid.*

53 Artaud, Antonin, « Révolte contre la poésie », in *Œuvres complètes*, Paris, Gallimard, IX, 1970, p. 143.

54 Bergson, Henri, *Les deux sources de la morale et de la religion*, Paris, PUF, 2008, p. 266.

55 Dubuffet, Jean, *Prospectus*, I, Paris, Gallimard, 1967, p. 70.

> monde privé, mondes de tubes au néon et de bombes incendiaires, est le seul monde réel, que l'essence vitreuse en nous n'existe pas. Singes en colère, nous nous sommes imaginés, à cause de notre habilité simiesque, être des anges... Le triomphe de l'humanisme est la défaite de l'humanité[56].

À partir d'une multiplicité d'expériences extatiques singulières, les tenants de l'art informel élaborent ainsi, progressivement, une véritable théorie critique, que Camille Bryen et Jacques Audiberti nomment, à partir de 1952, « l'abhumanisme ». Le terme, employé pour la première fois par le dramaturge et romancier italien Beniamino Joppolo, désignait à l'origine une manière poétique d'être au monde, une épiphanie où se s'entremêlent librement pensées, sensations et sentiments, affranchis des limitations propres à l'individu ou à la société. Toutefois, Bryen et Audiberti confèrent à la notion, dans leur *Colloque abhumaniste*, une portée beaucoup plus générale. L'abhomme serait alors un individu ne se reconnaissant plus homme, ne se retrouvant plus dans l'idéologie humaniste et acceptant de n'être plus *le centre de l'univers* :

> L'humanisme serait la religion des pères [...]. L'humanisme serait l'obligatoire désir de vivre selon diverses formes de parasitismes agglutinants, héréditeurs, mnémotiques et sociaux. L'humanité, c'est la mode que suivent les hommes... L'abhumanisme serait la disponibilité absolue, le refus de sanctionner le choix qu'on se trouve avoir fait, ou avoir subi, dans l'insondable passé, d'être un homme, d'être cela qui est moi, d'être cela qui se surprend ici en train de parler, après s'être trouvé, voici quelque cinquante ans, nez à nez avec lui-même dans son berceau où des marraines imperceptibles avaient déposé les éléments de son signalement physique, mental et fatal[57].

Les artistes informels ne se contentent pas, à ce titre, de prendre pour modèles les grands mystiques des traditions occidentales ou orientales, et de présenter dans leurs œuvres des expériences picturales reflétant les expériences spirituelles extrêmes auxquelles ils sont en proie. Leur démarche plastique est redoublée d'un parti pris philosophique, politique, dont les racines remontent aux avant-gardes historiques, et en particulier Dada, le surréalisme ou encore le « Grand Jeu ». Il

56 Huxley, Aldous, « L'homme et la réalité », in *Les Portes de la perception*, Paris, Éd. du Rocher, 1954, p. 147.

57 Bryen, Camille et Audiberti, Jacques, *L'Ouvre-Boîte, colloque abhumaniste*, Paris, Gallimard, 1952, p. 9 et 15.

s'agit, en premier lieu, de *déconstruire* les notions de progrès, de raison, de culture, qui pour Huxley, Artaud ou encore Bryen, loin d'élever l'homme, ne conduisent qu'à l'inhumanité. Ce rejet de l'humanisme – déjà présent chez Rousseau ou encore chez Gauguin, est parfaitement compréhensible dans le contexte de l'après-guerre, laissant le monde exsangue et les penseurs désorientés. Comme le souligne Camille Bryen, dans un texte intitulé « Les Chenilles processionnaires », datant de 1946 :

> L'homme ne s'inquiète que de lui-même. S'il domine la nature, s'il écrit un roman, c'est pour séduire une femme ou pour triturer d'autres hommes. En avant le long bâton.
>
> Dans un cimetière juif, on prie devant les pains de savon de graisse humaine, confectionnée par les hommes d'Auschwitz, des jeunes femmes sont brûlées vives accidentellement dans une prison française. Et les indigènes coloniaux fusillés par les instruments de la Charte de l'Atlantique. En avant la procession… Nous sommes des hommes, on est humain, en avant jusqu'au bout du bâton. Cependant les pierres et les nuages, toutes les combinaisons de la vie éclatent et luisent du plaisir d'exister[58].

Le poète compare, ici, les hommes, présomptueux et trop certains de leur supériorité sur le monde naturel et sur les autres hommes, à des enfants, écrasant, à coups de pieds et de bâton, une file impuissante de chenilles processionnaires. Le seul moyen d'en finir avec le catastrophisme de l'histoire serait alors d'en finir avec l'homme, et de faire retour à une simplicité d'être comparable à celle des « pierres » et des « nuages ». L'art informel se présente, de ce fait, comme l'instrument de cette libération, en servant de support à l'expérience mystique sauvage, instinctive, de l'anéantissement du moi. La transgression des formes, à la fois cause et conséquence de la transgression des perceptions humaines, ouvrirait ainsi la voie à une nouvelle manière d'exister. Elle permettrait, *in fine*, de rétablir un équilibre rompu par les théories de « l'exception humaine », l'effondrement du logocentrisme, la mort de Dieu et les troubles de cet âge des extrêmes que constitue la première moitié du XXe siècle. En ce sens, l'abstraction lyrique, qui semble bien pouvoir être définie comme une *abstraction*

---

58 Bryen, Camille, « Les Chenilles processionnaires », in *Désécritures*, Dijon, Les Presses du Réel, 2007, p. 316.

mystique, vaut comme une réponse aux angoisses contemporaines, et conduit à substituer à la viduité du monde de l'homme la plénitude du non-humain.

On mesure, à l'aune de cette démonstration, à quel point l'art informel est loin d'être étranger à la spiritualité. La querelle opposant Mauriac à Paulhan par journaux interposés rejouerait, en ce sens, au cœur de la modernité, l'ancien conflit entre les défenseurs d'une religiosité orthodoxe et les tenants de pratiques hétérodoxes, ces « mystiques » jugés hérétiques car menaçant les structures et les dogmes sur lesquels sont édifiées les sociétés. S'affrontent, par conséquent, deux conceptions radicalement contraires non seulement du fait religieux, mais également de l'homme et de l'art. Tandis que pour François Mauriac la peinture et la littérature se doivent de glorifier la figure humaine et les représentations qui lui sont associées, les artistes informels rejettent fermement l'idéologie humaniste, afin de proposer de nouvelles modalités d'exploration du monde, aux portes de nos perceptions. Loin de consacrer le triomphe d'un vide nihiliste, l'effacement des formes et des visages conduit les peintres du mouvement à donner vie aux expériences d'une « mystique sauvage », à la croisée des mystiques d'Occident et des mystiques d'Orient. Leurs toiles rendraient compte, ainsi, d'un pur sentiment d'exister, d'une participation inconditionnelle de l'être à la Nature en acte, et ce en transgressant, sensuellement et plastiquement, toutes les limites et les séparations : non seulement les écritures et les langages, enfermant l'univers dans une structure close, mais également la pensée réfléchie, qui semble porter l'homme au pinacle alors qu'elle ne fait que le précipiter dans l'abîme. À la connaissance rationnelle, de tels artistes préfèrent une connaissance instinctive, intuitive, et leurs pratiques du défaire sont pensées comme des *créations autres* : matiéristes, sensibles, non-distanciées. Ce n'est alors pas un hasard si la « mystique sauvage », au cours des années cinquante, constitue le socle de certaines esthétiques et pratiques artistiques. Comme le note Michel Hulin, cette dernière, marginalisée au sein des « groupes sociaux homogènes » refait surface dans toutes les périodes de crise, « dès que les codes se brouillent et perdent de leur efficacité[59] ». La « mystique sauvage », au cœur des théories informelles, est porteuse tout à la fois d'une critique du civilisationnel,

59 Hulin, Michel, *La Mystique sauvage*, Paris, PUF, 1993, p. 311.

des déraisons humanistes, et d'une réponse à cette faillite ou à ce crépuscule de la pensée. Elle est annonciatrice, en ce sens, de l'*abhomme*, uni à un monde véritable n'étant en rien le monde de l'homme, ce « singe en colère » qui fait pleurer les anges[60].

Grégory JOUANNEAU-DAMANCE
Université Paris 8,
Université Paris Nanterre, ITEM

60 Shakespeare, William, *Mesure pour mesure*, cité par Huxley, Aldous in *Les Portes de la perception*, Paris, Éd. du Rocher, 1954, p. 146.

INDEX DES NOMS

RÉSUMÉS

Fanny ARAMA, Grégory JOUANNEAU-DAMANCE et Riccardo RAIMONDO, « Introduction »

L'histoire des expériences mystiques est l'histoire des énonciations singulières qui les ont tour à tour racontées. C'est donc une histoire de reconstructions ; autrement dit, d'énonciation, de représentation, et de réécritures, quelle que soit la période concernée. Mystique et écriture sont des voies parallèles qui ont pour particularité d'interroger non seulement les limites du langage mais encore de tous les domaines prétendant les appréhender.

Lydie PARISSE, « Penser l'historicité des discours critiques sur la mystique »

Le terme de « mystique », délimitant à l'origine un corpus constitué par les écrits des grands spirituels de la tradition, a suscité une grande variété d'approches critiques, de la psychologie à l'anthropologie des religions. Quels regards les sciences humaines portent-elles sur cette notion ? Et comment se situer au sein de la riche historiographie des discours sur la mystique ?

Florian AUDUREAU, « Détour tardo-antique sur une catégorie moderne. La mystique comme lieu de vérité ou comme lieu de pouvoir ? »

Moins que sa signification, c'est l'attraction qu'exerce le mot « mystique » qui retient ici l'attention. Comme une formule magique, en énoncer les syllabes a un impact et produit un effet. D'où vient un tel pouvoir ? Quelques réflexions anthropologiques, historiques et herméneutiques peuvent contribuer à lever le voile sur le mystère dont s'entoure cette catégorie et sur ses paradoxes.

Grégory JOUANNEAU-DAMANCE, « Lucien Lévy-Bruhl et la mystique. Regards anthropologiques croisés sur les modalités humaines de participation au monde »

La publication des *Fonctions mentales*, par Lucien Lévy-Bruhl, marque un tournant dans le débat sur la caractérisation de la mentalité primitive, animant les sciences humaines depuis la fin du XIXe siècle. La notion de participation mystique, forgée par le philosophe, fait alors couler beaucoup d'encre : née, à l'origine, d'une volonté de dépasser les approches évolutionnistes et psychopathologiques, elle devient, peu à peu, l'instrument d'une relativisation de la pensée rationnelle.

CLAIRE DONNAT-ARACIL, « Peut-on parler d'une expérience mystique dans les récits religieux vernaculaires du XIIIe siècle ? L'exemple des *Miracles de Nostre Dame* de Gautier de Coinci »

Cet article interroge les modalités d'application de la notion d'expérience « mystique » aux *Miracles de Nostre Dame* de Gautier de Coinci. Malgré un lexique pouvant être qualifié de « mystique », certains choix narratifs du conteur montrent que le récit de vision n'est pas à ses yeux le lieu où s'opère invariablement une rencontre personnelle avec Dieu. Si expérience mystique il y a, elle se construit moins dans le cadre de la fiction, que dans celui de l'énonciation, dans l'acte même d'écriture et de lecture.

Élodie PINEL, « Marguerite Porete et l'extase »

Marguerite Porete est une auteure de la fin XIIIe siècle connue pour un seul ouvrage, le *Miroir des âmes simples*. Jugée comme hérétique en son temps, elle est aujourd'hui généralement qualifiée de « mystique » sans que la question qu'occupe la place de l'expérience mystique dans son texte ait été clairement traitée. Dans cette contribution, nous nous mettons en quête de cette expérience pour en étudier tant le récit que les modalités d'énonciation.

Flavia BUZZETTA, « Images cabbalistiques et expériences mystiques chez Jean Pic de la Mirandole et Pierre Le Loyer »

Cet article prend en considération les allégories, les symboles et les métaphores adoptés dans la cabbale chrétienne pour « parler » du divin et les techniques mises en acte pour atteindre un état de « ravissement extatique ». On y examinera en particulier les images cabbalistiques utilisées par Jean Pic de la Mirandole (1463-1494) et par son lecteur Pierre Le Loyer (1550-1634) pour expliquer le parcours d'ascèse et de purification qui permet à l'homme de rejoindre la *solitaria Patris caligo*.

Romain DEBLUË, « La mystique de Bossuet. L'orateur et l'oraison »

Bossuet, par son rôle dans la Querelle du quiétisme, a laissé bien malgré lui dans l'histoire l'image d'un adversaire redoutable de toute mystique. Rien n'est en réalité plus faux. Nous voudrions tenter de montrer ici que la préoccupation principale de Bossuet était celle de la parole adéquate à l'expérience mystique, c'est-à-dire de la *médiation* dont le mystique authentique, à ses yeux, éprouve la persistance, non seulement après l'expérience elle-même, mais surtout pendant cette dernière.

Rémy ARCEMISBÉHÈRE, « Comment "reconstruire l'édifice mystique" ? Aspiration mystique et savoirs ésotériques dans l'œuvre de Gérard de Nerval »

Chez Gérard de Nerval, expérience mystique et savoir ésotérique, loin de s'exclure, collaborent. Accordant tout son prestige à la médiation, le récit de l'expérience mystique dans l'œuvre de Gérard de Nerval conserve les traces des textes ésotériques qui ont participé à son élaboration. Ce discours refuse de se donner entièrement et multiplie les références afin de déjouer l'incommunicabilité de l'expérience mystique, choisissant comme objet de la représentation son centre obscur.

Aurélie LECLERCQ, « Mysticisme et messianisme politique dans l'œuvre plurielle de Fernando Pessoa »

L'année de sa mort, Pessoa écrit : « Je suis un nationaliste mystique, un sébastianniste rationnel ». Cette affirmation interroge les contours de son mysticisme, et sa teneur messianique. Elle laisse entrevoir une pensée qui se fonde sur un art de la contradiction et sur l'héritage de traditions mystiques diverses, informée par le désir d' « être tout ». Si l'échafaudage hétéronymique permet une objection à la tension mystique de Pessoa, il est aussi à l'image de cette fondamentale pluralité.

Héloïse MOSCHETTO, « Le dialogue mystique de Salvatore Quasimodo et Giorgio La Pira. Du "mystère de la parole" à la "révélation de l'indicible" »

Giorgio La Pira et Salvatore Quasimodo grandissent en lisant les mêmes livres et en suivant les mêmes guides. Au seuil de l'âge d'homme, le premier embrasse la foi et l'autre la poésie. C'est par ce double prisme que les deux hommes s'engagent dans une même quête intellectuelle et spirituelle. Nous analyserons la façon dont leur correspondance met en évidence la construction d'une poétique commune empreinte de mysticisme – féconde osmose de la piété de l'un et du verbe de l'autre.

Alexis WEINBERG, « L'"expérience intérieure" de Georges Bataille, entre mystique et écriture »

La réception bataillienne est traversée de divergences d'interprétation quant à son rapport à la mystique : Sartre faisait ironiquement de Bataille « un nouveau mystique », jugement que dénonçaient un quart de siècle plus tard Derrida et d'autres, tandis que la critique actuelle redouble d'attention aux enjeux plus strictement poétologiques de cette ambivalence. Un tel rappel diachronique doit nous aider à penser la relation complexe, chez Bataille, de détermination réciproque entre l'écriture et la mystique.

Guillaume SURIN, « Jacques Derrida et l'écriture en résistance au mystique »

Ce texte souhaite interroger le rapport de Derrida à la mystique, thématisée dans son œuvre philosophique mais également liée à la *résistance* qu'il oppose à l'écriture autobiographique, dont le spectre revient dans l'évocation fréquente du livre *jamais écrit* : le *Livre d'Élie*. L'entreprise herméneutique de Derrida se réclame d'une tradition mystique mais aussi d'une écriture où gît la possibilité de l'illumination, dans un acte de résistance autant que de création.

Ghada EL SAMROUT, « Stations mystiques dans l'œuvre de Salah Stétié »

Trois stations mystiques caractérisent le voyage poétique de Salah Stétié dans son œuvre : d'abord, novice, il se prosterne dans le silence et l'exil, obéissant à un maître intérieur. Puis, il se dépouille par une fragmentation poétique, afin de dépasser le sensible grâce au rappel ou au « dhikr ». Enfin, le poète atteint l'extase d'un *logos* intérieur, synonyme d'absence-présence, de sortie de l'exil, d'illumination et d'éveil du cœur, et enfin d'annihilation et de pérennisation.

Asma RHOUATI, « Symbolisme et mysticisme dans la pensée de Salah Stétié. Étude sur le *Firdaws* ou les jardins de l'Islam »

Il s'agira, ici, d'étudier les racines soufies de l'œuvre de Salah Stétié, en insistant plus particulièrement sur son essai *Firdaws*, consacré au thème du jardin en Islam. Reflet du Jardin céleste, ce dernier est le lieu où l'expérience mystique peut se déployer avec le plus de force. Espace secret, voilé, séparé du monde par de hautes murailles, il invite à la contemplation et surtout à la purification de l'âme, étape qui joue un rôle essentiel dans cette *mystique du cœur* prônée par Roumî ou Ibn Arabi.

Julia SEI, « Mystique et introspection psychologique dans les œuvres de Marcel Proust et de Simone Weil »

L'œuvre de Marcel Proust et l'œuvre de Simone Weil ont en commun de proposer une réflexion sur les contours et les limites de la subjectivité. Plus précisément, elles témoignent, chacune à leur manière, d'un élan émancipateur où le je s'ouvre et se réconcilie avec tous les autres je. Ce texte se propose d'analyser une telle aspiration, en se fondant, en particulier, sur la notion de « médiation intime », forgée par René Girard.

Giovanni Maria RUGGIERO, « États mystiques et sciences psychothérapeutiques »

L'expérience mystique, définie comme une disposition spirituelle personnelle et incommunicable, semble résister à toute analyse psychologique, qui risque de la réduire à une série de symptômes ou de pathologies mentales. Cependant, elle a suscité, depuis le début du XXe siècle, le plus vif intérêt de la part des psychothérapeutes. Il s'agira, ici, de revenir sur la place qui lui est dévolue au sein des cures psychanalytiques et des thérapies cognitivistes.

Helena CAÑADAS SALVADOR, « Sublime et numineux conciliés. La *Rothko Chapel* de Houston »

Cet article présente et étudie la *Chapel* de Houston, le dernier grand projet du peintre Mark Rothko. Il convoquera, en particulier, les notions de sublime et de numineux, qui semblent se concilier dans cet espace œcuménique, à la croisée de l'esthétique, du sensible et du spirituel. La contribution soulignera les liens que ce lieu tisse avec une expérience mystique renouvelée et sécularisée.

Grégory JOUANNEAU-DAMANCE, « Se dépouiller du “vieil homme”. L’art informel à la croisée des traditions mystiques »

Au moment où l’abstraction lyrique occupe une place de plus en plus importante sur la scène artistique parisienne, une vive querelle oppose François Mauriac et Jean Paulhan à propos de la nature spirituelle de la peinture abstraite. Cet article a pour but de montrer en quoi la référence explicite à la mystique constitue le socle des théories du mouvement de l’art informel, inventé par des artistes comme Wols, Hans Arp et Camille Bryen.

TABLE DES MATIÈRES

DEUXIÈME PARTIE

L'EXPÉRIENCE MYSTIQUE À L'ÉPREUVE DE LA TRADITION CHRÉTIENNE

TROISIÈME PARTIE

DESTIN MODERNE DE L'ÉCRITURE MYSTIQUE

L'EXPÉRIENCE ENTRE EXPRESSION POÉTIQUE ET RECHERCHE MÉTAPHYSIQUE

SIXIÈME PARTIE

AU SEUIL DES DISCIPLINES (II)

MYSTIQUE ET ARTS PLASTIQUES

[illegible] par [illegible]
Z.A. Charles Tellier Condé-en-Normandie [illegible]
N° d'impression : [illegible] - Dépôt légal : [illegible] 2019
Imprimé en France

Achevé d'imprimer par Corlet Numéric,
Z.A. Charles Tellier, Condé-en-Normandie (Calvados), en février 2021
N° d'impression : 170451 - dépôt légal : février 2021
Imprimé en France